“211工程”三期建设项目“新资料整理与中国古代文明进程研究”成果
武汉大学基础学科振兴行动计划资助出版

明清文化史探研

谢贵安　著

商务印书馆

2010年·北京

图书在版编目(CIP)数据

明清文化史探研/谢贵安著.—北京：商务印书馆，2010
（珞珈史学文库）
ISBN 978-7-100-07002-7

Ⅰ.明… Ⅱ.谢… Ⅲ.文化史—研究—中国—明清时代
Ⅳ.K248.03

中国版本图书馆CIP数据核字(2010)第034005号

明清文化史探研

谢贵安 著

商 务 印 书 馆 出 版
（北京王府井大街36号 邮政编码 100710）
商 务 印 书 馆 发 行
三河市尚艺印装有限公司印刷
ISBN 978-7-100-07002-7

2010年9月第1版 开本 787×1092 1/16
2010年9月北京第1次印刷 印张 28 1/8

定价：46.00元

总　序

“珞珈史学文库”是武汉大学历史学院教师学术研究成果的结集。第一批推出的是二十多位教授的文集。以后将根据情况，陆续推出新的集子。

武汉大学历史学科具有悠久而辉煌的历史。早在1913年，武汉大学的前身国立武昌高等师范学校就设置历史地理部。1930年武汉大学组建史学系，1953年改名历史学系，2003年组建历史学院。一批又一批著名学者，如李汉俊、李剑农、雷海宗、罗家伦、钱穆、吴其昌、徐中舒、陈祖源、周谱冲、郭斌佳、杨人楩、梁园东、方壮猷、谭戒甫、唐长孺、吴于廑、吴廷璆、姚薇元、彭雨新、石泉等，曾在这里辛勤耕耘，教书育人，著书立说，在推动武汉大学历史学科和中国现代史学的发展、繁荣的同时，在武汉大学和中国史学史上也留下了嘉名。其中，唐长孺、吴于廑两位大师贡献最为卓殊。

改革开放30年间，武汉大学历史学科建设成效显著。1981年，中国古代史和世界史获得全国首批博士学位授予权。1987年，历史地理学获得博士学位授予权。1988年，中国古代史被列为国家重点学科。1995年，历史系被批准为国家文科基础学科人才培养和科学研究基地。1997年，获得历史学一级学科博士学位授予权。1999年，建立历史学博士后流动站。2001年，中国古代史再次被列为国家重点学科。2007 年，中国古代史第三次被评为国家重点学科，世界史新增为国家重点学科。2008 年，历史学一级学科入选湖北省重点学科。2001 年，以中国古代史为核心的国家“211 工程”二期建设项目“中国文明进程与世界历史整体发展”启动。2008 年，分别以中国古代史与世界史为中心的“211 工程”三期建设项目“新资料整理与中国古代文明进程研究”与“世界历史整体发展中的社会转型与文化变迁研究”启动。目前，历史学院设有历史学、世界历史、考古学三个本科专业；史学理论及史学史、考古学及博物馆学、历史地理学、历史文献学、专门史、中国古代史、中国近现代史、世界史、中国文化史、中国经济史、国际关系与中外关系史和地区国别史等 12 个二级学科。在研究机构方面，设有中国 3 至 9 世纪研究所、世界史研究所、历史地理研究所、中国文化研究所、中国经济与社会史研究所、15 至 18 世纪世界史研究所、第二次世界大战与战后世界研究所，以及简帛研究中心、科技考古研究中心。在前一辈学者奠定的基础上，经过后继者的持续努力，逐步形成了严谨的学风和优良的教风，确立了理论探讨与实证研究相结合，断代史与专门史、地区史与国别史相结合，传世文献与出土资料并重的学术特色，成为武汉大学在海内外学界具有重要影响的学科之一。

历史学院的老师，在辛勤教书育人的同时，也为科学研究倾注了大量心血，在各自从事的方向或领域，推陈出新，开拓前行，撰写了一大批有价值的专著和论文。学院决定编撰教师个人的学术文集，是希望各位老师把自己散见于海内外各种出版物上的代表性论文加以整合。这样，通过一种文集，可以约略体现教师本人的研究历程和领域；而于整体方面，也可在一定程度上展示武汉大学历史学的学科格局和学术风格。

每本文集的选篇和修订，由作者各自负责。学院教授委员会对入选文集进行遴选，并提出一些指导性的建议。

“珞珈史学文库”的出版，得到了国家“211 工程”三期建设项目的支持，得到了武汉大学“基础学科振兴行动计划”的支持，得到了商务印书馆各位领导和相关编辑先生的支持。在此致以诚挚的谢意。

2010 年 2 月

目录 Contents

前　言

本论文集是笔者从事明清文化史研究的心得和结晶，就其内容，大致可分为四个方面：

第一，有关明朝皇帝问题的研究，重点是对太祖朱元璋的心理、思想、政策以及因他所造成的社会文化现象的探讨，包括《朱元璋的偶像崇拜与政策走向》、《从朱元璋的正统观看他对元蒙的政策》和《明代〈汉书〉经典化与刘邦神圣化的现象、原因与影响》三篇论文；另有一篇《论明代儒臣与宦官在皇帝娱乐中的影响和较量》，探讨了明代外朝官与内朝官对皇帝争夺的过程及背景。

第二，有关明清时期中西文化交流的研究，主要是对西方物质文明成果传入中国之历程的研究，包括《利玛窦"送礼"初探》、《明代西器东传探研》、《明至清中叶长江流域的西器东传》、《西器东传与清代前期社会》四篇论文；另有《从英法德意俄美汉译国名演变看中国人对西方列强的认知过程》一篇，通过西方诸国汉译国名的演变来探讨国人对西方列强认知态度的转变。

第三，有关明清文化转型的研究，包括《从明代城市功能的转变看中国文化的转型》、《从唐甄的旅游观看中国文化的转型》、《试论明末清初"新民本"思想》、《〈明夷待访录〉的近代"误读"与"新民本"思想的历史影响》四篇论文；其中所谈论的"新民本"

思想，是明末清初政治思想在文化转型背景下的时代新貌。

第四，有关明清文献和史籍的研究，重点是对明清实录修纂措施、内容及版本的研究，包括《张居正官史修纂的革新措施》、《从边缘到中心：明清实录对东北历史观察视角的转换》、《〈清实录〉稿底正副本及满汉蒙文本形成考论》、《〈清实录〉宫藏版本考》四篇，另有《试论〈洪芳洲公文集〉的史料价值》一篇，是对明代嘉靖、万历间山东巡抚洪朝选的文集所作的研究。

本书的编排结构，既考虑到内容的同类性，又兼顾到时代顺序，可以说是纵横结合的结果。

朱元璋的偶像崇拜与政策走向

明太祖朱元璋对汉高祖刘邦的崇拜情结，前人曾有注意①，但系统论述的并不多见。本文通过爬梳《明实录》以及《明史》等基本文献，对朱元璋之于刘邦的崇拜心理及其对明初政策走向的影响，作一详细的论述。

一、从朱元璋偏爱《汉书》看他对刘邦的崇拜

明太祖朱元璋喜欢读史论史，所读的主要是正史，如《史记》、《汉书》、《晋书》、《唐书》、《宋史》、《元史》，以及《春秋》、《资治通鉴》、《唐太宗帝范》等。他读得最多的是《汉书》，据笔者目力所及，《明太祖实录》直接记录的就达8次，与臣下讨论汉史的则有41次之多。朱元璋读《汉书》的时间很长，从元至正二十四年（1364）一直到洪武末年，可谓是活到老，读到老。他不仅自己读，还把它推荐给臣下。当元朝湖广行省平章政事郭云被擒后，朱元璋“观其状貌奇伟，命释之。时方阅《汉书》，问之

① （清）赵翼《廿二史劄记》卷32“明祖行事多仿汉高”（中华书局1984年版）以及娄曾泉、颜章炮《明朝史话》（北京出版社1984年版）等曾有关注。

曰：'当识字乎？'曰：'识。'遂以书使之读。云诵其书甚习。上大喜。遂任郭云为卫指挥佥事"[①]。可见朱元璋对《汉书》是爱不释手，并将己之所好，施之于人。

为什么朱元璋爱读《汉书》、论汉史呢？显然有其隐衷。他的祖籍濠州与刘邦出生地沛县相隔不远；两人的发迹经历也大体相同，正如他的谏议大夫唐铎所指出的那样："三代以后，起布衣有天下者，惟汉高帝及陛下而已。"[②]两人的文化素养都不高，造反前都缺乏政治实践，刘邦在群雄争夺的乱世之中能夺取天下，并把汉朝治理得很好，无疑对朱元璋形成了强烈的吸引。朱元璋不仅效法这位前辈，甚至对他产生了偶像崇拜的心理。清代赵翼在其《廿二史劄记》卷32"明祖行事多仿汉高"中点破了朱氏的这种心理倾向："明祖以布衣起事，与汉高同，故幕下士多以汉高事陈说于前，明祖亦遂有一汉高在胸中。"[③]"遂有一汉高在胸中"，表明朱元璋是将刘邦装在心里，当作偶像来崇拜的。

基于这种崇拜心理，朱元璋对刘邦十分钦佩，反复赞美，并为之辩护。一次罢朝后，退临白虎殿看《汉书》，问侍臣宋濂和孔克仁道："汉之治道不能纯乎三代者，其故何也？"克仁答道："王霸之道杂故也。"他问："咎将谁属？"克仁对曰："责在高祖。"朱元璋立刻为心中的偶像辩解："高祖创业之君，遭秦灭学之后，干戈战争之余，斯民憔悴，甫就苏息，礼乐之事固所未讲。独念孝文为汉令主，正当制礼作乐以复三代之旧，乃逡巡未遑，遂使汉家之业终

---

① （清）谷应泰：《明史纪事本末》卷8，"北伐中原"，洪武元年四月壬戌，景印文渊阁四库全书本，台湾商务印书馆1986年版。

② 《明太祖实录》卷153，洪武十六年三月庚戌，台湾"中央研究院"历史语言研究所1962年校印。

③ （清）赵翼著、王树民校证：《廿二史劄记校证》卷32，第737页。

于如是!”[1]朱元璋认为，汉代礼乐未复三代之盛的责任在汉文帝而不在刘邦。又一次，朱元璋与侍臣谈论刘邦听张良之言销毁六国印的事，称赞道：“高祖闻一善言，即能感悟，如此安得不兴? 后之为君者少有及之。”侍臣举出唐太宗来与刘邦相比，朱元璋立刻反驳道：“太宗常有自矜自恕之心，此则不如汉高也。”[2]朱元璋对刘邦的评价超过了唐太宗李世民。洪武七年，他亲祀历代帝王于新庙时，献给刘邦的祭文是：“惟汉高祖皇帝，除嬴平项，宽仁大度，威加海内，年开四百。”[3]不仅对刘邦的业绩十分崇敬，对刘邦的相貌也非常追慕。洪武元年七月戊辰，他与侍臣观古帝王画像，至刘邦时“展玩再三，谛视久之”[4]。崇敬之情油然而生。

由于朱元璋崇拜刘邦，所以他常以刘邦自比。这从当时将大臣一一对号入座，比作汉初文臣武将的风尚中可以得到旁证。在封大臣汪广洋、刘基时，把他们比作张良。嘉靖十年，刑部郎中李瑜言刘基宜配享高庙，当封世爵如中山王徐达。下廷臣议时，皆言：“高帝收揽贤豪，一时佐命功臣并轨宣猷，而帷幄奇谋，中原大计，往往属基，故在军有‘子房’之称，剖符发诸葛之喻。”[5]子房便是张良，反映在朱元璋的军队里刘基是被视为张良的。封李善长时，朱元璋把他比作萧何，“制词比作萧何，褒称甚至”[6]。当朱元璋亲信僧人，疏离大臣时，给事中陈汶辉上疏劝言：“古帝王以来，未闻缙绅缁流杂居同事，可以相济者也。今勋旧耆德，咸思辞禄去位，而缁流憸夫，乃益以谗间，如刘基、徐达之见猜，李善长、周德兴之

① 《明太祖实录》卷15，甲辰五月丙子；又《明史·孔克仁传》。
② 《明太祖实录》卷210，洪武二十四年八月己卯朔。
③ 《明太祖实录》卷92，洪武七年八月甲午朔。
④ 《明太祖实录》卷33，洪武元年闰七月戊辰。
⑤ 《明史·刘基传》，中华书局1974年版。下同。
⑥ 《明史·李善长传》。

被谤，视萧何、韩信其危疑相去几何哉！伏望陛下于股肱心膂，悉取德行文章之彦，则太平可立致矣。”[①] 显然，当时的人是将刘基、李善长、徐达、周德兴等人视作汉初的萧何、韩信，可见朱元璋时代有以汉初君臣自比的风尚。既然李善长是明代的萧何，刘基是明代的张良，徐达是明代的韩信，那么朱元璋自然是明代的刘邦了。《明史》的作者已发现了朱元璋自比刘邦的内心隐秘：“太祖以汉高自期。”[②] 朱元璋曾对孔克仁讲：“秦政暴虐，汉高帝起布衣，以宽大驭群雄，遂为天下主。今群雄蜂起，皆不知修法度以明军政，此其所以无成也。”[③] 言下之意，只有自己才能像刘邦那样成就大业。《明史·太祖本纪赞》也以朱比刘，云：“太祖崛起布衣，奄奠海宇，西汉以后所未有也。”意思是说，朱元璋的功业只有刘邦才能相比。

一些臣子也窥知朱元璋崇拜刘邦的心理。当朱元璋问李善长四方混乱何时能定时，李善长回答说：“秦乱，汉高起布衣，豁达大度，知人善任，不嗜杀，五载成帝业。今元政不纲，天下土崩瓦解，公濠产，距沛不远，山川王气，公当受之，法其所为，天下不足定也。”[④] 朱元璋听后连连称善。李善长显然是投其所好。另一次，当朱元璋问侍臣王祎、魏观，汉高祖与唐太宗谁优时，魏观就顺其意道：“太宗虽才兼文武，而于为善未免矫揉；高祖豁达大度，规摹宏远。以此观之，高祖为优。”[⑤] 大臣们对刘邦的推崇，折射出朱元璋对刘邦的崇拜。

朱元璋对刘邦情有独钟，而对其他汉帝则少有肯定。他认为文

---

① 《明史·李仕鲁传》。
② 《明史·孔克仁传》。
③ 同上。
④ （清）夏燮：《明通鉴》前编卷1，至正十四年，上海古籍出版社1990年版。
⑤ 《明太祖实录》卷21，丙午年九月乙巳。

帝用人"未尽其道"，"非所以示至公"，指责他不能乘势兴礼乐，"有其时而不为"；[①]批评景帝当太子时滥杀吴王世子，继位后又听信晁错之言削藩；抨击武帝在国库之外另立私库，"损民以益君"[②]；斥责元帝"无刚明果断"，致使"政日弊，国日衰"[③]。对于东汉诸帝，除刘秀外，朱元璋也多加抨击。如认为明帝无兼听之德，"未免苛察"[④]。

由上可见，朱元璋对刘邦比较偏爱，把他当作偶像加以崇拜。19世纪英国著名历史学家卡莱尔曾指出："对一个英雄的崇拜就是对一个伟人的超验的敬慕"，"除了这种对一个比他更高尚的人的敬慕外，一个人的胸中没有别的比这更高贵的感情。在这个时刻，在所有时刻，它都活跃地影响着人的整个一生"。[⑤]朱元璋对刘邦的偶像崇拜，确实影响着他的一生及其政府的一系列政策。

二、从朱元璋的政策看其受刘邦的影响

朱元璋对刘邦的崇拜，影响到其政策的制定与实施。赵翼就明确指出"明祖行事多仿汉高"："明祖……行事多仿之。初起兵时，问李善长平天下之策，善长曰：'汉高起布衣，豁达大度，知人善任，五年遂成帝业。公濠产，距沛不远，法汉高所为，天下不足定也。'(《李善长传》）孔克仁传亦谓帝尝以汉高自期，谓克仁曰：'秦政暴虐，汉高以宽大驭群雄，遂有天下。今群雄蜂起，皆不知修明

---

① 《明太祖实录》卷173，洪武十八年六月庚戌；卷15，甲辰年五月丙子。
② 《明太祖实录》卷127，洪武十二年十一月甲午朔。
③ 《明太祖实录》卷213，洪武二十四年十月甲寅朔。
④ 《明太祖实录》卷172，洪武十八年三月癸亥。
⑤ [英]卡莱尔：《英雄和英雄崇拜——卡莱尔讲演集》，上海三联书店1988年版，第18页。

法度，此其所以无成也。’是帝一起事即以汉高为法。”[①]

当天下未定之时，朱元璋就采取了刘邦“相势而动”的策略。元至正二十五年（1365）四月，他在与孔克仁谈论刘邦“起自徒步，终为万乘”时，分析道：“陈涉作难，豪杰蜂起，项羽矫作，南面称孤，仁义不施，而自矜功伐。高祖知其强忍，而承以柔逊；知其暴虐，而济以宽仁，卒以胜之。及羽死东城，天下传檄而定，故不劳而成帝业。譬犹群犬逐兔，高祖则张罟而坐获之者。方今天下用兵，豪杰非一，皆为劲敌。我守江左，任贤抚民，伺时而动。若徒与之角力，则猝然难定。”[②]朱元璋称赞刘邦的待势而行，相机而动，并主动采取了这种有效的策略。又有一次，在读《汉书》后谈体会道：“帝王之道，贵不违时，有其时而不为，与无其时而为之，皆过也。”[③]对刘邦相势而行策略的认同，是朱元璋采纳朱升“高筑墙，广积粮，缓称王”[④]计策的思想基础。

天下初定后，朱元璋又采取了刘邦“与民休息”的政策。汉初，天下甫定，四方凋敝，为了恢复国力，刘邦实行了无为政治和与民休息政策，结果获得成功，导致“文景之治”局面的出现。朱元璋追慕刘氏，也实行了“息民”的方针。洪武二年三月丙午，对翰林侍读学士詹同等说：“往者四方鼎沸，生民之祸极矣。天道厌乱，人心思治。”“今疆宇虽定，然中原不胜凋弊，东南虽已苏息，而钱谷力役又皆仰之，果何时可以休息也!”并指出：“今民之思治甚于寒之思温，热之思凉，正当有以济之。”[⑤]又一次，他与大臣刘基讨论“息民”政策时，说：“今天下已平，思所以生息之道，何

① （清）赵翼著、王树民校证：《廿二史劄记校证》卷32，第737页。
② 《明太祖实录》卷16，乙巳年四月庚子。
③ 《明太祖实录》卷15，甲辰年五月丙子。
④ 《明史·朱升传》。
⑤ 《明太祖实录》卷40，洪武二年三月丙午。

如？”刘基答道：“生息之道，在于宽仁。”他说：“不施实惠，而概言宽仁，亦无益耳。以朕观之，宽民必当阜民之财，而息民之力，不节用则民财竭，不省役则民力困，不明教化则民不知礼仪，不禁贪暴则民无以遂其生。”[①]于是，朱元璋采取了一系列息民措施，如奖励垦荒，实行屯田，严敕官吏不得扰民，惩治奸贪，尽量不大兴土木。结果至洪武末年，全国耕地面积突破400万顷，比元末增加了一倍以上。

朱元璋还模仿刘邦的宏宫室及实京师的政策。汉初，“萧何治未央宫，立东阙、北阙、前殿、武库、大仓。上见其壮丽，甚怒，谓何曰：‘天下匈匈，劳苦数岁，成败未可知，是何治宫室过度也！’何曰：‘天下方未定，故可因以就宫室。且夫天子以四海为家，非令壮丽亡以重威，且亡令后世有以加也。’上说，自栎阳徙都长安。”[②]朱元璋“初定都金陵，方四出征伐，而已建都城，宫阙极壮丽，即萧何造未央宫之例也”[③]。刘邦为了巩固政权，还将大量富民迁移到长安及关中，以固根本。朱元璋也起而效法，迁富民于应天（南京）。洪武二十四年，谕工部臣道：“昔汉高祖徙天下豪富于关中，朕初不取。今思之，京师天下根本，乃知事有当然，不得不尔。朕今欲令富民入居京师，卿其令有屋验丁产殷富者，分遣其来。”于是工部徙天下富民，至者凡5300户。[④]后又徙浙江等九布政司及应天十八府州田满七顷以上的富民14300户至京师。除徙富民京师（今南京）外，还迁富民于中都凤阳。赵翼指出朱元璋“徙江南富人十四万户于中都，即汉初徙齐、楚大族昭氏、屈氏、景氏、怀氏、田

① （清）谷应泰：《明史纪事本末》卷14，“开国规模”，洪武元年正月甲申。
② 《汉书·高祖本纪下》。
③ （清）赵翼著、王树民校证：《廿二史劄记校证》卷32，第737页。
④ 《明太祖实录》卷210，洪武二十四年七月庚子。

氏以实关中之例也”[①]。

朱元璋为了巩固皇权，还模仿刘邦的举措，大杀功臣。赵翼就明确指出：“甚至胡、蓝之狱，诛戮功臣，亦今菹醢韩、彭之例，此则学之而过甚者矣。”[②]刘邦为了加强中央集权，采取了铲除异姓王的行动。昔日为汉朝建立立下汗马功劳的楚王韩信、梁王彭越、淮南王英布、赵王张敖、韩王信、燕王臧荼和后继燕王卢绾等都先后被除，其中韩信、英布和彭越遭杀，其他诸侯王或废或逃。此外，边将陈豨也遭到杀害，连丞相萧何也一度被捕入狱。朱元璋十分欣赏刘邦的这一措施，为了解除功臣对明王朝的威胁，他也大开杀戒。朱元璋登基不久，下谕省府臣曰：“尔诸大臣既受封爵，进职位，可谓尊显矣。当同心辅国，以享禄位。朕尝思古之君臣，居安不忘警戒，盈满常惧骄纵，兢兢业业，日慎一日，故能始终相保，不失富贵。大抵开基创业之主，待功臣非不欲始终尽善，如韩信、彭越自不能保全其功，深可惜也。至承平之后，旧臣多有获罪者，究其所以，盖其事主之心日骄，富贵之志日淫，以致败……汝等宜深戒之。”[③]他用刘邦杀韩信、彭越的故事警告功臣，已透露出杀机。为了说明刘邦杀功臣的合理合法，朱元璋还为刘邦辩护：“朕仿古帝王以制爵命，卿等明听朕言：昔汉高祖非有功不侯，所以重封爵也，而功臣不免于诛戮……非高祖……忘功臣之劳，由其恃功骄恣，自冒于法耳。”[④]朱元璋对功臣的疑惧心理，因其儿子朱棣火上浇油而日益增强。太子朱标死后，“燕王来朝，颇言‘公侯纵恣不法，将有尾大不掉忧’。上由是益疑忌功臣，不数月而（蓝）玉祸

---

① （清）赵翼著、王树民校证：《廿二史劄记校证》卷32，第737页。

② 同上。

③ 《明太祖实录》卷29，洪武元年正月癸未。

④ 《明太祖实录》卷59，洪武三年十二月戊辰。

作”[①]。朱元璋杀功臣有两次大的动作，一次是胡惟庸案，被杀达3万余人，一次是蓝玉案，被杀1.5万余人，“于是元功宿将相继尽矣”[②]。娄曾泉等一针见血地指出：“朱元璋这种兔死狗烹、鸟尽弓藏的做法，也是向刘邦学习的。”[③]

朱元璋盲目模仿刘邦大杀功臣的行动，反映了自卑虚弱的心理。刘邦杀功臣，铲除异姓王，主要是为了防止刚刚统一的社会再度出现分裂局面；而朱元璋大杀功臣，却不存在功臣割据分裂的客观威胁。刘邦杀功臣，主要是杀异姓王，而曹参、陈平、王陵、周勃、周亚夫这样的功臣名将及其后代并未触动，因此当诸吕篡权和吴楚叛乱时，中央政府内仍有坚强的砥柱，粉碎了这些阴谋；而朱元璋杀功臣则不分青红皂白，像徐达、蓝玉、傅友德、冯胜这样的大将及李善长、胡惟庸、宋濂、刘基这样的宿臣，都或被杀或被逐，以致中央人才出现断层。当燕王朱棣起兵叛乱时，建文朝中竟无得力帅才可与匹敌，终被推翻。

朱元璋还仿效刘邦大封同姓王的政策，分封诸子为王。赵翼就明确指出“明祖行事多仿汉高”的行为之一是：“分封子弟于各省以建屏藩，即汉初分王子弟，以弟交王楚，从弟贾王荆，从子濞王吴，子肥王齐，如意王赵，文帝王代之例也。”[④]刘邦生前与大臣相约：“非刘氏为王者，天下共击之。”朱元璋对此十分欣赏，说：“天下之大，必建藩屏，上卫国家，下安生民。今诸子既长，宜各有爵封，分镇诸国。朕非私其亲，乃遵古先哲王之制，为长治之计。汉晋以来，莫不皆然。”[⑤]显然，是借鉴了刘邦的经验。

---

① （清）夏燮：《明通鉴》卷10，洪武二十六年二月乙酉。

② 同上。

③ 娄曾泉、颜章炮：《明朝史话》，第33页。

④ （清）赵翼著、王树民校证：《廿二史劄记校证》卷32，第737页。

⑤ 《明太祖宝训》卷1《封建》，台湾“中央研究院”历史语言研究所1962年印。

朱元璋推行刘邦的分封政策，结果使历史发生了惊人的相似之处：西汉发生了“吴楚七国之乱”，明朝则发生了燕王朱棣的“靖难之役”。两次叛乱后，诸侯王的地位都被削弱。汉代是通过“推恩令”使诸侯国支离破碎，无力反叛；明代是通过剥夺宗王兵权、财权并限制其外出而使其徒有其名。不同的是，汉朝七国之乱以诸侯王的失败而告终，而明朝靖难之役则以燕王朱棣的胜利而结束。

在用人政策上，朱元璋也唯刘邦马首是瞻。在天下平定之前，他与国子博士许存仁等论用人时，指出：“一代之兴，必有一代之臣。尝观汉高之兴，首资三杰。”[①]指出刘邦善于任用萧何、韩信、张良，故能成其大业，于是决心像刘邦那样选贤举能。洪武九年五月戊午，对翰林学士宋濂等人说道：“自古有国家者，未有不资贤才而能独理也。秦之时，张良、陈平、韩信皆居隐约，汉高卒用以成帝业。朕初定天下，即延揽群才，相与图治，皆因其器而任使之。今山林岩穴，岂无超群拔众之才？欲致而用之。”[②]于是，招揽了不少贤能之士，但这些人在其政权巩固之后大都遭到清洗。

在封赏功臣的制度上，朱元璋也照汉制制定。洪武二十六年三月甲戌，“上因诏翰林院稽考汉唐宋功臣封爵食邑之多寡，及名号虚实之等第，编辑为书。名曰《稽制录》。御制序文，颁示功臣”[③]。他常用刘邦分封功臣的事例做自己封赏的样板，谕礼臣曰：“人君操赏罚之柄，以御天下，必在至公。无善而赏，是谓私爱；无过而罚，是谓私恶。此不足为劝惩。朕观汉高帝斩丁公，封雍齿……皆至当，可以服人。”[④]雍齿是刘邦同乡，一同起兵，后叛去，旋复归刘，从战有功，但终不为刘邦喜欢。刘邦为了服人，仍封他为侯。

---

① 《明太祖实录》卷19，丙午年三月戊戌。
② 《明太祖实录》卷106，洪武九年五月戊午。
③ 《明太祖实录》卷226，洪武二十六年三月。
④ 《明太祖实录》卷135，洪武十四年春正月丙申。

丁公名固，是项羽将领，曾私下放走刘邦。及羽灭，他求见刘邦，但刘邦不领其情，认为他没有臣节而斩之。朱元璋对刘邦这种赏罚公正的行为表示赞赏。

在定礼制以别贵贱上，朱元璋也依照刘邦的做法。谕群臣道："古昔帝王之治天下，必定礼制以辨贵贱，明等威，是以汉高初兴，即有衣锦绣绮縠、操兵乘马之禁。"①于是他也下诏制定了礼仪之制及等级之禁。曾效仿刘邦赐富民年老者爵位。赵翼指出朱元璋"诏天下富民年八十以上赐爵里士，九十以上赐爵社士，即汉初赐民爵七大夫以上之例也"②。

当然，朱元璋在大量采用刘邦政策的同时，也作了某些批评和扬弃。如对刘邦"赐民之爵"政策作了否定，认为"汉高祖立社稷，施恩惠，赐民之爵，子孙相承为法。……无贤不肖，概赐以爵，则贤人君子何以为功？高帝诒谋若此，诚未尽善"③。所以只保留了赐长者爵位的措施。又如刑部尚书夏恕等请"大明律依汉法"，把反叛者夷三族时，朱元璋就持保留态度："汉用秦法，故谋反逆者，皆夷三族，其法太重。"④仍令照旧。但朱元璋对刘邦及其政策的批评实在太少，无法否定他对偶像刘邦崇拜的事实。如他虽然表示反对"夷三族"的汉法，事实上仍然继承了刘邦株连三族的酷刑。朱元璋对刘邦崇拜得如此虔诚，以致他在仰承刘邦洒下阳光的同时，也无法摆脱这位偶像投下的阴影。

（原刊《安徽史学》1993 年第 2 期，此处略有修改）

---

① 《明太祖实录》卷 55，洪武三年八月庚申。
② （清）赵翼著、王树民校证：《廿二史劄记校证》卷 32，第 737 页。
③ 《明太祖实录》卷 207，洪武二十四年二月丙寅。
④ 《明太祖实录》卷 251，洪武三十年三月甲戌。

从朱元璋的正统观看他对元蒙的政策

关于正统观的研究，赵令扬有《关于历代正统问题的争论》（香港学津出版社1976年版），饶宗颐有《中国史学上之正统论》（香港龙门书店1977年版），陈学霖有《中国史上政权合法性之研究——金代德运论议分析》（Seattle：University of Washington Press，1984）等专著。同时，学界还发表了一些文章，对《春秋》等书，宋代欧阳修、杨奂、郑思肖、清初王夫之等人的正统观作了探讨[①]，但尚未见有人对朱元璋的正统观作过研究，本文就此问题作一初步探研。

一

正统观是指人们对于政权传承统绪的合法性与否的认识与看

---

① 周德钧：《略论〈春秋〉对中国传统史学的影响》（《鄂州大学学报》2000年1期）、陈芳明：《宋代正统论的形成背景及其内容》（《食货月刊》第一卷第八号，1971年）、西顺藏：《北宋その他の正统论》（《一桥论丛》第30号，1953年）、陈学霖：《欧阳修〈正统论〉新释》（《宋史论集》，东大图书公司1993年版）、杨荣达：《略论王夫之的正统观》（《船山学刊》1996年2期）、王纪录与闫明恕：《正统论与欧阳修的史学思想》（《贵州社会科学》1996年1期）、钱茂伟：《杨奂、郑思肖的正统观辨析》（《史学史研究》2000年3期）、宁泊：《清人明史研究中的正统观和忠义观》（《南开学报》哲社版1996年4期）、胡克森：《论中国古代正统观的演变与中华民族融合之关系》（《史学理论研究》，1999年4期）、谢贵安：《朱元璋历史观与史学思想初探》（《江汉论坛》1997年5期）；《从朱元璋的正统观看他对元蒙的政策》（《华中师范大学学报》1994年1期）。

法。正统观源于古代的宗法制。宗法制处处强调嫡庶，正统观时时讲究正闰。由于人们的立场及观念不同，对于何者为具有合法性的正统王朝的看法也就不同。明太祖朱元璋认为，不管王朝是汉是夷，只要它统治中国相当长的时间，就是正统。因此，他认为，元朝虽是蒙古人建立的政权，但它统治中国近一个世纪，所以是正统政权。不过，随着时移世易，元朝逐步失去了它的正统地位，明朝则取代元朝而成为正统王朝。因此，元蒙君臣军民都应该奉明朝为正统。很显然，朱元璋的正统观是为自己巩固政权服务的。朱元璋的正统观对其元蒙政策影响深远。

一般说来，新建的王朝对于被自己推翻的朝代都要加以猛烈的揭露和抨击，以否定其合法性，并树立自己的合法地位。但是，朱元璋不仅不向元朝的合法性提出挑战，反倒大力肯定元蒙统治中国的合法性。他认为，元代统治中国是天命所为，“惟我中国人民之君，自宋运告终，帝命真人于沙漠入中国为天下主，其君臣父子及孙百有余年”①。又说：“自宋祚倾移，元以北狄入主中国，四海内外，罔不臣服。此岂人力，实乃天授。”②为元蒙的正统地位找到了天命论的根据。朱元璋反复强调自己及祖、父是元的良民，并非有意革元之命：“元虽夷狄入主中国，百年之内，生齿浩繁，家给人足。朕之祖、父，亦预享其太平。”③他在给退到沙漠的元幼主写信时，也承认自己是元的臣子：“朕本布衣，生长君朝承平之时，混于民间，犹勺水之下沧海，一粟之在太仓，岂有志于今日哉？”④

由于把元朝视为正统，因此朱元璋对所俘获的元宗室及将臣就

---

① 《明太祖实录》卷28下，吴元年十二月甲子。
② 《明太祖实录》卷26，吴元年十月丙寅。
③ 《明太祖实录》卷53，洪武三年六月癸酉。
④ 《明太祖实录》卷77，洪武五年十二月壬寅。

十分优待礼遇。当元帝诸孙买的里八剌等被俘获后，大臣杨宪等建议像唐太宗那样举行献俘仪式时，朱元璋坚决反对，认为那样会有辱元朝，指出："太宗是待王世充，若遇隋之子孙，恐不行此礼……虽古有献俘之礼，不忍加之。"[①]他在给元幼主的信中自白道："朕观前代，获他君子孙，必献俘庙社，夸示国中。其初亦有待之以恩，授之以爵者，及其后也，非鸩即杀，虽君家亦尔。宋之幼主，削发为僧，终不免于一死。在朕则不然，君之子至京师，今已三年，优待有加，君宜遣使取归。"[②]朱元璋并封买的里八剌为崇礼侯，赏赐不断。如洪武三年七月丙辰，赐给他母妃以下镀金首饰60副、纱罗布衣服60套[③]；八月乙丑，赐给崇礼侯及威顺王妃家人薪米[④]；九月戊申，又赐给他马、羊、豕各一，使祭其祖[⑤]。

除了对元孙买的里八剌优待外，对其他元朝亲属封王也都十分礼遇。如洪武六年夏四月己卯，赐故元太子沙加失里高丽布6匹，文绮、帛各4匹[⑥]；洪武三年七月乙巳，命户部增凶威顺王妻子及三大王力只哈帖木儿家属、脱火思公主等月给粮米[⑦]；二十一年二月甲子，赐鞑靼王子的哥列沙等140人夏布各20匹，忙哥秃儿等6人各10匹，并分别任以指挥、千户之职[⑧]；八月甲子，又赐故元吴王朵儿只及其将校2900余人钞1万锭，绢11700匹；二十四年十二月乙卯，赐故地鞑靼大王察罕不花等11人宅第各一，钞各千余锭。此外，朱元璋对归附的元朝大臣也予以善待。如洪武四年八月辛巳，

① 《明太祖实录》卷53，洪武三年六月癸酉。
② 《明太祖实录》卷77，洪武五年十二月壬寅。
③ 《明太祖实录》卷54，洪武三年七月丙辰。
④ 《明太祖实录》卷55，洪武三年八月乙丑。
⑤ 《明太祖实录》卷56，洪武三年九月戊申。
⑥ 《明太祖实录》卷81，洪武六年四月己卯。
⑦ 《明太祖实录》卷54，洪武三年七月乙巳。
⑧ 《明太祖实录》卷188，洪武二十一年二月甲子。

赐故元平章阿寒柏、知院满答剌、廉访使纳速尔丁等44人罗衣有差，寻又赐以冠带，二十年十一月乙酉，又赐故元丞相也速塔儿钞及文绮、衣衾、靴袜。

对于那些不归降自己，但能为元尽忠的将领，朱元璋也给予表彰，因为他把元朝视为一代正统之朝。洪武六年九月戊辰，朱元璋遣人祭元朝故将察罕帖木儿，表彰他对元朝的忠诚，祭文说："草之劲者非疾风不显，人之忠者，非乱世难明……尔乃能陈兵于野，请命于朝，进退有方，君命是听，当时是忠心昭如五曜，号令严若冰霜，所以动天地感鬼神，所向克捷，以其忠之所致也夫！"[①]对于与自己抗拒到底的元将，朱元璋竟也嘉其忠节。如他为坚守集庆至死的江南行台御史大夫福寿立庙赠官，"初，上定金陵，以福寿能秉节死义，既为之立庙，至是，复议赠其官，以为人臣劝"。更为奇怪的是，朱元璋能接受元朝的立场，当他下令议赠福寿官时，"礼部上言：'元已赠福寿浙江行省左丞相、上柱国，追封卫国公，谥忠肃……'上是之，于是止令春秋二时遣官于庙致祭。因谕侍臣曰：'疾风知劲草，板荡识忠臣。其福寿之谓乎！'"[②]

既然承认元朝的正统地位，那么从元朝手中夺取天下就是谋逆。为了解决这一矛盾，朱元璋巧妙地提出了自己"取天下于群雄之手，不在元氏之手"的辩解。并认为元朝的正统地位已经结束，天命已把正统的桂冠戴在了明朝的头上。认为元代统治中国百年之后，"今运亦终。其天下土地人民，豪杰纷争，惟臣（朱元璋自称），帝（指上帝）赐英贤，为臣之辅，遂戡定诸雄，息民于野"[③]。还说："天运循环，中原气盛，亿兆之中，当降生圣人，驱

① 《明太祖实录》卷32，洪武元年六月。
② 《明太祖实录》卷81，洪武元年四月己卯。
③ 《明太祖实录》卷28下，吴元年十二月甲子。

逐胡虏，恢复中华。”[1]他又在给元幼主书中指出：“自辛卯盗起汝、颍、蕲、黄间，君家天运已去，人心已离，四海土崩瓦解，朕观君父子国势不振，民罹荼毒，始议兴师，保身救民，一时群雄僭称名号者，尽为朕所俘虏。虽君之父子，亦不能守宗庙社稷，北遁沙漠。此天运也，人力有不可为！”[2]这样，他把明朝取代元朝居于正统地位，归咎于天命。

按照朱元璋的看法，既然元运已去，明得正统，那么在中原腹地就应该清除胡俗，消弭元蒙的影响。为此，朱元璋做了大量的工作。洪武四年十二月乙巳，“上以军民行礼尚循胡俗，饮宴行酒多以跪拜为礼，乃命省臣及礼部官定为仪式，申禁之”。礼部则请“其余一切胡礼悉禁勿用”。五年三月辛亥，命礼部重定官民相见礼。“先是，元俗官僚相见辄跪一足为礼，拜礼则厌之。自即位之初，即加禁止。然旧习不能尽革，至是复定为仪节，令颁示之。”朱元璋还下令改正元蒙火葬、水葬习俗：“近世狃于胡俗，死者或以火焚之，而投其骨于水。孝子慈孙，于心何忍？伤恩败俗，莫此为甚！其禁止之！”

对于元蒙遗俗进行坚决的清除，但对于元蒙遗民强调一视同仁。只要这些人奉明朝为正统，都能得到与汉人相等的权利。他在《伐中原檄》中宣称：“如蒙古、色目，虽非华夏族类，然同生天地之间，有能知礼义，愿为臣民者，与中夏之人抚养无异。”蒙古、色目人有保持自己姓氏的权利。当时不少蒙古、色目人纷纷改为汉姓，朱元璋发现后加以禁止，下诏指出：“天生斯民，族属姓氏，各有本源。古之圣王尤重之，所以别婚姻，重本始，以厚风俗也。……

---

① 《明太祖实录》卷26，吴元年十月丙寅。
② 《明太祖实录》卷77，洪武五年十二月壬寅。

蒙古、诸色人等，皆吾赤子，果有材能，一体擢用。此闻入仕之后，或多更姓名，朕虑岁久，其子孙相传，昧其本源，诚非先王致谨氏族之道。中书省其告谕之。如已更易得，听其改正。”在任官上也不分民族，一体任用。洪武四年正月己亥，朱元璋对御史台臣说：“元时任官，但贵本族，轻中国之士，南人至不得入风宪，岂是公道？朕之用人，惟才是使，无间南北。”在这种民族平等思想的指导下，明初任用了不少蒙古人为官。如洪武八年正月丙子，以故元降将锁纳儿加为御史台治书侍御史；洪武二十三年正月辛巳，以鞑靼指挥安童为刑部尚书。朱元璋还重视蒙古军人，常以他们为先锋。如洪武十三年八月乙亥，以故鞑靼、色目将士在军中者661人为先锋；二十年四月癸未，朱元璋谕告燕王朱棣道：“故地旧官阿速哈剌儿、伯颜忽里二人，今授以指挥之职，令其官领达达军士……果能骑射，则以此符给之，令充先锋……慎无轻慢纵弛。指挥号令，务在得宜。”[①]朱元璋还主张与蒙古人通婚，如洪武四年九月丙辰，他下令娶故元太傅中书右丞相河南王扩廓帖木儿（蒙古人养子）妹妹为秦王朱樉之妃。这除了有拉拢扩氏之意外，还反映他汉蒙一家的民族平等思想。在《明律·户律》中，规定只要两相情愿，准许蒙古人与汉人通婚。

二

朱元璋既然认为“天革元命”，元的正统地位已被明所取代，那么他就希望元朝残余势力能够奉明为正统，安于天命，归降自己，

① 《明太祖实录》卷181，洪武二十年四月癸未。

若不能归降，起码也应遣使通好，在名义上奉自己为正统。为此，他用宋事金元的历史来谕示他们。

朱元璋对待残元的第一步措施是劝降，洪武二年八月庚寅，他遣使谕元将扩廓帖木儿，说："昔帝王之得天下，当大功垂成之际，尤必广示恩信，虽素相仇敌者，亦皆收而并用之。所以法天地之量而成混一之业也。"并劝道："必能知时达变，慨然来归，果能革心从顺，文武智谋当一一用之，有愿还乡者听。"[①]他还遣故元平章长寿等捎书谕元丞相也速："今我军已集幽蓟，待衅而动，将军宜深思之，上以图存其君之宗社，下以保全其地之民人，岂不识时之俊杰哉！"[②]朱元璋对自己已成正统非常自信，常劝元将"知时达变"，成为"识时之俊杰"。洪武三年五月丁巳，他又遣使谕元辽东守将纳哈出，指出"天革元命"，自己是"赖天地之灵"，以致大局已定，劝纳哈出"哲人知机，毋贻后悔"[③]，赶快归降。四年正月壬寅，写信给故元臣秃鲁劝道："若省朕言，自度力有不及，他无所往，则诚心来归，待尔之意必不薄也。"[④]五年七月辛未，朱元璋又遣使赍书谕故元国公白琐住，用天命论正统观劝其归降道："古云：胡虏无百年之运。尔读书者，安得不知？自五胡乱华以来，胡人虽欲窃据中国，未尝有过百年之数者。今元运既及百年，其数已尽，古语可谓验矣。朕本淮右布衣……数年之间，刬削群雄，遂平元都，中原底定，四海为一，岂非天意？为尔之计，当出诣有司，慷慨归朝，则全家保生，共享升平。"[⑤]朱元璋还常常让那些已归降的元臣回去招降旧部，如洪武三年九月戊申，故元降将江文清、杨思祖等至京，朱元璋赐赉甚

---

① 《明太祖实录》卷44，洪武二年八月庚寅。

② 《明太祖实录》卷47，洪武二年十一月丁未。

③ 《明太祖实录》卷52，洪武三年五月丁巳。

④ 《明太祖实录》卷60，洪武四年正月壬寅。

⑤ 《明太祖实录》卷75，洪武五年七月辛未。

厚，并谕之曰："历代兴废天运之常，尔自远来归，可谓能识废兴之机……遣还招部曲，谕使来归。其蒙古有愿来附者，即令诣边将送至京，朕皆有以处之。"[①]四年十二月乙巳，又命亦纳失里、喜山往塔滩之地收集其部众。

即便不能劝降，朱元璋也希望这些元朝残余势力能够与明遣使通好，奉明为正统，保持连续和平。洪武三年四月己巳，遣使致书谕元主道："前者二次遣使致书久而未还，岂被留而然与？以予计之，殆君之非谋也。君之意，心曰吾尝为天下主，以四海为家，彼昔吾之民耳，岂可与通问乎？……君者，天下之义主，顾天命人心何如耳！盖天命之去留，由民心之向背。……今日之事，非予所为……此诚天命，非人力也。君又何致怨于其间耶？君其奉天道，顺人事，遣使通好，庶几得牧养于近塞，藉我之威，号令其部落，尚可为一邦之主，以奉其宗祀。若计不出此，犹欲以残兵出没为边民患，则予大举六师，深入沙漠，君将悔之无及矣。"又于四年六月戊申，给故元臣驴儿写信道："今尔所守封疆，与朕边将旌旗相望，不甚相远。若不通一介之使，则恐将军他日进退两难！……若通信使，进退自由，则有无穷之乐……若能通使，进退在我，岂不成大丈夫之智耶？将军听朕所谕，幡然改悟，结我以善后，他日遇难来依，朕不食言。"[②]

朱元璋为了让残元与明通好，奉明为正统，还用宋对金、元以弱事强的故事劝说他们事明奉朱。洪武五年十二月壬寅，朱元璋遣使带信给元幼主说："自古国家必有兴废，以小事大，理势之常，贤者智者，亦所乐行，而不以为辱。昔我中国赵宋将衰之际，为金

① 《明太祖实录》卷56，洪武三年九月戊申。
② 《明太祖实录》卷66，洪武四年六月戊申。

所逼，迁都于杭，纳以岁币。其后金为君家所灭，君家亦遣使于宋，收纳岁币，一如金时，虽疆界有南北之分，而前后延祚百五十年。此小事大之明验也。”又给北元辅臣刘仲德、米彦德二人写信劝道：“昔者人臣致君以善，爱君有终，各有其道，道各有方，如赵宋事金，安享富贵百五十年。此无他，处之各得其道。”并放还元幼主之子买的里八剌，同时在信中告诫二辅臣不要教元主绝父子之道：“毋教人以倔强，盖小敌之坚，大敌之禽也。”①若二臣与明通好，奉明正统，则元主也可长奉宗祀，永保富贵，否则大军征讨，身败名裂。

朱元璋的劝降政策起到了一定的效果，蒙古人都纷纷降明。如洪武四年八月癸卯，故元宗王子巴都麻失里、沙加失里、院使汪家奴等来降，贡马20匹及献铠甲器仗；十五年十一月甲寅，故元平章月鲁帖木儿及其官属来降，朱元璋赐其钞；二十一年六月甲辰，故元降将完者帖木儿归附明朝，受到奖赏；九月癸巳，故元将哈剌海等并阿札失里来降；九月甲午，故元司徒阿速、知院琐住率所部官属81人来降。所有归降的元蒙旧臣都获得了丰厚的赏赐。

朱元璋的通好政策也获得了初步的成功，不少元蒙将臣都来朝，奉明为正统，愿与明保持和平。如洪武四年三月戊子，故元宗王子任八隔巴入朝；六年四月癸未，故元知院撒尔扎拜弟卜颜帖木儿等来朝献马；二十一年十一月壬申，故元国公哈剌章男玉出忽儿秃哈进马213匹。无一例外，他们都受到了朱明王朝的丰盛奖赐。

但是，朱元璋对元蒙的招降通好政策未能完全起到作用。元朝的残余势力一直在北方对明王朝起着威胁和骚扰。到正统年间，遂发生了土木之变，大明天子在征残元时兵败被俘。不过，朱元璋制

① 《明太祖实录》卷77，洪武五年十二月壬寅。

定的通好政策，也一度使明与蒙古保持了友好关系。直到万历时期，明朝封蒙古主俺答为顺义王，其妻三娘子为忠顺夫人，保持了边疆和平。

三

与明代其他恪守华夷之辨的学者相比，朱元璋的正统观还是比较先进的。明代成化十七年（1481）丘濬撰《世史正纲》，称："有华夏纯全之世，汉唐是也。有华夏割据之世，三国是也。有华夷分裂之世，南北朝及宋南渡是也。有华夷混乱之世，东晋及五代是也。若夫胡元入主中国，则又为夷狄全纯之世焉。噫！世道至此，坏乱极矣。此《世史正纲》所由作也。窃原天下之理，惟圣贤之意，以严万世夷夏之防，于元之混一天下，依《纲目》南北朝五代例，分书其年号于甲子之下。洪武元年春正月，太祖即皇帝位，复中国之统。自有天地以来，中国未尝一日无统。虽五胡乱华，而晋祚犹存，辽金僭号，而宋系不断。未有中国之统尽绝，而皆夷狄之归如元之世者也。三纲既沦，九法亦斁，天地于是乎易位，日月于是乎晦冥，阴浊用事，迟迟至九十三年之久。中国之人，渐染其俗，日与之化，身其氏名，口其言语，家其伦类，忘其身之为华，十室而八九矣。不有圣君者出，乘天心之所厌，驱其类而荡涤之，中国尚得为中国乎？"[①] 这里把元蒙当作历史上最乱正统的晦冥之世，称为"世道至此，坏乱极矣"。此论与朱元璋承认"自宋祚倾

---

① （明）丘濬：《世史正纲》，转引自饶宗颐：《中国历史上之正统观》（上海远东出版社1996年版）第165页。

移，元以北狄入主中国，四海以内，罔不臣服，此岂人力，实乃天命”，因而具有正统地位的观念截然相反。如果说作为理学名臣丘濬的正统观受到朱熹理学观念深刻影响的话，那么作为一个质朴的农民革命家的朱元璋在对待元蒙正统地位上的态度，则显然没有那么多的复杂和多虑。

通过以上的论述可知，朱元璋的正统观时刻影响着他对元蒙的政策：初奉元朝为正统，以为元朝入主中国是上天所定，因此对所俘之元宗室优待有加，不加凌辱，并善待元之将臣，还为元的忠诚死节之士立庙赠谥。曾自白道：“朕以一旅之众，从淮渡江……未知天命所向，无必取天下之心。凡遇元臣忠于所事者，未尝不悯其劳而惜其无成。”随着朱元璋在军事上的节节胜利，认为天命已移向自己，明朝已成为正统之朝，因此清除元蒙在中原的习俗，“复汉官之威仪”，并用宋事金元的史实劝说残元势力归降自己，或与明通好，奉明为正统。值得推崇的是，他在元蒙北遁、明居正统之后，对那些奉朱明为正统的蒙古遗民，采取一视同仁的民族平等政策，保持其姓氏，与之通婚，一体任官。不过在朱元璋的潜意识中，仍然把蒙古视为夷狄，称为“胡虏”，对他们不能始终如一地信任。当有人告燕山中护卫指挥使阿鲁帖木儿、留守中卫指挥使乃儿不花有逆谋时，朱元璋竟以偏概全地认为“二人之来归也，朕知其才可用，故任之不疑，今反侧乃尔，何胡人之心不诚如是乎！”

（原刊《华中师范大学学报》1994 年第 1 期，此处略有修改）

明代《汉书》经典化与刘邦神圣化的现象、原因与影响

《汉书》成书于东汉，此后在史学史上获得了很高的地位，被称作“正史”，并列为“前四史”之一，受到文人士大夫的喜爱。宋代文人即有喜读《汉书》的风尚。[①]但《汉书》到了明代，从史学意义上的典籍，一下子上升到政治意义上的经典，得到中国社会空前的关注和重视，并形成了研读《汉书》的社会风尚，与此相应，《汉书》中最重要的主角汉高祖刘邦，也获得了极大的尊崇，被急剧地神圣化和偶像化，从而对明代社会产生了广泛而深远的影响。关于明初《汉书》和刘邦之受重视，学界有所涉及[②]，但未专力于此，笔者曾撰文有所讨论[③]，亦未及深论，现因发现更多相关史料，笔者对此问题又有了进一步的认识，因撰此文，以飨读者并就教方家。

---

① （明）何良俊在《四友斋丛说》卷5《史一》（中华书局1959年版，第46页）中指出，欧阳修、苏轼、黄庭坚等皆酷爱读《汉书》。

② 吴晗在《朱元璋传》（人民出版社1985年，第228页）中提到朱“对历史特别爱好，《汉书》、《宋史》都是常读的书”；又向燕南在《史学与明初政治》（《浙江学刊》2002年第2期）中指出：“朱元璋喜欢读史，他所研读过的史著，从《左传》、《史记》、《汉书》到《唐书》、《宋史》，多达六七十种，并常常就一些史学问题与儒臣讨论。”

③ 参见拙文：《朱元璋偶像崇拜与政策走向》，《安徽史学》1993年第2期。

一、明代《汉书》的经典化

在明朝最高统治者的力行并倡导下，《汉书》被前所未有地推上了政治经典的地位，成为上至皇帝、下至臣民阅读的宝典。朱元璋及其继承者朱允炆、朱瞻基、朱翊钧等均对《汉书》十分痴迷；明代宗室藩王也以《汉书》作为讲读的重要教材；风流所及，明代儒臣乃至老妇也都有阅读《汉书》的爱好，至有读《汉书》30遍者。习读《汉书》的风尚，使《汉书》在明代社会广为刊印、收藏和传播。

将《汉书》推上经典地位的强力人物，首先是大明王朝的开国之君明太祖朱元璋。他酷爱研读《汉书》，甚至达到了手不释卷的程度，并且常就《汉书》中的问题与大臣展开讨论。早在追随红巾军起义的戊戌年（1358），朱元璋就留下了阅读《汉书》的记载。据《明太祖实录》卷15载，甲辰年（1364）五月丙子："上朝罢，退御白虎殿，阅《汉书》。侍臣宋濂、孔克仁等在侧。"朱元璋便与二人讨论"汉之治道不能纯乎三代"的责任，孔克仁认为"责在高祖"，而朱元璋认为责在文帝。《明太祖宝训》卷3《评古》载，吴元年（1367）十一月戊寅，"太祖阅《汉书》"，与侍臣讨论"汉高以追逐狡兔比武臣，发踪指示比文臣"的譬喻及其意义。同上又载，洪武十八年六月辛卯朔，"上阅《汉书》"，然后与侍臣讨论汉文帝的为人和用人之道。《明太祖实录》卷207载，洪武二十四年二月丙寅，"上阅《汉书》赐民爵之令"时，对汉高祖的这一措施进行了一番评价，发表了个人的看法。

有些记载，虽未直接点明朱元璋在读《汉书》，所读内容却是《汉书》的一部分，如本纪或列传。《典故纪闻》卷4载：洪武十二年十一月甲午朔，"太祖观《武帝纪》，顾谓翰林侍臣曰：'人君理财之道，视国如家可也。一家之内，父子不异赀，其父经营储积，未有不为子孙之计者，父子而异赀，家必隳矣。君民犹父子也，若惟损民以益君，民衣食不给，而君独富，岂有是理哉？’”这里的《武帝纪》，便是《汉书·武帝纪》。《明太祖实录》卷43，洪武二年六月庚午，“上读《叔孙通传》，至鲁两生不肯行，因谓侍臣曰：‘叔孙通虽云窃礼之糠秕，然创制礼仪于煨烬之余，以成一代之制，亦可谓难矣。如两生之言，不无迂耶。若礼乐必待百年而后可兴，当时朝廷之礼废矣。朕闻先王之礼，因时制宜。孔子亦曰：“期月三年必世。”盖亦因时制宜之谓。若谓必待百年，则诚迂矣。’”这里的《叔孙通传》，乃是《汉书·叔孙通传》。

明太祖朱元璋不仅自己研读《汉书》，还大力倡导臣民阅读。《明史·郭云传》载，“元主北奔”时，湖广行省平章政事郭云坚守不降，大将军徐达遣指挥曹谅围而擒之，系送京师。“太祖奇其状貌，释之。时帝方阅《汉书》，问：‘识字否？’对曰：‘识。’因以书授之，云诵其书甚习。帝大喜，厚加赏赐。”在统治者的示范和倡导下，研读《汉书》成为广泛的社会风尚。

明朝后嗣君主继续开展研习《汉书》的活动。朱元璋的接班人惠帝朱允炆，将乃祖诵读《汉书》的传统发扬光大。在他即位之后，《汉书》成为明代皇帝经筵日讲的重要内容。据《姜氏秘史》卷2载，唐愚士因方孝孺推荐，“拜翰林侍读，赐以冠带，俾与孝孺俱领修书事，且同以《前汉书》进读”。这里的“进读”，便是在经筵日讲时为惠帝讲授《汉书》。宣宗朱瞻基全面继承了明太祖喜读《汉书》的传统。宣德二年三月辛丑，宣宗罢朝，御左顺门。少师吏部尚书蹇义侍侧。上曰：“朕昨读《汉书》，观其所载循吏，有感于心，因序论之。今以示卿，卿宜有以副朕意。”[①]万历二十四年十

① 《明宣宗实录》卷26，宣德二年三月辛丑，台湾“中央研究院”历史语言研究所1962年校印。

二月丁丑，奉明神宗朱翊钧之命，“国子监奏进《汉书》三十册”以供神宗“留览”。[1]

在研习《汉书》的风气下，《汉书》自然成为明初太子、宗室子弟的讲读内容，表明该书已成为明宗室教育的重要教材。据《明太祖宝训》卷2《教太子诸王》载：洪武元年正月丙戌，“太祖御文楼，太子侍侧，因问近与儒臣讲说经史何事，对曰：‘昨讲《汉书》七国叛事。’遂问：‘此曲直孰在？’对曰：‘曲在七国。’太祖曰：‘此讲官一偏之说，宜言景帝为太子时，尝设博局杀吴王世子，以激其怒。及为帝，又听晁错之说，轻意黜削诸侯土地，七国之变，实由于此。若为诸子讲此，则当言藩王必上尊天子，下抚百姓，为国家藩辅，以无挠天下公法。如此，则为太子者知敦睦九族、隆亲亲之恩，为诸子者知夹辅王室以尽君臣之义。’”燕王朱棣也受过《汉书》的熏陶，当他起兵“靖难”后，朝廷派李景隆为帅，他听后大喜，说道：“汉高祖大度，知人善任使，英雄为用，不过能将十万。九江（即李景隆——引者）何等才，能将五十万？”[2]据《明史·杨溥传》载，杨溥于永乐初“侍皇太子为洗马。太子尝读《汉书》，称张释之贤。溥曰：‘释之诚贤。非文帝宽仁，未得行其志也。’采文帝事编类以献，太子大悦”。可见永乐时太子（即仁宗朱高炽）也常读《汉书》，并且从杨溥的行为观之，此时儒臣一改朱元璋时抬高祖、贬文帝的做法，有以汉文帝模式培养太子的意图了。明襄王瞻墡显然也受过《汉书》的教育。天顺元年，襄王瞻墡来朝，谒陵后上章对景帝的陵墓“越礼犯分”表示“不胜愤悼”，指

---

① 《明神宗实录》卷305，万历二十四年十二月丁丑，台湾“中央研究院”历史语言研究所1962年校印。

② 《明太宗实录》卷4上，建文元年九月戊寅，台湾“中央研究院”历史语言研究所1962年校印。

出："伏睹皇太后制谕废之如昌邑王。臣阅《汉书》，霍光因昭帝无后，援立昌邑以承汉祀，而无篡夺之非。后因过恶荒淫，数其罪而废之，复其原爵。其郕王祁钰承皇上寄托之权，而乃乘危篡位，改易储君，背恩乱伦，荒淫无度，几危社稷，岂特昌邑之比乎！"结果英宗下令毁掉了景帝的寿陵。[①] 从襄王的上章中得知，他对《汉书》是十分谙熟的。

明代臣民受皇室的影响，习读《汉书》的热情高涨。明初大臣多攻读过《汉书》。叶兑、李善长、叶伯巨、王叔英等都以汉朝史实为例上过奏疏，说明他们都熟读过《汉书》。明正统天顺间，吏部尚书王直在《赠杨知县归省序》中称自己"始读《汉书·循吏传》而慨慕其人，思欲自试于一县"[②]。同时的浙江按察副使张和"既仕犹学，读《汉书》必三十遍"[③]。弘治三年十月辛酉，河南裕州知州许纶以汉廷尉张释之"祠墓俱在，岁久荒废"，上疏称"谨按《汉史》：释之事文帝侃直不阿，论列皆有益治体，而于刑狱尤为尽心"，要求"有司岁春秋致祭"。[④] 表明他对《汉书》也相当熟悉。直到明代中后期，仍有不少史料证明士大夫还对《汉书》保持着浓厚的阅读兴趣。嘉靖中，陆深"以祭酒侍经筵，因争阁臣改窜讲章，谪延平府同知"，南贬行程中撰成《南迁日记》，"纪其南行道路所经，以舟中日读《汉书》，故评史之语亦杂载其间"。[⑤] 嘉靖

---

① 《明英宗实录》卷278，天顺元年五月癸酉，台湾"中央研究院"历史语言研究所1962年校印。

② （明）王直：《抑菴文后集》卷18《序》，影印文渊阁四库全书本，台湾商务印书馆1986年版。

③ （明）蒋一葵：《尧山堂外纪》卷85《国朝》，续修四库全书本，上海古籍出版社。

④ 《明孝宗实录》卷44，弘治三年十月辛酉，台湾"中央研究院"历史语言研究所1962年校印。

⑤ （清）纪昀等：《四库全书总目》卷64《史部二〇·传记类·存目六》，影印文渊阁四库全书本。

间曾任福建参议的宗臣看来比较喜欢读《汉书·循吏传》，称："余读《汉书》，所称《循吏传》，未尝不投翰而叹也。"[①]又说："余读《汉书》，所称《循吏传》，至勤天子玺书赞诵锡采章庸，当是时，天下之人靡不瞿然惊已，洒然喜也。"[②]万历间，李桢称自己"读《汉书》萧望之从夏侯胜狱中受书事，又未尝不贤其人视死不二，利害不怵也"[③]。天启元年十月十一日，江西道御史王心一疏救科臣倪思辉、朱钦相时，在奏疏内称："臣尝读《汉史》，至文帝有所幸，慎夫人与皇后同席坐。中郎将袁盎引却慎夫人坐，帝怒，慎夫人亦怒。及盎以尊卑有序对，帝悦。"[④]

明代甚至妇孺也习读《汉书》。刘子威已故的夫人顾孺人，刚毅有远见，刘子威"念无可共［供］养父母者，颇鬻所遗田，渐以至壁立"，而"孺人素读《汉书》，谓：'贡禹老且自强，卖田为应召装。今子方强仕，顾不出而卖田，余岁之谓何？妾知之矣。'"[⑤]不仅读，而且引以为用。

明代臣民常以熟知《汉书》而受人尊重或自感骄矜。正德丁丑岁，武宗阅《文献通考》，天文星名有"注张"，问钦天监，该监也不知为何星。"内使下问翰林院，同馆相视愕然。"熟读《汉书》的杨慎答道："注张，柳星也。《周礼》以注鸣者，注，咮也，鸟喙也，音咒。南方诸鸟七宿，柳为鸟之咮也。《史记·律书》：'西至于注张。'《汉书·天文志》：'柳为鸟喙。'"因取《史记》、《汉书》

① （明）宗臣：《宗子相集》卷12《文部上·赠曾公叙》，影印文渊阁四库全书本。
② （明）宗臣：《宗子相集》卷12《文部上·赠陶先生之封川令叙》。
③ （明）李桢：《杨爵墓表》，见《杨忠介集附录》卷4《墓表》，影印文渊阁四库全书本。
④ （明）李长春：《大明熹宗都察院实录》卷2，天启元年十月十一日，台湾"中央研究院"历史语言研究所1962年。
⑤ （明）王世贞：《弇州续稿》卷106《文部·墓志铭》，影印文渊阁四库全书本。

二条示内使以复[1]，因而受到同僚的尊敬。万历间，李日华“尝与时辈宴集，征《汉书》一事，具悉本末，指其腹笑曰：‘名下宁有虚士乎！’其自喜如此”[2]。看来，他对精通《汉书》是颇为自负的。如果不通《汉书》，将会遭到耻笑。成化间，有吏建言时事，礼科给事中忌之，以“激厉风俗”之“厉”不从“力”，参送法司问罪。陆容在《菽园杂记》卷5中嘲笑科臣“不知‘厉’本古字，《汉书》凡云‘风厉’、‘勉厉’，皆不从‘力’。此吏亦不能自明，二人盖未尝读《汉书》故也”。

受明代社会诵读《汉书》成风的影响，《汉书》成为明代刻印和收藏的重要典籍。由于《汉书》被奉为经典，传播及于边鄙，因此需求量增多，刻印便成为要务。正统六年五月丙申朔，广东按察司佥事彭琉上奏建议“储载籍以养士”：“广东僻在遐荒，绝无商贩往来。凡百载籍，目所未见，故人不知学，成才甚艰。乞给《两汉》、《史记》诸书，敕令有司刻印以广其传。仍令各学生员自备纸墨，或于罪犯纸中量给印用，庶士类得以诵习，可冀有成。”[3]上命有司议之。与此同时，收藏《汉书》也成为时尚。嘉靖万历间的高濂认为“藏书以资博洽，为丈夫之生平第一要事”，而收藏图书“若坟典、六经、《骚》、《国》、《史记》、《汉书》、《文选》为最，以诗集百家次之，文集道释二书又其次也”，并称自己“见宋刻大板《汉书》，不惟内纸坚白，每本用澄心堂纸数幅为副，今归吴中，真不可得”。[4]羡慕之情溢于言表。

明朝社会不仅孜孜不倦地诵读《汉书》，而且还将《汉书》及

---

① （明）焦竑：《玉堂丛语》卷1《文学》，中华书局1981年版，第27—28页。
② 《明史·王惟俭传》。
③ 《明英宗实录》卷79，正统六年五月丙申朔。
④ （明）高濂：《遵生八笺·燕闲清赏笺》上卷，巴蜀书社1988年版。

其所载汉事奉为朝廷的言行依据和政策指南，这既是《汉书》经典化的表现，也是《汉书》经典化的结果，将在下文详述。

二、明代刘邦的神圣化

在将《汉书》经典化的同时，明朝也将汉高祖刘邦神圣化。

作为开国之君，刘邦的形象在“宣汉”背景下，于《史记》与《汉书》中得到光辉的展现。此后地位开始下降，特别是到了宋元时期，刘邦的形象甚至被还原为流氓无赖。北宋仁、神间官吏张方平在《题汉高祖庙歌风台》二绝句中，对刘邦的描写是：“纵酒疏狂不治生，中央有土不归耕。偶因乱世成功业，更向翁前与仲争。”“落魄刘郎作帝归，樽前感慨大风诗。淮阴已接英彭族，更欲多求猛士为？”① 到元代，睢景臣（约 1275—1320）《高祖还乡》更是嘲讽了刘邦的无赖面目：“你须身姓刘，你妻须姓吕，把你两家儿根脚从头数：你本身做亭长耽几盏酒，你丈人教村学读几卷书。曾在俺庄东住，也曾与我喂牛切草，拽坝［耙］扶锄。春采了桑，冬借了俺粟，零支了米麦无重数。换田契强秤了麻三秤，还酒债偷量了豆几斛。有甚胡突处？明标着册历，见放着文书。少我的钱，差发内旋拨还；欠我的粟，税粮中私准除。只道刘三谁肯把你揪捽住？白甚么改了姓，更了名，唤做汉高祖！”② 充满了对刘邦的不敬和嘲讽。

然而，到了明初，自认为与刘邦身世相同的朱元璋，开始大力推

① （明）李诩：《戒庵老人漫笔》卷 6《张安道题汉高二绝》，中华书局 1982 年版，第 258 页。

② （元）睢景臣：《哨遍套·高祖还乡》，见林庚、冯沅君主编《中国历代诗歌选》，人民文学出版社 1979 年版，第 842 页。

行神化和圣化刘邦的措施，使刘邦的地位陡然升高，形象光芒四射。

首先，明初朝廷通过造神运动，将汉高祖的牌位提到很高的位置，仅居于三皇五帝和三王之后。“洪武初，建帝王庙于南京鸡鸣山之阳，以祀三皇五帝、三王、汉高祖、光武、唐太宗、宋太祖、元世祖。”①

此事源于洪武三年（1370），朱元璋“遣使访求古帝王陵寝”，各省上报的有79陵，礼官考其功德昭著者36人，其中便有汉高祖刘邦。②至洪武六年八月乙亥，朱元璋又“命礼部参考历代帝王开基创业有功于生民者立庙祀之”。于是礼部尚书牛谅提出了25人的名单，并投其所好，提议“汉高祖、光武、唐高祖、太宗、宋太祖、元世祖宜令有司就各陵立庙，每岁仲春以少牢致祭”③。牛谅的提议是“就各陵立庙”，而朱元璋则决定在京师立庙致祭汉高祖等开国之君。是月乙酉日，“建历代帝王庙于京师”，经过筛选，只确立了18位帝王的牌位，将汉高祖立于庙中比较显著的位置。④次年八月甲午朔，“上躬祀历代帝王于新庙”，新庙中去掉了周文王，剩下了包括汉高祖在内的17位古帝王。其祭祀顺序是先诣三皇神位前致祭，次诣五帝神位前，次诣三王神位前，次诣汉高祖、光武、隋文帝神位前，次诣唐太宗、宋太祖神位前，次诣元世祖神位前。⑤洪武十年二月己酉朔，“遣官祀历代帝王凡十七位”，即太昊伏羲氏、炎帝神农氏、黄帝轩辕氏、帝金天氏、帝高阳氏、帝高辛氏、帝陶唐氏、帝

---

① （明）郎瑛：《七修类稿》卷12《国事类·帝王功臣庙》，上海书店出版社2001年版，第125页。

② 《明太祖实录》59，洪武三年十二月庚午，台湾“中央研究院”历史语言研究所1962年校印。下同。

③ 《明太祖实录》卷84，洪武六年八月乙亥。

④ 同上，洪武六年八月乙酉。

⑤ 《明太祖实录》卷92，洪武七年八月甲午朔。

有虞氏、夏禹王、商汤王、周武王、汉高祖皇帝、汉光武皇帝、隋高祖皇帝、唐太宗皇帝、宋太祖皇帝、元世祖皇帝。①洪武二十一年二月，更将庙中牌位顺序作了调整，“去隋文帝，凡十六帝，为五室，中三室居三皇五帝三王如旧，最东一室则汉高祖、光武、唐太宗，最西一室则宋太祖、元世祖”②。同时，祭历代帝王仪也有一些改进：“赞诣三皇神位前，搢笏，执事官以帛进于献官，奠讫，执事官以爵进，赞献爵凡三，出笏；次诣五帝神位前，爵凡五；次诣三王神位前，爵凡三。次诣汉高祖、光武、唐太宗神位前，爵凡三；次诣宋太祖、元世祖神位前，爵凡二，仪并同前。”③汉高祖的祭祀礼仪显然高于宋太祖和元世祖，汉光武和唐太宗也是跟着汉高祖沾光，受三爵之礼。在不断缩减的名单中，宁肯去掉圣人周文王，也不愿去掉汉高祖。明廷通过以上礼制建设，将汉高祖列于周武王之后，直入古圣贤之列，甚或有继武王而承法统之意。朱元璋君臣通过一整套祭祀古帝王的仪式，将心中的偶像刘邦扶上了神位。

其次，明代君臣还通过造圣运动，将刘邦打扮成无人能及的帝王。为了圣化刘邦，所有与刘邦比较的君主，都被明初君臣刻画得相形见绌。朱元璋对刘邦显然偏爱有加，超过任何汉代君主，亦超过唐太宗等英明之主。甲辰年五月丙子，朱元璋与侍臣宋濂、孔克仁等人论“汉之治道”“霸王相杂”的责任。孔克仁说：“责在高祖。”朱元璋则予以反驳：“高祖创业之君，遭秦灭学之后，干戈战争之余，斯民憔悴，甫就苏息，礼乐之事固所未讲。独念孝文为汉令主，正当制礼作乐以复三代之旧，乃逡巡未遑，遂使汉家之业终于如是。夫贤如汉文而犹不为，将谁为？帝王之道贵不违时，有其

① 《明太祖实录》卷111，洪武十年二月己酉朔。
② 《明太祖实录》卷188，洪武二十一年二月戊午。
③ 《明太祖实录》卷189，洪武二十一年三月乙酉。

时而不为，与无其时而为之者，皆过也。三代之王，盖有其时而能为之，汉文有其时而不为耳，周世宗则无其时而为之者也。'"[①]认为责任在汉文帝身上。洪武十八年六月辛卯朔，朱元璋又对侍臣说："汉文恭俭玄默则有之矣，至于用人，盖未尽其道。"显然认为汉文帝不如高祖。洪武十八年三月癸亥，"太祖与侍臣论汉之诸帝，侍臣有言明帝亦聪明之主。太祖曰：'人主不以独见为明，而以兼听为聪，通于人情，明于是非，则聪明得其正矣。若屑屑于细故，则未免苛察。上苛察则下急迫，反有累于聪明也。'"[②]至于汉武帝，朱元璋对其"损民以益君，民衣食不给"[③]的行为提出了批评。对于汉高祖与唐太宗，朱元璋明显偏袒前者。《明太祖宝训》卷3《评古》载：丙午年（1366）九月乙巳，朱元璋问侍臣曰："汉高祖、唐太宗孰优？"侍臣对曰："太宗虽才兼文武，而于为善未免少诚。高祖豁达大度，规摹弘远。先儒尝论汉大纲正，唐万目举。以此观之，高祖为优。"[④]这种回答显然是投其所好。洪武二十四年八月乙卯，朱元璋与侍臣论汉高帝听张良之言，即销六国印一事，朱元璋赞叹道："高祖闻一善言即能感悟，如此者，安得不兴？后之为君者少有及之。"侍臣说："汉高以后，若唐太宗亦能从善，故其为治亦有可称。"朱元璋则反驳道："凡人有善，不可自矜，自矜则善日削；有不善不可自恕，自恕则恶日滋。太宗常有自矜自恕之心，此则不如汉高也。"[⑤]

宣宗皇帝对朱元璋尊刘主张亦步亦趋。宣德五年（1430）三月戊午，"上御武英殿，偶与侍臣论汉以下创业诸君。侍臣有言汉高帝

---

① 《明太祖宝训》卷3《评古》，台湾"中央研究院"历史语言研究所1962年印。
② 同上。
③ （明）余继登：《典故纪闻》卷2，中华书局1981年版，第60—61页。
④ 又见于《明太祖实录》卷21，丙午年九月乙巳。
⑤ 《明太祖宝训》卷3《评古》。

之大度，有言唐太宗之英武，有言宋太祖之仁厚，不相下者。上曰：'唐太宗、宋太祖皆假借权力，袭取天下。唐太宗惭德尤多。汉高帝及我朝太祖皇帝，起布衣，光明正大，可比而同。……'侍臣皆叩首以为至论。"[①]宣德六年九月壬申，宣宗"退朝，偶与侍臣论汉唐诸君知人孰优"。有的人说："汉高帝用萧、曹，唐太宗用房、杜，皆称得人。"宣宗辩解道："太宗非汉高比也。其论萧何、曹参、王陵、陈平、周勃，后皆如所言。太宗遗命李世勣，最为失当。汉高优矣！自古人君知人为难，信哉！"[②]宣德八年六月戊寅，"上与侍臣论汉高帝、唐太宗皆开创之主。侍臣有盛称太宗英武过高帝者。上曰：'太宗才胜，高帝义胜。高帝不事诗书，而大义了然；太宗文雅足称，而大义未明。'"[③]看来，宣宗与朱元璋一样，处处护着汉高祖刘邦。

受统治者圣化刘邦观念的影响，一般臣民也将刘邦的无赖行为作了英雄般的粉饰。不孝的刘邦，成了智慧的化身。明人所撰《鹖林子》卷5将刘邦不顾父亲死活的流氓行为与冼夫人不顾儿子的爱国行动相提并论："昔汉高以天下之故，不顾太公，而卒全其太公。冼氏以守国不顾其子，而卒全其子。汉高以智，冼氏以义，合而观之，两奇事也。"不义的刘邦，成了保全功臣的善人。在朱国祯《涌幢小品》卷14《保全功臣》中，善用兔死狗烹和鸟尽弓藏之术的刘邦，被描写成"闻（韩）信死，且喜且怜，亦是真情所发。其赦栾布，亦是怜韩信之余。然则二人之死，逼于地位，未可尽罪高帝。至元功十八人，无一人强死者，则汉高之保全亦至矣，而坐以杀功臣，可乎？"无信的刘邦，也成了豪放的巨人。明人著作《笑赞·

---

① 《明宣宗实录》卷64，宣德五年三月戊午。

② 《明宣宗实录》卷83，宣德六年九月壬申。

③ 《明宣宗实录》卷103，宣德八年六月戊寅；又见《明宣宗宝训》卷1《圣学》。

贺礼》称："有人遇喜庆事，其友封银一钱往贺，书银封云：'银五分，赊五分。'已而此友亦有贺分，其人以空封书云：'银一钱，除五分，赊五分。'赞曰：汉高祖贫时，与人庆贺，空封上写着万钱，英雄举动自别。此二人者，皆虮虱之类也。"无情的刘邦，也成了胸怀大计的英雄。冯梦龙《情史》卷14《情仇类》更宣称："高宗与汉高帝不同。高帝是英雄心事，一步百计，欲割小爱以就大事。高宗本是杂情奴才，后来则一味怕婆而已。"纵囚不忠的行为，也被粉饰成仁的举动。王阳明在《王心斋全集·语录上》从心学角度，对汉高祖刘邦进行了赞美："汉高之有天下，以纵囚斩蛇一念之仁。韩信之杀身，以听彻袭齐一念之不仁。故人皆有恻隐之心，苟能充之，足以保四海，苟不充之，不足以保四体。"甚至贬斥儒生的刘邦，也有人认为具有先见之明。《谷山笔麈》卷11《筹边》称："汉高帝曰：'为天下安用腐儒也！'此言诚过，然天下事为迂措大所坏者不少矣！"并以明代之事相解说："今有元勋世臣专任万里之外，朝廷不以威德钤制，使之效死，而使一二白面书生日操惠文三尺，摘其微细，使其局蹐俯仰，救过不赡，非便计也。"强调"书生不知大体，误国家事往往如此，令人短气"。

汉高祖刘邦就这样从上到下地被神圣化，成为明代君臣乃至国民心中的偶像。

三、《汉书》经典化与刘邦神圣化的原因

《汉书》经典化与刘邦神圣化是一个过程的两个方面，其深层的原因，还是为明朝统治集团的政治服务。说穿了，将《汉书》经典化是为了抬高刘邦和汉朝的地位，而抬高刘邦和汉朝的地位，最终

目的是为了抬高朱元璋和明朝的地位。在明初君臣看来，朱元璋的成功取决于对虽出身低微但成就帝业的刘邦之政策的承袭和发扬，而大明王朝的合法性则源于大汉王朝史无前例的成功与辉煌之中。

明初举事的朱元璋集团，对刘邦集团有一种天然的认同感。这是因为“明祖以布衣起事，与汉高同，故幕下士多以汉高事陈说于前，明祖亦遂有一汉高在胸中”①。家乡相邻（濠州与丰沛毗邻）、出身相同，使得朱元璋君臣相信他们一定会像刘邦集团那样获得成功。朱元璋君臣甚至与汉初布衣格局对号入座。朱元璋封李善长时“制词比作萧何，褒称甚至”②。朱元璋对于刘基“每恭己以听”，尝谓：“吾子房也！”嘉靖间有人提议刘基宜配享高庙，封世爵。下廷臣议，众臣皆言：“高帝收揽贤豪，一时佐命功臣并轨宣猷，而帷幄奇谋，中原大计，往往属基，故在军有‘子房’之称。”③可见，刘基被当作汉之张良，是明代人所共知的事实。当朱元璋亲信僧人、疏离大臣时，给事中陈汶辉上疏劝言：“今勋旧耆德，咸思辞禄去位，而缁流憸夫，乃益以谗间，如刘基、徐达之见猜，李善长、周德兴之被谤，视萧何、韩信其危疑相去几何哉！”④这里实际上是将徐达比作韩信。由于韩信因“谋反”被诛，因此不便明说，只好朦胧其事。但民间的小说《英烈传》则直接将徐达与韩信相对应，称朱元璋欲拜大将时，李善长推荐了徐达，并说：“昔日汉高祖问萧何谁人可将，萧何对说：‘周勃敦厚少知，灌婴爱欲不明，樊哙勇而无才，王陵气小不大。凡为大将者，仁、智、信、勇、严，缺一不可。国君好贤，贤才必至。’高祖因聘募天下豪杰，不上二月，韩信

① （清）赵翼著、王树民校证：《廿二史劄记校证》卷32，第737页。

② 《明史·李善长传》，中华书局1974年版。

③ 《明史·刘基传》。

④ 《明史·李仕鲁传》。

弃楚投汉，遂设坛拜他为天下掌兵都元帅，后来抚有汉祚。”因推荐徐达，说“若得此人，大事可成”[①]。显然是将徐达视为汉之韩信。既然李善长是明代的萧何，刘基是明代的张良，徐达是明代的韩信，那么朱元璋也就是明代的刘邦了。《明史》的作者已发现了朱元璋自比刘邦的内心隐秘：“太祖以汉高自期。”[②]

朱元璋一直是将刘邦视作自己的偶像和导师的。在与大臣们讨论汉史时，对汉高祖刘邦充满了崇拜和赞美之词。如歌颂刘邦善于用人、窥透时势、待时而定的睿智。《明太祖实录》卷16，乙巳年（1365）夏四月庚子。朱元璋谓孔克仁曰：“汉高祖起自徒步，终为万乘，何也？”孔克仁对曰：“由其知人善任使。”朱元璋问：“如卿言，汉高止此乎？”克仁对曰：“然！”朱元璋分析道：“周室陵夷，天下分裂，秦能一之，弗能守之。陈涉作难，豪杰蜂起。项羽矫诈南面称孤，仁义不施而自矜功伐。高祖知其强忍而承以柔逊，知其暴虐而济以宽仁，卒以胜之。及羽死东城，天下传檄而定，故不劳而成帝业。譬犹群犬逐兔，高祖则张置［罝］而坐获之者。”并顺势将自己与刘邦联系起来：“方今天下用兵，豪杰非一，皆为勍敌。我守江左，任贤抚民，伺时而动。若徒与之角力，则猝然难定。”[③]朱元璋还对刘邦善于用人终成大业表示景仰。《明太祖宝训》卷3《评古》载：丙午年三月戊戌，朱元璋与国子博士许存仁等论用人，他说：“一代之兴，必有一代之臣。尝观汉高之兴，首资三杰。”反观自己虽也效法前辈“凭赖英贤”，但“天下纷纷，未定于一”，不免有点焦虑。[④]

---

① 《英烈传》第8回“郭光卿起义滁阳”，古本小说读本丛刊，中华书局1996年版。

② 《明史·孔克仁传》。

③ 《明太祖实录》卷16，乙巳年夏四月庚子。又见于《明太祖宝训》卷1《经国》。

④ 又见于《明太祖实录》卷19，丙午年三月戊戌。

朱元璋还时时将刘邦君臣之事挂在嘴边。吴元年（1367）冬十月甲子，朱元璋对进军山东的参政傅友德面谕道："此行汝当努力。昔汉高祖与项羽争衡，彭越宣力于山东，今用师自山东始。汝其勉之！"[①]朱元璋劝人归降，也顺手拈来刘邦的事迹。洪武五年秋七月辛未，遣使赍玺书谕故元国公白琐住"当出诣有司，慷慨归朝"，"然量尔之心迟疑不敢出者，为益都屠城之故，有所畏忌。果如是尔，所见者小。朕不如是也！昔汉高祖尝为季布所窘辱尚且赦之，况朕于尔初无纤芥之憾尔！何疑焉？"[②]

他还处处模仿刘邦的行事。丙午年（1366）四月庚申，朱元璋回凤阳谒陵后，对博士许存仁等发表议论道："吾昔微时，自谓终身田野间一农民尔。及遭兵乱，措身行伍，亦不过为保身之计，不意今日成此大业！自吾去乡里十有余年，今始得归省陵墓，复与诸父老子弟相见，追思曩时，诚可感也！"许存仁等迎合上意，回答说："主上一念之仁，故天人为之属心。今归故乡，顾念桑梓，抚喻亲故，眷眷不忘，虽汉高祖之待沛中父老，恩意不是过也！"[③]《皇明纪略》也记载过"太祖发建康往濠州省陵墓"事，"濠父老经济等来见，上与之宴欢甚"，并点明"此与汉高过沛使父老佐酒事同"。洪武十六年三月丙寅，朱元璋谓户部臣曰："凤阳朕故乡，皇陵在焉。昔汉高帝生于丰，起于沛，既成帝业，而丰、沛之民终汉世受惠。朕今永免凤阳、临淮二县税粮徭役，宜榜谕其民，使知朕意。"[④]直接指明自己善待家乡的行为是受刘邦影响的。朱元璋还模仿刘邦封雍齿之举，对于"元主北奔，中原悉下，独坚守裕州，屡出战不

① 《明太祖实录》卷26，吴元年冬十月甲子。
② 《明太祖实录》卷75，洪武五年秋七月辛未。
③ 《明太祖实录》卷20，丙午年四月庚申。
④ 《明太祖实录》卷153，洪武十六年三月丙寅。

降”的被俘元朝将领郭云，“以其忠义，仍加赏赐，授溧水知县，民咸称之。上益以为贤，特升南阳卫指挥佥事”，病死后，“其长子洪年十三，上特命为飞熊卫指挥佥事”。并下制令曰：“昔之君天下者，尤必褒崇忠义之士，故汉高祖美雍齿而斩丁公。”[①]他多次提到并赞美汉高祖封雍齿的行为。据《典故纪闻》卷4载：太祖谕礼部臣曰：“人君操赏罚之柄以御天下，必在至公，无善而赏，是谓私爱，无过而罚，是谓私恶，此不足以为劝惩。朕观汉高帝斩丁公，封雍齿，唐太宗黜权万纪、李仁发，而赏魏徵之直，皆至当，可以服人。所谓赏一君子而人皆喜，罚一小人而人皆惧。朕于赏罚，未尝敢轻，若一时处分或有未当，卿等宜明白执论，宁使赏厚于罚，但不可滥及，使小人侥幸耳。”

明代大臣窥透太祖朱元璋的上述心理，自觉不自觉地将明太祖与汉高祖相提并论。自许为萧何的李善长，当朱元璋问他“四方混乱何时能定”时，回答说：“秦乱，汉高起布衣，豁达大度，知人善任，不嗜杀，五载成帝业。今元政不纲，天下土崩瓦解，公濠产，距沛不远，山川王气，公当受之，法其所为，天下不足定也！”[②]朱元璋听后连连称善。李善长在手录皇陵碑后，声称：“惟古先帝王，若虞舜、汉高祖，皆起自侧微，以成德业之盛。盖天将降大任于圣明，必先有以起之。”并以汉高祖影射明太祖：“今皇上述二亲之劬劳，与夙昔之出处；刻石以昭先烈，俾后世子孙，知积累之厚、创业之难，思以继承无疆之基。”[③]洪武元年（1368）八月壬午，以克元都表至，群臣上表称贺礼毕，侍臣复进曰：“自昔革命之际，以臣取君者多，惟汉高祖取秦起自民间。今陛下不阶尺土一民，以定天

① 《明太祖实录》卷90，洪武七年六月。
② （清）夏燮：《明通鉴》前编卷1，至正十四年。
③ （明）郎瑛：《七修类稿》卷7《国事类·皇陵碑》，第72页。

下，元主遁归沙漠，兵不黩武，跨越千古。”[①] 吴元年十二月癸丑，中书省左相国李善长率文武百官奉表劝进朱元璋登基时，便深悉其心理，称“昔汉高帝既诛项籍，群下劝进，亦不违其请。今殿下除暴乱，救生民，功塞宇宙，德协天心，天命所在，诚不可违！”[②] 有人甚至认为朱元璋与刘邦的庙号与谥号都相同：“太祖庙号与汉祖同，故今尊称曰太祖，曰高皇帝，则得矣。（太字是庙号，高字是谥号。）近见刻国朝一书，曰‘我高祖皇帝’，其于汉祖，亦曰‘汉高祖’，不知原是（汉）太祖，非（汉）高祖也。亦当有辨。”[③] 明末清初，蒙正发在《三湘从事录·跋》中叹曰：“国祚中兴，何代蔑有？高皇帝提三尺剑长驱逐北，拨转倒置之乾坤，得天下之正，与汉高等。”《甲申传信录》卷6《赤眉寇略》也一语中的：“高皇帝得天下类汉高。”

将朱元璋与刘邦相提并论的落脚点，还是为了抬高朱元璋的地位，因此，明代君臣总要找出一些朱元璋高于刘邦的地方来。如朱元璋在评论他的偶像时，有时不免自以为是。一次，他对“汉高以追逐狡兔比武臣，发踪指示比文臣”的譬喻，虽然肯定“最切”，但仍指出“语则偏重”，接着称自己是文武并重，无偏无颇的：“朕谓建立基业，犹构大厦。剪伐斫削，必资武臣；藻绘粉饰，必资文臣。用文而不用武，是斧斤未施，而先加黝垩；用武而不用文，是栋宇已就，而不加涂塈。二者均失之。为天下者，文武相资，庶无偏颇。”[④] 洪武二十四年，朱元璋阅读《汉书》到赐民爵时，谓侍臣曰：“汉高帝立社稷，施恩惠，赐民之爵，子孙相承以为法。或遇有

① 《明太祖实录》卷34，洪武元年八月壬午。

② 《明太祖实录》卷28上，吴元年十二月癸丑。

③ （明）朱国祯：《涌幢小品》卷2《庙号》，文化艺术出版社1998年版，第25页。

④ 又见于《明太祖实录》卷27，吴元年十一月戊寅。

事，辄赐民爵至二级者，又听民转移与子，甚无谓也。夫爵所以命有德。《礼》曰：‘以贤制爵。’爵岂可滥及乎？且天下之人，无贤不肖，概赐以爵，则贤人君子何以为劝？高帝诒谋若此，诚未尽善。”[①]宣宗有一次称“汉高帝及我朝太祖皇帝，起布衣，光明正大，可比而同”，然后话锋一转：“然高帝除秦苛政，而礼文制度不修，我太祖皇帝剪除群雄，革前元敝俗，申明中国先王之教，要为过之。”[②]大臣们也认为明太祖比汉高祖更为了不起。在为朱元璋盖棺定论时，史臣将他与刘邦加以比较：“上以天纵之资，起自田里，遂成大业。……功德文章巍然焕然，过古远矣。……汉高虽起徒步，尚籍亭长挟纵徒集所附；上不阶寸土，一民呼吸，响应以有天下，方册所载未之有也。”[③]郎瑛的观点与此相似：“自古帝王之兴，皆位逼势敌，有以成其私志。汉祖虽微，亦为泗上亭长，岂特有如我太祖不阶尺土者耶？……此可见天生豪杰上圣之资，不可与常人等也。”比较的结果是太祖优于高祖。

学史是为现实服务的。对《汉书》和刘邦的推崇，其最终目的是为了抬高朱元璋及其所建立的明朝的地位，这才是明朝统治者集团将《汉书》经典化并将刘邦神圣化的真正原因。

四、《汉书》经典化与刘邦神圣化的影响

《汉书》的经典化与刘邦的神圣化，对明代政治和文化产生了广泛而深远的影响。

---

① 《明太祖宝训》卷3《评古》。
② 《明宣宗实录》卷64，宣德五年三月戊午。
③ 《明太祖实录》卷257，洪武三十一年闰五月辛卯。

首先，《汉书》所载的西汉事例和刘邦言行，成为明代士大夫奏疏中劝谏的重要依据，甚至成为锐利的武器。明宣宗时，范济诣阙上书，以汉初事为例反对朝廷穷兵黩武："兵者凶器，圣人不得已而用之。汉高祖解平城之围，未闻萧、曹劝以复仇。""伏望远鉴汉、唐，近法太祖，毋以穷兵黩武为快，毋以犁庭扫穴为功。"[①]正统八年（1443）六月丁亥，翰林院侍讲刘球同样以此劝英宗不可派兵缅甸："汉高帝以武定天下，非不善兵，然被匈奴挫于白登，终不报怨，知天厌兵也。"[②]正德十二年秋七月癸巳，巡按直隶御史张钦劝谏好游的武宗："人言纷纷，谓陛下欲过居庸关，巡行宣大。臣意陛下非事慢游，必深愤虏贼也。此虏谲诈凶狠，惟可命将御之，不必自与之角。汉高祖经百战之余，所统者皆良将，且围于白登七日。我英宗不听大臣之言，自出亲征，遂有己巳之变。……万一不虞，将如之何？"[③]正德时，刑科给事中顾济对"武宗自南都还，卧病豹房，惟江彬等侍"一事进行劝谏："陛下孤寄于外，两宫隔绝，骨肉日疏。所恃以为安者，果何人哉。汉高帝卧病数日，樊哙排闼，警以赵高之事。今群臣中岂无哙忧者。愿陛下慎择廷臣，更番入直，起居动息，咸使与闻。一切淫巧戏剧伤生败德之事，悉行屏绝，则保养有道，圣躬自安。"[④]正德十六年八月乙未，户部左侍郎秦金等在听说"置皇庄及差管各庄官校臣"后，上奏指出"以万乘之尊，下与匹夫分田，以宫壶之贵，下与小民争利，非盛世之事也"。并用撒手锏劝谏道："昔汉高皇令民得田故秦苑囿园池，武帝罢养马苑，昭帝罢中牟苑，均以赐民，下至元帝，亦以三辅公田及苑囿可省者

① 《明史·范济传》。

② 《明英宗实录》卷105，正统八年六月丁亥。

③ 《明武宗实录》卷151，正德十二年秋七月癸巳，台湾"中央研究院"历史语言研究所1962年校印。

④ 《明史·顾济传》。

振业贫民，后世以为美谈。”刚即位的世宗“览奏，深用恻然”，听从了秦金的劝谏。[①] 户部尚书汪应蛟对熹宗以东西方用兵，骤加赋数百万加以劝谏：“汉高帝称萧何之功曰：‘镇国家，抚百姓，给饷馈不绝，吾不如萧何。’夫给馈饷而先以抚百姓，故能兴汉灭楚，如运诸掌也。今国家多难，经费不支，势不得缓催科，然弗爱养民力，而徒竭其脂膏，财殚民穷，变乱必起，安得不预为计？”帝嘉纳焉。[②] 天启五年六月壬午，御史李灿然针对超擢过滥引汉例道：“若汉高帝之于绛、灌，拔一城而陷一阵，然后增数级之官，其立拜大将如淮阴侯者能几人哉？”[③] 以此反对超擢。天启六年（1626）三月辛酉，太常寺卿曹思诚等反对熹宗派宦官监军，并说：“昔汉高从谏如流，文帝止辇受言，汉业以兴。”但昏庸的熹宗称其“显是沽名”，不过也“姑不究”。[④] 为了劝刚愎自用的崇祯皇帝纳谏，言官也在疏中引用汉高祖的大度气量和风范作例。崇祯四年（1631）十二月己卯，南京云南道试御史李日辅上疏，针对“皇上内臣之遣至再至三”，置“群臣交章论列”于不顾，指出：“昔汉高不事诗书之主也，印铸促销，至今诵之曰豁达。皇上聪明典学，其于古今握兵之宦官岂不稔焉？”[⑤] 以此要求崇祯像汉高祖销毁六国印那样撤回宦官。崇祯五年十二月庚午，原任云南道御史王象云针对首辅周延儒“止以票拟一事为尽职”的不作为行为，指出：“将谓钱谷非辅臣职耶？彼汉高帝经营天下，何以萧何运粮关中？”[⑥] 以此证明辅臣应当关心钱谷等

---

① 《明世宗实录》卷5，正德十六年八月乙未，台湾“中央研究院”历史语言研究所1962年校印。

② 《明史·汪应蛟传》。

③ 《明熹宗实录》卷60，天启五年六月壬午，台湾“中央研究院”历史语言研究所1962年校印。

④ 《明熹宗实录》卷69，天启六年三月甲辰朔辛酉。

⑤ 《崇祯长编》卷54，崇祯四年十二月己卯，台湾“中央研究院”历史语言研究所1962年。

⑥ 《崇祯长编》卷66，崇祯五年十二月庚午。

事。南明时张岱上书鲁王，也通过引用汉史来指责马士英，称：“当其提兵凤、泗也，闯贼犯都，思宗殉难；君父临危，按兵不救。如汉高追项羽失利，与韩信、彭越期会不至。然汉高尚在固陵，而先帝竟死社稷；较之韩、彭，其坐视更恶！”[①]由上观之，《汉书》所载刘邦集团的经验和事例，不仅成为明代君臣经常谈论的话题，而且还成为明朝统治集团经常引用的经典范例和重要依据。

其次，《汉书》所载西汉政治和刘邦政策，成为明代的政策指南和制度依据。举荐人才的措施，受到刘邦征召隐逸的启发。洪武九年（1376）五月戊午，朱元璋对宋濂等说：“秦之时，张良、陈平、韩信皆居隐约，汉高卒用以成帝业。朕初定天下即延揽群才，相与图治，皆因其器而任使之。今山林岩穴岂无超群拔众之才，欲致而用之，其道何由？”遂接受了宋濂“取士莫善于乡举里选，用人莫善于因能任官，任官莫善于久居不迁”[②]的建议。封赏制度上也模仿刘邦的措施。洪武二十一年，朱元璋在一份诏诰中指出：“德懋懋官，功懋懋赏，此古圣王之定制也。所以汉高立国，悉侯诸将”，并以此追封仇成为皖国公。[③]天启七年（1627）七月丁丑，巡关御史梁梦环叙宁锦战功时，“盛称厂臣德被四方，勋高百代。发踪指示，汉高待酂侯之懿典足征；尚父维师，周武笞齐公之成谟可考”[④]，要求封赏监军的宦官。熹宗许之。“实京师”的政策也来自刘邦的实践。洪武二十四年七月一日，谕工部臣曰：“昔汉高祖徙天下豪富于关中，朕初不取。今思之，京师天下根本，乃知事有当然，不得不尔。朕今亦欲令富民入居京师，卿其令有司验丁产殷富者，分遣其

① （明）张岱：《石匮书后集》卷48，《马士英、阮大铖列传》。

② 《明太祖实录》卷106，洪武九年五月戊午。

③ 《明太祖实录》卷192，洪武二十一年秋七月辛巳。

④ 《明熹宗实录》卷86，天启七年七月丁丑。

来。”于是工部徙天下富民，至者凡5300户。[①]着装上的仪制，也以汉高祖措施为据。洪武三年（1370）七月，太祖尝谓廷臣曰：“古昔帝王之治天下，必定礼制，以定贵贱，明等威。是以汉高初兴，即有衣锦绣绮縠、操兵乘马之禁，历代皆然。近世风俗，相承流于僭侈，闾里之民，服食居处与公卿无异，而奴仆贱隶往往肆侈于乡曲，贵贱无等，僭礼败度，此元之失政也。”于是省部定职官自一品至九品房舍、车舆、器用、衣服各有等差，违者罪之。[②]礼乐的考订也受到刘邦的影响，明孝宗“欲弘礼乐之化，益隆先烈而未悉其道”，便在制书中引用汉代故实“汉高帝尝命叔孙通定礼乐”，所以要求“礼部会试中式举人伦文叙等三百人”，“援据经史，参酌古今，具陈之”，而“朕将亲览焉”。[③]刑法制度的确立，也以汉代为重要依据。明太宗敕谕中外文武群臣道：“为治之道在宽猛适中，礼乐刑政施有其序。……汉高祖初定天下，命萧何定律令，韩信申军法。至文景，挟书之律、肉刑之惨一皆除之。”要求群臣“至于用刑，必钦必慎，期于刑措，用臻康理，以上不负皇考创业之艰，而朕于守成之道，亦庶几焉”[④]。至于封宗室、杀功臣、宏宫室、息民等政策，无不受到汉高祖刘邦的影响。[⑤]

复次，《汉书》的经典化，引起了明代臣民对《汉书》研究的浓厚兴趣。他们编撰了有关汉朝的史事及名臣言论。宁献王朱权“洪武中奉敕编次”《汉唐秘史》卷2。[⑥]明太宗时曾命翰林儒官黄淮、杨士奇等采古名臣直言，如张良对汉高，邓禹对光武，诸葛亮对昭烈，及贾谊、董仲舒、刘向、陆贽等奏疏，各类次以便观览。

① 《明太祖实录》卷210，洪武二十四年秋七月丙戌朔。

② （明）余继登：《典故纪闻》卷2，第36页。

③ 《明孝宗实录》卷148，弘治十二年三月甲戌。

④ 《明太宗宝训》卷4《谕群臣》，台湾“中央研究院”历史语言研究所1962年印。

⑤ 参见拙文：《朱元璋偶像崇拜与政策走向》。

⑥ 《明史·艺文志二》。

书成，赐名“历代名臣奏议”[1]。这一题材的编著，代有其人。正德间工部郎中姜绸撰有《汉名臣言行录》8卷。万历间礼部尚书、东阁大学士李廷机复撰《汉唐宋名臣录》5卷，都将汉代名臣言行作为重要的内容收录。有些学者对《汉书》作了文字上的校正。正统成化间嘉禾人周鼎，字伯器，“在家手抄《两汉书》，就校其误”[2]。不少人还对《汉书》进行了专题研究。成化间陆容《菽园杂记》卷15设专篇对《汉书》进行了研究，认为“班孟坚《汉书》，大抵沿袭《史记》。至于季布、萧何、袁盎、张骞、卫霍、李广等赞，率因《史记》旧文稍增损之，张骞赞，即《史记·大宛传后》。或有全用其语者”，但又认为“前作后述，其体当然”。他还指出《司马相如传赞》，“乃固所自为，而《史记》乃全载其语”，显然是“后人剿入”。嘉靖间杨慎对《汉书》的“约法三章”提出了新见，但歙县黄生在所撰《义府》卷下予以驳斥：“约法三章，杨用脩读《汉书·高帝纪》‘与父老约法三章耳’，以‘约’字句绝，谓后人作连读者误。然考之纪末云：‘初顺民心，作三章之约。’又《刑法志》云：‘约法三章。’知班史本不以‘约’字为句也。”嘉靖间何良俊在《四友斋丛说》卷5中，对《汉书·游侠传》序论作了研究，指出：“《汉书·游侠传》序，其说稍近正，文章则去太史公远甚，二篇不可并观矣。”还将《汉书》与《史记》在屈原、贾谊史料选择上的优劣作了评判：“太史公以贾谊与屈原同传，故但载其《吊屈原文》与《鹏赋》二篇而已。然谊所上政事书，先儒称其通达国体，以为终汉之世其言皆见施用；又其所论贮积与铸钱诸事，皆大有关于政理，是何可以不传？班固取入《汉书》传中，最是。”又对《汉书·东方朔传》作了评价：“不承袭褚先生之语而自立论。其

---

① 《明孝宗实录》卷169，弘治十三年十二月戊申。

② （明）王锜：《寓圃杂记》卷5《周伯器》，中华书局1984年版，第37页。

序董偃事，亦周匝顿挫，宛如画出，能用太史公法。其取《设客难》与《非有先生》论二篇，文章亦甚奇伟。如谏罢上林苑与对武帝‘朕何如主’诸语，其剪裁去取皆妙。便可与《史记》角立。”另外，还对《汉书》的《杨王孙传》、《胡建传》、《杨子幼传》等进行了讨论。明末吴江诸生朱鹤龄在其《读〈汉书〉》一文中，对《汉书》的编纂思想作了探究：“古者，史官世守其传，为专家之业。至东汉犹然。故《汉书》叙传首述班氏世系，次述叔皮及己之文章，以见源流相续，其体同于《史记》。但《史记》曰‘作’某纪‘作’某传，而《汉书》曰‘述’，言不敢自居于‘作’云尔。”又分析《汉书》“四夷而后及外戚者，斥之也。汉熸于外戚，故斥之。次及元后，著汉之所以亡也。终于王莽，而汉室之兴亡具焉。若以《外戚》次《本纪》后，则全失作史微旨”[①]。具体研究之外，还有对《汉书》的整体评价。何良俊指出：“班孟坚书，虽无太史公之奇，然叙事典赡，亦自成一家之言，故世之言史者，并称‘史汉’。盖以为《史记》之后便有《汉书》。”[②]明代研究《汉书》的专著有戴璟的《汉唐通鉴品藻》30卷、许相卿的《史汉方驾》、凌稚隆的《汉书评林》等。

最后，对《汉书》的经典化，还引起了明代文坛之文风的转向。明代学者发现《汉书》文笔可观，故明弘治至嘉靖间人陆深在《俨山集》卷97告诫家人：“吾家有（苏）老泉批点《孟子》，可读；其次多读《汉书》，韩文、《左传》却被近时学坏了，成一套子矣。”弘治正德间李梦阳等“前七子”提出了“文必秦汉”的文学复古主张，应该与明代《汉书》的经典化有一定的关系。一般都认为中国文学之宝是汉赋、唐诗、宋词、元曲，而明末人则以“汉史”

---

① （明）朱鹤龄：《愚菴小集》卷13《杂著一》，影印文渊阁四库全书本，台湾商务印书馆1986年版。

② （明）何良俊：《四友斋丛说》卷5《史一》，中华书局1959年版，第45页。

取代了“汉赋”的地位，李渔指出：“历朝文字之盛，其名各有所归，‘汉史’、‘唐诗’、‘宋文’、‘元曲’，此世人口头语也。《汉书》、《史记》，千古不磨，尚矣。”汉史中，又把《汉书》置于《史记》之上，则是《汉书》经典化给明代“世人”及李渔所留下的深刻烙印。[①]在此背景下，嘉靖间宣大巡抚李铎便编撰《西汉菁华》14卷，万历至崇祯间人申用懋则编有《西汉文苑》12卷，将汉代的文章作为明人效仿的标准范本。

五、余论

由于明朝开国之君朱元璋的个人身世，使其对汉高祖刘邦高度认同，由此兴起了一场《汉书》经典化和刘邦神圣化的运动，并在明代君臣的行为取向、政策指向、史学倾向和文学转向等各个方面产生了广泛的影响。经典化《汉书》和神圣化刘邦，实质上表明了明初统治集团对汉初刘邦政策的模仿取向。模仿不同于创新，其效应可能会立竿见影，但亦会逐渐递减甚至发生变异，在汉代成功的政策，在明代便可能走样。如刘邦的封宗室和景帝的削藩，已产生过吴楚七国之乱的深刻教训，而朱元璋与惠帝不以为戒，依样画葫芦，便造成了既相似却又相反的结果：靖难之役的爆发及中央政权的颠覆。这一决策失误与明太祖模仿汉高祖杀功臣致使朝廷无人又紧密相连。经此一役，明太宗对汉高祖的崇拜难觅踪影，但宣宗时《汉书》的经典地位和刘邦的神圣偶像又得到全面肯定。

需要指出的是，对这场经典化和神圣化运动应予正确估计。《汉书》并非朱元璋君臣遵循的唯一经典；对《汉书》的尊崇和刘邦的

---

① （清）李渔：《闲情偶寄》，《词曲部·结构第一》，作家出版社1995年版，第10页。

崇拜因时而异，随着时间的流逝，有逐渐变淡的趋势，君主阅读《汉书》的记载，到英宗之后难以寻觅，只有神宗有过“留览”《汉书》的要求。同时，对《汉书》的尊信和刘邦的崇奉，也因人而异，明太祖、明惠帝、明宣宗显得十分突出，而太宗则明显淡薄一些，至于臣民的信奉程度更是有较大幅度的差别。此外，明代对《汉书》和刘邦并非总是正面赞扬和全盘接受，也有对其教训加以鉴戒的。如太祖和宣宗都曾批评刘邦“不能正内”导致吕氏几乎篡权①。太宗则在一份谕令中指出：“昔汉高帝定天下，韩、彭遭屠戮，后世论高帝不能保全功臣，而亦诮韩、彭不能自保。使汉高能明法以训下，韩、彭能守法以事上，岂遽至此？”②就有以汉高祖为戒之意。明代士人姚福在《青溪暇笔》卷下对朱元璋一再赞扬的诛丁公、封雍齿行为亦大加揭露，认为“汉高之诛丁公，是以帝王之略，济其权谋之心”。这说明，一个由政治家强力掀起的经典化和神圣化运动，会随着时间的流逝和新皇帝的兴趣转移而渐趋平缓；同时高居庙堂的政治人物借雷霆之威推行的读经运动，在达到社会基层和个人思想层面时不可能取得全然一致的效果。

然而，我们又不能不承认开国君臣如朱元璋辈在一朝历史上所起的奠基性作用和深远的影响。从总体上来看，直到明末，对《汉书》的遵循和对刘邦的迷信都始终存在，形成了明代历史上十分明显而又奇特的社会现象。

（原刊《长江大学学报》2008年第2期，此处略有修改）

---

①《典故纪闻》卷5；《明宣宗实录》卷38，宣德三年二月。

②《明太宗实录》卷93，永乐七年六月辛亥。

论明代儒臣与宦官对明代皇帝娱乐的影响和较量

一

明代儒臣与宦官围绕皇帝娱乐开展的竞争与斗争，实导源于皇帝在工作与娱乐之间的矛盾性。工作与娱乐关系处理好的话，将会相得益彰。然而，在征服自然能力比较低下的时代，“严肃的人们，感到人生的责任和尊严，便反对正确行为的目的在于享乐这种学说。在他们看来，快乐往往是一种诱唆；有时候他们甚至认为回避快乐是一种美德”。人生的主要责任是要创造衣食所需以抵御和避免可怕的灾难，“相形之下，就不禁感到寻乐是极其无聊，也不禁感到纵情娱乐、爱恶无常的生活必然会不知不觉间陷入丧生的危险”。[①] 在中国传统的农业社会，人们正是把工作与娱乐看成是相互排斥的，正如韩愈在《进学解》中所说：“业精于勤，荒于嬉。”

在中国古代社会，皇帝的工作与娱乐也存在着这种非此即彼的深刻矛盾。皇帝身为帝国元首和最高统治者，负有帝国行政运作和国家长治久安的责任，因此被要求“躬行节俭，力戒骄奢”，“日勤万几，燕娱靡暇”，如临深渊，如履薄冰，然而，皇帝也是人，有追求娱乐的天性与权利。可是，在以“道德立国”的明代[②]，道

---

① ［美］乔治·桑塔耶纳：《美感》，中国社会科学出版社 1982 年版，第 16 页。

② ［美］黄仁宇指出：“中国两千年来，以道德代替法制，至明代而极，这就是一切问题的症结。”见《万历十五年》自序，中华书局 1982 年版。

德的代表——儒臣总是将皇帝的娱乐纳入礼乐制度的范围，加以规范和限制。从明初洪武年间开始，明代便建立了完善的礼乐制度，在宫中制订了许多中规中矩的庆典仪式和与之偕配的乐曲及歌舞[①]，如宫中上演的“打稻戏”，皇帝驾幸无逸殿，由钟鼓司扮农夫馌妇及田畯官吏，征租纳税。但是，这种礼乐制度下的娱乐形式，充满政治说教和礼典化、程式化、僵化的特点，庄严肃穆，一成不变，不能满足皇帝求新求异和与时俱进的娱乐口味。当皇帝的新奇娱乐受到明代儒臣的忽视和漠视[②]后，心领神会的宦官便乘虚而入，诱导皇帝突破礼乐制度的限制，将娱乐向纵深发展，甚至经常走向极端。

有明200余年间，皇帝娱乐对政治的影响因时而异，受到儒臣的关注和警惕也就前后不同。明代初期，皇帝在宫内从事娱乐，没有影响到政治的正常运作，因此能够被儒臣所容忍，如宣宗与大臣同游禁苑、搬演戏剧和蹴鞠之戏便未引起太大的政治风波[③]，但英宗正统间发生的“土木之变”，则震动了满朝文臣，使得他们对皇帝娱乐充满了警惕从而加以排斥。在明代皇帝中，神宗是以娱乐对抗儒臣的管束和压抑。在张居正当政时代，他的娱乐活动仅限于书法翰墨[④]，连在宫内偶作戏言都深感惶恐[⑤]。当他立福王为太子的建议

---

① 这种礼乐制度下的娱乐内容，多见载于《明史》的礼志与乐志。

② 当富有诱惑的鄙俚杂剧滥入礼典时，通常会遭到正统儒臣的激烈反对。《明史·礼志》载，弘治初，孝宗“亲耕耤田，教坊司以杂剧承应，间出狎语。都御史马文升厉色斥去”。

③ 小的阻力仍然是有的。据《天顺日录》载：“宣庙初，思用旧人，召蹇义等数人宠待之，皆依违承顺之不暇，惟户部尚书黄福持正不阿。命观戏，曰：‘臣性不知戏。’……上意不乐。居数日，敕：‘黄福年老，不烦以政，转任南京户部优闲之。’实疏之也。”

④ 神宗身边常携带王献之的《鸭斗帖》、虞世南的《乐毅论》、米芾的《文赋》字帖，朝夕揣摩，练就了一笔好字。

⑤（明）孙承泽《春明梦余录》卷13载：“一日神宗顾见史官，还宫偶有戏言，虑外闻，自失曰：‘莫使起居闻知，闻则书矣。’”（景印文渊阁四库全书本，台湾商务印书馆1986年版）

被内阁否决后，便与儒臣展开20余年的冷战，拒不上朝，在宫内嬉戏玩乐，而儒臣也因此义愤填膺，走向极端，不断上疏谴责，强烈干预神宗的娱乐活动，甚至指斥其为酒、色、财、气无所不为之人。其实，明代皇帝的工作与娱乐之间是可以找到平衡点的。若皇帝定时巡游，制定合理的经费开支，既可以工作，又借机娱乐，做到两全其美，但由于以程朱理学武装起来的明代儒臣，完全排斥和根本限制皇帝出游，因此使得某些皇帝如武宗，一旦出游，便孤注一掷，大肆铺张浪费和消耗民膏。因为他深知来之不易，下次可能就再没有这样的机会了。其结果只能是导致地方官员不堪重负，百姓深受骚扰，反过来强化了儒臣构筑娱乐堤防的决心和勇气。

显而易见，明代皇帝虽然居于九五之尊，在娱乐上并不能随心所欲，而是受到帝国意识形态的制约。明朝处在程朱理学占据统治地位的时代，强劲的正统思想和道学观念无情地笼罩着整个明代社会，无论是民间还是宫廷，人们很少怀疑"存天理灭人欲"的正当性，不幸的是娱乐正成为"天理"要灭的"人欲"。人们将娱乐当成考验志向和判断品德的试金石，常说"争细娱者不可与图远利，怯小害者不足与蹈重危"①。毫无疑问，娱乐成为贬义概念，常与杀人放火、贪赃枉法、奢侈浪费相提并论，成为正统意识形态封堵和剿杀的对象。刑科给事中顾济明确指出"淫巧杂剧之伎，伤生败德之事，一切屏去"②。即使不将娱乐斥之为"伤生败德"之事，亦将之称为"无益之事"："凡游戏、燕乐、鹰犬、玩好无益之费，无名之赏，一切罢止。"③明英宗自己在数落靖江王朱佐敬时，将其"常纵

---

① （清）计六奇：《明季北略》卷21（上）《金铉传》，中华书局2006年版。

② 《明武宗实录》卷195，正德十六年春正月癸酉，台湾"中央研究院"历史语言研究所1962年校印。

③ 《明武宗宝训》卷2《戒宗室》，台湾"中央研究院"历史语言研究所1962年印。

妃及宫人内使四十余人往尧山庙、全真观，冷水、清泉二寺游玩”、“于承运殿前作鳌山，令军丁四十余人作杂剧，盛集军民入内同观，而纵妃沈氏于廊下帘内窥视”、“于宫门前作秋千架，令文武官之妻入内嬉戏”等娱乐活动与“令宫人刘氏等九人击坏将军之家器皿房屋，又诬奏奉国将军打死何普贤奴等五名，又诬使女二人与将军私通”、“又容奉祠徐善庆男徐义令与镇抚唐理协同干办生事害人”、“捏报护卫军朱荣等十一家富实……逼打招认纳银一千三百两”等罪恶行径相并列，加以谴责。[①]在此背景下，明代宫廷娱乐呈逆水行舟之势，艰难地向前迈步。

然而，娱乐是人的天性，符合弗洛伊德所说的“快乐原则”，无论童年的皇子，还是成年的帝后，都对娱乐十分痴迷。因此，帝国意识形态儒家思想与皇帝的个人情欲之间就产生了巨大的矛盾，并由此形成了代表帝国意识形态的儒臣与代表皇帝娱乐利益的宦官之间的深刻而尖锐的冲突。

作为外朝官的儒臣和作为内朝官的宦官，也就成为影响明代宫廷娱乐的两大因素。前者是帝国意识形态儒家思想和程朱理学的负载者、宣传者和执行者，从长治久安的角度维护皇帝的政治权力和王朝利益；后者是皇帝自然人性的触发者、娱乐行为的诱导者和推动者，从皇帝个性舒张和生命冲动的角度，维护皇帝的娱乐权利，两者之间形成紧张的对立关系，互相争抢着万乘之尊的皇帝，竭力将皇帝拉向自己设定的工作或生活轨道。

儒臣自身从阴阳五行角度，明确认识到外朝官与内朝官的根本区别。有人指出：“大臣，阳也，宦寺，阴也。君子阳也，小人阴

① 《明英宗实录》卷70，正统五年八月庚寅，台湾“中央研究院”历史语言研究所1962年校印。

也。”皇帝只有用贤臣，抑宦寺，才能使“阴阳顺而天变弭”。在儒臣看来，“天下治乱，在君心邪正”，而追求田猎之娱、宫室之崇和宦寺之狎，只要有其一便“足蛊君心”，因此要求君主“多接贤士大夫，少亲宦官宫妾，自能革奢靡，戒游佚，而心无不正矣”。①

儒臣与宦官对君主的争夺目标不同，儒臣想将皇帝拉向经筵日讲的课堂，向其灌输治国理念，而宦官则竭力将皇帝拉向游乐场上，以此固宠专权。于是，儒臣与宦官展开了激烈的皇帝保卫战和争夺战。武宗“倾耳于太监丘聚、魏彬、马永成之流”，“陷其术中而不悟”，故“恣意于驰射钓猎之乐，而国政圣学则怠于究心”。工科给事中陶谐要求“查究日逐侍从游逸诸人如聚等，数其误国之罪，告于先帝，罪之弗赦”，同时“别选端静之人以充侍从”，在“痛戒逸游”后“如旧日讲，亲君子而远小人”。②试图将皇帝从游乐场拉回经筵日讲的讲堂。入直经筵的翰林院学士刘忠也与太监刘瑾展开了争夺武宗的斗争：“正德二年，刘瑾用事，日导帝游戏，乱祖宗旧章。忠上言戒逸游、崇正学数事。已，因进讲与杨廷和傅经义，规帝阙失，而指斥近幸尤切。帝谓瑾曰：‘经筵，讲书耳，浮词何为？’瑾素恶两人，因讽吏部尚书许进出之南京。”③兹二例可见，儒臣与宦官斗智斗法，成为制约宫廷娱乐的两大因素。

二

儒臣是影响皇帝娱乐的关键因素。并非所有的儒臣都要绝对地

---

① 《明史·聊让传》，中华书局1974年版。
② 《明武宗实录》卷14，正德元年六月庚午。
③ 《明史·刘忠传》。

禁止宫廷娱乐，而是倡导娱乐有度，正如弘治间礼科给事中王纶所说的那样："伏望皇上丙枕不寐，平旦有为。狮子可观也，勿纵观以防［妨］政；灯节可乐也，勿贪乐以害政；龙船可游也，勿慢游以荒政。"①然而，不少皇帝特别是深宫禁院中长大的后世君主，他们之于娱乐犹如喜好毒品，一旦沾染上便无法自拔。身负治国平天下的理想和身为帝王师的使命，使得儒臣干脆尽量地挤压皇帝的娱乐空间，让他们在业余时间也学习经史和处理奏章，在学习和工作中获得乐趣，最好是将全部精力都用在国事上，以工作为娱乐。

弘治间礼科给事中王纶希望孝宗"远宗帝王，近守家法，目不接优伶之戏，耳不入淫哇之声。听断之余，惟事诗书，燕闲之际，不忘义理"②。正德元年，南京六科给事中任惠、十三道御史姚学礼等引益告舜的话"儆戒无虞，罔失法度，罔游于逸，罔淫于乐"，批评武宗"颇喜逸乐骑射之事"的娱乐行为，要求皇上"退朝之暇，玩习经史，讲求治道。凡有所得，见诸躬行，一切逸乐之事即皆禁止"。③大学士刘健等也要求武宗"屏去玩戏，放逐鹰犬。万几之暇，将旧日所进讲章直解不时省阅，以开广聪明，穷究义理"④。万历时，南京吏部右侍郎赵志皋也引用宋儒真德秀的话"惟学可以养此心，惟亲近君子可以维持此心"，建议神宗白天临讲幄与二三儒臣讲究义理，或者在常朝时召三公九卿商量诸政，"退则将所讲经史，

---

① 《明孝宗实录》卷46，弘治三年十二月戊辰，台湾"中央研究院"历史语言研究所1962年校印。

② 《明孝宗实录》卷46，弘治三年十二月戊辰。

③ 《明武宗实录》卷17，正德元年九月辛巳。

④ 《明武宗宝训》卷1《听纳》。

所上奏章，覆玩而遍阅之，则圣虑日清，而圣躬无不强固矣”。[①]南京兵部尚书陈道亨、右侍郎岳元声等曾要求熹宗“视朝勤政，讲学不懈，并闻宫中不迩声色，不事逸游，不贵玩弄难得之物，不厌披阅章奏”[②]。显然要求皇帝在退朝之后以经史或奏章为玩好而保持浓厚的兴趣。这种以经史为玩好的娱乐，是士大夫们的娱乐形式，如张昺休致后“环堵萧然，拥经史自娱”[③]。廖纪致仕后“端亮古朴，一切世味不入其心。居闻以简籍自娱，孜孜著述，晚岁犹不倦云”[④]。这种风气甚至影响到皇帝的宗室，如代王府镇国将军朱仕荒便“于居第建书室一所，奉皮御赐经籍。燕处其中，讲求义理”，被赞扬为“生长富贵，舍耳目娱玩而留意经籍，志向可嘉”[⑤]。

然而，这种企图显然难以奏效。皇帝出于自然人性的需要，对娱乐和休闲有一种本能的冲动和追求，经常痴迷游乐，乐而忘返，迫使儒臣不得不成为制约皇帝逸游的救火龙或灭火器，对明代宫廷娱乐进行严密的监管。

三

作为程朱理学和帝国意识形态的执行者，儒臣由于君主贪恋游娱的行为，对国君弃国事恋游乐的行为，以及宦官诱导皇帝逸游的

---

① 《明神宗实录》卷212，万历十七年六月乙酉，台湾“中央研究院”历史语言研究所1962年校印。

② 《明熹宗实录》卷44（梁本），天启四年秋七月丁丑，台湾“中央研究院”历史语言研究所1962年校印。

③ 《明史·张昺传》。

④ 《明世宗实录》卷143，嘉靖十一年十月甲午，台湾“中央研究院”历史语言研究所1962年校印。

⑤ 《明孝宗实录》卷100，弘治八年五月癸卯。

行为，进行了不懈的劝谏和抗争。为了约束和监控皇帝的娱乐行为，儒臣从不同的角度进行了劝谏。

第一，儒臣以"天人感应"之说指责皇帝娱乐过度，导致天灾人祸，因此要求皇帝对此承担责任并加以反省。景泰元年，江西道监察御史许任达认为"天降灾异，莫不由人为感之"，指出"近者自冬徂春，灾异数见，黑气四塞，烈风拔木，时雨久缺，民不聊生，其必有说矣"，因此要求景帝"至于耳目之娱，荒宁之事，悉宜屏绝，不使丧乎志心，居处服食，凡百自奉，亦宜抑损，不使过于奢侈。申戒在廷群臣，同加修省"。[①]"幼习天文"的五官监侯杨源用专业知识指出："自八月初，大角及心宿中星动摇不止。大角，天王之坐，心宿中星，天王正位也，俱宜安静，今乃动摇。其占曰：'人主不安，国有忧。'意者陛下轻举逸游，弋猎无度，以致然也。"因此要求武宗"祗畏天戒，安居深宫，绝嬉戏，禁游畋，罢骑射，停工作，申严号令，毋轻出入，抑远宠幸，裁节赐予，亲元老大臣，日事讲习，克修厥德，以弭灾变。"[②]正德元年四月癸丑，吏科给事中丘俊奏："三月三日将旦，有星大如月，其光如电，自东南流陨西北，继而天鼓鸣，响如雷。夫京师为根本重地，而灾异并见，如此天之垂象，岂无意欤？意者陛下仁德或未修，赏罚或未当，学问或未勤，游玩或过度，营造或太繁，才者未进而不才者或未之退欤？惟陛下励精克断，敬天省躬，勿纵骑射之娱，勿为怠荒之行，则德修而政举矣！……亦弭灾消变之所当务也。"下所司知之。[③]武宗即位之初，监察御史刘玉"以灾异陈六事"，其中之一便是"宜亲近儒

① 《明英宗实录》卷191，《废帝郕戾王附录》第九，景泰元年夏四月甲戌朔戊寅。

② 《明史·杨瑄传附子源传》。

③ 《明武宗实录》卷12，正德元年夏四月癸丑。

臣，讲求心法，燕闲则观经史，勿使逸游、技玩眩惑聪明”①。礼科都给事中周玺等也以“霪雨为灾，星文示变，皇上克谨天戒，诏文武群臣同加修省”为由，上疏要求新帝“亲近儒臣，讲学不倦，屏逐群小，信用老成，勿好骑射，勿事逸游，赏不因喜而或僭，罚不因怒而滥施”，“庶几和气致祥，灾异可息”。②正德九年（1514），南京礼部尚书乔宇等疏言：“近见邸报，知乾清宫灾，累朝列圣寝息之所，一旦荡为灰烬。臣等闻之不胜惶惧!”“夫昌邪胜正则火失其性”，指出“番僧异端常留禁寺，优伶贱役犹侍起居，皇店设立，盈耳怨嗟之声，边兵拘留，驰心战斗之事，京师土木之繁兴，南京织造之供费，凡此十事，皆今日之重且急者。陛下思所以消弭天变，宜莫先于此”。要求“斥优贱，罢皇店，遣边兵，停止京师土木之役，取回南京织造之官”③。正德十年，徐文溥等上疏，以“顷因灾异，礼部奏请修省”为由，要求武宗“舍豹房而居大内，远嬖幸而近儒臣；禁中不为贸易，皇店不以罔财；还边兵于故伍，斥番僧于外寺；毋昵俳优，尽屏义子”。④兵部尚书、掌通政司事李浩，也在武宗时“因天变，上励政事、戒逸游、重爵赏、抑奔竞四事”⑤。正德十三年，工科都给事中石天柱上疏言：“伏自陛下游幸数年以来，星变、地震、大水、兵荒、焚及宫寝，灾变不可胜数，近者宣府往返之期，每每风雪惨异，天意可知。而陛下不悟，祸延太皇太后。天之意盖欲陛下居缞绖之中，悔过自新，以保大业也！设或不悟，天意或几乎息矣！后灾之降，非臣所能逆料也。丧礼大事，是在人

① 《明武宗实录》卷5，弘治十八年九月壬午朔。
② 《明武宗实录》卷8，弘治十八年十二月戊寅。
③ 《明武宗实录》卷109，正德九年二月甲辰。
④ 《明史·徐文溥传》。
⑤ 《明世宗实录》卷237，嘉靖十九年五月丙申。

子所当自尽者，游幸则礼废，何以尽圣心之哀？……”[①]万历十四年，礼部上疏以“天灾流行，亟图修弭”为由，要求神宗“主静以主极，则高居端拱，不驰志于畋猎兵戎；保身以保民，则寡欲清心，勿撄情于声色曲檗”[②]。隆庆元年，兵部侍郎邓洪震以“入夏以来淋雨弥月不止”的“阳制于阴、仁柔不断之象”，以及“京师去冬地震，今春霾大作、白日无光，占者为地震阴不静也，主嬖幸、蛊惑、女宠渐盛，风霾兵象也，主夷虏将有窥伺中国，近日大同又报雨雹伤人畜，平虏卫地震有声”等现象，警告穆宗“惕然深思，暂罢游宴，务斋戒洗心，以期感格”上苍。[③]

第二，从保全社稷的角度劝谏皇帝勿极游乐。武宗游玩至南京，都给事中汪元锡上疏切谏，“语其危切”，他的理由便是戒逸游才能长保天下，否则不堪设想：“供亿繁费，使牒边午，奸宄冒官校，少女充离宫。陛下不以宗社为重，专事逸游，岂能长保天下！”[④]

第三，以合乎礼仪的角度来劝谏皇帝勿沉溺娱乐。娱乐是人性的舒张和由衷的欢乐，但庄严的场合及其相应的礼仪规范则要求严肃。因此，祭天、国家遭难和重要人物去世时，都严格禁止娱乐行为，这成为礼仪制度的基本规范。儒臣常从礼仪的角度，劝谏皇帝屏弃娱乐。正德十二年武宗决定郊祀祭天后到野外观猎，六科给事中叶相、十三道御史张士隆等各疏言：“君德莫大于敬天，敬天莫严于郊祀。今驾出南郊举行大礼，六军屯驻于外，百官骏奔于朝，万

① 《明武宗实录》卷 159，正德十三年二月癸巳。
② 《明神宗实录》卷 181，万历十四年十二月丙子。
③ 《明穆宗实录》卷 9，隆庆元年六月壬辰，台湾“中央研究院”历史语言研究所 1962 年校印。
④ 《明史 · 汪元锡传》。

姓怏睹于野，顾乃注念盘游，事涉不敬！”[①]与此同时，五府、六部、都察院、通政司、大理寺等衙门以成国公朱辅为首上疏也加以劝阻道：“人主之尊，凡一举动拟于天行，安危治忽于此焉系。古之文王有台池鸟兽之乐者，以民之乐为乐也。今灾异连年，愁叹盈路，夷狄盗贼无日宁息，此正陛下忧劳兢惕之日，非若祖宗之时，时和年丰，百姓富足，可以暂为游观之乐，如文王也。”当重要人物去世后，都要在一定的时期内停止娱乐，违者自然受到儒臣的反对。正德十三年，武宗决意乘给太皇太后送葬的机会，幸临宣府游玩。工科都给事中石天柱上疏劝谏道：“丧礼大事，是在人子所当自尽者，游幸则礼废，何以尽圣心之哀？而圣心亦何以自白于天下？”[②]隆庆元年，压抑了十年之久的穆宗终于忍不住了，还在居丧期间便纵情娱乐，引起了礼科左给事中王治的不满，用居丧期间不宜娱乐的礼仪制度进行劝谏：“谨燕居之礼以澄化源。谓人主深居禁掖，隔远外庭，左右便佞窥伺百出，或以宴饮声乐，或以游戏骑射，使人主接之不以时，用之不以礼，近则损敝精神，疾病之所由生；久则妨累政事，危乱之所由起。不可不慎也！比者人言籍籍，若谓陛下宫中燕闲举动，有非谅阴所宜者。”要求“溺情之物，一切禁止”。[③]所谓谅阴，便是居丧期间，这个时期从事娱乐是不合礼制的。

第四，从皇帝的责任上劝谏皇帝切勿逸游。皇帝负有治理国家的责任和重任，而过于娱乐则不免影响到国事的治理。当武宗南巡旨下时，六科给事中徐之鸾等上疏指出，京师之所以壮固充实是皇帝在的缘故，若“乘舆远出，居守无人，纵使国赋商贩之来不减于

---

① 《明武宗实录》卷145，正德十二年春正月戊寅。
② 《明武宗实录》卷159，正德十三年二月癸巳。
③ 《明穆宗实录》卷6，隆庆元年三月甲子。

旧，而宗社寄于空城，实有意外无穷之忧”！况且銮舆南行，会造成社会秩序的混乱，百姓“莫不仓皇惊疑”，“行者居者相率远避”，会使“商贾渐以不通，百物渐以不至，久则京师物价必当腾踊，居民百万生理日蹙，甚非久安之道”！皇帝南巡，会使“水陆舟车一应供张之需，从行士马粮饷刍粟之备，所在葺治殿庐、迎送往来之役，内外从官供给应付之烦”都取之于民，“贫民何以堪之”？“至于毁其屋垣以通牵道，拘其身及其子弟以备夫役”，更是劳民害民的行为，因此他要求“皇上内念根本之重，外悯民物之穷，勉从中外恳留之请，即日停止巡游，则京师自实，水陆居行自不惊扰，而各安其业”。[①]当武宗盘桓南京不回时，大学士杨廷和等也上疏力谏，指出：“陛下之出已逾一年于兹，南郊大礼看牲已久而未祀，孝贞皇后大祥已久而未祔，殿廷之朝奏久虚，宫闱之问视久旷，时享太庙久未亲行，册封宗藩久未传制，会试举人久未廷试，凡此皆祖宗一定不易之规，朝廷至重极大之典，万世所当遵守者。”而“陛下为天地神人之主，岂可一切恝然于怀而不为之省念乎”？要求武宗“思天位之重大，念王业之艰难，深戒逸游，务存兢业，亟降明旨，振旅班师”。[②]

第五，从保全皇帝身体的角度劝谏皇帝勿肆行娱乐。孝宗耽于娱乐，礼科给事中王纶劝谏道：“人君一身万化之原，养之不可不周，保之不可不至。《皇明祖训》有曰：凡吾平日持身之道，无优伶近狎之失，无酣歌夜饮之欢，正宫无自纵之权，妃嫔无宠恣之专。此我太祖正心保身之道。伏望皇上远宗帝王，近守家法，目不接优伶之戏，耳不入淫哇之声。听断之余，惟事诗书，燕闲之际，不忘

---

① 《明武宗实录》卷172，正德十四年三月丙午。
② 《明武宗实录》卷189，正德十五年八月乙亥。

义理，则精神内固，而万寿无疆矣。”[①]韩文也曾从皇帝健康的角度劝谏过，指出皇上“日游不足，夜以继之，劳耗精神，亏损志德”，“万一游宴损神，起居失节”，将使生命付诸东流。[②]武宗欲南巡，十三道御史杨秉中等亦从“南北风土异宜，疾病易生”的角度，指出“商旅细民犹知自爱，况天下之主万乘之尊乎”！要求“速收前命，寝此逸游”。[③]还有一位医士徐鏊从医学养生的角度劝谏武宗勿肆游乐：“养身之道，犹置烛然，室闭之则坚，风暴之则泪。陛下轻万乘，习嬉娱，跃马操弓，捕鱼玩兽。迩复不惮远游，冒寒暑，涉关河，饍饮不调，肴蔌无择，诚非养生道也。况南方卑湿，尤易致病。乞念宗庙社稷之重，勿事鞍马，勿过醉饱，喜无伤心，怒无伤肝，欲无伤肾，劳无伤脾，就密室之安，违暴风之祸。臣不胜至愿。”[④]隆庆六年，尚宝司卿刘奋庸指出穆宗即位以来“精神志意渐不逮初”，提出“保安圣躬”之策：“人主一身，天地人神之主也。必志气清明精神固，而后可以当万机之繁。声色嗜欲，非大智大勇，鲜不移夺。自兹以往，宜加圣虑思宗社付托之重，念此心保守之难，凝神定志，忍惟抑情，毋逞旦夕之娱而轻万年之虑，毋以有限之精神而殉无涯之嗜欲，如此则清明强固，而无疆之福可长保也。”[⑤]

第六，从保全皇帝安全的角度劝谏皇帝勿外出游乐。正德十二年春正月戊寅，武宗决定在十三日郊祀后，“驾幸南海子观猎”。于是大学士梁储等上疏劝道：“况尘埃草野之中，车马丛杂，等威莫辨，警跸不严，万一可虞之事或有出于意料之所不及者，则臣等虽

---

① 《明孝宗实录》卷46，弘治三年十二月戊辰。
② 《明史·韩文传》。
③ 《明武宗实录》卷172，正德十四年三月丙午。
④ 《明史·夏良胜传》。
⑤ 《明穆宗实录》卷68，隆庆六年三月戊申。

万死亦不足以赎误国负君之罪矣！”[①]大学士靳贵也指出，“圣驾欲于郊祀后往南海子田猎”，“所在有盗贼之警，意外之变，不可不防”。[②]儒臣常用皇帝的安危来羁绊其外出游乐的步伐。

第七，两害相权取其轻，当皇帝耽于在外游乐时，文臣想用皇城的安逸和舒适来诱导皇帝回宫，殊不知过惯了锦衣玉食生活的至尊，在穷边极壤之地，过一过艰苦生活，更加具有刺激性，是对另一种生活的体味。理学名臣和道学先生，对于皇帝的这种娱乐心理，知之甚少，故劝谏难以奏效。据《明武宗实录》卷159载，正德十三年二月，武宗在宣府盘游时，巡抚山东都御史黄瓒劝谏道：“陛下自视远寓边将之家，孰与夫金阙紫宸之壮丽；边土封牛烹羔，孰与夫太官尚食之珍腴；陛下快意于彼而忘此者，殆有邪慝为之地，至使陛下微服混迹！”请求武宗及早还宫。

第八，从历史教训的角度劝谏皇帝勿作游乐的反面典型。十三道御史杨秉中等曾言：“天位难保，欲心易纵，若秦皇之游海上，炀帝之幸江都，侈心一萌，竟不知反，以致汉高起丰沛，唐祖兴晋阳，简册所传，足为明鉴。……伏愿速收前命，寝此逸游，宗社生民幸甚！”[③]可见，为了节制皇帝的娱乐，儒臣想尽了心思，用尽了办法加以劝止。

四

儒臣对皇帝逸游的阻止，除了上述劝谏角度外，还有劝谏方法

---

① 《明武宗实录》卷145，正德十二年春正月戊寅。

② 同上。

③ 《明武宗实录》卷172，正德十四年三月丙午。

上的发明和艺术性的运用，可谓费尽心机，最后不能奏效时则铤而走险，直言强谏。

第一，儒臣对皇帝娱乐的封堵，采取了一定的程序，先是言官和下层官员打头阵，当他们的奏疏交付部臣或内阁议处，即将遭受皇帝处罚时，再由大臣出面说情并乘机婉劝皇帝放弃娱乐。景泰六年七月。监察御史倪敬先上疏指责代宗“起造燕室，龙舟游宴之事颇多，木石米粮之费不少”，要求“皇上罢斋僧之费，节游宴之乐，凡一应土木工作悉皆停止”。奏下礼部，部臣议道：“近日雨水过多，米粮艰贵。御史所言，盖欲撙节以裕国用，亦忠爱之意。乞皇上少留睿念。”皇帝也只好说：“朕已知之。”[①] 万历十七年，面对神宗耽于娱乐的状况，先由大理寺左评事雒于仁打头阵，上疏指责神宗“圣体愆和，病在酒、色、财、气”，并“列为四箴”以为讽刺，皇帝盛怒，要求重处，于是大学士王家屏上疏劝解，指出于雒于仁奏疏，“臣初讶其词语狂悖，已而思之，于仁庶官也，于皇上之起居愆达，尚及知能谏；臣职亲于庶官，反有所不知，不谏不知，失职也；知之而不谏，亦失职也。安可独罪于仁哉！于仁四箴以规皇上则为妄；试之医，以备养生，未必非延历之术也”。结果，对雒于仁的处置大事化小。[②] 熹宗“颇事宴游，或优人杂剧不离左右，或射击走马驰骋后苑”，礼部主事刘宗周便指责这是“败礼之渐”。疏奏，“上令重处”，但大学士叶向高等言：“宗周心虽沽名，言实忠爱。以唐虞三代之圣，尚有禽荒色荒甘旨嗜音之戒，后世亦不以此为圣帝明王累，而反益章其盛德。若重处宗周，则人将以宗周为忠直，而反成其名矣。臣等仰窥圣度，如天何所不容？”[③] 结果只夺刘宗周薪

---

① 《明英宗实录》卷256，《废帝郕戾王附录》第七十四。

② 《明神宗实录》卷218，万历十七年十二月甲戌朔。

③ 《明熹宗实录》卷15，天启元年十月甲午。

俸半年。

第二，采用自责的战术劝谏。儒臣对皇帝娱乐封堵时，不好直接指斥皇帝，便通过自责的方式，声东击西地影射皇帝肆意娱乐。正德十二年春正月戊寅，召内阁府部大臣及科道官至左顺门，太监萧敬谕旨：以十三日郊祀毕，驾幸南海子观猎。于是大学士梁储等退而上疏曰："伏蒙圣谕，臣等与诸司众口一词，皆谓朝廷至大至重之事，莫有过于郊祀者。今祀礼未举，而先有意于游猎，则精诚已分矣，何以感格天心，吁祈歆享，而望其锡福降祥于天下哉？况自祖宗列圣以来，百五十余年，皆未尝有此举动。臣等乃不能极力谏阻！以致皇上轻改祖宗之旧章，怠忽郊祀之大礼，纵耳目之细娱，忘宗社之至计，则臣等之罪大矣！"①

第三，采用迂回的战术劝谏。拿导引皇帝逸乐的太监开刀，敲山震虎，以使皇帝回归于政事。天启元年刘宗周惩于熹宗"颇事宴游"，指出这是宦官"使人主以为德我而爱之，视法家弼士如仇雠，而后得指鹿为马、生杀予夺。惟所自出，而国家之大命随之。试问今得时用事亲幸如左右手者，非魏进忠耶？然则导陛下逐谏官者进忠，并导以优人杂剧、射击走马者，亦进忠也"！要求"仍敕内侍魏进忠等各凛高皇帝铁榜之戒，毋鼓惑君心，专权乱政，以酿王振、刘瑾之祸"！②

第四，采用面对面的方法，以大无畏的精神，对皇帝的娱乐无度行为直言强谏。负有为天地立心，为生民请命，为万世开太平的庄严使命，儒臣甚至不避斧钺地逼迫至尊弃恶（游乐）从善（正事）。正德元年，左都御史张敷华直接指责武宗"陛下宴乐逸游，日

① 《明武宗实录》卷145，正德十二年春正月戊寅。
② 《明熹宗实录》卷15，天启元年十月甲午。

狎俭壬，政令与诏旨相背，行事与成宪交乖，致天变上干，人心下拂”[①]。万历间，大学士沈鲤开门见山地指出“当今时政最称不便者无如矿税二事”，“今但见琼林大盈可以充居积，奇珍异玩可以娱目前，而不知辇下之有羌戎，舟中之有敌国。噫！可惧已”。[②]隆庆初，穆宗诏户部购宝珠玩好之物，御史詹仰庇疏言：“顷言官谏购宝珠，反蒙诘让。昔仲虺戒汤不迩声色，不殖货利；召公戒武王玩人丧德，玩物丧志；汤、武能受二臣之戒，绝去玩好，故圣德光千载。若侈心一生，不可复遏，恣情纵欲，财耗民穷。陛下玩好之端渐启，弼违之谏恶闻，群小乘隙，百方诱惑，害有不胜言者。”他巡视内库时发现库银多被挪用非途，直言不讳地说：“陛下前取户部银，用备缓急。今如本监所称，则尽以创鳌山、修宫苑、制秋千、造龙凤舰、治金柜玉盆。群小因干没，累圣德，亏国计。望陛下深省，有以玩好逢迎者，悉屏出罪之。”[③]言论之激烈，批评之大胆，充分反映了儒家舍生取义的浩然正气。

五

宦官是影响皇帝娱乐的另一大关键因素。太监常常成为皇帝娱乐发生的媒介和诱导因素。儒臣对皇帝的娱乐行为设置了重重障碍，但没有考虑到“帝王虽尊亦人”[④]，也有个人的七情六欲，故未给皇帝娱乐留下恰当的位置。儒家只堵不疏的错误策略，迫使皇帝

---

① 《明史·张敷华传》。
② 《明神宗实录》卷376，万历三十年九月丁卯。
③ 《明史·詹仰庇传》。
④ （清）唐甄：《潜书·善游篇》，古籍出版社1955年版。

不得不转而从其他方面寻找突破口，一旦尝到娱乐的滋味，便如洪水般宣泄，一发不可收拾。皇帝寻找到的突破口便是身边的宦官。很快，皇帝便与宦官在娱乐上结成同盟军，共同对付外朝的儒臣。

皇帝处在儒臣的包围之中，娱乐行为不能肆意和尽兴，而恰在此时，便有太监和佞臣窥透皇帝心理，“窥伺意向，巧惑圣聪”[①]，因人性之需，诱导皇帝游幸无度和寻欢作乐，很快获得皇帝的信任和宠爱。宦官导帝游乐的目的是为了固宠专权。秦代宦官赵高，诱导秦二世娱乐无度，使其无暇问政，自己从而独揽大权。唐代宦官仇士良曾教导其党羽说：“天子不可令闲，常宜以奢靡娱其耳目，使无暇更及他事，则吾辈可以得志。切无使之读书亲儒生。彼见前代兴亡知忧惧，则吾辈疏斥矣。”仇士良因此固宠专恣20余年。后世的宦官也常以赵高和仇士良为榜样，导帝游乐，使皇帝远离儒臣，成为自己手中的王牌。而浸润儒家思想的官员聊让明确指出“田猎是娱，宫室是侈，宦寺是狎，三者有一，足蛊君心”[②]。所谓“宦寺是狎”，便一针见血地指明了宦官内臣在皇帝娱乐中的独特作用。

武宗时的大宦官刘瑾等“左右近幸欲擅权乱政者，以游逸淫乐蛊上，觊遂己私，而刘瑾为甚。瑾用赵高之术，导上深居”。[③]刘瑾并非个人诱导武宗逸乐无行，而是与一伙太监一起对皇帝实施包抄。当时的儒臣在争夺武宗、反击宦官的奏疏中指出，“时‘八党’窃柄，朝政日非”，“陛下嗣位以来，天下颙然望治。乃未几，宠幸奄寺，颠覆典刑。太监马永成、魏彬、刘瑾、傅兴、罗祥、谷大用辈共为蒙蔽，日事宴游”。这八位太监深知“欲擅主权，必先蛊其心志。如赵高劝二世严刑肆志，以极耳目之娱；和士开说武成毋自勤

① 《明武宗实录》卷14，正德元年六月庚午。

② 《明史·聊让传》。

③ 《明武宗实录》卷197，正德十六年四月癸卯。

约，宜及少壮为乐；仇士良教其党以奢靡导君，勿使亲近儒生，知前代兴亡之故。其君惑之，卒皆受祸”，“若辈必谓宫中行乐，何关治乱，此正奸人欺君之故术也”。[①]

熹宗时的魏忠贤，也是一位导帝游乐从而大权独揽的大太监，是皇帝耽溺娱乐的媒糵，诱导熹宗驰射和沉湎于戏剧。据《玉镜新谭》称：“夫色荒、禽荒，《夏书》深戒；从桥、从船，《汉史》明征。今魏忠贤本谫劣孟浪之质，好驰骋于广众之中，流连于浩渺之上，矧其宅心叵测，未审将何为也。近处贵幸，凭作威福，奚知天子之尊严，而古来之龟鉴哉！昔唐宦官仇士良语其属以自固之策曰：‘无令主上读正书，亲正人，惟日以声色货利游佚引其心，迷其念，吾属自可得志矣。’此正忠贤导上游佚之一端也。”[②]理学名臣刘宗周认为“魏进忠（即魏忠贤）导皇上驰射、戏剧，奉圣夫人出入自由。一举逐谏臣三人，罚一人，皆出中旨，势将指鹿为马，生杀予夺，制国家大命。今东西方用兵，奈何以天下委阉竖乎”！魏忠贤大怒，先停刘宗周薪俸半年，后以又“责以矫情厌世，削其籍”。[③]魏忠贤等“前后左右之人乘（皇帝）喜怒以快其私”，诱导熹宗“颇事宴游，或优人杂剧不离左右，或射击走马驰骋后苑”，“方且日调狗马鹰犬，日进声色货利”，目的是“使人主以为德我而爱之，视法家弼士如仇雠，而后得指鹿为马、生杀予夺”。有人明确指出“导以优人杂剧、射击走马者，亦进忠也”。[④]窥伺帝意，巧惑圣聪，导帝游乐以固宠的太监，还有宪宗时的汪直等人。

除了太监外，还有宦官化了的佞臣，他们虽非宦官，但实际上

---

① 《明史·陆昆传》。
② （明）朱长祚：《玉镜新谭》卷5《逸游·走马》，中华书局1989年版，第69页。
③ 《明史·刘宗周传》。
④ 《明熹宗实录》卷15，天启元年十月甲午。

所作所为一同于宦官。以武宗时的佞臣钱宁为例。钱宁的父亲本是太监钱能的养子，因此以钱为姓。正德初，刘瑾专权时，钱宁因为钱能的关系，得以面见武宗皇帝。“宁为人狷狡柔佞，善伺察迎合，大被宠幸”。刘瑾败后，钱宁以计免，升左都督掌锦衣卫事典诏狱，权日益重，恣肆无忌，“引乐工臧贤、回回人于永及番僧等相比昵为奸，请于禁内建豹房新寺，日侍毅皇帝畋游为娱乐，蒙蔽聪明”，他还“招权纳贿，伪旨传升各边将官及镇守内臣，所得金银珠玉以数百万计”。[①]后由于勾结宁王朱宸濠，事败被捕，武宗死后，遭诛。因钱宁介绍而为武宗宠幸的另一位佞臣是江彬。江彬本是大同游击，因镇压刘六、刘七入调京师，为帝所宠。江彬引导武宗巡游边关，帮助武宗过一把将军瘾和打仗瘾。他先是导帝巡幸宣府，认为“瞬息驰千里，何郁郁居大内，为廷臣所制”[②]，武宗甚以为然。有人指出“日侍帝娱乐”的江彬“枭桀憸邪，挟至尊出居庸，无大臣保护，独处沙漠将半载。两宫违养，郊庙不亲，四方灾异迭见，盗贼蜂起。留彬一日，为宗社一日忧，乞立置重典”[③]，武宗不理。江彬不断导帝巡幸大同、太原、榆林，又诱导武宗南巡南京。沿途“不时传旨”，“索鹰犬珍宝古器”。

六

在儒臣与宦官的关于皇帝娱乐的较量中，儒臣占有道义上的优势，而宦官拥有人性上的优势。相比较而言，在农业为本的社会

① 《明世宗实录》卷2，正德十六年五月壬申。
② 《明史·佞幸列传·江彬传》。
③ 《明史·孙懋传》。

中，儒臣正统的娱乐观念居于主流，成为全社会奉行的准则。上至皇帝，下至庶民，在一般的情况下都认同儒家节制娱乐的观念。不少皇帝、后妃乃至少数宦官都被“儒臣化”了。

儒臣节制娱乐的观念，从思想渊源上来看，是来自儒家的重农抑末、重责任轻娱乐和重节俭轻奢侈的思想，但从政治层面上来看，则出自对国家政权长治久安的考虑，因此只要是开明的皇帝，必然会支持儒臣的做法，以国家为重，排斥娱乐。

明代皇帝在创业时期，尤其排斥娱乐，抵制玩好之物。辛丑年三月戊寅，方国珍遣检校燕敬前来敬献金玉所饰的马鞍辔。朱元璋说：“吾方有事四方，所需者文武材能；所用者，谷粟布帛。其他宝玩，非所好也。”于是“却其献”。[①] 洪武元年四月辛丑朔，蕲州进竹簟。朱元璋对中书省臣说：“古者，方物之贡，惟服食器用，故无耳目之娱，玩物之失。今蕲州所进竹簟，固为用物，且未有命而来献。若受之，恐天下闻风皆争进奇巧，则劳民伤财自此始矣”。命却之，“仍令四方非朝廷所需，毋得妄有所献”。[②] 洪武元年七月，太祖与侍臣一起讨论创业之难的问题，说道：“朕赖将帅之力，扫除祸乱，以成大业。今四海渐平，朕岂不欲休养以自娱？然所畏者天，所惧者民。苟所为一有不当，上违天意，下失民心，驯致其极，而天恶人怨，未有不危亡者矣。朕每念及之，中心惕然。”[③] 娱乐与酒有密不可分的关系。酒精刺激大脑神经，使人感到飘飘欲仙，能达到娱乐的绝佳效果。但朱元璋却令地方不要进贡酒。洪武六年十一月己未，他指出：“朕饮酒不多，太原岁进蒲卜酒，自今亦令其勿进。国家以养民为务，岂以口腹累人哉！尝闻宋太祖家法：子孙不

---

① 《明太祖宝训》卷3《却贡献》。
② 同上。
③ 《明太祖宝训》卷1《论治道》。

得远方取珍味。甚得于诒谋之道也。”[①]西番兆日之地，原有酿造蒲卜酒的酒户350家，洪武七年七月己卯，其酋长勘卜监藏、罗古罗思喃哥监藏等以所造酒来献。太祖对中书省臣说道：“饮食衣服贵乎有常，非常有而求充乎一己之欲者，则必有无穷之害。昔元时造蒲卜酒，使者相继于途，劳民甚矣！岂宜效之？且朕素性不喜饮，况中国自有秫米供酿，何用以此劳民！”遂却之，使无复进。赐酋长文绮、袭衣后遣还。[②]

明代皇帝无论是否实际如此，但都树立自己远离娱乐的正面形象。洪武十三年，谕皇太子、诸王道：“吾持身谨行，汝辈所亲见。吾平日无优伶亵近之狎，无酣歌夜饮之娱。正宫无自纵之权，妃嫔无宠幸之昵”，“苟非有疾，不敢怠惰”。[③]有人指出“高皇帝每得章奏，便思亟行，每夜间度事，当速行者，笔记待旦。有奏正心之说者称为大儒，有请及时娱乐者目为赵高”[④]。在皇帝控制的实录修纂中，先帝都被打扮成排斥娱乐的形象。如宣宗被《明宣宗实录·进实录表》说成是：“躬行节俭，力戒骄奢，娱耳悦目之胥捐，寡欲清心之是尚。”尽管有些皇帝生前安于娱乐，但死后却被修饰成不近娱乐的形象。宪宗则将自己装饰成远离娱乐的敬业英主，在册立静妃时自称“朕富有四海，俭约是崇，日勤万几，燕娱靡暇”[⑤]。孝宗生前贪图游乐，死后，礼部尚书张昇等上尊谥时却称赞他“内远声色，掖庭无歌舞之娱；外绝游畋，苑囿无车马之迹。讲求经史不厌

---

① 《明太祖宝训》卷3《却贡献》。

② 同上。

③ 《明太祖宝训》卷2《正家道》。

④ 《明神宗实录》卷194，万历十六年正月丙午。

⑤ 《明宪宗实录》卷292，成化二十三年七月甲子，台湾“中央研究院”历史语言研究所1962年校印。

详明，披览谏章不遗微贱”[①]。南京六科给事中戴铣等说孝宗“绝货色游畋之娱，崇恭俭宽仁之实，自始逮终，常如一”[②]。世宗也认同儒家无逸多劳的观念，在亲自撰写的无逸殿左碑文中指出：“无逸殿之所作者，寓戒逸之意者也。夫劳者，人之所共恶；逸者，人之所同好者也。”[③]神宗转述乃祖世宗的话“临御滋久，虽垂衣深拱，而宵旰几康之儆不忘于心，诸边奏报、臣下建言，手批立决，无滞晷刻。万几稍暇，则又绎经史，问农桑，即文王日昃不遑何以加焉”，认为乃祖“盖尝勒《豳风》、《无逸》于亭，召对群臣于便殿、于西苑，谆谆以天戒人穷为虑，而重念宫生内长之主宴安游娱忘其先烈”[④]。在儒臣喋喋不休和努力不懈的劝说下，宫廷娱乐或明或暗地受到儒家思想的重大影响。

也有一些“儒臣化”了的太后、皇后及嫔妃，即所谓“宫妾”，与儒臣同一立场，劝谏皇帝节制娱乐。如神宗母亲李太后，便与儒臣一起，管束小皇帝远离娱乐。“慈圣训帝严，每切责之，且曰：‘使张先生闻，奈何！’于是帝甚惮居正。及帝渐长，心厌之。乾清小珰孙海、客用等导上游戏，皆爱幸。慈圣使保捕海、用，杖而逐之。居正复条其党罪恶，请斥逐，而令司礼及诸内侍自陈，上裁去留。因劝帝戒游宴以重起居，专精神以广圣嗣，节赏赉以省浮费，却珍玩以端好尚，亲万几以明庶政，勤讲学以资治理。帝迫于太后，不得已，皆报可，而心颇衔保、居正矣。”[⑤]隆庆初，穆宗“玩好之端渐启”，诏户部购宝珠，并从户部拨银为鳌山游玩之资，并令“中官制烟火”，结果“延烧禁中庐舍”。于是，穆宗的皇后陈氏便

---

① 《明武宗实录》卷2，弘治十八年六月丁巳。
② 《明武宗实录》卷3，弘治十八年七月戊戌。
③ 《明世宗宝训》卷7《重农桑》。
④ （明）朱翊钧：《明世宗实录序》。
⑤ 《明史·张居正传》。

出面劝谏："帝颇耽声色，陈皇后微谏，帝怒，出之别宫。"既然皇后站在了儒臣的一边，那么儒臣就不得不援手相救。詹仰庇入朝时，"遇医禁中出。询之，知（陈）后寝疾危笃"，即上疏言："先帝慎择贤淑，作配陛下，为宗庙社稷内主。陛下宜遵先帝命，笃宫闱之好。近闻皇后移居别宫，已近一载，抑郁成疾，陛下略不省视。万一不讳，如圣德何！臣下莫不忧惶，徒以事涉宫禁，不敢烦言。"并说"臣今日固不惜死。愿陛下采听臣言，立复皇后中宫，时加慰问，臣虽死贤于生"。[①]崇祯帝田贵妃也曾劝帝节制娱乐。据《崇祯宫词注》载，苏州织造局进女乐，帝颇惑之。田贵妃疏谏曰："当今中外多事，非皇上燕乐之秋。"帝答批曰："久不见卿，学问大进。"因此清人史梦兰在《宫词》中称赞田贵妃"手疏谆谆戒放淫，居然大宝备良箴"。

少数儒臣化了的宦官也明白事理，站在儒臣一边，劝帝屏弃娱乐。宦官劝谏皇帝勿逸游享乐，则使儒臣在内朝拥有了同盟军。据《万历野获编》载，弘治间太监何文鼎，对当时的外戚寿宁侯张鹤龄、建昌侯张延龄"以椒房被恩，出入禁中无恒度"的行为"心恶之"。某日，"二张入内观灯，孝宗与饮。偶起入厕，除御冠于执事者。二张起，戏顶之"，何文鼎上疏极谏。孝宗盛怒，将何文鼎发锦衣卫拷问是谁主使，何文鼎回答："孔子、孟子也！"结果被杖死。正德元年（1506）十月甲寅，署内承库运库事太监秦文便以"内府财用不充事务繁剧"为由，上疏劝"皇上悯生民财力之艰，躬行节俭，毋事虚文。今后成造，非乘舆器物及各王府宝册不得用金，非圣诞、千秋令节不得用银。凡游戏、燕乐、鹰犬、玩好无益之费，无名之赏，一切罢止。仍严谕该库之莅事者，岁进银非军官折俸及

---

① 《明史·詹仰庇传》。

成造仪仗妆奁，一毫不许妄支”。[①] 李芳是穆宗朝内官监太监，“帝初立，芳以能持正见信任”，当时“司礼诸阉滕祥、孟冲、陈洪方有宠，争饰奇技淫巧以悦帝意，作鳌山灯，导帝为长夜饮。芳切谏，帝不悦。祥等复媒孽之，帝遂怒，勒芳闲住。二年十一月复杖芳八十。下刑部监禁待决”。尚书毛恺等疏救，谓“芳罪状未明，臣等莫知所坐”，穆宗说：“芳事朕无礼，其锢之。”[②]

明代也有某些儒臣设想将皇帝的工作与娱乐结合起来，达到良性的和谐，但绝大部分道学先生和“理学名臣”决心为帝王之师，指导并要求皇帝积极负起国家兴盛的责任，远离逸乐，自然与皇帝的娱乐本性发生冲突。另一方面，协助皇帝治国平天下的外朝大臣，与负责皇帝饮食起居生活的内朝宦官之间，由于分工不同，利益迥异，因此很难在皇帝的工作与娱乐之间加以协调，最后只得各表一枝，相互角力，甚至“兵戎相见”，展开对皇帝的争夺，在“剑拔弩张”激烈争斗的背景下，阴险狡诈的宦官诱使意志薄弱的皇帝，一边倒地堕入声色犬马的逸游深渊，而正义凛然的儒臣也走向另一极端，将宫廷娱乐的合法性一笔勾销，明代宫廷娱乐史由此充满了儒臣讨伐的浓烈硝烟。

（原刊《故宫博物院院刊》2008年第6期，此处略有修改）

---

① 《明武宗宝训》卷2《戒宗室》。

② 《明史·宦官列传二·李芳传》。

从明代城市功能的转变看中国文化的转型

一、城市功能转变与文化转型同步

城市的性质是由其功能决定的，现代城市的功能是多种多样的，有政治型、文化型、军事型、工商型、港口外贸型和旅游型等等。多样化和个性化是现代城市的特色。然而，城市功能的多样性经历了单一性的发展历程，在中国，城市的单一性过程大抵分为三个阶段，即军事防御、政治统治和工商生产。随着工商生产的发展，城市逐渐发展成综合性城市，最后又朝个性化发展，终于形成多样化的格局。文化转型是指包括社会政治、经济、思想观念、艺术形式和生活方式的“大文化形态”的转变，中国文化经历了两次大的转型，第一次是上古时期，从以采集狩猎经济为基础、部落民主为特征的原始文化形态转变为以农耕经济为基础、宗法专制为特征的古代文化形态；第二次是宋元明清以后，从古代文化形态转变为以工商经济为基础、民主科学为特征的近现代文化形态，这一转型过程迄今仍在进行之中。

从世界范围来看，城市功能的转变和发展，是与世界大文化形态的历史进程相一致的。世界大文化形态经历了进化、军事、政治、经济、信息五个阶段和三个转型期[①]。在上古原始文化形态时

① [美] 托夫勒在《第三次浪潮》中，把第三次文化转型称之为“第三次浪潮”。

期，人类历史的主题是生命进化，反映这一主题的是史学的雏形神话，如西方“雅典娜捏泥为人”和中国“女娲氏抟土造人”、“钻木取火”等，其时，人类尚未聚居成城市，从中国的有巢氏搭棚于树和希腊神话中众神聚居于奥林匹斯山上可以窥见其概；当原始文化形态转型为古代文化形态后，在其初期，人类历史的主题是融合的初阶——军事兼并，反映这一主题的《荷马史诗》、《希波战争史》、《高卢战记》和《尚书》、《逸周书》、《左传》、《战国策》等史书可为明证，在这种背景下，城市的功能自然以军事防御为主；古代文化形态后期，分散的农庄城堡和小农经济，需要有强有力的政治力量加以统治，于是西方的神学一统和中国的政治一统应运而生，使政治上升为历史主题，西方神学训诫史学如《新旧约全书》、《英国教会史》和东方的政治鉴戒史学如“二十四史”、《资治通鉴》等反映了这一主题。在这种背景下，城市的功能自然服务于政治统治的主旋律。十一世纪前后，东西方不约而同地开始了向近现代文化形态的转变，意大利沿海城市和中国的汴京、杭州、苏州等城市的手工商业发展起来，在西方导致了文艺复兴运动、工业革命和资产阶级革命，使西方诸邦迅速发展为现代化强国，而中国由于其特殊的政治环境，使这一转型过程历尽坎坷和曲折。但是，由政治向经济转变的历史主题，则仍有不少的反映，如西方的《历史之经济解释》、《美国宪法之经济解释》和中国的《东京梦华录》、《乌青镇志》等。目前，棋先一着的西方社会，又在向信息社会转型，相伴随的是城市功能向科技信息转变。未来的城市是在保持各自特色的前提下的综合性的信息化城市，并通过信息高速公路网络使城乡一体化。信息化城市的支柱产业是高新技术产业和信息产业。从工商经济社会向信息社会转变，被认为是大文化形态的第三次转型。

中国城市的发展和功能的转变，是与中国文化形态的演进和转型基本同步的。在原始文化形态中，先民穴居野处，出现了半坡之类的村落，但没有形成城市。进入古代文化形态以后，中国社会开始大规模地兼并和融合，故在夏朝前后，出现了以军事防御为主的城堡①，“筑城以卫君，造廓以卫民”②是其生动的写照；从秦朝起，以秦始皇大规模拆毁六国城墙为标志，城市的防御功能开始转向以政治统治为主、以防御为辅的“政治—防御”型的形态，各大中小城市成为王朝各级政府的所在地和统治中心，只有在动乱或朝代更替时，其军事防御功能才发生作用。城市中有限的手工业和商业，则为城内官僚机构及官僚家属服务，成为城市政治功能的补充。在向近现代文化形态迈进的过程中，城市的政治功能开始发生转变，向工商生产功能过渡。城市的城墙与夜禁被冲破，出现了“侵街”现象，不仅可在城内“临街设店”，而且手工业、商业、文化活动占据了一定的街区。③中国文化形态的第二次转型，与中国城市的功能由政治向经济转变密切相关。城市工商业的发展，是社会经济从农业向工商业转变的先锋，它的发展和成熟最终带动包括农村在内的整个经济形态的重构和转变。而这种转变正是文化转型的核心和基础，并由此导致思想观念、文学主题、科学技术、生活方式等一系列文化现象的转变。目前，中国大文化形态尚处在第二次转型时期，中国城市功能也正继续从政治中心向经济中心转变。

中国社会以农耕经济为基础的古代文化形态向以工商经济为基

---

① 杜瑜认为：我国早在4000年前的夏代初期和夏代之前，已出现了城市或城堡，在城市刚刚产生时，虽然受到历史条件的限制，除了简单的城墙以外，还没有其他城市设施可作标志，但它是城市的雏形。见《中国古代城市的起源与发展》，《中国史研究》1983年1期。

② 《初学记》卷21引《吴越春秋》逸文。

③ 参见傅崇兰：《中国运河城市发展史》，四川人民出版社1986年版。

础的近现代文化形态的转型，发端于宋代[①]，但由于中国政治制度的滞后，和周期性的朝代更迭及其相关联的动乱，使中国的这一转型过程屡遭挫折。因此，中国文化的第二次转型，真正粗具规模的是从明代中后期开始的。本文试图从明代城市功能转变的角度，探讨中国文化转型生动而复杂的历史过程。

二、以明为界城市功能的前后差别

如前所述，明代是中国文化大规模的转型期，其标志之一便是明代之前和以后城市功能的显著变化。

功能与结构密切相关。城市功能的形成和发挥与城市的结构有不可分割的联系。城市结构主要是指城市布局和居民构成等。明代以前，中国文化形态处在以农耕经济为基础的古典形态。分散的以男耕女织和自给自足为特征的小农经济，需要有强大的政治权力加以统治，于是从都城到县城，分别成为从中央到地方各级政府驻扎的政治中心。因此，中国城市多为以政治统治为主、以军事防御为辅的“政治—防御”型城市。城市多有城郭，分布着各级政府和政府的各部门，居住着各级官僚及其家属，手工商业或被排挤在城外，或被限定在城内的某些地区，筑有围墙，“朝开晚闭”[②]。如北魏首都洛阳，据《洛阳伽蓝记》卷4“城西”所记，“自延酤以西，张方沟以东，南临洛水，北达芒山，其间东西二十里，南北十五里，并名为寿丘里，皇宗所居也，民间号为王子坊”。其豪华富庶无

---

① 至今还有不少学者认为中国的资本主义萌芽发生于宋代。
② 参见傅崇兰：《中国运河城市发展史》。

人能比。士女见之，“观其廊庑绮丽，无不叹息，以为蓬莱仙室，亦不过是”。而洛阳的商市则被排斥在西阳门外四里，御道之南，市的周围才是工商业者聚居的里坊，共有八个里坊，即“周回八里”：“市东有通商、达货二里，里内之人，尽皆工巧，屠贩为生，资财巨万。”“市西有延酤、治觞二里，里内之人多酿酒为业”。“市北有慈孝、奉终二里，里内之人以卖棺椁为业，赁辆车为事”。八个里坊之外，“别有阜财、金肆二里，富人在焉”。“凡此十里，多诸工商货殖之民”。“神龟年中，以工商上僭，议不听衣金银锦绣”。可见，魏都洛阳仅皇族居住的里坊就有35个之多，中央各部门官吏所居就更不用说了。而手工商业者所居里坊总共也只有10个，并且对他们实行集中管理，甚至限制其社会地位的发展。从这里可以看出农业社会的大都市以政治服务为主要功能的基本格局。又如唐都长安，周长70余里，城内20多条笔直宽阔、纵横交错的大街，把全城划分成一百多个长方形的坊。坊的名字大多与政治和伦理有关，前者如安定、辅兴、立政、晋昌、升平、靖安等，后者如修德、义宁、崇义、敦化、通善、怀贞等。只有城的东西两侧各有一商贸场所，名东市、西市。整个都城完全是一个为政府官员及其家属服务的政治之都。“唐代的长安、洛阳，商业区是‘市’，集中在一二处地方，购买物品极为不便”[①]。这样的城市当然不能算工商城市。宫城或朝廷的布局更鲜明地反映了古代都城的政治中心功能。秦汉以后，在“重天子之威”思想的指导下，代表至高皇权的“朝”一般都占据城南端最突出的地位，各种建筑以“朝”为主干道作轴线而左右对称。[②]所以张光直先生认为：“中国初期城市，不是经济起飞的产

① 阎崇年：《中国历代宫城都苑》，紫禁城出版社1987年版，第106页。
② 史建群：《简论中国古代城市的布局与形制模式》，《中原文物》1986年2期。

物，而是政治领域的工具。”①

宋代以后，城市的结构和布局有所改变，如宋都开封和临安，商业铺面随处可见，反映出当时城市功能从政治型向工商型转变已初露端倪，但是，这种局面仅局限在上述两京和为数不多的其他城市，主要依据《东京梦华录》、《梦粱录》等书籍的记载和《清明上河图》等图画的描绘。宋代其他城市的手工商业虽有一定的发展，但不少都受到排挤或限制。如作为当时手工商业颇为发达的武昌，其商业市场就被排斥在城外。南宋陆游《入蜀记》描述武昌道：“市邑雄富，列肆繁错……虽钱塘、建康不能过，隐然一大都市也。”但这些繁荣都局限在“城外南市方数里”的范围之内。范成大《吴船录》也称：武昌的繁盛“外郡未见其比，盖川、广、荆、襄、淮、浙贸迁之会，货物之至无不售，且不问多少，一日可尽”。但这种盛况出现在“沿江数万家”的南市，而“南市在堤外”。尽管宋代某些城市手工商业发达，但其对城内政治格局的影响是很有限的。

明代则不然，城市的政治型功能向工商型功能的转变在其中后期可以说是相当普遍。其转变形式分为两种，一种是由传统政治中心经过工商业发展演变而成，如以南北两京和苏、松、杭、广为代表的全国大中小城市均是由政治中心转变为手工商业中心，这些城市打破过去的政治格局，“临街而市”的现象四处可见，手工业和文化活动场所也占据着一定的街区。另一种是新的工商业市镇的出现，明代中后期以汉口为代表的一般工商市镇和以盛泽为代表的专业市镇如雨后春笋般崛起，散布于大江南北，甚至密集于江南各地，这是宋代所不曾有的现象。手工商业市镇和专业市镇是近代城市的雏形，它不同于通都大邑从政治功能向经济功能的转变，而是

① 张光直：《关于中国初期“城市”这个概念》，《文物》1985 年 2 期。

一开始就以工商业的面貌出现。在这一点上，与西方稍早崛起的工商城市颇为相似。它的出现，标志着明代城市手工商业生产的功能急剧增长，加速了城市整体重心从政治功能向经济功能的倾斜，促进了中国文化形态向近代的转型。

三、明代原有政治功能型城市向工商功能型的扩展和转变

明代城市功能的转变，与明代城市结构的变化紧密相关。明代城市结构至少在如下方面有了较大的变化：其一，城市布局普遍向"临街而市"转变，手工工场和商业铺面随处可见。如苏州自玄妙观至阊门外，工商店铺随街而设，松江的袜店遍设郡治之东面和西郊。其二，与之相应的是有形的交易市场向无形的供需市场和资金市场发展，钱庄和货币广泛应用，明代不少商人开设钱铺、兑店和牙行经纪等金融机关，经营钱粮兑换、存放款及汇兑等业务，并在其中发展了一种会票制度，如范濂的《云间据目抄》卷3《记祥异》就曾记载了一位徐姓商人在京师开设钱庄以开展会票汇兑业务的事实。当时的白银数量激增，流通很广，为城市工商业的发展提供了资金保证。其三，城市居民结构发生显著变化，政府官员及其家属在大中小城市中的比例明显缩小，市民阶层出现并日益壮大；其四，作为城市主体的市民意识发生了变化，重儒贱商观念向工商皆本观念转变，如福州"闾巷少年仰机利，泛溟渤危身取给，不避刀锯之诛"①。浙江的衢州市民"竞习为商""街谈巷议，无非权子

① 万历《福州府志》卷7《土风》。

母”[1]。下面从城市的工商业发展状况来观察原有城市的政治功能向工商业功能的扩展和转变。

中国古代的大中小各等城市，均为王朝从中央到省府县各级政府的所在地。最大的城市一般都是首都，即使初期不是，其后必然建成城市之最。如秦之咸阳、汉唐之长安、宋之汴梁和临安；各省最大的城市亦必是省会所在地，依此类推，鲜有例外。这本身就反映了古代城市的政治功能型特色。但至明代中后期始，各级政府所在的大中小城市，其政治功能均发生了一定的变化，开始向手工商业过渡和转变；并且城市经济的繁荣，不再依城市的大小而排名次，而是依自身经济的发展而定。

据足迹遍及全国的徽商所见，在明代嘉靖、万历时期的著名工商业城市，“则大之而为两京、江、浙、闽、广诸省（会），次之苏、松、淮、扬诸府，临清、济宁诸州，义征、芜湖诸县”[2]。这些城市不单是商业的中心，而且是手工业的中心，不单是国内贸易中心，往往也是对外贸易的港口或转运码头，和国内少数民族的互市场所。[3]南北两京不仅是政治中心，还是重要的经济城市。城内商店林立，百货云集，重要商品有一定的地区出售。北京有缸瓦市、猪市、煤市等，正阳门外是商人集中区，商业繁盛。南京的手工业和商业相当发达，其丝织品的生产和销售均极可观：“瓜连数省，五方辐凑，万国灌输，三服之官，内给尚方，衣履天下，南北商贾争赴。”[4]南京设有专门为商人使用的货栈，名叫“塌房”。除了南北两京之外，明代中后期各省会城市的地方政治中心功能，均在向

① 康熙《西安县志》卷6《风俗》。
② 万历《歙志》卷10《货殖》。
③ 傅衣凌、杨国桢、陈支平：《明史新编》，人民出版社1993年版，第310页。
④ （明）张翰：《松窗梦语》卷4。

手工、商业生产扩展。浙江之杭州、福建之福州、四川之成都和广东之广州等，都在向手工商业生产上发展。如广州的商业贸易比较发达，不仅有中国商人云集经商，外国商人亦群集其地。由于澳门外国人“负老携幼，更相接踵”而来，更促进了毗邻的广州外贸的繁荣，同时也推动了广州手工业的发展，当时广州的纺纱业十分发达，广纱有“甲天下”之称。

经济的发展并不照顾政治的脸面，并不按城市的大小来定先后。明代中后期，有不少非省会城市和中小城市，其经济繁荣甚至超过了大城市，因此其城市功能更加偏向于经济功能。苏州在明代只是府治，但在嘉、万时，“货物辐凑，四方旅寓之人，皆在其地开张字号行铺”①。徽商黄汴在其书中描述苏州市场道：“聚货缎匹外，难以尽述，凡人一身诸行日用物件，从其所欲。”②苏州城中有着专门的商业区，自玄妙观以至阊门外，货物杂陈，应有尽有，尤其是南北濠、上下塘，市场特别繁荣。除了商业外，苏州的手工业更是全国驰名，手工业中又以纺织业为盛：“绫锦苎丝纱罗紬绢皆出自郡城关房，产兼两邑，而东城为盛。比屋皆工织作，转贸四方，吴之大资也。”③“静装炫服，坠马盘鸦，操筹倚市，封、娄、齐、盖罕矣，惟以织造为业者，俗曰机房。”④松江的变化尤其生动地反映了城市功能转变的发生过程：“郡中旧无鞋店与蒲鞋店，万历以来，始有男人制鞋，后渐轻俏精美，遂广设诸肆于郡治东”；“松江旧无暑袜店，暑月间穿毡袜者甚众，万历以来，用尤墩布为单暑袜，极轻美，远方争来购之，故郡治西郊，广开暑袜店百余家。合

① 《古今图书集成》，《食货典 · 赋役部 · 苏松溪赋议》。

② （明）黄汴：《一统路程图记》卷7《江南水路》，四库全书存目丛书本，齐鲁书社1997年版。

③ 嘉靖《吴邑志》卷14《土产物货谷菽蔬果上 · 物货》。

④ 万历《长洲县志》卷1《风俗》。

郡男妇皆以做袜为生，从店中筹取值，亦便民新务”；“细木家具，如书桌禅椅之类，余少年不曾一见……虽奴隶快甲之家，皆用细器，而徽之小木匠，争列肆于郡治中”。[①] 陈继儒描述松江郡治东西门的商业情况时说：“凡数千里外，装重赀而来贩布者曰标商，领各商之赀收布者曰庄户。乡人转售于庄，庄转售于标。”[②] 反映了松江棉纺织业的繁荣及城市人口从事工商业活动的比例之大。福建漳州是一府城，天鹅绒生产颇为有名：“天鹅绒本出倭国，今漳州以绒织之，置铁线中，织机割出，机制云蒸，殆夺天巧。”[③] 漳州还形成了自己的港口卫星城——月港，是东西洋贸易的重要口岸。明代朱纨在《甓余杂集》卷3《增设县治以安地方事》中，有详细的介绍：“漳州府龙溪县月港地方，距府城四十里，负山枕海，民居数万家。方物之珍，家贮户峙，而东连日本，西接暹球，南通佛郎、彭亨等国，其民无不曳绣蹑珠者，盖闽南一大都会。”就嘉靖、万历时期而言，著名工商业城市首推江南的苏、松、杭、嘉、湖，其次是沿江和运河两岸等交通发达之地的城市。这些城市多不是省会城市，但其手工商业的发展却有过之而无不及，城市功能较首都、省会更具有经济性质。

尽管明代原有的政治中心城市向工商业功能的扩展较为迅速且富有成效，但由于庞大的官僚机构及众多的官员的僵化顽固且腐败的统治，尤其是根深蒂固的落后政治专制观念的惯性作用，使中心城市所驻各级政府的政治统治功能未能转变为为工商业发展服务的服务功能，相反，他们还阻碍了工商业的发展，如万历间的北京官府曾规定“各项客商杂货俱入官店发卖，不许附近私店擅行停

---

① （明）范濂：《云间据目抄》卷2《纪风俗》，奉贤褚氏1928年铅印。
② （明）陈继儒：《陈眉公全集》卷59《布税议》，中央书店1936年版。
③ 《重纂福建通志》卷59。

宿”，通过权势来垄断经营和敲诈勒索，严重地损害了城市工商业的发展。因此这些城市没有从根本上改变其政治统治的基本功能。与新兴的手工商业市镇相比，中心城市的功能转变显然更为艰难和复杂。

四、新型城市的雏形——手工商业市镇的出现

从明代中后期开始，中国城市功能的转变过程迅速加快，其主要原因就是，一大批新兴的手工商业市镇加入到向经济功能转变的行列。这些手工业商业市镇（包括专业市镇），超越了政治功能的阶段，一开始就形成了工商功能。如果说以前的城市是适应军事防御和政治统治的需要才繁盛的话，那么新兴市镇则是顺应工商业发展而繁荣的。这些手工商业市镇是新型城市的雏形。它的结构与传统城市不同，没有城墙，是一种开放性的布局，可随着工商店铺的发展而无限扩展；它的居民结构比较单一，基本上都是手工业者和商贾等市民，较少有官僚吏员，有些市镇驻有卫所军队，但对地方事务不加干涉。市镇虽小，但更加工商业化和专门化。

明代中后期兴起的手工商业市镇，分一般工商市镇和专业市镇。一般工商市镇中，尤以汉口镇最为著名。汉口在明洪武时还是一个芦苇丛生的荒洲[①]，至天顺间才有一位名叫张天爵的人在此建屋居住。成化间汉水改道，荒洲遂成为汉水入江之口。由于地处要冲，宜于商贸，引来了很多的人来此定居和经商。嘉靖四年，汉口的“上岸有张天爵等房屋六百三十间，下岸有徐文高等房屋五百五

---

① 唐裔：《风水沧》：“汉口实亦芦洲耳。明洪武间，未有人住。”

十一间”[①]。此后，汉口开始加速发展。范锴认为，汉口作为“九州名镇”，“肇于明中叶，盛于启祯之际”。[②]崇祯初年，汉口的“两岸居民，不啻若九牛一毛，而万舰千艘，有如鞍者，如革履者，如箕如斗者，衔尾络绎，衩岸几里许”[③]。明末清初，汉口遂成为全国“四大名镇”之首。与汉口一江之隔的武昌，是湖广地区传统的政治中心，但其经济发展却最终落在了汉口之后。汉口的发展摆脱了对岸武昌政治统治—军事防御的模式，而成为以工商贸易为功能的新型城市的雏形。

专业市镇在江南一带十分密集，甚至可以说形成了网络[④]。长江三角洲专业市镇中有名的首推苏州府吴江县的盛泽镇。盛泽镇明初仅是个五六十户人家的小村，明代成化、弘治间开始从事丝织业生产，至中后期，居民“乃尽逐绫绸之利，有力者雇人织挽，贫者皆自织，而令其童稚挽花，女工不事纺绩，日夕织丝，故儿女自十岁以外者皆蚤暮拮据以糊其口，而丝之丰歉，绫绸价之低昂，即小民有岁无岁之分也”[⑤]。终于发展为千余家的大市镇，明代世俗小说对此有形象的描写：“络纬机杼之声通宵彻夜，那市上两岸绸丝牙行约有千百余家，远近村坊织成绸匹，俱到此上市，四方商贾来收买的，蜂攒蚁集。”[⑥]浙江嘉兴府秀水县的王江泾镇也“多织绸，收丝缟之利”“居民可七千余家”[⑦]。湖州的南浔镇甚至丝织业上创出了名牌产品——“七里丝”。织布专业市镇，有昆山县安亭镇，主产药

---

① 民国《夏口县志·商务》。

② （清）范锴著、江浦等校释：《汉口丛谈校释》卷3，湖北人民出版社1999年版，第138页。

③ 王葆心：《续汉口丛谈》卷1，湖北教育出版社1999年版，第13页。

④ 见樊树志：《明清长江三角洲的市镇网络》，《复旦学报》1987年2期。

⑤ 乾隆《吴江县志》卷38《生业》。

⑥ 冯梦龙：《醒世恒言》卷18《施润泽滩阙遇友》，见《三言》，浙江古籍出版社1993年版，第896页。

⑦ 万历《秀水县志》卷1《市镇》。

斑布[①]；嘉定新泾镇，“为棉花、管屦所集”，其“卉织为布，出海宁硖者，视他县为佳”[②]。嘉善县的魏塘镇则以纺纱闻名，时有谚称：“买不尽的松江布，收不尽的魏塘纱。”除防织业外，其他行业的专业市镇也有不少。浙江崇德县的石门镇，因专营榨油而发展为拥有数千家居民的雄镇。嘉善县的千家窑镇，“民多业陶，甓埴繁兴，贸迁日伙”[③]。另外，长江三角洲还有不少商业性的专门市镇，一般都是以经营米豆麦等农副产品为中心，如平望镇弘治以后，“居民日增，货物益备，而米及豆麦尤多。千艘万舸，远近毕集”[④]。明代江南市镇的兴盛，有利于吸收农村中的剩余劳动力，为县以上的大中小城市商品经济的发展奠定了基础。“江南的各个城市就是以星罗棋布的市镇为依托，使城市的工商业日益活跃。”[⑤]换句话说，明代专业市镇的工商功能，促进了大中小城市政治功能向经济功能的转变。

长江三角洲之外也有很多专业市镇，最著名的有景德镇和佛山镇。景德镇的制瓷业早在宋代就已出名，但盛而复衰，到了明代中后期，才又发展为相当繁荣的专业市镇。官民瓷窑共有三千余个。每窑能烧制小瓷器上千件。“天下窑器所集，其民繁富，甲于一省。……万杵之声殷地，火光烛地，夜令人不能寝。”[⑥]佛山镇，则是明代才兴起的以铁器制造业闻名的专业市镇，屈大均在《广东新语》卷16中指出：“佛山多冶，业冶者必候其工而求之，极其尊奉，有弗得则不敢自专，专亦弗当，故佛山之冶遍天下。”明代另一

---

① 嘉靖《昆山县志》卷4。
② 万历《嘉定县志》卷1。
③ 光绪《嘉善县志》卷2。
④ 乾隆《吴江县志》卷4。
⑤ 洪焕椿：《明清史偶存》，南京大学出版社1992年版，第378页。
⑥ （明）王世懋：《二酉委谭摘录》，见《纪录汇编》，商务印书馆1938年版。

官员霍与瑕称："（佛山）两广铁货所都，七省需焉。每岁浙、直、湖、湘客人腰缠过梅岭者数十万，皆置铁器而北。"[①]专业市镇的崛起和繁荣，使明代城市整体功能向经济方面大幅度倾斜。

明代中后期专业市镇为什么会迅速崛起并繁荣呢？这是因为市镇是王朝统治最薄弱的地方。市镇一般是县以下的单位，市是乡间贸易较为频繁的村落集市，镇是驻有或曾经驻有军队的乡间要冲，随着商品经济发展，二者已无大的区别。明代比较重要的市镇才设有九品级别的巡检司，司下额定编制仅吏员一名，另有招募来的弓兵十余名，但职司捕盗，不问政事；少数镇驻有军队，但军队卫所也不得干预地方事务。王朝政府在广大乡村地区的统治堡垒是县城，县城里才有一定规模的官吏和捕快，但对人口日益增多的市镇往往鞭长莫及。由于"市镇离县城较远，官寡吏少，开支负担有限，于是，商品经济便在这封建统治的缝隙中发育滋长起来"[②]。总之，由于市镇不是政治统治的中心，没有惯性极大的政治功能需要转换，所以在其初期能够直接发展工商业。

五、城市功能转变的重重障碍和文化转型的艰难步履

明代中后期城市整体功能从政治向经济转变取得了令人瞩目的成就，形成了一定的国内市场，产生了资本主义生产关系萌芽，触发了中国文化形态从以小农经济为基础、宗法专制为特征的古典文化，向以工商经济为基础、民主科学为特征的近现代文化转型的启

① （明）霍与瑕：《上吴自湖翁大司马》，《明经世文编》卷368，中华书局1997年版。
② 林绍明：《明清年间江南市镇的行政管理》，《华东师范大学学报》1987年2期。

动。其一，思想观念上出现了实学思潮，在工商经济发达的无锡形成了“家事国事天下事事事关心”的东林学派，东林学派“多裁量人物，訾议国政，亦冀执政者闻而药之也”[①]。他们极力主张开垦荒地，兴修水利，减轻赋税，重视工商。赵南星指出：“士农工商，生人之本业……岂必仕进而后称贤乎？”[②]李应升也提出“为商为国”和“体曲商人”的主张。东林学者黄尊素之子黄宗羲更明确提出了“工商皆本”的思想，这可以说是时代的呼唤。其二，市民文学应运而生。在专业市镇密集的吴县出现了反映时代风尚的通俗文学大家冯梦龙。他编刻的反映世俗和市民生活的《三言》，在当时影响很大。另一位吴县剧作家李玉，创作了描写万历间苏州葛成领导市民斗争的《万民安》，和描写市民颜佩韦等5人反对阉党斗争的《清忠谱》。另外，凌蒙初的《二拍》和兰陵笑笑生的《金瓶梅》，也反映了世俗生活。其三，工商业发展，引起了对西方先进科学技术的学习热潮。出生于松江上海的徐光启，在发达的工商业环境熏陶下，很快接受了西方的科学技术，翻译了欧洲传教士利玛窦的《几何原本》、《测量法义》和熊三拔的《泰西水法》。此外，李之藻、王征、焦勖、杨廷筠等都翻译介绍了西方的天文、历法、地理、物理、数学、火器技术等科学技术知识和书籍。其四，反传统的异端思想和具有近代民主倾向的启蒙思想萌发产生。前者代表是李贽，后者代表是黄宗羲。李贽对风行中国几千年的孔孟思想进行了大胆的否定。指出“岂可遽以（儒家经典）为万世之至论乎!”宣称“不能以孔子是非为是非”[③]。并提出人是天然平等的观点，“曷

---

① （明末清初）黄宗羲：《东林学案一》，《明儒学案》卷58，中华书局1985年版，第1377页。

② （明）赵南星：《寿仰西雷公七十序》，《赵忠毅公文集》卷4。

③ （明）李贽：《世纪列传总目前论》，《藏书》，中华书局1974年版。

尝有所谓高下贵贱者哉!"[①] 李贽的思想风靡一时，"士大夫多嘉其书，往往收藏"[②]。黄宗羲在其名著《明夷待访录》中，提出了近似于君主立宪思想的主张，认为君臣是平等的，"臣之于君，名异实同"，指出人臣的职责是"为天下，非为君也；为万民，非为一姓也"，提倡用相权来限制君权；他甚至提出了略似西方议会制的蓝图，主张"必使治天下之具皆出于学校"，"天子之所是未必是，天子之所非未必非"，必须"公其非是于学校"。所有这些划时代的文化现象的产生，都是明代中后期以市镇—城市为中心的社会功能转变的结果。

但是，这种转变对于推动中国大文化形态的全面转型来说是远远不够的。明代中后期发生的城市功能从政治向经济的转变，由于王朝宗法专制制度的破坏和阻碍，而困难重重，步履蹒跚。其一，一当"16 世纪末年，城市工业、内地贸易和矿业被看作可能的税收来源"时，专制皇帝便派遣大批的宦官充当矿监税使到各省去搜刮民财。这些变态而贪婪的宦官，"把一伙伙地方上的恶棍和投机分子搜罗在他们的周围"，把征收矿税当作"一种敲诈的形式"，结果"引起了很多城市的骚乱事件"[③]，并使很多店铺倒闭关门，如临清城"因税使查验抽罚"，结果"向来缎店三十二座，今闭门二十一家；布店七十三座，今闭门四十五家；杂货店六十五座，今闭门四十一家"[④]。严重阻碍了工商业的发展。其二，直接对日益繁荣的工商业进行管理的王朝官吏，对城市功能的历史性转变所带来的新生

① （明）李贽：《李氏丛书》丑，《老子解》下篇。

② （明末清初）顾炎武著、黄汝成集释：《日知录集释》卷 18"李贽"，岳麓书社 1994 年版，第 668 页。

③ ［美］黄仁宇：《隆庆和万历时期，1567—1620》，《剑桥中国明代史》，中国社会科学出版社 1992 年版，第 575—576 页。

④ （明）赵世卿：《关税亏减疏》，《明经世文编》卷 4。

事物束手无策，甚至腐败堕落。“没有商事法规和周到的检查程序，文官们本身在工商资源的税收管理方面过去是以马虎和腐败出名的。地方官员们习惯于按照不变的定额掌握收入和支出，总的说来，在按变动的数额予以管理方面却是无能为力的。”① 其三，面对迅猛发展的市镇工商业，作为上层建筑的政治体制未能及时加以调整，而让市镇“削足适履”。关于这一点，我们将在下面与欧洲新兴城市的比较中加以展开论述。

把明代中后期兴起的手工商业市镇和专业市镇，与欧洲新型工商业城市作一比较，是颇能发人深省的。二者初期的崛起较为相似。西欧中古初期，罗马时代的城市在日耳曼人入侵后，几乎完全没落。有的成为设防据点，有的成为封建诸侯或教主的驻地，其功能主要是“政治—防御”功能。到了10—11世纪，随着手工业与农业相分离，手工业者和商人在交通要道、渡口、关隘、教堂附近等地，聚集成市，招诱逃出的农奴来做雇工，于是出现了新兴的手工商业城市。城市为了自身的发展，通过赎买、求助王权甚至武装斗争等形式，从封建领主手中争得不同程度的独立，并在工商行会的基础上成立自治的市议会，选举管理人。这样，西欧的新兴城市稳步发展，终于演进为具有现代化功能的都市。明代中后期兴起的新型市镇，如果政治体制能顺应其发展而调整的话，那么它也许能顺利完成这一转换过程。然而，由于中国特殊的社会环境和政治制度，中国新兴市镇没有可能像欧洲那样，在政治上建立适应其工商业发展的政治环境。明代市镇在发展初期，王朝政府未暇管理，“但是，当市镇发展到相当程度，行政管理上的强化就不可避免了”，中国封建王朝要强化管理，“方法只能是老一套，将一些封建官府自上

① ［美］黄仁宇：《隆庆和万历时期，1567—1620》，《剑桥中国明代史》，第575—576页。

而下地强加到市镇头上”[①]。其对新兴工商业市镇的管理不是用适应新的生产力发展的方式去进行，而是用陈腐的旧枷锁去捆缚。如嘉靖十九年，在“界连两省六邑，烟火万户千门”的新兴市镇乌镇，添设湖州通判，“坐镇雅俗”。但极不适应市镇发展的需要，结果“官视民为膜外，民以官为赘瘤”，以致官府竟被镇民付之一炬。但王朝政府又在这里设置了官厅，派比州通判行政级别更高的府同知来统治。把乌镇从副州级升格为副府级，妄图以此来镇住乌镇。[②]此外，嘉兴的王江泾、湖州的南浔、苏州的同里，都曾先后设置过府级官厅。这样做，不过是旧式衙门模式的延伸，是自上而下专制统治的强化，无助于促进市镇工商业的发展。此外，中国社会周期性的朝代更迭和相伴随的动乱，使中国市镇工商功能的形成和发挥屡遭毁堕。早在宋代，几乎与欧洲新型城市诞生同时，中国新型市镇已开始萌芽，但经过宋、元、明的朝代更替和动乱，这些市镇的经济活力荡然无存。至明代中后期，才又重新获得发展，然而，明末清初的动乱，经过“扬州十日”和“嘉定三屠”，又使江南发达地区新兴市镇的工商业发展受到致命的打击。然后康乾盛世时又趋复苏，及至鸦片战争后外国商品的涌入，使新兴市镇的工商业复遭瓦解和毁灭。中国自明代中后期已发展得粗具规模的工商专业市镇，其新型功能的形成和发挥，遭到反复的摧残和破坏，使这些市镇成为新型城市的“永恒的雏形”，也使中国大文化形态的转型步履维艰，徘徊不前。

通过对明代中后期城市功能的扩展和转变的考察，我们可以得出如下结论：其一，由于中国古典文化形态中王朝政治专制超稳固

---

① 林绍明：《明清年间江南市镇的行政管理》。

② 《乌青镇志》，中国地方志集成本，上海书店 1992 年版。

的特殊性，中心城市的工商业发展虽然较快，但各级政府职能从政治统治向工商服务的转换十分艰难。其二，新兴工商专业市镇在王朝专制的薄弱缝隙中得到迅猛发展，工商业功能发挥得较为充分，但仍然不能获得向近现代发展所必需的自主权力；若不能在政治上得到民主自由的保证，工商业的发展就很难彻底成功。手工专业市镇的发展盛而复衰者三，成为令人惋惜的“永恒的城市雏形”，就是明证。其三，从中国城市功能的转变来看，中国文化向近现代转型起初属于原发自生型，即从中国古代社会母体内产生商品经济因素和与之相应的资本主义生产关系萌芽，但这种原发自生型转变，因古典文化形态中专制政治的顽固性，而变得困难重重，步履维艰，终于为汹涌而至的世界近代化浪潮所冲击，由原发自生型被动地变为后发次生型。其四，在“冲击一反应”效应的作用下，中国文化从明代中后期的自发转型，转变为自觉转型，使中国城市工商业功能的形成和发挥，较之以前有了显著的改观。尤其是改革开放后，中心城市的工商业功能迅速增生，政府传统的政治职能向招商引资、为工商服务的新型功能转换；与此同时，作为城市雏形的市镇又获得前所未有的发展机遇，乡镇企业充满活力。但由于传统的惯性，那些工商业发达但行政级别较低的乡镇，至今仍很少成为建制市，只有石狮等极少市镇直接从乡镇获得市的建制。① 反映了中国文化转型之路仍然艰难曲折。但是，毕竟有像石狮这样的城市走完了明代专业市镇未走完的路，从一个城市雏形发展成一个名符其实的建制市，向人们展示了中国城市因新型工商市镇的加盟，其整体性

---

① 也有一些明代中后期崛起的新兴市镇，后来发展为现代工商业都市，如汉口、沙市、佛山和景德镇等。但均非正常发展而成，或因殖民主义者强辟成通商口岸而演变为市，如汉口、沙市；或因后来成为地方政治中心而演变为市，如佛山镇民国初年成为南海县治，后方设市；或因是官方日用供给中心而受到扶持，终成建制市的，如景德镇等。但是，绝大部分手工商专业市镇因生存环境窒息而没落衰微。

质和功能从政治向经济发生质变的趋势和前景。另外，长江三角洲和珠江三角洲等地乡镇经济的迅猛发展，再一次形成了“以市镇包围城市”的态势，必将促使作为传统政治中心的大中小城市更加迅速地从政治功能向经济功能转变；而城市功能一旦转变，则反过来又带动市镇乃至广大农村向现代化飞速迈进，从而推动中国大文化形态从传统的“小农—专制型”向近现代“工商—民主型”的转变，并同时为中国文化最终实现从工商形态向信息形态的第三次转型奠定腾飞的基础。

（原刊《中国前近代史理论国际学术研讨会论文集》，
湖北人民出版社1997年版）

试论《洪芳洲公文集》的史料价值

一、从《明史》和《明实录》对洪芳洲地位的忽略看《洪芳洲公文集》的史料价值

洪芳洲，名朝选，字舜臣，一字汝尹，号芳洲，别号静庵。幼名天民，明代福建省泉州府同安县翔凤里十三都柏埔庄（今新店镇洪厝村）人。①

洪芳洲是明代大臣，出为山东巡抚，封疆大吏，入为刑部左侍郎，朝中重臣，地位相当重要，然而，有关他的史料在正史中却较为罕见。《明史》中关于洪芳洲的事迹仅有六处：卷97《艺文志二》载有洪芳洲所著《江防信地》2卷；卷99《艺文志四》载有洪朝选所著《静庵稿》15卷。②另卷117载有其如实勘察辽王案事迹，记事较为详细。③卷221载有畿辅巡抚郝杰于隆庆元年以后弹劾洪朝选的事情："刑部侍郎洪朝选以拾遗罢，上疏自辨，杰等劾其违制，遂削职。"④卷226载丘橓为朝选鸣不平道："劳堪巡抚福建，杀

---

① 洪福增编：《洪芳洲公年谱》，台北：洪朝选研究会1993年初版，第1页。

② 《明史》卷97，第2416页；卷99，第2483页。中华书局1974年版。

③ 《明史·诸王列传二》。

④ 《明史·郝杰传》。

侍郎洪朝选。”[①]卷241载洪芳洲被迫害的经过及其家属为其申冤的事。[②]六处记载实只讲述了二事，一是洪芳洲勘辽王宪㸅案，一是洪芳洲以拾遗罢官。

比《明史》更原始的另一部重要史书《明实录》，有关洪芳洲的事迹记载亦较欠缺，据笔者统计，在世宗、穆宗及神宗三朝实录中，仅出现了16次记载。比较重要的材料如下：

《明世宗实录》卷403，嘉靖三十二年十月丁酉："升南京吏部郎中洪朝选为四川按察司副使，提调学校。"

《明世宗实录》卷464，嘉靖三十七年九月辛卯："巡按广西御史龚恺劾……原任广西……参政洪朝选残酷俱不职当罢得旨令……朝选调用。"

《明穆宗实录》卷4，隆庆元年二月壬辰："巡抚山东右副都御史洪朝选……各奉诏自陈乞休，不允。"

《明穆宗实录》卷11，隆庆元年八月丙午："升山东巡抚右剑都御史洪朝选为南京户部右侍郎。"

《明穆宗实录》卷22，隆庆二年七月辛亥："敕刑部左侍郎洪朝选、锦衣卫指挥佥事程尧相勘问辽王宪㸅罪状。朝选辞行，因疏请河南布政司右参议董文寀、山东按察司副使吴道直与，俱从之。"

《明穆宗实录》卷25，隆庆二年十月己亥："辽王宪㸅有罪，削爵，降为庶人，禁锢高墙，国除。……巡按御史郜光先复上疏数其十三大罪。侍郎洪朝选等奉敕往勘，具得其实……"

① 《明史·丘橓传》。
② 《明史·孙玮传》。

《明神宗实录》卷131，万历十年十二月载："癸卯，兵科给事中孙玮劾协理院事左副都御史劳堪倚法作奸，杀人媚势，神人共愤，国法难容，国朝大臣［未］有无故冤死狱中者。原任刑部侍郎洪朝选，以勘辽藩事得罪居正，堪希居正意，杀朝选媚之，极其惨酷。至其子洪兢赴阙控诉，堪飞书冯保，廷杖几死。有臣如此，将焉用之！上为罢堪。"①

上述7条记载，加上另外9条记载，对洪芳洲仕宦生涯的勾勒仍然是比较零散的、疏略的。

无论是《明史》还是《明实录》，对洪芳洲人生经历的登录都是不充分的。须知，宦海沉浮的洪芳洲是明代历史的重要见证人之一，从嘉靖二十年（1542）中进士，二十一年初任南京户部山西清吏司主事以来，到万历十年（1582）被害于刑部左侍郎任上，仕宦40年，其间历任湖广司署员外郎主事、山西司署郎中、主事、户部郎中、四川司郎中、南京吏部稽勋司郎中、考功司郎中、四川按察副使提调学校、广西布政使司右参政、山西布政使司左参政、南京太仆寺少卿、南京都察院右副都御史总督粮储、山东巡抚兼督理营田都察院副都御史、刑部右侍郎，遍历北京、南京、江苏、浙江、四川、广西、山西、山东、湖北等地，足迹遍及大半个中国，因此，对这么一个历史亲历者而言，《明史》的6处记载和《明实录》的少数记载显然是微不足道的，不能满足对明史的研究之需。在这种情况下，由他自己亲自撰写的《洪芳洲公文集》，就显得十分珍贵和重要了。

《洪芳洲公文集》是经过多次搜集和整理洪芳洲的著作而最后形成的洪芳洲的文集，也是迄今为止最为完整的洪氏作品集。洪芳洲

① 以上所引《明实录》均为台湾"中央研究院"历史语言研究所1962年校印本。

身前大约留有6种著作：《江防信地》（2卷）、《洪芳洲摘稿》（4卷）、《归田稿》（3卷）、《续归田稿》（2卷）、《洪芳洲先生读礼稿》（3卷）、《洪芳洲先生续稿》（2卷），后5种曾合刻为一书，其名称估计即《明史·艺文志》所称的《静庵稿》（15卷），因为上述5种著作加起来卷数与《静庵稿》卷数大致相当。但此书久而散佚。清光绪十八年（1892），洪芳洲的族裔洪敬庵，将后5种稿子重新合并，附上《洪芳洲先生忠孝乘》（1卷）和《洪芳洲先生奏疏附集》（1卷，乃其子学静奏疏），雕版刊出，由龚显曾、陈棨仁和洪曜离分别作序，书名定为《洪芳洲先生文集》，但此版亦散失殆尽。民国初年，侨居在南洋的族人，再次集资以光绪雕版为本，重新分类编订，将影片、序言、书目及诗合编为一册，序、记、碑、传、赞合为一册，奏疏、祭文、志铭、圹志、墓表、行状、杂著合为一册，文集稿、忠孝乘附其子学静奏疏各集合为一册，共为4册，刊行于世。书名为《洪芳洲公文集》，但亦残缺不全，后仅于福建新店洪若石、市头洪辉星二处发现所收藏之《洪芳洲公文集》各二册，内容相同，尚缺二册内容相异者。20世纪80年代，发现在福建师范大学图书馆藏有光绪年间雕版5册，唯缺《洪芳洲摘稿》4卷2册。同时发现福建省图书馆藏有一套《洪芳洲先生文集》的手抄本7册，完整无缺。两相对照，发现7册手抄本也是从光绪年间刊本上抄来的。于是，公元1989年台湾洪氏族孙洪福增先生将手抄本7册重新影印出版，合订为上下两册。并增入《筵宾馆家书》及洪芳洲妻朱氏之《为夫辨冤本》各一篇于《洪芳洲摘稿》之后。此次刊出，依民国时南洋族人所编文集之名称，定名为《洪芳洲公文集》，除了移录龚显曾、陈棨仁和洪曜离的三篇序外，新增了洪氏23世孙洪允践和出版人21世孙洪福增的序各一篇。这个版本遂成为最为完善的洪芳洲文章集子。由于《江防信地》已难觅见，故《洪芳洲公文集》成为研究洪芳洲事迹的最基本的史料。

二、对研究明代政治史的重要意义

洪芳洲的政治生涯为研究明代政治史提供了一个重要的线索。作为洪芳洲政治活动的记录，《洪芳洲公文集》为明代历史提供了可资利用的重要史料。从这部文集中，我们发现了许多在其他地方难于寻觅的史料，这些史料对于探明明代政治制度提供了重要依据。

（一）《洪芳洲公文集》提供了明代官吏制度的史实，对于该问题的研究奠定了部分颇具说服力的史料基础

洪芳洲在他的文集里，为后世提供了明代官吏制度的部分难得的史料。在明成祖朱棣迁都北京之后，南京作为陪都仍然保留了除内阁外的一整套中央官制。但这些官职均是闲差，常常作为明升暗降的去处。洪芳洲由于曾在南京作过官员，因此他的文集对这种重北轻南现象有更直接、更令人信服的记述。他指出："自两京并建，则南都独为少事之地，（户部）山西司分治河东、苏州，岁计不盈数万，事以益简。士之居此，宜可以苟安而自逸。"但是，南京的这些闲官，在一些特殊情况下，尚能起到言官和智囊的作用，这在洪芳洲的文集中有清楚的记载："然古之士问国之政而不能对，则耻之，况身为主计之官，有官守之责者哉！今天下财力大诎，天子岁求贤才以兴理财之政，户部之官，皆得以其职论议，而能本先王之意以施之政事，皆古之良史也。"①

官吏的考评制度是古代中国政治制度中极为重要的一环。自宋代建立文官制度以来，对文官的考评和黜陟，是皇权专制赖以实现

---

① （明）洪朝选：《洪芳洲公文集》，《洪芳洲先生摘稿》卷2《南京户部山西司题名记》，台北：洪福增1989年重印，第49页。

的重要手段。然而，关于官吏考评的详细记载并不多见，比如明代最大的一部史书《明实录》中，有关官吏考评的记录就极为简略。如《英宗实录》卷223载："（景泰三年十一月辛酉）左副都御史刘广衡言：'奉命考察湖广布政司等衙门左参政等官蔡锡等凡七十余员，其老疾庸懦或贪污不才，悉具疏闻，起送赴京，乞令吏部如例黜之。'"①《宣宗实录》卷109，宣德九年三月癸未升湖广布政司左参议郝珩为江西布政司左参政，"以九载考最故也"。以上均只记载了考评的结果，而没有更详细的资料。《洪芳洲公文集》则提供了官吏考评的具体评语，十分珍贵难得。如洪芳洲在《通守赤沙陈公荣奖序》中记录了考评结论："议时政而文学之美也，司出纳而操守之介也。昔令南平而廉明并著也，今居繁剧而政事愈练也。"②不仅如此，洪氏文集还提供了官吏考评的具体考评程序和名目。其程序是，先由自己评，然后由皇帝指派官员对之进行审察考核。文集描述道："考绩之义何居乎？人臣当报政之期，自书其功状以告于天子，天子下之所司，课其殿最以闻，而因以行其黜陟之典之谓也。夫自书其功状，则贤宜可自叙矣。"考评的名目较多，洪氏指出："今国家考课之典……百官之书考有令式焉，事绩也，过名也。令之于官，又有事之可言矣：农桑也，学校也，孝子也，顺孙、义夫、节妇也，钱谷也，农田水利也，积粟也。因其令式，列其职事，当之者无可伐，亦无可让，言之者无可居，亦无可逊，是之谓典常也。"③记载之详细，为《明实录》等所不及。

《洪芳洲公文集》甚至对明代官吏考评制度的具体操作过程及这种制度的弊端及腐败状况也作了详细的描述和揭露。如《洪芳洲先

---

① 见谢贵安编：《明实录类纂·湖北史料卷》，武汉出版社1991年版，第366页。
② 洪朝选：《洪芳洲公文集》，《洪芳洲先生归田稿》卷2《通守赤沙陈公荣奖序》，第19页。
③ （明）洪朝选：《洪芳洲公文集》，《洪芳洲先生续归田稿》卷1《陈侯考绩》，第10页。

生归田稿》卷3《通政武东杨公墓表》，第49页称：

> 时士习渐趋于竞，事体日乖。吏部相承铨选之法，部寺郡县吏一年六铨，以双月；教职一年二铨，以五、九月。当铨月，先推升，按其缺补之；又有急铨法，以处服阕外调者。而方面官小京堂部推，督抚大臣大京堂会推。每岁遇风宪官缺，行取内中舍、行人、博士及外推官、知县、校官与都察院。会考选法，未尝不善。而柄家子方聚货，且欲笼天下士尽附己，上自大臣，下至仓驿官，莫不由其门。每廷推官及遇铨选官考选，风宪官、家宰选郎，诣其家请所与授注拟，至推上注定地方、资秩，远近大小，无一人敢违异者。于是督抚大臣谢礼至千金，方面有司、仓驿以地方美恶、官资高下、价值等差计。天下无一官无赂行者。铨法大坏……鬻官受赂；边之督抚刻军饷以充馈遗；方面郡县剥民财以偿京债。于是虏岁入边屡至都城下。

通过洪氏文集的详细记载，我们对明代官吏制度尤其是考评制度有了一个清晰的印象和认识。再严格的官吏制约机制，在专制制度下，都难免腐败和隳堕的结果。

洪氏文集还为研究官吏升擢中的一些细微差别，提供了颇有价值的史料。据《黄掌教令信丰序》谓："国家取士之科二，而甲科为重，用人之途三而荐举为急，士之由甲科而进者，高之可至于公卿，次之不失于藩臬方面，否则常调焉而已。由荐举而进者，儒官则擢之国学，有司则列之风宪，否则序迁焉而已。济川以兼人之才，负当官之能，顾使之不获试于南宫，登于荐剡，默默焉守常调序迁而去，不亦可惜也哉！"这说明，明代官吏的升迁渠道是不一样的。科举出身的官员与荐举出身的官员地位不一样，将来的升擢前途也有差异。

《洪芳洲公文集》对明代官吏制度的腐败和政治制度的黑暗所作的揭露，为我们深刻认识明代政治历史提供了媒介。在《王侯调官去任序》中，洪芳洲揭露了明代官场的险恶和正直官吏的可悲处境："上高王侯咸虚以名进士，来令吾邑，直躬守道，约己裕人。……莅任未三载，贤声大起。未几竟枉得调官以去。或曰：侯之行，人情之险为之也，仕路其危矣哉！"洪氏文集的可贵之处还在于揭露了腐败的官场，是如何使一个朝气蓬勃的初入官场的新官变成一个唯唯诺诺的圆滑官吏的："凡世之仕者，未有不如此者也：方其锐意于功名，勇乎直前而莫之屈挠也，毅乎担负而不肯回曲也。其气谊果有以过人者。然而初未尝知利害之可畏也。及其阅世之已久，危机祸阱相迫于前后，足将进而不敢践，目将眴而不敢视，然后知其可畏可惧，而惟恐其或陷之也，则安知气谊之又果存哉！"① 由此可见，衰朽陈腐的官场酱缸，是怎样使富有朝气的力量受到打击并使之同化的。不愿同流合污的清官，也就只有被贬回家的份了。洪芳洲在《送黄丞归访庐陵名昂》一诗中，对清官黄氏的结局深感同情："当今廉吏最难求，至宝如何弃道周。"② 从《洪芳洲公文集》中，我们对明代政治状况和吏治的腐败有了更深的认识和了解。

（二）《洪芳洲公文集》为法制史研究提供了相应的史料

洪芳洲为官数十载，最后死在刑部侍郎任上，对于明代的法律制度和断案条例自然了解甚多。在其文集中，对此有详细的反映。在《宜山何公应廷尉召北上序》一文中，提供了明代司法机构的相

① （明）洪朝选：《洪芳洲公文集》，《洪芳洲先生摘稿》卷2《送大参陈抑亭之湖广按察使序》，第23页。

② 洪朝选：《洪芳洲公文集》，《洪芳洲先生归田稿》卷1《诗》，第2页。

对独立的设置情况："国家设刑部、都察院、大理寺以掌天下之刑狱，其事权品秩视五府各部谓之三法司。其官署之建设必在西北：于南在钟山之阴，于北在国之巽隅，截然一区，不与诸官寺齿，谓之西衙门。"同时，还详述了刑部与大理寺的相互关系及办案程序、人员任命等重要问题："其制自天子辇毂之下，都畿百里之内，官之公私罪，军民之言冤，质成巡视之掠治按劾，卫之讥捕觉察，靡不听于刑部，而谳于大理寺，否则劾其佚。凡大理寺之所允者，刑部准而行之；其或情辞之不简，法比之不协，议拟之失伦，始再驳则推问，三则调司，必允而后已。每岁霜降会审，与九卿五府六科十三道，坐于阙门之下，廷谳其冤者五岁，恩例与司礼九卿言官廷谳亦如之。若刑部奏差其属分往畿省恤刑，大理寺属必一人预焉。归，上其狱于刑部，虽部覆具草必连署，然后敢上。国有诏狱、大狱，则会闻，非奉旨特下部者，不敢专决，谓之职掌，其简擢迁授，自台省长贰以上，必廷推而疏其正副，上请得可，乃授刑部左右堂缺，以大理寺卿授御史大夫，缺以刑部尚书授，谓之资格。而其要在于平刑理冤，止辟祗德，以佐圣天子哀矜元元不逮之意，故隆之以事权，崇之以品秩。"①这些记载是十分珍贵的史料。考《明史·职官志》云："其纠劾则责之都察院……平反则参之大理寺。"又称："（刑部）狱成，移大理寺覆审，必期平允。"②叙述了三司之关系，但颇为分散简略。与之相较，洪氏文集的上述记载，是相当完善和详细的，可补《明史》及《明会典》记载之缺。

怀效锋指出，明世宗统治时，"造成了嘉靖时期极端专横和紊乱的

---

①（明）洪朝选：《洪芳洲公文集》，《洪芳洲先生归田稿》卷2《宜山何公应廷尉召北上序》，第25页。

②《明史·职官志一》。

法制”[①]。主要仕宦于这一时期的洪芳洲，在其文集中，就揭露了明代法制败坏、吏员贪赃枉法、乱治无辜的罪行：“邑故喜讼事，至微如毫发而凿空无左验者，累千百余，日以相告言为事。吏不胜其多，则系治满囚犴，或经十余岁不决。……邑故多偷盗，往时吏以事无赃证，多轻治。由是恶少子仿效成风，至公为质约，醵金赂吏，坐言盗者。”[②]

作为一个在都察院和刑部均任过职的官员，洪芳洲对一些典型的案例颇感兴趣，正因为如此，《洪芳洲公文集》留下了许多办案的实录。如他在《洪芳洲先生读礼稿》卷1《覆奏人阎焕疏》中，提供了一个“为世恶仇奸，拨置县官，主谋聚众，戕杀儒臣，陷害全家十分冤苦事”的案例。他还对破案的方法和技巧有深厚的兴趣，在文集中作了一些反映。如他在为台州府通判蔡氏所作的墓志铭中，记下了蔡氏破案的技巧：“民有弟亡产，遗腹子一，兄利其产，谋一夫妇冒为己子，谋一人证之。讼于公。公鞫之，妇曰：‘我之子也。’夫妇曰：‘我之子也。’证者如夫妇之言。公不能决，乃详震怒，命弃之水。弟妇呼求免，冒子者略不为动。公乃责谕其兄而薄分以弟业，孤赖以全。”[③]这些记载对于司法制度和办案操作的研究，都有较大的参考价值。

三、为明代经济史研究提供了重要史料

明代经济问题是中国古代史上的重要问题之一。在明代前后，世界正从分散走向统一，西欧各国的经济正萌生出资本主义的萌

① 怀效锋：《嘉靖专制政治与法制》，湖南教育出版社1989年版，第6页。

② （明）洪朝选：《洪芳洲公文集》，《洪芳洲先生续归田稿》卷2《房侯德政碑》，第45页。

③ （明）洪朝选：《洪芳洲公文集》，《洪芳洲先生归田稿》卷3《明台州府通判兼峰蔡公暨配孺人洪氏墓志铭》，第45页。

芽，中国在这个时期，经济上也发生了一些新的变化，手工商业发展迅速。资本主义原始积累使淳厚的中国人也开始唯利是图，影响明代历史的倭寇问题，就是东南沿海一带从事海外贸易的人，与倭寇相互勾结的结果。关于这点，在《洪芳洲公文集》中有明确的记载。下面将作专题论述，兹不赘述。由于明代商品经济的发展与传统的重农抑商观念发生冲突，于是，不断有守旧的官僚重弹抑商的老调，但也有一些官僚在新的经济形势下，产生了重商护商的观念。如赵南星指出："士农工商，生人之本业……岂必仕进而后称贤乎？"[①]李应升也提出"为商为国"和"体曲商人"的主张，黄宗羲则明确提出了"工商皆本"的思想。但上述思想都提出较晚，多在神宗至崇祯时期，而《洪芳洲公文集》所记载的重商护商思想，则在嘉靖时期。在《南京户部广西司郎中林君行状》一文中，洪氏对户部官员林性之的护商行为作了称颂："（林性之）改户部浙江司主事……适密云分司告代，遂命公行。时输边金例加什之一，公至中额而已，晓告左右，毋侵渔商人。法于商人不便者，辄申白之。"在旧式官员中，像林性之这样重商的并不多见，而洪氏文集对林君行为的记载，亦颇为难得。

明代的商品经济发展并没有带来社会性质的根本转变，百姓的经济生活并未有多大的改善，其原因固然很复杂，但专制政府对百姓的掠夺和剥削无疑是一个重要因素。《洪芳洲公文集》对此有大量的记载，为我们加深对明代经济停滞的认识提供了材料。《陈侯荣奖序》指出：苛捐杂税是使百姓贫穷的重要原因："版籍之赋于上者有定额矣，而又当有科率之米焉，即田之税与粮也。身力之役于上者有常徭矣，而又当有加征之丁焉，丁即身之庸与工也。自课程人于

① （明）赵南星：《寿仰西雷公七十序》，《赵志毅公文集》卷4。

上供而不以佐兵，则转输无艺；自课盐以奉九边而不以佐省，则征求无策。且非特如此而已也。古之行师也，有常期；遣士也，有休代。今也岁岁之防汛无已，年年之戍守不更，加以侵轶之寇日至，分布之兵不撤，一有分数之，降罚以责成焉。夫以古之兵不逾时，财不匮乏，而尚艰于取民以供军；以今之财匮兵疲，而反责于取民以免罚，噫，何其难也。”

由于赋税的沉重，以及徭役、驿传的拖累，导致老百姓大量逃亡流徙，田地抛荒，尤其是洪芳洲任巡抚的山东地方，更是如此。洪芳洲在《申明职事守令疏》中指出：“臣观山东地方，北巩京畿，南引江淮，东控辽左，西连宋郑，诚中原一要地也，而举目盈望，寥寥断烟，黄茅白苇，焦岸赤岸，车辙所过，十邑九空。问其人，则逃亡也。问其地，则不耕也。问其俗，则缘地亩者无几，而铸山煮海，打洞采矿，驰马试剑充满于郡之东西也。”究其原因，乃官吏渎职所致：“夫亲民有郡，郡有守，郡以下有县，县有令，又从而问以富庶之职，则茫然也。臣以谓今之守令固莫不当以养民、教民为职矣，而在山东则尤要切，夫庶而后可富，富而后可教，山东……今之为守令者莫不以急赋敛、听狱讼、治文书、谨期会为事，朝而视事，夕而课功，月而视成，岁而征会，不过此数者而已。有以招徕流亡为心者乎，有以开垦荒地为念者乎？又有以巡行阡陌为事者乎？又有以教民树艺为务者乎？臣知其无也。则山东之民流而不复，山东之地弃而不耕，非过也然？”“今山东之驱民而逃者，里甲也，均徭也，驿传也，是三者，人视之如汤火不敢蹈也”。“臣以谓山东地方人民所以畏避而不耕其地者，以随耕而起科之随其后也”。[1]

明代驿递制度是为了加强中央集权政治对全国的控制而建立

① （明）洪朝选：《洪芳洲公文集》，《洪芳洲先生读礼稿》卷1《申明职事守令疏》，第1页。

的，“国家之设驿递，所以宣命令之昭布，通信使之往来。譬于人身，谓之血脉。若血脉周流，则四肢自然无病。一有阻隔，为患不小”，但它带来了极为严重的社会经济问题。其负担之沉重，使当其役的百姓，破财败家：“臣观山东，今日可谓枯槁竭索之甚者矣。询访其故，皆由驿递重难，当一役则破一家，小民稍稍号有赀殖之家，一遇马头水夫馆库之役，则累世之积荡然无余。或转徙他乡，或佣雇家，或死亡囹圄，甚可哀也。”因为驿递制度为皇帝所派遣的宦官自己所破坏了：“法久人玩，节年管运内官，每遇差拨，虚增扛柜，希求多拨舡只，私载物货，搭附商贩，以为罔［网］利之地。夫役过关，廪粮数倍需索，仍勒要折干银两，少不如意凌辱官吏，绑打夫役。本舡之外，设有前站，豫张声势，朋奸局骗。其驾舡各役亦皆倚势作威，挤塞运河，官民舡只偶失回避，则锁打舟人，搬抢篙橹，沿河视之，势若虎狼。如遇水涸冻合，陆运之时，内官乘轿勒要赶轿钱，随从多人，骑坐马匹，勒要压马钱，拨夫抬扛，复要车折钱，扛才止肩，逼要赶扛钱，所过县驿民吏骚然。有司莫敢谁何……推其所以，皆倚进贡为名。”这些宦官勒索沿途驿站的钱粮，致使当役百姓妻离子散，家破人亡：“臣每过直隶、山东一带州县地方，则见黄马快舡，摆帮成列，有数日不起身者，问其故，以折银未到手也。及询其夫银多寡之数，每帮每州每县不下三四百两。自直隶之仪真，以达京师，为州县者不下数十，则其折夫银两亦不下数千。以百姓典妻鬻子之银而供此辈泥沙土砾之用，吁！可悯也！”[①]

尽管洪芳洲并没有认识到皇帝专制主义是阻碍明代中后期兴起

---

① （明）洪朝选：《洪芳洲公文集》，《洪芳洲先生读礼稿》卷1《议处冲省驿递疏》，第5页。

的商品经济和资本主义发展的主要障碍，但我们从其文集中，却可以看到明代皇帝及其所遣的宦官的无法无天行为，阻碍了中国社会向近代资本主义的过渡。

四、对明代文化教育的研究意义重大

洪芳洲是通过科举考试步入仕途的，平身可谓饱读诗书，所交之友尽皆儒冠，故对明代的文化教育等颇为了解和谙熟，在文学、学术等方面颇富学识和经验。因此，记载其言行思想的《洪芳洲公文集》，对研究上述问题，意义自不在小。

（一）《洪芳洲公文集》对文学史研究的史料价值

洪芳洲的文学成就，自明以来就有人作了一些评价。如明代唐宋派的领袖王慎中评价道："芳洲先生文词，直得韩、欧、曾、王家法，与荆川最相知。其所作，视荆川不啻王深甫之于南丰，张文潜之与东坡！"[①]认为洪芳洲的文学风格直追唐宋八大家。清代龚显曾在《重刊洪芳洲先生文集序》中，从文学史的角度指出："乡先正洪芳洲先生，当讲学谈道时，与荆川（唐顺之）同志，日夕从之印证，于是乎碻碻心得，复与同里遵岩（王慎中）先生讲究不懈益虔，乃于古文辞之境日益进。是时，晋江、毗陵相为旗鼓，方肆力欧、曾，尽洗一时剽拟之习。而先生恰生并世，相与切劘，睹指知归，翘然有所成就。"又说："先生之文由晋江、毗陵而上，窥韩、欧、王、曾堂奥。"陈棨仁也从文学角度论述了洪芳洲的成就："正

① （明）洪朝选：《洪芳洲公文集》，（清）龚显曾序。

德嘉靖之间，北地（李梦阳）、信阳（何景明）煽其焰，以簧注天下士。天下之言文者，绳李墨何，不啻圆于规而方于矩也，科于金而律于玉也。历下（李攀龙）、太仓（王世贞）继嘘其烬，叠床架屋，若钟应桴，士益颊首挢舌，争相濡沫，谓弗如是，而文则不古。盖分流导派，树帜以据坛坫者，几百有二十余年。而明运亦于是熄灭矣。……当其时，天下非无真古文也，应德、道思两先生，挟其英特不世出之才，宪欧章曾，并力以与之角；毗陵、晋江，屹然为海内宗，而流习既深，颓波莫挽。其前于后，喁呼邪许以相助者，盖寥寥焉。独同安洪芳洲先生，长遵岩之乡，而磨切于荆川，不汩于群哇，不狃于时尚，沿王唐近法，而上溯欧、曾，挺然独成。为芳洲之文，观应德、道思两公推挹之言，则先生之文之工，可知也。”又认为洪芳洲的人生经历对其文章的耿介风格的形成奠定了坚实的基础：“毋亦廉介狷激之概，郁蓄者深，不谐于时，不媚于世，发为事业，而事业奇；发为志节，而志节奇；发为文章，而文章益奇。宜乎王、唐两公推许称至也。呜呼，以江陵之权势，而先生曾不为稍屈，彼李、何、王、李之波，又乌足以歆之饵之，使贴贴然就其宗派耶!”①“望年家子勾吴畸人华复初”在《题洪芳洲先生摘稿序》中指出：“史称唐之文三变而后韩柳氏作，我国家之文其变奚啻于三，而莫盛于今日。由欧苏而昌黎以上接扬马，则六经之羽翼也。文云乎哉！或谓芳洲公以道自任，不欲以文名家，是不知文与道不可岐也。”上述评论，表明洪芳洲在文学流派上属唐宋派，对李、何等人“文必秦汉”的流弊有一定的纠正，在文学上有一定的造诣。但这个问题在当代一直少有人注意，如游国恩等的《中国文学

① （明）洪朝选：《洪芳洲公文集》，（清）陈棨仁序。

史》和吴志达的《明清文学史》均未加以论列①。《洪芳洲公文集》的重印，有助于人们对此问题作进一步的研究。

洪芳洲在其文集中，对文学上的许多问题都有自己的见解。如他对诗作了探讨，认为古人写诗，虽有夸张失实之处，但其所表达的诗人的刚介直遂、直抒胸臆的情绪，则是真实的：

> 言之不足以信人，自孔子之时则然，况于后世乎？而况于为诗也？鼓舞于音节抑伏之间，变幻于情态往复之际，自汉魏以迄于今，作者非一人，传者非一家，辗转相袭，如变新旧之声，而斗优令之状，其所言者，谓己之言且不可，况因之以信其行而得其心乎？然则诗之不足信人，比之言尤有甚焉者也。某尝读《小雅》《十月》、《雨无正》诸诗，与夫楚《骚》诸篇，见其悯世之衰，嫉俗之薄，悲愤无聊，彷徨不安，其甚也，辞或至于讦，而无有乎婉曲优柔之气；情或至于伤，而无有乎浑厚不迫之风。然自千载之下，犹可知其人之出于刚介直遂，其心之出于愤世嫉俗，而无毫发粉饰蔽护之态杂于其间也。然则非言与诗之诚，足以起人之疑，而为世之病也。②

与传统的"诗言志"观点相异，洪芳洲认为诗重在表达情绪、表达个性，据此，他认为方山先生之诗与其人个性相吻合："先生狷者也，狷者之为节，必介，介则视世之污浊，常恐缁乎其行。狷者之为心，必隘，隘则视人之不善常若仇乎其身。故先生之平生勇于为善而果于嫉恶，其为诗也，亦复玩世薄欲，忧思愤惋，略无粉饰

---

① 游国恩等：《中国文学史》，人民文学出版社 1964 年版；吴志达：《明清文学史》，武汉大学出版社 1991 年版。

② （明）洪朝选：《洪芳洲公文集》，《洪芳洲先生摘稿》卷 2《方山诗录序》，第 17 页。

蔽护之态，读先生之诗而先生之为人不终于篇而得之矣。”这种观点在当时颇有新意。

（二）洪氏文集对明代学术史研究有一定的价值

洪芳洲的文集，表达了他对一些学术问题的见解，介绍了当时学者的研究状况，有助于我们对明代学术史的研究。洪氏以儒学学者自居，对儒学作了较深入的研究，《学易记序》即是他为金先生晚年所作的《学易记》写的序。在序中，他不仅介绍了金先生的学易心得，而且还阐述了他自己对易经的见解。另外，在《易经存疑序》中，他还介绍了明代研究《易经》的情况："国朝以经专治易者，不得兼治别经，经不得兼治别注。易始犹兼传义，最后专治朱，其所以排异议，息群疑，而归之一者，何其至也。由是以来，诸儒之治易者得专肆其力于朱，丝分缕析，其业精而成，莫盛于吾郡之晋江，昌之以虚斋，继之以紫峰、笋江而集其成于存疑。存疑者，存诸子之疑而羽翼程朱之传义者也。”[1]他还对儒学中《诗经》和《春秋》两种关于妇女事迹的处理态度作了辨析："《诗》、《春秋》皆圣人之大训也。《诗》载《柏舟》，于妇人之节为烈矣，至如侍寝，有鸡鸣之告；延友，有杂珮之赠，皆闺门琐细，而亦录焉。若《春秋》二百余年之间，节妇之见于经者，仅纪叔姬、宋共姬二人而已。是何《诗》之详而《春秋》之靳也？盖《诗》之为教，主于善民风，树壶范，故虽闺门琐细之事，得录于经。《春秋》义存经世，非有大节伟行，无由而尽书焉。此其所以异也。后世善学诗者，无如刘向，其作《列女传》，所载六十二人，而节妇仅一人耳。余皆闺门之常事也。善学《春秋》者，无如朱晦翁，其修《纲目》，列女

---

① （明）洪朝选：《洪芳洲公文集》，《洪芳洲先生续稿》卷1《易经存疑序》，第13页。

流妇德，自非辛宪英之先识，令女之贞烈，孙翊之妻之奇伟，不得预。推此义以通之今世，其亦足以风乎!"[①] 其对儒学钻研之深，由此可见一斑。

洪芳洲对儒学与佛学的关系，进行了颇有价值的比较和论述。他在《崇正书院记》中指出："自释氏之教兴，世之高明豪杰之士，奔走其门而匍匐以归之者，盖不知其几矣。大抵皆以彼法之直截径超，而儒教之缠绕迂曲也。呜呼！彼岂知圣人之教之为大中至正，虽万世不可易哉!……彼释氏者，自谓明心见性矣，心之与物，性之与事，果若是其能贯通而无外乎？立地成佛矣，佛之与俗，果若是其能参合而无间乎？不贯则谓之不该，不合则谓之不备，不该不备，曲学行之流矣。虽谓之邪可也。然则君之所谓崇正者，得非是之谓乎。君为学以求仁为宗，以忠信孝弟为基，以反躬默识为主，以万物一体为验，立朝言事，侃侃有古诤臣之风，其持身清苦，虽寒士有所不及。""释氏之教虽为叛于吾儒之道，而其徒之习其教者，能苦身刻意以持其宗门，而吾之儒者反灭裂卤莽，自谓孔子大中至正之学而卒陷于功利富贵之习，视释氏盖有愧焉。"[②] 洪芳洲虽然崇儒抑佛，但认为佛教徒的清心寡欲比儒教徒的急功近利高明，毕竟是平心之论。他还写了首论儒佛修身异同的诗《寄邓北峰山人》："雅知乡儒术，识趣匪凡常。口中两字诀，扫念最奇方。我闻佛家言，将性比日光，念则为云翳，扫尽露沧凉。亦有吾儒教，一念分圣狂。斯言奚所准，吾意亦茫茫。长途始发轫，千里差毫芒。最哉谈学子，圣言未可忘。"邓山人的念两字诀的乡儒术，显然是从佛教那里学来的。洪氏文集所录此诗，对我们研究明代儒佛关系，有一定的价值。

---

① （明）洪朝选：《洪芳洲公文集》，《洪芳洲先生归田稿》卷2《书纯节许氏卷后》，第53页。
② （明）洪朝选：《洪芳洲公文集》，《洪芳洲先生续稿》卷2《崇正书院记》，第21—23页。

（三）《洪芳洲公文集》为明代教育史的研究，提供了不容忽视的史料

洪芳洲在《洪芳洲公文集》文集中，多处记载了明代地方兴修府县儒学和书院的事。如《书建安兴学录》，记录了施艮庵从绍兴来主建安学事时，修葺倾圮，振兴学校的事迹。再如《崇正书院记》详细记录了崇正书院的兴修过程。“由都城适石城门有山……督学侍御耿君楚侗游而悦之，曰：‘是山与寺独无富贵相，真吾徒栖止处也。’欲构一精舍以居其生徒，顾力未能也。今太常少卿林君念堂，时为巡江察史，闻而韪之，助以镪金一百两。耿君因以金属上元知县、今户部主事段君有成相地于寺之东麓而市屋材先构精舍一区，值予以操江都御史至，耿君故与余善，而余自弱冠即至南都，其后历户曹郎吏者各二寮，友宾朋之集屡矣。独未尝至此山。耿君欲有以发余之陋，因延余登焉。然后知兹山之高旷隐绚，不汩于纷华，而独有以全其真静之性。顾寺僧亦不类俗衲子，有以知耿君之取舍异于人也。因以镪金二百若干两相其落成。……而于山之前后遍植松柏，来学之士去来常不下若干人。”如此详细真切的记载，堪为崇正书院校史，亦为探讨明代私人兴学提供了珍贵史料。

翦伯赞等指出：“明政府施行了比唐、宋更为完备的学校制度和科举制度。学校分为国子学和府州县学两种。”[①] 然而，明朝的地方学校，教学质量究竟如何？《洪芳洲公文集》为我们提供了真实可靠的资料。《黄掌教令信丰序》载，同安县学掌教的黄君执掌学校时，学生十分顽劣，“同庠之士也，偭仁而背义，拂经而乱常，本业之不修而好兴讼谣，忠信之不道而崇饰恶言。束之以教，则决而去之，若狙猱之于文绣也；啖之以利，则甘而嗜之，若猩猱之于醇酎也。其于生师之间既如此，若在外则抵冒凌犯之事，肆焉而并作”，其教

① 翦伯赞主编：《中国史纲要》下册，人民出版社 1995 年版，第 173 页。

学质量是堪忧的。

明代教育界教职官员的卑微境况，在洪氏文集中亦有真实的反映。《林学谕荣奖序》称："今天下之官至卑而最难称者，莫甚于儒官。以品秩言，不比于丞簿之尊也；以印章言，不异于仓氏库氏之冗也。囊粟匹帛而月入之俸无几也，车敝马瘠而道从之威无有也。是不亦卑也哉！自一命以上，资累级进，权势之熏灼足以立变乎寒温，威力之赫亦足以震动乎远迩！虽其跻崇陟月无至于位公卿之尊，都将相之重皆可参之以他才。独儒官则不可，何也？一言之妄，人将责之曰：'彼为人师也，而胡其诞易也？'一言之失，人将责之曰：'彼乃先生也，而胡其轻率也？'诹经考史，而或一事之不知，一义之不解，则又将责之曰：'彼因明经博士，号为通儒，而胡其疏略之若是也？'是故他官之称职也易，儒官之称职也难；他官之见知于人也易，儒官之见知于人也难。自非甘淡薄嗜，刻苦博通六艺子史之书，足以待问应扣而其持身行己，崭然有规矩法度者，未有能得称美于人者也。"对于儒学官员的苛责，致令其难有前程。洪芳洲文集所反映的现象迄今犹然，反映出中国社会积重难返的历史惯性。

五、为重大历史现象提供了珍贵的研究史料

明代存在着许多重大历史现象，对明代社会经济的影响十分深远。宗藩和倭寇问题，就是其中之二。洪氏文集对此有具体和独到的记录。

（一）《洪芳洲公文集》反映了明代宗藩制度的真实历史情况

明代的开国皇帝朱元璋，自谓其身世与汉高祖刘邦相似，便处

处模仿其政策，大封同姓王就是其中之一。[①]刘邦分封的结果是导致了“吴楚七国之乱”，而朱元璋分封的结果是导致了“靖难之役”。终明一代，宗藩问题一直是困扰其社会政治的重要问题，也是一个极其复杂的问题。《洪芳洲公文集》从一个侧面，为宗藩问题的研究提供了颇有价值的依据。为了防止再次发生“靖难”事件，明代统治者对宗藩进行了种种限制措施。洪氏文集有一段话，对此有集中的表述：“我朝则不然，虽以天下之世藩要郡分封子弟，而无握兵与民之权。虽以高爵重禄，厌其富贵之心，而必以礼义防闲，用遏其逾冒之欲。亲王有辅导官，郡王有教授官，皆选于经明行修之士，方技艺术之流不得进焉。其贤者为之奏留，即以畀之，固不疑其有私也。而其于奉职之无状者，有考察之科，有论劾之典。王亦不得而庇之也。注授本于科贡，考劾由于外僚，公议申于铨省，是以二百年来，国家有盘石维城之安，藩王有河间、东平之美，辅导得董相、王尊之贤。士之老于科贡者，以王官为禄隐，虽久而不迁，无所怨也。岂非国家立法公平正大，无偏重不振之病致之哉!”[②]明代自英宗后，规定凡在王府任职的王官，终身不得外调他官。据沈德符称：“天顺初，英宗从李贤议，改用进士二人，授翰林检讨，及之国，即升其国左右长史，从行岁加，加服俸，终身不得迁也。”[③]有学者因此认为：“王府官员的绝大多数便成为得罪权贵，或政治斗争失败者被排斥安插的职位”，引起举家哀恸。[④]然而，《洪芳洲公文集》上述材料则向我们提供了另一种情况，即朝廷多用屡试不中的

① 有关论述，见赵翼：《廿二史劄记》卷32《明祖行事多仿汉高》，中华书局1984年版，第737页；另见拙文：《朱元璋的偶像崇拜与政策走向》，《安徽史学》1993年第2期。

② （明）洪朝选：《洪芳洲公文集》，《洪芳洲先生归田稿》卷2《司训胡君擢任武昌王府教授序》。

③ （明）沈德符：《万历野获编》卷4《藩国随封官》，中华书局1959年版。

④ 关文发、颜广文：《明代政治制度研究》，中国社会科学出版社1995年版，第224页。

宿儒为王府教授、经历等官。这些人由于久困于科场，一旦得王府之职，必竭力报效朝廷。这是最高统治者监督宗藩的一个重要措施。由此可见，洪氏文集还具有修正当代学者观点的意义。王府官员常常成为朝廷与宗藩之间争斗的牺牲品。朝廷既要王府官员监督宗王，又要显出亲亲之情，王府官员便在劫难逃了。对此，洪氏文集有深刻的揭示："今天下之危机，莫甚于仕于宗藩之地，自祖宗分茅胙土，众建诸王，雄藩名郡，悉以分封。其后年岁浸久，支属浸多，而逾法制为不义亦渐出于其间。国家亲亲之厚无间疏远，虽有恃恩骄恣亦至甚害，上特假借容贷，以劝亲睦。臣下奉行不谨，则祸患立至。"①

清代赵翼指出："明制，藩王之体统极尊，以极尊之体统处于外郡，则有如谷王橞夺民田，侵公税，杀无罪人，藏匿亡命。"② 曾为山东巡抚的洪芳洲，对辖域内的宗藩侵陵民田，无恶不作的罪行有更清楚的了解。在《洪芳洲公文集》中，他对衡王府"霸奸妇女，窝容强盗，招纳亡命，谋死打死人命，假用王宝，私煎盐利，罪恶已极"的现象作了抨击，尤其对衡府庄田强占民田作了详尽的揭露：

> 踏丈得东一段地名姚老堤，地五百一十八顷六十亩，东界至犁牛河并马小埠，南至小水湾，亦并马小埠，西至姜家沟，并乾鱼河，北至上房白，余俱昌邑民地。又地名中海滩一段，共地二百七十顷四十亩，东界至姜家沟，南至浊河，西至神堂庙大路，北至走马岭横道，又地名禹王台东北莲花泊地一段，

① （明）洪朝选：《洪芳洲公文集》，《洪芳洲先生摘稿》卷2《送大参陈抑亭之湖广按察使序》，第23页。

② （清）赵翼：《廿二史劄记》卷32《明分封宗藩之制》，第747页。

共三百七十九顷二十一亩二分四厘四毫，东界至马头南北大路，东南至蝗虫濠，西至朱黑厮营南北大路，西南至奔桥即西官厅西南角，北至徐家河，其余俱潍县征粮民地。量得前地三段共计一千一百七三顷二十一亩二分四厘四毫，已足钦赐原额之数，其各段四至，如东西北三至有上房白、徐家河东西横大道北马头迤西，南北大道朱黑厮营迤东，南北大路并中海滩南至浊河，俱各分晓，但奔桥、蝗虫壕、小水湾被（衡府管理正）王日章欲肆侵并，辄废故基。凡遇地势卑下者，即指为奔桥、小水湾、蝗虫壕，不知地名禹王台东北莲花泊则正东与东南非皆王地明甚。据今所侵土答儿苑、青边岭、水王庄等处，则去东南尚远一十五里，谓之东北地可乎？[①]

为此他强烈要求对衡王府田庄霸占民田一事进行严肃处理，“乞赐圣明究治，以摅神人宿愤，以救一方生命”，表现出为民请命的无畏气概。

洪氏文集中的这些记载，对于明代政治史和宗藩史的研究，有着十分珍贵的价值。我们比较一下《明实录》中的相关记载，就知道洪氏的记载是多么的难得。据李国祥、杨昶主编的《明实录类纂·山东史料卷》所搜集的衡府史料来看，仅有11条，且字数均在60字以内，至于洪氏文集中所揭露的霸占民田一事，丝毫没有提及。这是因为《明实录》是官方典籍，对统治者内部尤其是宗王的丑行和罪恶，多有隐讳。而洪芳洲以其耿介之性，和儒臣的忠直之德，直面社会，为民请命，为后世留下了宝贵的史料。

---

① （明）洪朝选：《洪芳洲公文集》，《洪芳洲先生读礼稿》卷1《处置王庄疏》，第22页。

（二）《洪芳洲公文集》记载了倭寇问题的大量史实，为研究倭寇问题及明代的御倭斗争提供了宝贵的史料

洪芳洲曾为明代一位军事将领指挥魏氏写了一篇序，把倭寇之患与中国历代所遇之外来侵扰作了比较，很有远见地指出倭寇之患是中国有史以来所遇到的第一次海上威胁："史牒所载古将帅……大抵所当之敌皆在瀛海内：或与强国为邻，或夷狄盗边，蛮峒溪瑶跳梁，或大盗窃发，虽渡漠塞，亘万余里，茂林深箐，恶溪毒水，飞栈绝阁，人迹所难至，然皆有斥堠瓯脱，传烽举火，间谍往来，相伺为兵，曾未闻有茫茫大海之外，焱至电来，其人如猿猴猩猱，一旦焚舟登陆，则千里为墟，如今之倭夷者也。"让人感到历史大势已发生了大的变局，各民族之争已从陆上转到海上，海洋时代已经到来。在序中，洪芳洲深刻准确地指出了倭寇之患的起因，是内外勾结的结果："其始皆起于中国之人牟利为奸，持中国物往市，豪宗大族，公为区主，内地边关，讥阑出人，不谨浸淫，至引入内地，使熟其险易，走集倚为军锋，俟中国之人鸟惊兽骇，则从而焚掠攻劫，掳赎无一不得志者，呜呼！祸烈矣。"[①] 他在另一篇文章《瓶台谭侯平寇碑》中，对倭患之起因及其危害惨状有更详细的描述：

> 嘉靖甲辰，忽有漳通西洋番舶，为风飘至彼岛，回易得利，归告其党，转相传语。于是，漳泉始通倭。异时贩西洋，类恶少无赖，不事生业；今虽富家子及良民，靡不奔走。异时维漳缘海居民，习奸阑出，物虽往，仅什二三得返，犹几幸少利；今虽山居谷汲，闻风争至，农亩之夫辍耒不耕，赍贷子母钱往市者，握筹而算，可坐致富也。于是中国有倭银，人摇倭

① （明）洪朝选：《洪芳洲公文集》，《洪芳洲先生摘稿》卷2《赠魏指挥序》，第30页。

奴之扇，市习倭奴之语，甚豪者佩倭奴之刀，其俗之偭仁弃义，自叛于中国声明文物之教，如此，彼岛夷者恶得而不至哉？曾未数年，弓船蜈橹，逗沙舣岸。偏裾秃发，弥川亘野。手挥九尺之刀，足圆三石之弦者，跳跃于雉堞之前；扇摇蝴蝶之军，旗举长蛇之阵者，指挥于高原之上。已遂隳中国之名城，辱中国之衣冠，包裹中国之财帛，仆妾中国之士女，虔刘中国之人民，积骸成山，殷血丹水。呜呼！自承平以来，中国之惨未有如斯之甚者也。而孰知其始于中国之人，失其所以为中国之道，风声气习，有以召寇哉！水道既通，夷心渐广，猩猱之群岁岁不穷，凫鸭之泛汛汛如期，内兵不足以御之也，于是益之以召募，召募不足以御之也，于是益之以客兵。杼轴罄于征输，积聚竭于剽掠，始以倭奴内逆，虏辱杀掠之惨，济以狼广召募，剽夺剥挞之威，由是千里无烟，蒿莱极目，槲枥长于田间，狐狸嗥于户下，冤横之气，塞于惨黩，殄毒之灾，蒸为疫疠，遗黎残民，非毙于锋镝，则死于疾病，非死于疾病，则馑于凶荒。①

显然，倭寇之患，实为沿海一些专营海外贸易的富家大户，为了贪取高额利润，铤而走险，与倭寇相互勾结，发不义之财所致。流风所及，沿海的一般平民，也弃农经商，泛海与倭贸易。结果，当地百姓无不以崇洋媚倭为时髦，风俗日趋倭化。于是，倭寇乘机入中国剽掠，为祸惨烈。洪氏对倭寇起因，有精练的表述：“谁引彼逆，入我中国，海滨奸民，居华而狄，以身死贷，不畏覆溺，遂令

① （明）洪朝选：《洪芳洲公文集》，《洪芳洲先生摘稿》卷4《瓶台谭侯平寇碑》，第54—56页。

髡徒，麇至蝇集。”[1]这与赵翼所谓“承平日久，奸民勾倭人及佛朗机诸国，私来互市”[2]的观点相一致。

倭寇的暴行，引起了明朝政府的反击和沿海人民的反抗。洪氏文集又向我们提供了除戚继光、俞大猷、刘显等为大家熟知的抗倭名将外的其他一些将领的抗倭事迹，使抗倭问题有了更进一步研究的可能。洪芳洲在《赠魏指挥序》中，对临危受命，“以泉州卫指挥使起掌高浦千户所事”的将领魏宗翰的事迹作了介绍：“及侯来，则贼已先塞月港之口，以拒漳师，据浯州之岛，以塞泉师，所尤孤悬，城中事日急，侯日夜经营，寝处城上，料丁壮，分雉堞，督守望；又选卒为游兵，使往来城下伺贼动静，贼趋南岸，则先击之海中，使不得度。劝富家出粟，以助军饷。至于贮水蓄薪，皆有法。……于是高浦隐然而为一方巨障，贼过不敢近而去。同安堂奥亦藉以宁。”在《瓶台谭侯平寇碑》中，洪芳洲对将领谭氏抗倭的事迹，尤其是他卓越的指挥才能进行了记载和颂扬：新会瓶台谭侯奉命来平倭，用以贼制贼之策，“而降三显、鳌山，使内相图杀至尽，降三贷使败夷兵，护城援堡以济大功，伪以接济饷倭而伏兵擒倭，密结夷酋腹心杀其酋，倭遂绝。其功尤奇。”其中对马三贷匪部的平定，尤为成功，且影响颇大。“马三贷者，桀黠雄果，为倭所服，推为帅。倭攻城时，合众至二万。”谭侯知其孝，遣妻母携幼子前往劝说，遂归附。“贼方攻城，城南隘甚急，不虞三贷之贰已也。忽见三贷袒而麾刀大呼，陷阵，惊曰：‘马酋降矣。’哄而奔。三贷发矢射倭酋，中其左目，贼遂遁。是时城与堡危甚，微三贷归国，倚为锋，几不全。”谭氏还利用奸民为谋利而与倭寇相勾结的机会，

---

① （明）洪朝选：《洪芳洲公文集》，《洪芳洲先生摘稿》卷4《瓶台谭侯平寇碑》。

② （清）赵翼：《廿二史劄记》卷34《嘉靖中倭寇之乱》，第788页。

因势利导，既使奸民不敢通倭，又使倭寇痛遭打击："往时，贼营处，奸民往往载米酒以饷贼，而贼厚以银货售之，虽厉禁不止，侯潜令与贼通者，往饷如旧，而伏兵于旁，倭主伏发，擒真倭二人以归。其后凡奸民实以接济往者，咸以为侯遣，皆不信。而漳之新安旧与贼往来交结最厚，以其地界于漳泉间。不严其通贼一如故时态，以两舟往，倭悉杀之尽，无一人归。遂拔营往南安、彭高。"他还通过收买的手段，使倭寇感到有心腹之患："四老者，夷大酋也，有少年邑子虏营中，与卧起，因用为心膂。侯令其舅潜入营中，说以杀酋。少年密许侯矣，而懦怯不能手刃，且恋旧恩，不忍，仅携其鍪以归。于是贼疑左右皆侯间，不敢近吾邑，而邑境遂无一倭。"

《洪芳洲文集》的价值，并不限于记载了一些他处鲜见的军事将领的抗倭事迹，更重要的是，它再一次提供了倭寇成员的构成及比例。从洪氏文集所提供的材料来看，倭寇到中国的人数并不像以往想象得那么多，擒"真倭"二人，就值得大书特书，可见"真倭"并不多见，夹杂其间的大多是沿海的土匪和武装集团。他们甚至成为倭寇的首领，如马三贷就"为倭所服，推为帅"。黄仁宇指出："在一般情况下，中国人还在其中占有多数，而且可以担任高级头目。"[①] 盖杰民也认为，嘉靖时发生在中国东南沿海的倭寇问题主要是海盗问题。[②] 把洪芳洲上述记录拿来参照，就知道其所言不虚。可以说，正是像《洪芳洲公文集》这样的古代记载，为当代学者著书立说奠定了坚实的史料基础。

循着这样的思路，我们还可以列举《洪芳洲公文集》许多有价值的地方：它为地方史研究提供了有价值的史料，如在《林君寒泉

---

① ［美］黄仁宇：《万历十五年》，中华书局 1982 年版，第 172 页。
② ［美］牟复礼等：《剑桥中国明代史》，中国社会科学出版社 1992 年版，第 531—548 页。

之邵武教授序》中，对邵武地方的人才盛衰原因作了作了探讨，文中先赞颂了宋代的邵武人尚书黄中和龟山先生的事迹，然后指出："国家之兴，二百有余年矣，自建剑之间与邵武接壤，咸有名人伟士，虽其布衣韦带之伦，能发明龟山之绝学者，固少；若出为国家，用著大节，立骏功，为当代名卿者，往往不绝。独邵武之地寂然无闻。岂吾所谓人才之盛衰，固自有时而非士之罪与？"它还为人物传记的研究提供了详细的材料，文集中写了很多人物的圹志、墓志铭和行状，如《南京刑部郎中补庵先生华君圹志》、《南京户部广西司郎中林君行状》等，《鸡泽知县克庵唐君墓志铭》介绍唐氏的事迹达4200余字，《明都察院右佥都御史巡抚凤阳等处地方提督军务前右春坊右司谏兼翰林院编修荆川唐公行状》更长达7000余字，是研究唐顺之最为完备的史料之一；[①]《洪芳洲公文集》也为妇女史研究提供了难得的史料，与正史只记载男性官员不同，洪氏文集在记载男性官员的同时，总是附带记录其妻子的事迹。如文集在为台州通判蔡氏作墓志铭时，就连其妻洪氏一起兼录："配洪氏，南京国子监助教敏之孙女，教敬和睦，佐夫以勤俭，抚妾御有恩，教子以严。内外宗戚，咸称其贤，以迎养卒于广信。"[②]类似的例子还有《明封迪功佐郎中城兵马副指挥叶公洎赠孺人郑氏墓志铭》一文："配某氏，赠孺人，尤善于经理，公之起家，孺人有力焉。盖吾同（乡）之妇女鲜知书，孺人自幼则已习读小学、《孝经》及《语》、《孟》诸书，性尤善记不忘。公生息既多，其于账目多寡、质剂美恶、券契贮藏，或不能尽知，孺人一一为之封识。岁终来家者，孺

---

① 《明实录·世宗实录》卷483中唐顺之的小传，仅有800余字；《明史·唐顺之传》，亦仅有1000余字。

② （明）洪朝选：《洪芳洲公文集》，《洪芳洲先生归田稿》卷3《明台州府通判兼峰蔡公暨配孺人洪氏墓志铭》，第45页。

人指视以某所质当某所券契，如取诸掌，以是人不以稽滞望公。公益得尽其力于治生者，孺人之助也。事寡姑温氏极孝，姑妹贫，孺人生养之、没葬之。舅氏子不能婚，为之择配庀家具焉。温氏临没，抚其背曰：'贤妇！贤妇！'”详载并歌颂了郑氏的经营能力和善良品行。据徐适端所编《明实录类纂·妇女史料卷》所知，《明实录》有关妇女的记载，多为帝王将相的家属封赏婚丧情况，和一般妇女因节烈而受旌表、因犯法而受审讯的事实；《明史》除了记载后妃外，亦多记载妇女节烈之事。其文字均极简略，旌表、封赏多一笔带过。像洪氏文集这样叙及妇女经营家产的日常活动，且文字翔实生动的情况，则比较罕见。洪氏文集还提供了私人藏书的史料，为历史文献学和藏书史的研究提供了不可多得的线索。如《潜心堂记》记杨君“无所嗜好，顾独好书，买书千卷，庋以四木柜，分为经史子集，而名其堂曰‘潜心’”，即是其例。洪氏文集又为明代旅游史的研究提供了宝贵材料，如他的《游武当山》等诗，为我们研究明代文人士大夫的旅游活动及其审美感受，提供了有价值的记载。的确，洪氏文集是一部涵盖面广、内容丰富的著作，随着历史的推演，文集中所记载、所论述的许多事情和观点，都成了研究明代历史乃至中国古代史的重要史料，翔实而准确，广博而珍贵。

（原刊《洪芳洲研究论集》，台湾洪芳洲研究会

1998 年 6 月，此处略有修改）

张居正官史修纂的革新措施

所谓官史，便是由政府组织实施并提供场馆经费所修纂的史书，它是与民间所修的私史相对的一种概念。官史修纂既是一种修史活动，也是一种政府机构的运作过程。官史修纂历来都不只是一件单纯的史学工作，往往都是一件重大的政治活动。明代重要的官史如《实录》和《会典》等，一般都是由内阁首辅担任总裁，因此，政治家的抱负和理想也常常体现在官史修纂上面。作为明代中后期卓有成效的改革家，张居正在政治、经济和军事上取得辉煌成就的同时，也将其改革措施延伸到官史修纂活动之中。但目前史学界对张居正在政治、经济、军事上的改革成就研究甚多①，而对其在官史修纂上的革新措施却关注较少。本文拟对此问题作一粗浅的探讨。

张居正（1525—1582），字叔大，号太岳，湖广江陵人。嘉靖二十六年进士，初选庶吉士，授编修，因徐阶提携，累官至右中允、国子司业和翰林院侍讲学士。隆庆元年（1567）任吏部左侍郎兼东阁大学士。神宗即位后，与神宗生母李太后、宦官冯保结成“铁三

---

① 关于张居正的研究成果甚多，代表性的有杨铎《张江陵年谱》[中国史学丛书]（商务印书馆 1938 年版）、陈翊林《张居正评传》（中华书局 1934 年版）、朱东润《张居正大传》（开明书店 1945 年版）、唐新《张江陵新传》（中华书局 1968 年版）、韦庆远《张居正和明代中后期政局》（广东高等教育出版社 1999 年版）等，但均未暇对此问题展开论述。

角”关系，开始了长达10年的执政与改革时期。作为政治上“考成法”和经济上“一条鞭法”等改革措施的推进者，张居正在史学领域也掀起了一场革新。张居正主持修纂的官史有《明世宗实录》、《明穆宗实录》和《大明会典》等书，另外，为了做好实录修纂的史料储备工作，他恢复了废置已久的起居注制度，同时以此约束日益膨胀的皇权。

一、恢复并改革起居注制度，约束皇权

众所周知，古代的变革和维新，大都是通过“复古”形式进行的。张居正也是借恢复过去的起居注制度，来实现官史修纂上的变革，以实现制约君权并储备史料的双重目的。

起居注制度的产生，是儒家意识形态与君主专制制度相互整合的结果。君主专制制度经历了与秦代法家、汉初道家的结合与离异后，最终在汉武帝时确立了与儒家思想的联姻。以“家天下”为特征的君主专制制度，与以“公天下”为目的的儒家思想，是一种相反相成的关系，二者既相互妥协和利用，又相互矛盾和冲突：儒家既以“三纲”迎合君主专制制度，又以天的神力和史的惩戒功能约束君主权力。[①]用迫近御前的起居注制度记录君主的言动，便是儒家约束君主的措施之一。最早的起居注著作《禁中起居注》之所以出现于汉武帝时期，是可想而知的事。到唐代，形成了门下省的起居郎（左史）和中书省的起居舍人（右史），随同皇帝上殿，退朝后录帝言论为《起居注》，以供史馆撰修国史之用的制度。为了约束皇

① 见拙文：《直书与曲笔：传统修史原则的一体二翼》，《学术月刊》1999年第3期。

帝的行为，史臣可以公然拒绝皇帝观看其本人的《起居注》。[①]

明初君臣在起居注制度上的态度是一致的。据张居正介绍：“国初设起居注，日侍左右，纪录言动，实古者左史记事，右史记言之制。”[②]朱元璋早在甲辰年（1364）三月丁卯便“置起居注、给事中”[③]。将以“秉笔直书”为宗旨的起居注与以“直言强谏”为职事的给事中相提并论，表明朱元璋设立起居注的最初动机也是将之作为君权的制约机制。但随着皇权的不断加强，起居注的官职品级就从高到低不断下降。吴元年定秩正五品，洪武四年改正七品，六年时略为上升至从六品[④]，但至洪武九年更降为从七品[⑤]，后来干脆废止了起居注制度。这自然引起了儒臣们的不满，不断提出恢复起居注制度的建议。成化时，卢玑倡议道：“自古帝王皆设左右起居注之官，所以记人君之言动、朝廷之政事、百官之贤否。我朝法古图治，岂容独缺？宜命执政大臣斟酌以立之，遴选以充之，置诸左右，敕许其直书无所忌讳，则非徒备我朝之史事，实可维持上下之良心。”[⑥]由于疏中提到“稔恶之人亦将有所畏而不敢肆”，使宪宗感到最有可能身受约束的是自己，所以未予采纳。弘治年间储巏再次提议恢复起居注并记录召问始末的制度。[⑦]正德初，何塘又提出：“令修撰、编修、检讨，番直史馆，凡皇上之起居，臣工之论列，大

① （清）赵翼：《廿二史劄记》，中华书局1984年版，第397—398页。
② （明）张居正：《议处史职疏》，《张太岳集》，上海古籍出版社1984年版。
③ （明）胡广等：《明太祖实录》卷14，甲辰年三月丁卯，台湾“中央研究院”历史语言研究所1962年印。
④ （清）张廷玉等：《明史·职官志》，中华书局1974年版。
⑤ （明）胡广等：《明太祖实录》卷110，洪武九年十一月丙戌。
⑥ （明）刘吉等：《明宪宗实录》卷200，成化七年四月丙辰，台湾“中央研究院”历史语言研究所1962年印。
⑦ （明）李东阳等：《明孝宗实录》卷216，弘治十七年九月癸卯，台湾“中央研究院”历史语言研究所1962年印。

政事之因革张弛，大臣僚之升降拜罢，皆令即时纪录。”[①] 嘉靖十一年八月，翰林院学士廖道南再次建议“复史职。谓左史记事右史记言，古制皆然。惟我太祖之设起居注，仁宗之开弘文馆，亦并师此意。自宣德后，相权重，史职轻，而起居注寝废矣。皇上法古帝王，言动为世则，虽常命官编纂御札，而职非专设，事未责成。今宜复圣祖旧制，选翰林中学行才识优卓者，俾其职兼起居注，日记言动，以致邦有大政，民有大眚，皆令书之以征时政，则史职不为虚设矣”[②]。由于起居注迫近御前的特点，对皇帝的一举一动都加以记录，无疑会使君主受到约束，因此世宗表面上“嘉其意忠”，事后毫不理睬。

万历初期，张居正柄政，以其改革家的气魄，恢复了起居注这一重要的史料储备制度及君权制约机制。万历元年八月，翰林院编修张位“请令翰林诸臣日输数人直史馆，候有明旨及朝讲召对、宫禁游习，凡一言一行，据见闻记之，其各衙门所奏行大事关白内阁者，亦据缘由纪其节略，俱俟阁臣裁定，藏之秘府，以备参考”[③]。张居正抓住这一时机，上了本《议处史职疏》，对起居注制度恢复的重要性及措施都作了详细阐述。据《神宗实录》卷35载：“（万历三年二月丙申）先是，翰林院编修张位疏饬史职以光新政，礼部覆议，裁定史职系阁臣题请。于是大学士张居正议：‘国初设起居注……迨后详定官制，乃设翰林院修撰、编修、检讨等官，盖以记载事重，故设官加详，原非有所罢废。但自职名更定之后，遂失朝夕记注之规，以致累朝以来，史文缺略。’”于是要求恢复起居注制度。

---

① （明）张萱：《西园闻见录·史局》，续修四库全书本，上海古籍出版社1988年版。

② （明）张居正等：《明世宗实录》卷141，嘉靖十一年八月乙未，台湾“中央研究院”历史语言研究所1962年印。

③ （明）周延儒等：《明神宗实录》卷16，万历元年八月癸酉，台湾“中央研究院”历史语言研究所1962年印。

但由于以前的起居注制度难以合乎当前的实际，因此他提出了一些相应的变革措施。具体说来，有以下三点：

第一，设立日讲起居注官，对皇帝的言动进行记录："照得史臣之职，以纪录起居为重，顾宫禁邃严，流传少实，堂廉远隔，听睹非真，则何以据事直书，传信垂后？看得日讲官密迩天颜，见闻真切，又每从阁臣之后出入便殿，即有密勿谋议，非禁秘不可宣露者，阁臣皆得告语之。合令日讲官日轮一员，专记注起居，兼录圣谕、诏敕、册文等项及内阁题稿"，"经筵日讲，则讲官即记注起居，亦不必另用侍班"。即在日讲官中，日轮一人为起居注，专记皇帝言动；皇帝上朝时，由轮值的日讲官与另外三位史官，一共四员随同上朝，记录皇帝言动。并规定了日讲起居注在朝的具体位置："谨按礼仪定式，凡遇常朝，记事官居文武第一班之后，近上便于观听，即古螭头载笔之意。洪武二十四年，定召见臣下仪，以修撰、编修充侍班官，即古随使入直纪事之意。今宜遵照祖制，除升殿例用史官侍班外，凡常朝御皇极门，即轮该日记注起居并史官共四员，列于东班各科给事中之上。午朝列御会极门，列于御座西稍南，专一记注言动。"但是，日讲起居注官的记录范围，较以前跟随皇帝左右的起居注要小，对"禁秘不可宣泄者"不能知闻和记载。日讲起居注官所能记载的活动，也就是一般的日讲、郊祀、耕耤、幸学、大阅等活动："凡效祀、耕耤、幸学、大阅诸大典，亦令侍班随从纪录。"张居正设立日讲起居注的改革措施得到施行。万历三年三月，张居正推荐"日讲官丁士美等六员轮赴史馆记注起居，以修撰王家屏、徐显卿、张位、于慎行、沈懋孝、编修沈一贯编修章奏"①。

---

①《明神宗实录》卷36，万历三年三月癸卯。

第二，由涉及国家机密的当事大臣兼担起居注之责，记录或追述“秘殿独对”的过程，封送史馆作为修纂官史的依据：“至于不时宣召，及大臣秘殿独对者，恐有机密，不必用史官侍班，但令入对大臣自纪圣谕、奏对始末，封送史馆诠次。”其意是说，皇帝在宫中发生的宣召、秘殿独对等活动，由于事涉国家机密，不便让日讲起居注官参与，便由被召对的大臣自己书写后封送史馆中的起居注馆，以作修纂实录之用。张居正所提议的这种制度，直到他死后许多年仍在延续。如《神宗实录》卷 219 载，万历十八年二月五日，神宗对雒于仁激烈抨击自己酒色财气的奏本，十分恼怒，在内宫召见内阁大臣申时行等人时，要求严处，但申时行软磨硬泡地加以抵制，要求神宗不要严处雒氏，如果神宗能够予以宽容，“容臣等载之史书，传之万世，使万世颂皇上尧舜之君”。这里透露出这样的信息：依据旧例，被召大臣可将皇上的言动加以回忆并记录，封送史馆。又据《神宗实录》卷 593 载，万历四十八年四月戊午，大学士方从哲诣思善门为皇后哭临毕，随诣仁德门向神宗问安，并“请亲至御前一睹天颜”。少顷，内使召他入见于弘德殿御榻东间，“上侧身卧。从哲西向行四拜礼”。神宗述其病状后，“昂首目从哲云：‘先生试看朕容。’且出手腕令看。从哲跪前仰视，圣颜果然清减”。《实录》最后说：“时上自言病状甚悉，语多不能尽忆。”这显然是经方从哲回忆后，由日讲起居注官整理而成的。

第三，设立起居注馆，编纂六曹章奏。张居正提出在史馆中设立起居注馆：“其朝廷政事见诸司章奏者，另选年深文学素优史官六员，专管编纂。事分六曹，以吏、户、礼、兵、刑、工为次，每人专管一曹，俱常用在馆供事，不许别求差遣及托故告假等项，致妨公务。”即选史官六人，将日讲起居注官所记皇帝之言动和当事大臣封送史馆的“秘殿独对”经历，以及吏、户、礼、兵、刑、工六曹章奏，编纂成《起居注》和《六曹章奏》。“其诸司章奏，该科奉旨发部，即全抄送阁转发史馆”后，由六位史官编纂成册，“其纪录体例，祗备事由颠末”。《起居注》及《六曹章奏》修成后，藏于匮中封存，俟日后修《实录》之用。张居正的这条改革建议得到施行，编纂《六曹章奏》的工作顺利进行：“（万历四年正月）甲寅，以编修沈渊、黄凤翔充起居注馆编纂章奏。”①尽管张居正去世后遭到神宗的否定，但其所设立的起居注馆及编纂《六曹章奏》的措施并未中断，直到万历末年还在进行。万历四十五年九月辛未，大学士方从哲题：“起居注馆例官史官编纂《六曹章奏》，请补周延儒等六员。”②万历四十六年五月己丑，“以编修林欲楫、马之骐、检讨丁绍轼、王祚远、冯铨、李国楷等充起居注馆纂修”③。

其实，张居正恢复起居注的措施，达到了两个目的：一是完善了实录修纂的史料储备制度。在他担任实录总裁时，便深感由于缺乏起居注制度，致事关皇帝言行的史料严重不足：“迩者，纂修《世宗》、《穆宗实录》，臣等只是总裁，凡所编辑，不过诸司章奏稍加删润，檃括成篇。至于仗前柱下之语，章疏所不及者，即有见闻，无凭增入。是以两朝之大经大法，罔敢或遗，而二圣之嘉谟嘉猷，多所未备，此皆史官职废致然也。”④因此，起居注制度的恢复，为未来修纂《神宗实录》提供了充足的史料依据。二是约束了君权，具有提倡政治“公开性”的意味。所谓公开，便是由史官记录并编纂成史，让君主的一言一行暴露在可能预见的众目睽睽之下，并以直笔无讳和流芳遗臭的史学评价机制约束其行为。张居正设立日讲

---

① 《明神宗实录》卷46，万历四年正月甲寅。

② 《明神宗实录》卷561，万历四十五年九月辛未。

③ 《明神宗实录》卷570，万历四十六年五月己丑。

④ （明末清初）孙承泽：《春明梦余录》卷13《皇史宬》，上海古籍出版社1993年版。

起居注官的效果，相当于在皇帝身边安装了一个摄像监视器，君主在日讲、郊祀、耕耤、幸学、大阅、上朝的一举一动，都被摄入镜头。其令宣召和秘殿独对的当事大臣兼任起居注官的措施，使皇帝与枢臣之间的政治活动，也被纳入了官史编纂和史学制约之中，成为可能昭示后世的对象。实际上，张居正是将档案的保密制度作了重要改革。中国古代没有如当代美国这般的30年档案解密制度，因此有不少秘密档案从不解秘，直到其被推翻才为人所知，甚至有因销毁档案而使其真相永不知晓的情况。张居正倡导的由秘殿召对的当事大臣追述亲历过程，并封送史馆以为修史之凭的措施，无疑加速了档案的解密过程，使当代政治和历史至少在史官这一层面上获得公开，起到了一定的社会舆论作用。

正因为张居正建立的这种起居注制度具有公开性，所以起居注制度恢复后，对君权起到了显而易见的制约作用。据《春明梦余录》载："一日神宗顾见史官，还宫偶有戏言，虑外闻，自失曰：'莫使起居闻知，闻则书矣。'起居之有益主德如此。"①

二、专任图成、立程责效：官史修纂的目标管理

张居正于万历元年（1573）推行考成法，考成法的特点是"立限考事"，"以事责人"，即由各部衙制定一式三份收发文簿，分别留部作底本，送六科备注，交内阁查考。据其道途远近、事情缓急，"定程限，立文簿，月终注销。抚按稽迟者，部院举之；部院容隐欺

① （明末清初）孙承泽：《春明梦余录》卷13《皇史宬》。

蔽者，六科举之；六科不觉察，则阁臣举之。月有考，岁有稽”[1]。其效果正如傅维麟《明书》所赞扬的那样，虽“万里之外，朝下而夕奉行，如疾雷迅风，无所不披靡”。所有官员，百事惟谨，致政风大变，效率提高。张居正的这种考成法，也施诸官史修纂上，从而形成了“专任图成”和“立程责效”的目标管理制度。

明代官史修纂中最主要的史著便是《明实录》。由于官场腐败，管理混乱，人浮于事，作风散漫，致使《实录》修纂久拖不成。按照惯例，参与官史尤其是《实录》修纂的人员，书成之后都会得到升擢和赏赐，因此，史馆修纂人员的调入，常常成为内阁大臣扶植亲信的机会。他们“各荐所知”，不顾才质，结果有时举荐的史官非老即病，或入馆“经宿而死”，被人讥为：“生老病死苦，史馆备矣。”[2]更为可笑的是，一些誊录官征入史馆后未及誊写，即遇丁忧服阕，至服满回京，书已修成，未缮一字，仍照常获得升赏：“或初充史馆誊录，未举一笔，以丁忧去，服阕，适书完，遂由员外进郎中者，其妄干恩泽，紊乱旧章，曾无一人举觉。”[3]由于缺乏有效的管理，史官常常散漫无纪，或随便请假不来编摩，在外租私寓“逍遥宴饮”[4]；或天热时不顾体面，竟在史馆“多亵服执笔”[5]；甚至在史馆中吵闹对骂，斯文扫地。景泰间修《寰宇通志》，史官丁珵与宋怀“忿怒失色，詈言于馆中”，有人写诗讽刺道：“参议丁公性太刚，宋卿凌慢亦难当。乱将毒手抛青史，故发伧言污玉堂。

---

① 《明神宗实录》卷19，万历元年十一月庚辰。

② （明）尹直：《謇斋琐缀录》二，《国朝典故》卷54，北京大学出版社1993年版，第1263页。

③ （明）尹直：《謇斋琐缀录》一，《国朝典故》卷53，第1253页。

④ （明）温体仁等：《明熹宗实录》卷55，天启五年正月癸酉，台湾“中央研究院”历史语言研究所1962年印。

⑤ （明）尹直：《謇斋琐缀录》二。

同辈有情难劝解，外郎无礼便传扬。不知班马韩欧辈，曾为修书闹几场。”[①]这便是张居正改革史馆前的状态。

张居正执政之初，朝廷修纂《世宗实录》逾六年未成，此后又先后上马了《穆宗实录》和《大明会典》等大型修纂工程。面对这种复杂的局面，作为首辅兼总裁的张居正提出了“专任图成”、“立程责效”的改革措施并推行相应的目标管理制度，很快扭转了史馆散漫、史书久修不完的局面。具体来讲，张居正的官史修纂改革包括以下两个措施：

第一，推行“专任图成”、“立程责效”的措施，实行正副总裁责任制和分层管理。张居正提出：“事必专任乃可以图成，工必立程而后能责效。《世宗肃皇帝实录》开馆纂修今经六年，迄无成功，盖以未尝专任而责成之故也。盖编撰之事，草创、修饰、讨论、润色，必工夫接续不断乃能成书，而职责要紧又在副总裁官。吏部右侍郎诸大绶、礼部右侍郎王希烈原系《世宗皇帝实录》副总裁，今各馆草稿未经修饰，宜责二臣专管……立为程限，每月各馆纂修官务要编成一年之事，送副总裁看详；副总裁务要改完一年之事，送臣等删润。每年五月间、十月间，臣等将纂完稿本各进呈一次。大约终月可完一年之事，终季可完三年之事，从此渐次积累，然后后功可期。”[②]所谓专任责成，便是要求各史官之间有明确的分工；分层管理，便是不同级别的史官承担不同的修纂任务，首先是纂修官修纂史稿，然后由副总裁“看详”，最后由总裁“删润”。随着修纂工作由具体到全面的提升和史官由低级到高级的变化，对完成稿子数量的要求也相应发生变化，即负责修纂事宜的纂修官每月要编成

① （明）尹直：《謇斋琐缀录》二。
② 《明神宗实录》卷5，隆庆六年九月辛亥。

一年之事，只负责“看详”修改的副总裁每月则要改完一年之事，而总裁则要负责全部报上来的稿子的“删润”审察工作。立程责效，则提出了实录修纂的时间期限，并规定每年五月和十月进呈两次成稿。

张居正自己对专任责成制度身体力行。虽然身为内阁首辅，日理万机，但他还是尽到了一个总裁应尽的职责。总裁是史馆业务的总负责人，负责史书修纂体例的制定、内容的弃取、统一平衡副总裁送上来的史书草稿，加以“删润”。同时也负责馆内纂修人员任务的分配及监督。史馆一般设多位总裁，首席总裁多由内阁首辅兼任，第二总裁由次辅担任，以此类推。首席总裁负总责，其他总裁则协助首席总裁负责实录修纂的业务工作。首辅张居正担任《世宗实录》及《穆宗实录》总裁时，就十分负责，自谓“无一字不经臣删润，无一事不经臣讨论”[①]。这绝非自夸，而是真实表白。神宗曾情不自禁地称赞他“皇祖《实录》皆经先生看改”！

第二，采取集中优势兵力，各个击破的策略，次第修纂《世宗实录》、《穆宗实录》和《大明会典》。这是立程责效的另一种表现。当时，除了《世宗实录》外，《穆宗实录》也在纂修之中。张居正忙而不乱，以改革家的魄力制定了《世宗实录》与《穆宗实录》修纂的总体规划，决定两部《实录》同时并进，但先集中力量完成篇幅较少的《穆宗实录》，然后再集中全部力量纂完卷帙浩繁的《世宗实录》：“顾皇祖历世四纪，编纂卒难就绪；皇考临御六年，刻日自可竣功。俟纂成之日，令两馆各官并纂《肃皇帝实录》，则两朝大典可以次第告成。”

按照张居正分两步走的计划，《穆宗实录》于万历二年七月甲申

---

① 《明神宗实录》卷65，万历五年八月乙亥。

顺利完成。进呈的《穆宗实录》共70卷、《穆宗宝训》8卷，加上目录及凡例共为80册，自始修至完工仅用了两年不到的时间。

正当总裁张居正集中全力修纂《世宗实录》时，万历四年六月，《大明会典》的重修又拉开了帷幕，无疑加重了史馆修史的负担，使情况变得较为复杂。作为《世宗实录》的正副总裁，张居正和汪镗等又都兼任《会典》的正副总裁。[①]修纂官也相互兼任，如马自强等"方纂修《世宗实录》，诏不妨以原务兼修"[②]；万历四年九月丁未，"命《实录》纂修官检讨王弘诲充《会典》纂修官"[③]。《大明会典》的工程量也很大，据万历十五年刊行的《会典》来看，因为补入嘉靖二十八年以后至万历十三年的史事，使篇幅增至228卷。在上述情况下，张居正没有过分地分散精力，仍坚持专任图成、立程责效的革新措施和既定目标，以有限的人力从事《大明会典》的修纂，仍然集中主要力量修纂《世宗实录》。

到万历五年八月甲戌，前后花了11年之久的《世宗实录》最终竣工。这部巨著长达566卷，加上同时修纂的《世宗宝训》24卷，共590卷，如此鸿篇巨制能够顺利完成，无疑得力于张居正在修纂制度上的改革和管理到位。《世宗实录》不仅速度上进展较快，更重要的是质量得到了保障。由于张居正的正确导向，史官重视据实直书，如《世宗实录》在记兵部右侍郎魏谦吉生平时，就敢于对这个无赖发迹的深层背景进行揭露："谦吉，狂率无赖，不类衣冠士。其居官终始，所至无一善状。淫暴掊克，若饿鸱乳虎。至于锥刀乞索，即市井人羞言之。属时政污浊，遂致位卿尹，恩恤隆备若

---

① 《明神宗实录》卷51，万历四年六月癸未；卷51，万历四年六月乙酉。

② 《明神宗实录》卷51，万历四年六月乙酉。

③ 《明神宗实录》卷54，万历四年九月丁未。

此！"[①]这不仅是对魏谦吉的个人贬斥，也是对世宗朝腐败政局的控诉。在张居正革新精神指导下，《世宗实录》修纂取得了巨大的成功，成为《明实录》中最好的一部。清代徐乾学在《明史例案》卷2中评论道："明之《实录》，洪、永两朝最为率略。莫详于弘治，而焦芳之笔，褒贬殊多颠倒；莫疏于万历，而顾秉谦之修纂叙述，一无足采。其叙事精明而详略适中者，嘉靖一朝而已。仁、宣、英、宪胜于文皇；正德、隆庆劣于世庙。此历朝《实录》之大概也。"

此外，对于官史修纂机构的史馆，张居正也提出了一些改革建议，如完善供给制度、门卫制度等等。明代史馆所需办公用品实行供给制，供应内容包括酒饭、笔墨、木炭、桌、凳、砚、炉、象牙书圈、纸札等。张居正为了保证专任责成的目的，坚持完善史馆供给制度。万历四年七月丁未，"大学士张居正等以重修《会典》，请日给副总裁、纂修等官及各员役供事者酒饭、笔墨、木炭等项，照旧开支。其桌、凳、研、炉、大小象牙书圈内监照数送用。刑部、都察院按月支送纸札"[②]。张居正还在《议处史职疏》中要求将史馆中的东面四馆改成起居注馆，并提供相应的物质条件："其合用纸札、笔墨、酒饭等项，照纂修例给。"张居正还提议由政府向史馆提供校尉、办事吏、裱褙匠等员工，以解除修纂史官的后顾之忧。重修《大明会典》时，张居正就建议"外用办事吏二十名，分送各馆管理册籍，启闭馆门，匠役并校尉照旧应用"。门卫制度也是史馆管理的重要环节之一。为了保证修史环境的安静，提高修史效率，同时也做好保密工作，张居正建议史馆要加强门卫制度，不准闲杂人员随便出入。他在《议处史职疏》中上言："除典守誊录人役随同共事外，

---

① 《明世宗实录》卷485，嘉靖三十九年六月戊戌。
② 《明神宗实录》卷52，万历四年七月丁未。

一应闲杂人等，不许擅入!”在修纂《大明会典》时，据张居正曾提议增设“外用办事吏二十名，分送各馆管理册籍，启闭馆门，匠役并校尉照旧应用”，并被采纳[①]。校尉的职责便是守卫史馆。

三、张居正官史修纂革新的意义

张居正建立的起居注制度，终明之世都或显或隐的发挥着作用。不仅《神宗实录》广泛应用了《万历起居注》的史料，甚至《光宗实录》也都受到万历初所置日讲起居注官编纂《起居注》制度的影响。该书《进实录表》云：“发秘藏于内府，蒐职掌于诸曹，自华渚虹流之辰，追鼎湖龙驭之日，于凡起居言动，政令批裁，以至事涉宫闱，计关宗社，书宁详而毋略，言必信而有征。”可见，此时仍有日讲起居注记注光宗的言动，并为《光宗实录》所采用。

张居正在史馆的改革，为后世积累了较为丰富的经验，天启元年三月，御史周宗建在所上《请修（神宗）实录疏》中，将张居正“专任图成”和“立程责效”的思想向前发展了一步。该奏疏建议《神宗实录》修纂要让总裁分年专任，“今请略仿万历初年，责令总裁分年专任，示以划一”；同时要求起用学有专长的史官承担修纂任务，“方今承明，著作之庭，虽称济济多才，而学有专门，事难兼习。如星历、乐律、河渠三项，非藉讲求，终难虚课”；最后要求按照万历初年修《世宗实录》的做法，严立程限，不准史臣“乞私差而图自便”[②]。清代实录馆推行正副总裁专任责成的制度[③]，也是对

① 《明神宗实录》卷52，万历四年七月丁未。
② （明）周宗建：《周忠毅公奏议》卷1；《明熹宗实录》卷8“天启元年三月己酉”条作了删节。
③ 见王清政：《清代实录馆考述》，《江汉论坛》1999年第2期。

张居正在明代官史修纂中经验的继承和发扬。

“世间已无张居正”后，“使我们这个庞大的帝国失去重心，步伐不稳，最终失足而坠入深渊”①。明朝不仅在政治、经济、军事上出现大倒退，官史修纂上也出现滑坡的局面。没有总裁张居正的史馆，其官史的修纂再次处于管理混乱和懈怠弛废的状态：由于史馆缺乏调度，没有根据修史的实际步骤，过早调入誊录人员，致其尸位素餐，虚靡俸禄。焦竑（1540—1619）针对这一现象指出：“至史馆两房中书，本供缮写。今始事之日，方翻阅遗文，蒐讨故实。下笔之期，茫无影响，誊录之官，安所用之？似当暂为停止，俟他日脱稿之后，经总裁改定，方可取用，量为资给，不但冗费可裁，而亦侥幸少抑。”②同时，修纂人员散漫无纪，上班时间随便出入史馆，在史馆外置办私寓，逍遥宴饮。并常以各种借口请假回家。万历三十四年十一月戊辰，礼科右给事中汪若霖批评道：“自今史局浸成浮寄之区！”③《神宗实录》等官史的修纂连年累月久拖不成，天启五年正月癸酉，失去耐心的熹宗对史官严责道：“皇祖《实录》开馆至今已经五载，而未告成，虚靡廪禄，各官职守何在？”更重要的是，自张居正修成《世宗实录》后，史馆再也没有产生如此出类拔萃的官史了。

从正反两方面证明，张居正在官史修纂中的革新，其意义是非凡的。

（原刊《长江大学学报》2005年第1期，此处略有修改）

---

① ［美］黄仁宇：《万历十五年》，中华书局1982年版，第76页。

② （明）焦竑：《修史四事》，见《春明梦余录》卷32《翰林院》。

③ 《明神宗实录》卷427，万历三十四年十一月戊辰。

利玛窦“送礼”初探

利玛窦（Matteo Ricci），字西泰，1552 年 10 月 6 日生于意大利中部安柯那（Ancóne）省马塞拉塔（Macerate）城。1582—1589 年在肇庆传教，后往韶州、南昌、南京和北京传教。1610 年 5 月 11 日病逝于北京。利玛窦之所以能步步为营，而后长驱入直，进入中华帝国的首都北京传教，有一个重要原因，便是他用“送礼”的方法，沟通人际关系，而后成其大业的。对于利玛窦的研究，学界讨论甚详，成果颇丰，但就其送礼问题，虽多有论著从旁涉及[①]，然未见有专门研究。本文拟就此问题，作一初步探讨。

一、利玛窦送礼原因、目的及策略

以利玛窦为代表的中国传教团送礼的原因和目的，是为了打开人际沟通的障碍，实施其“适应性传教策略”。

中国是一个礼仪之邦，重视礼尚往来，但官场腐败和社会黑暗，使得“礼仪之邦”成了请客送礼和贿赂成风的国度，办任何

① 如沈定平《明清之际中西文化交流史——明代：调适与会通》（商务印书馆 2001 年版）等作。

事，如果不送礼就很难达到目的。正是窥透了中国“国情”，利玛窦才不惜血本，准备丰厚的礼物，走一路送一路，为其办教堂、传教打开方便之门。利玛窦把这些结交中国官员乃至皇帝的西方器物自鸣钟、三棱镜、镜子、沙漏、风琴等礼品，称之为“给社会进步的齿轮里注润滑油”[①]。在肇庆期间，利玛窦忙于以铜、铁为原料制作天球仪、地球仪和日晷，分送各友好官员。他在1585年10月20日寄给耶稣会总长的信中，曾经解释道：“我正忙于这些琐碎之事，而把重要的事留给别人去做。”[②]其实，他比谁都清楚，正是这些琐碎之事，才关乎天主教在中国传播的命运。利玛窦送礼的根本原因和目的，是通过“礼尚往来”，与中国士大夫直至皇帝建立友好的关系，从而达到在中国站稳脚跟以便传播其天主教教义的目标。利玛窦曾“拿郭居静神父带来的一部分新奇礼品分送几位大臣，希望以此换得信件和推荐书”[③]，以便能够顺利到达北京并获得皇帝的召见。利玛窦通过送礼让受礼者产生爱屋及乌的心理，增强好感，以便能够获得在中国的居留权和传播天主教的机会。神宗“皇帝陛下对这些新奇的钟如此着迷，于是他不仅想看看其他的礼品，也想看看这些送来礼物的异国人”[④]。由于所送礼品是先进技术制成，为了能够让其中的科技仪器和产品运转，必须依赖于耶稣会士，于是神父们便在北京居留下来：“奉命管理自鸣钟的太监们也打算把神父们留下，怕得是如果有一座自鸣钟出点毛病，没有人修理。”[⑤]于是，利玛窦等人便真的在北京居住了下来，并在死后获赠墓地和宅第，使天主教在北京有了传播的基地。利玛窦等人送礼的目的，在他们

---

① 何高济等译：《利玛窦中国札记》，中华书局1983年版，第378页。

② 罗渔译：《利玛窦书信集》上册，商务印书馆1993年版，第70页。

③ 何高济等译：《利玛窦中国札记》，第382页。

④ 同上，第406页。

⑤ 同上，第420页。

发展明朝通政使许胥臣入教的过程中，清晰地显露了出来。利玛窦的手下、南京教堂的王丰肃神父叫人替许胥臣“做了一个天球仪和一个地球仪，他在上面加上了适当的注释。这大大增进了他们的友谊和相互的尊敬”。通过赠送这些西洋奇器，引起许胥臣的好奇和敬佩之心，然后乘机告诉他，这些东西里的学问远远不及天主教的深奥道理：“那位大臣正在很严肃地称赞科学研究，王丰肃神父就说：‘先生，到目前为止，你从我这里学到的东西比起信仰的奇迹来，全是微不足道的。信奉上帝是比观看星象更加崇高的科学。’”这样，许胥臣便成了加入天主教会现任官阶最高的官员，神父们惊呼“再没有更好的例子可以说明上天在运用科学来使中国的学者归信”[①]。可见，送礼只是利玛窦等人传播天主教教义的诱饵，而后者才是其送礼的根本目的。

利玛窦送礼的另一个原因，是受到天主教来华前辈的影响。最先到中国来的传教士沙勿略，乘船达到中国广州海外的上川岛时，向偶遇的故交、富商迭戈·皮来拉（Diego Pereira），描述了到中国去并拜访皇帝的计划，皮来拉建议他最好带些朝贡的礼品。沙勿略为了到达大陆，将其积蓄和友人馈赠的超过 200 金币的胡椒作为报酬，预付给了一个广州商人，让他帮助偷渡到大陆。但未能成行，最后死在岛上。利玛窦的前辈和领导、神父罗明坚在带着巴范济、利玛窦等人从澳门到广东的传教中，曾多次向中国官员送礼甚至行贿。1582 年 12 月 27 日，罗明坚、巴范济等人从澳门抵达肇庆，在受到总督陈瑞的接见时，立即呈上精巧的钟表和几只产自威尼斯的三棱镜。陈瑞见到这奇异的西器时，脸色立刻“多云转晴”，于是同意赠给罗明坚等一栋靠近天宁寺的房屋。这增强了罗明坚的信心，

① 何高济等译：《利玛窦中国札记》，第 594 页。

他认为只要赠送些装潢豪华的钟表、装帧精美的绘图《圣经》，以及几张织有新旧约故事的挂毯，教皇的使节便可以进入北京并达到目的。在1584年1月25日寄给总会长阿瓜维瓦（Claudio Acquaviva）的信中，罗明坚请他赠予一座镀金的钟表，“将作为朝贡之物，呈献给中国皇帝，以便求得准许，在中国传播福音”[①]。连巴范济也认识到：“归根到底，在中国送礼、花钱就好办事。”

利玛窦显然受到这些前辈的深刻影响。据乔纳森·斯彭斯称：“从保存下来的里奇（利玛窦）与拉吉利（罗明坚）的信件中可以看出，自着手传教工作起，他们就这样不倦地寻求着使传教事业获得成功的策略，这就是给中国人送去合宜的礼物。他们看出，这可能是他们整个艰巨事业获得成功的关键……在他们还未能真正掌握足够的汉语，并用此来解释复杂的科学概念之前，这些耶稣会士把钟表作为赢得中国人民喜爱的一个关键宝物。这是一个更实际的决策，是把西方的钟表制造技术同中国古老钟表制造技术相比较后作出的抉择。”[②]通过这些通信，利玛窦已经从罗明坚身上获得送礼的经验和启示。利玛窦还曾听到过罗明坚与中国官员之间的“礼尚往来”的事例，据他回忆：“该省（广东）的军事首脑也是他（指罗明坚）的朋友，罗明坚送给他一块表，这是一种用许多小金属齿轮安装成套的计时工具。这位官员被称为总兵，也就是将军（即黄应甲），在神父有机会访问他时，他也对神父特别礼遇。这些与官员的早期友谊，对于发展对基督教的友好态度是很有价值的。”[③]罗明坚在广州时，曾经向一些中国官员表示想以欧洲教宗的名义派使节去

---

① 罗渔译：《利玛窦书信集》下册，商务印书馆1993年版，第457页。

② ［美］乔纳森·斯彭斯著、王改华译：《利玛窦传》，陕西人民出版社1991年版，第226—227页。

③ 何高济等译：《利玛窦中国札记》，第146页。

北京。这些官员告诉罗明坚，如果到北京，"最好的礼物应算一架装潢豪华且体积大的钟表，每小时皆报时，将置放在皇宫中，可以听很远；再送一只小型的……上有把手，每点钟报时，或类似的皆可"[①]。这对利玛窦也有很大的启发。后来利玛窦到北京向万历皇帝呈献的礼物中，便有"自鸣钟大小贰架"。

当然，在平时的送礼活动中，蕴有各种各样的具体目的，如解除厄困，改善处境等。当利玛窦等人在赣州翻船出事后，石星拒不让利玛窦继续随其前行，利玛窦于是拿出三棱镜，使石星改变了态度。抵达北京后，虽说皇帝接受了利玛窦等人的献礼，但对其去留并未作明确的指示，于是被礼部主客司软禁于会同馆（四夷馆）中。"据说利玛窦神父能向负责管事的人送礼的话，就不会有任何阻力了。他对这一建议的回答是，他认为礼物最好是用来使神父们从这种情况中获得释放。"[②]同时还通过传教，获得中国官员的居留许诺和代写推荐信等等，这些将在后面第五部分细述。

利玛窦也讲究送礼的策略，这些策略包括如下几个方面：

第一是选择最具有吸引力、富有科技含量的礼品。与以往"外夷"所贡的"方物"如长颈鹿、大象、鸵鸟、宝石等相比，利玛窦所送礼品具有"高附加值"和"科技含量"，是西方近代早期科技的结晶，为中国皇帝及其大臣见所未见的新鲜玩意。当时中国传统朝贡国使臣"进贡"的礼物十分粗糙。"在进贡皇上的礼品中，神父们看到一把剑，那简直就是一块钢片，粗陋地从铁砧上打铸出来的，住在这房子（礼部主客司员外郎所管的会同馆）里的某个人给它配了一个斧头手柄一样的木把。在同类礼物中，还有用皮条粗制滥造

① 罗渔译：《利玛窦书信集》下册，附录，第434页。
② 何高济等译：《利玛窦中国札记》，第416页。

编成的胸甲，他们还带来马匹，但饲养得极差，一到北京就饿死了。”[①]而利玛窦等传教士送来的礼物则十分新颖和精巧，魅力十足。在肇庆时，利玛窦在教堂陈列的西洋器物，引起了中国各阶层人的喜爱，“这些来访可能是由收藏的欧洲珍奇而引起的。客人们最称羡的是他为教堂和邻居所树立的那座钟。它靠一口大铃来报时，不仅把一天的时间告诉过客，而且告诉远处的人；他们始终弄不明白它怎能不用人敲击就自己发声”[②]。当一位世俗兄弟问基督教信徒“你的主人有什么迷魂药，能把这么多人的心灵都迷住了”时，这位基督教信徒回答说：“我的主人有德，有教养和书籍，有至高的上帝之道，那是他在一切场合都要传播的，除了赢得大人物的心灵以外，他们确实再没有更有力量的药剂。”[③]其实，这种回答只是基督教徒的自恋自信，而更直接的因素则在于利玛窦等神父所携带和赠送的礼物，具有十分独特的魅力，可以说具有强大的“杀伤力”，使大多数的中国官员在它面前失去了自恃力。利玛窦前往北京时的同行太监，也认识到利玛窦所送礼品的新奇珍贵性，他告诉天津税监马堂：“那些都是极为新颖而且非常贵重的礼品。”他向马堂保证，“这些礼物足以使马堂得到君王的恩宠”。而马堂“看到这些礼品大为高兴，说这些礼品配得上献给皇帝，哪怕是中国皇帝”[④]。正因为利玛窦选择富有高附加值和科技含量的西方礼品，才能够博得上至皇帝下至官员的深深喜爱，为利玛窦一路北上大开绿灯。当然，利玛窦在送西洋奇器的同时，也夹杂着一些基督教物品，如耶稣像、圣母像、《圣经》、十字架等，这样做也是其送礼策略之一，既不引

---

① 何高济等译：《利玛窦中国札记》，第414页。

② 同上，第209页。

③ 同上，第635—636页。

④ 同上，第389—390页。

起中国人的反感，又不失时机地让中国人接触到基督教的“圣物”。

第二是大作广告，宣传西方奇器的优点和魅力，增加礼品的价值和重要性。

利玛窦送礼的策略是，先在教堂里大作广告，等到这些礼品广为人羡时，然后再去送人。在肇庆教堂的圣堂中央，据利玛窦描述，便供奉着圣母玛利亚的精美画像，墙上挂着一幅用欧洲文字标注的世界地图，周围陈列着被中国人视为“无价之宝”的三棱镜，以及钟表、日晷、洋装书、天鹅绒等来自欧洲的器物。1855 年 11 月，又在房舍附近建成了一座“相当高而美观”的钟楼，高 18 尺，呈八角形，“在顶端我们置一铁柱，最上有一镀金铜球，用两条铁丝系牢”①。每当钟楼准点报时时，铃声悠扬，悦人耳目。这些西方奇器成为远近民众摩肩接踵前来参观的主要对象。进入南昌后，利玛窦也将西式奇器陈列出来，广为宣传。他在 1595 年 11 月 4 日写给耶稣会总会长阿瓜维瓦的信中，谈到了南昌市民摩肩接踵地拜访他的原因之一，便是前来观赏来自欧洲的各种器物，“会院所展示的三棱镜、油画、精装书籍、世界地图以及各种科学仪器，都是以往不曾见过的器物，民众颇感新奇”②。到北京后也是如此，以至于明清人在描述天主教堂时，都会提到这些西洋奇器。通过广告宣传，西洋奇器被人广为谈论和艳羡，这时再送上类似的礼物，便使受礼人倍觉珍贵。

在给皇帝送礼的过程中，利玛窦的策略也是先大肆宣传和张扬，让中国各地官员都知晓，以减少自己的阻力和避免被驱逐的命运，然后伺机傍上大官，靠他们的力量将自己带到首都，把礼物送

---

① 罗渔译：《利玛窦书信集》上册，第 76 页。

② 同上，第 208—211 页。

到皇帝手中，以期获得皇帝的首肯，在中国的心脏地带站稳脚跟。在南昌时，“利玛窦神父……让他（建安王）看了准备送给皇帝的钟和其他礼品”[①]。南京礼部尚书王弘诲[②]（忠铭）抵达南昌时，“神父们就去拜访他……说他们很想去北京，给皇帝带去一些礼品。尚书要求看看礼品并大为高兴”[③]。靠王弘诲这类高官，利玛窦神父“他们甚至不操心去取得旅行护照，像在过去其他的场合那样。有这样一位特殊的大官同行，要比护照更保险”[④]。利玛窦在与应天巡抚赵可怀会面后，“利玛窦神父随身带来准备呈给皇帝的一些礼品，以便谈论有关向皇帝奉献礼品的话题。这些礼品中有一幅非常讲究的装在一个透明玻璃框里的耶稣十字架像”。[⑤]王弘诲带利玛窦到北京后，向他所熟知的皇宫太监转上送礼给皇帝的申请，“这个太监也答应尽力促成这件如此重要的事，并要求看看神父们和他们给皇帝带来的礼品。在约好的那天，太监和尚书（王弘诲）一同到神父们的住处来看礼品。……利玛窦神父让他们看了自鸣钟、十字架像、一尊圣母雕像、一座八音琴，这类东西是中国人甚至于闻所未闻的，还有两个玻璃三棱镜。当那尊圣母像被抬起来放在地上时，它从搬夫的手中脱落，被摔成了三段。那在欧洲就会失去它的价值了，但在中国却只会增加它的价值。当几段又拼合起来后，雕像就呈现出古董的样子，而较它完整时更有价值。……太监和所有其余的人都对礼品非常喜欢”[⑥]。通过这种宣传策略，使得人人都知道利玛窦到中

① 何高济等译：《利玛窦中国札记》，第 315 页。

② 按：《利玛窦中国札记》第 271、315 页注皆称此人为“王弘海”，误，当作“王弘诲”，考《明实录》各处皆作后者。

③ 何高济等译：《利玛窦中国札记》，第 316 页。

④ 同上，第 317 页。

⑤ 同上，第 322 页。

⑥ 同上，第 334 页。

国是为了给皇帝献礼，因此获得了一个保护伞。甚至在临清被天津税监马堂扣留时，马堂也不敢轻易贪污利玛窦的礼物。

第三是量入制出。送礼是要花钱的，当入不敷出时，利玛窦也不得不修正策略，量入而出，在送礼时，不再大肆张扬地送西洋奇器，而是改送一些比较容易弄到而又不张扬的礼物。利玛窦原来在肇庆时过于张扬，不仅在教堂大肆陈设钟表、三棱镜、图画、塑像、浮雕地图、镀金洋装书、新颖乐器，而且不断送给当地官员和士大夫类似礼品，引起了中国地方官员的贪欲，不得不转为低调。当利玛窦被迫来到广东北部韶州城郊并低价购买了一处较为安静的土地准备建教堂时，教会视察员特别告诫利玛窦：“千万避免产生豪富名声行为或制造‘拥有超出所能给予’之假象。”① 利玛窦于是“不显露任何贵重物品，如银质圣爵都不拿出来用”②。遇到韶州知府询问是否带来钟表时，便予以婉拒，送给知府的礼物，只是一些衣料、玫瑰香精等物，像钟表和三棱镜这种时人艳羡的礼物一个都没有。在韶州，“一当房子买了下来，利玛窦神父马上就去拜访城里所有的大官，送给他们一些薄礼，都是从澳门带给他的东西里挑出来的。分送这些礼物时，他小心翼翼地不开这样的先例：即不适当地多送，或者超过他将来可能馈赠的力量”③。不过，一旦能够承受和必需时，利玛窦还是大方地向中国官员和士大夫赠送西洋奇器。

利玛窦之所以能够通过送礼来达到其传教的目的，除了能够洞明中国社会的特质和抓住明代官员的人性弱点外，从文化传播的角度来看，则是找准了先易后难、由表及里的正确途径。西方基督教文化与中国儒家文化存在着巨大的差异，很难在短时间内进行交流

---

① ［法］裴化行著、管震湖译：《利玛窦评传》上册，商务印书馆1993年版，第91—96页。
② 罗渔译：《利玛窦书信集》上册，第98—99页。
③ 何高济等译：《利玛窦中国札记》，第307页。

和融合，更难以使天主教教义取代儒家思想，然而，在文化的器物、制度和观念三个层面中，器物或物质是最浅表的层面，两个异质文化相遇时，器物层面的文化要素是最容易交流和被接受的。而且，器物之中，往往暗含着异质文化的制度和观念层面的内容，可以在潜移默化中影响对方。利玛窦通过送礼，向明代中国人传播了新鲜的西洋科技知识，也通过器物和科技这样的介质，向中国人传播了天主教教义和西方观念文化。

二、利玛窦所送礼品的来源

利玛窦所送礼品从何而来呢？主要有三个来源：一是由天主教耶稣会输送而来，二是由葡萄牙、西班牙商人及政府捐赠，三是利玛窦传教团就地取材自己制作。

第一，天主教耶稣会输送。

打开中国的大门，直到深入明朝首都北京传教，是天主教耶稣会的最高目标之一，为了达到这一目标，花多少代价都在所不惜。因此，从罗明坚时代开始，耶稣会便源源不绝地向中国的传教士们输送各种礼品。当罗明坚在肇庆传教初步成功后，罗马教廷及耶稣会大受鼓舞，“范礼安神父获得以天主教国王名义颁发的年金，借以支援中国教团。并且还作了如下安排，即这份津贴由最接近中国的马六甲银行支付”[①]。随同西班牙皇家监督官罗曼抵达澳门的西班牙耶稣会士桑切斯，“他携有致澳门神学院院长和致肇庆神父们的信函……鉴于他们的共同宗教信仰，他们亟愿提供可能有助于教团发

① 何高济等译：《利玛窦中国札记》，第189页。

展的一切援助。他们正以布施的方式送去捐款和别的赠品，其中有一只精美的钟是靠齿轮运动而不靠重力来计时的。信中还提到下述的事：在过去若干年中，天主教国王曾赠送中国国王贵重的礼物，但后来得悉它们被误送到了墨西哥"[①]。耶稣会会长阿瓜维瓦也"答应尽可能给予援助"[②]。于是，包括由西方著名艺术家绘制的画像，制作精致的计时器，可系在脖子上小巧玲珑的挂表，摆在桌上的座钟和其他礼品，便从欧洲、日本、菲律宾等地汇聚到中国传教团驻地[③]。据《利玛窦中国札记》载："耶稣会会长阿瓜维瓦神父……还送去一些对传教工作非常有用的礼物，其中一幅为罗马著名艺术家绘制的基督画像，四件制作精致、样式美观的计时器。第三件是表，可用带子系在项上，所以很容易看得见这些精巧的机械作品。第四件要大些，是摆在桌上的一座钟。它比表更贵重，因为它结构复杂，没有摆锤，也因为它不仅准确击时，还在每一刻钟和每半个钟点响三下。这只钟成为整个中国议论和羡慕的对象，托上帝之福，它注定要产生迄今仍然是明显的效果。"[④]

当利玛窦接手罗明坚事业后，也经常收到耶稣会送来的礼品。阿瓜维瓦不时地给利玛窦寄送图籍、地图、钟表等物品。据利玛窦称，肇庆会院的主要陈列物，如三棱镜、大小钟等都是总会长寄来的；1592年1月利玛窦在澳门收到总会长寄来的礼盒；1608年8月利玛窦在北京收到阿瓜维瓦赠送的奥斯定的宗教著作、奥尔德耳的《世界地图》、比利时出产的怀表及其他物品。[⑤]（基督教总）视察员……还送去一些中国珍品赠给他们，或者是准备陈列出来公开展览。样品

---

① 何高济等译：《利玛窦中国札记》，第184页。

② 同上，第194页。

③ 沈定平：《明清之际中西文化交流史——明代：调适与会通》，第254页。

④ 何高济等译：《利玛窦中国札记》，第194页。

⑤ 罗渔译：《利玛窦书信集》上册，第109—110、129—130页；下册，第380页。

中的一件是描绘整个中国的图画，嵌在特殊的东方框架中（德礼贤疑为《天下总图》）。这些框架是工艺极其精细的优美屏风，可以一一折叠，打开之后非常美观，不用支柱就能站立，有时可以摆满整间屋子。①

1596年6月28日，利玛窦在南昌站住了脚跟，准备以此为据点，向北京挺进。教会视察员范礼安觉得，要想实现这一计划，必须打通万历皇帝的关节，否则很难在中国长期立足下去。于是，他搜集了不少油画、钟表等西方珍品，全部送到南昌，以供利玛窦支配。据《利玛窦中国札记》载："教务视察员范礼安……搜集了他认为凡是有助于这个目标的所有物品，都送往南昌府；其中有一帧从西班牙寄来的圣母像，一帧救世主基督像，一个大小适中、制作精巧用齿轮结构的自鸣钟，能报出一点钟、半点钟、一刻钟。这座钟是耶稣会阿瓜维瓦会长神父送给传教团的，希望传教团能以已经开始的同样方法继续得到进展。菲律宾主教也给中国传教团的视察员神父送来一个和前一座大致相同的钟。除了这些以外，他还在澳门搜集了他认为会对传教团有用的各种东西，全部寄到南昌。"②为了支持利玛窦等人能够在北京立足，"澳门神学院院长李玛诺神父为这次旅行寄来了很多钱，但唯恐他们在北京需用更多的钱，所以又给了他们一张汇票，这是从澳门一个商人那里买来的，他们用这张汇票可以在北京换取同等的金额"③。已经离开日本来澳门的一艘船沉没，副省区司库埃吉迪奥·迪·马塔神父随船殉职，"整个澳门市都是依靠这艘船所提供的贸易和货物的。三个传教基地也依靠它，而且偿付在南京购置的住所以及去北京的旅费也都依赖于它"。在这种

① 何高济等译：《利玛窦中国札记》，第209页。
② 同上，第314页。
③ 同上，第335页。

窘迫情况下，"澳门神学院院长李玛诺神父就挺身而出，大发善心，也可说是对支持中国传教会显示了他慷慨仁慈的精神。他处处筹节钱财，最后凑足了款项，使人人得以渡过难关。他还再添上了一些给他的朋友们。他送来了另一座时钟，加入到献给皇帝的礼品之中。这座钟比他们原先的那座小一些，但由于饰有丰富的装饰，所以看起来很大。他还给他们一幅圣母像，那是他从罗马收到的，是一幅据说是圣路加所画原物的逼真的复制本。此外他还加上几个玻璃三棱镜、镜子、一些华丽的衣服、亚麻布、小沙漏时钟和许多玻璃器皿，这些东西都是社交所需，就像是给社会进步的齿轮里注润滑油那样。最后，他还不辞辛劳订制了几架风琴，但拖了很久风琴才做好，未能来得及给南京传教团使用"[①]。正是在耶稣会的长期和大力支持下，利玛窦才得以源源不断地向中国官员乃至皇帝送礼，为其传教策略服务。

第二，葡萄牙、西班牙商人及政府捐赠。

教会的财产和中国传教团的很多礼物是由葡萄牙商人捐赠的。"澳门有个葡萄牙商人名叫维嘉斯，他施舍钱财和创造钱财是一样有名……他的捐赠足够准备全部所需之用"[②]。教会是靠葡萄牙商人到日本贸易获得利润后的捐赠而筹集经费的："期望已久的商船从日本驶进澳门港的日子终于到来了。这就结束了罗明坚神父缺钱用的窘境，葡萄牙人慷慨施舍使他得到大量支援。政府和其他好心的人给教会送来了钱和各种礼物，足以偿还债务，完成建筑，充分添置家具。"[③]为了保管教徒捐赠的物资和资金，视察员范礼安神父"还作了这样安排，中国和日本两个传教会应当共有一代理人，或者司

---

① 何高济等译：《利玛窦中国札记》，第377—378页。

② 同上，第159页。

③ 同上，第182页。

库。他将管理天主教国王捐赠的补助和其他人捐赠的救济金。澳门的葡萄牙人对这两个传教会是经常给予慷慨捐赠的”①。西班牙人也捐赠给中国传教团资金和礼品。当时西班牙治下的菲律宾群岛的总督正在召开马尼拉大主教管区和评议会的大会，“决定给予我们在中国的传教以某些支持。作出这个决定的主要原因是希望打开西班牙人和中国之间的贸易往来”②。

第三，利玛窦传教团就地取材自己制作。

有时候，教会的礼物难以及时到达，而传教任务又很急迫，于是以利玛窦为代表的中国传教团便不得不自己动手，或指导学生动手，制作礼品以送给中国官员。

早在1578年，利玛窦随罗明坚等耶稣会士14人到达印度果阿，在这里停留了四年，学习机械制造和印刷工艺，“利玛窦却在一天中最繁忙的时刻或冒着酷暑，到辅理教士们的工场去学钟表、机械，或印刷工艺”③，以便为未来的传教事业作物质准备。他学习了以小型、有弹性、带钢卷绕式的发条驱动部件的钟表的制造和修理技术，是欧洲16世纪七八十年代技术革新的产物。这种实用技术的掌握，为他后来利用钟表同中国士大夫和皇室交往提供了方便。在肇庆时，利玛窦还专门从澳门请欧洲钟表匠前来仿制自鸣铁钟。当时知府王泮听说澳门制造钟表，就乘罗明坚回澳门求助之际，要求给他定做一个，答应给以善价。但“钱少买不起长官所要的钟。作为一种代替办法，他们就把制钟匠送到肇庆的长官那里去。这个人来自印度果阿省，是所谓加那利人，肤色深褐，是中国人称赞为不常见的。当船只带着这名匠人返回并且作了解释时，长官表示很高兴

---

① 何高济等译：《利玛窦中国札记》，第314页。

② 同上，第184页。

③ ［法］裴化行著、管震湖译：《利玛窦评传》上册，第50页。

他到来以及澳门修道院送给他的稀罕的欧洲贵重小礼品。他马上把城里两名最好的匠人找来，协助新来的钟表匠，就在教堂里制钟”[①]。“利玛窦开始用铜和铁制造天球仪和地球仪，用以表明天文并指出地球的形状。他还在家里绘制日晷或者把日晷刻在铜版上。把它们送给各个友好官员，包括总督在内。”[②]

利玛窦还动手制造了日晷、天球仪等仪器。在韶州时，利玛窦教他的中国学生瞿太素（汝夔）学习西方有关天象和数理变化的新颖学问，以及制作各种显示时辰的日晷及运用几何法则测量物体高度的实用技术。瞿太素为他所学的西学撰写了一系列精细的注释，为说明这些注释，还绘制了一些图表，可以与最佳的欧洲工艺相媲美；他运用所学得的原理，用木、铜和银所制造的天球仪、星盘、象限仪、罗盘、日晷等科学仪器，精巧美观[③]。这些制作，有时也成为利玛窦送人的礼物。1596 年在南昌时，利玛窦曾收到其恩师克拉威寄来的 3 年前在罗马出版的《观察星象位置仪器》一书，该书专门介绍罗盘仪表的原理和技术，“书中众多的、十分详尽的图表为里奇（利玛窦）的天文计算提供了得心应手的计算方式”[④]。利玛窦当即按照书中图案的说明，成功地制造出一座刻有 24 个度数（小时）的石质日晷，并将它绘制成精美的石印小册子，作为礼品送出去[⑤]。在南京时，“靠他的学生们的帮助，利玛窦神父制造了各种样式的日晷，分给了他们。随后，他又从模子里铸了许多座，放在各个官员的家里。除去这些外，他还制造了标明着天体的天球仪和表明整个

① 何高济等译：《利玛窦中国札记》，第 174 页。
② 同上，第 182—183 页。
③ 同上，第 246—247 页。
④ ［美］乔纳森·斯彭斯著、王改华译：《利玛窦传》，第 187 页。
⑤ 罗渔译：《利玛窦书信集》上册，第 249—250 页。

地球表面的地球仪以及其他科学仪器”[①]，分送给中国民众和官员。

利玛窦自制的流传最广的礼物是西式地图。当时已升任岭西道的王泮看到肇庆教堂挂着的“一幅用欧洲文字标注的世界全图和说明时”，表示“很愿意看到一幅用中文标注的同样的图”[②]，于是利玛窦立即开始绘制《山海舆地全图》，并广为赠送。1599年末至次年春，利玛窦居留南京时，应南京吏部主事吴中明的要求，开始修订原来在广东省所绘制的世界舆图，增加一些更详尽的注释，由吴中明雇专门刻工，用公费镌石复制，广为赠送和散发。据《利玛窦中国札记》载，利玛窦“大规模地重新绘制了他的舆图，轮廓鲜明，便于检索。他加以增订并改正了错误，毫不迟疑地修订了整个作品。他的官员朋友（吴左海，即吴中明）对这个新舆图感到非常高兴。他雇了专门刻工，用公费镌石复制，并刻上了一篇高度赞扬世界舆图以及其作者的序文。……其中有一份送到贵州巡抚手中。他在广东省时就知道利玛窦神父，并且出于对他的敬意，他把全部舆图复制成一本书的形式”[③]。1601年进入北京后，利玛窦着手绘制更大幅的世界地图《坤舆万国全图》，于1602年绘毕刻版，由李之藻监刻。西式地图后来也曾作为商品出售，但它毕竟是利玛窦送人的最佳礼品之一。

由于中国士人比较喜欢西式书籍，因此利玛窦向耶稣会总会长写信，要求获得出版书籍的许可权：“我以为您应把印刷许可权赐给本区会长，以便能快速出版有关书籍，在审查后便可印刷，正如在日本一样，不必件件须从印度审查长处获此特准。”[④]不久，印刷书籍的许可权终于交付给中国传教团，使得赠送书籍更为便捷。

---

① 何高济等译：《利玛窦中国札记》，第352页。
② 同上，第179—181页。
③ 同上，第355页。
④ 罗渔译：《利玛窦书信集》下册，第367页。

三、利玛窦送礼的对象

利玛窦送礼的对象，上至皇帝宗王下至一般平民信徒，但所赠最多的还是文士大夫。徐光启称利玛窦定居北京后，“自是四方人士，无不知有利先生者，诸博雅名流，亦无不延颈愿望见焉”[①]。陈仪也指出：“当时都中缙绅，交许可其说。投刺交欢，倒屣推重，倾一时名流。”[②]风流所及，“内而公卿台省，外而院司守令，莫不敬爱景仰”，“今中土士人授其学者遍宇内，而金陵尤甚”。[③]林金水在《利玛窦交游人物表》中，考证出利玛窦交游过的中国官员及各色人物达 137 人之多。“这些人当中有王公贵族、朝廷宰臣、六部各卿、地方名宦、学者、僧侣、商贾，直至黎民庶人，几乎包括了当时各界的知名人物。”[④]交往过程中，免不了礼尚往来。下面分别叙述如下。

第一，官僚。

利玛窦虽然所定目标是直入首都面见皇帝，但要达到这个目标，必须与无数的官僚打交道。于是，利玛窦将送礼的对象首先锁定在这些关乎其传教命运的士大夫身上。

总督。利玛窦曾与接替陈瑞的新任两广总督郭应聘，以及后任两广总督吴文华、吴善和刘继文打过交道。郭应聘允许罗明坚和利玛窦等人住在肇庆，“当他们去拜访他，感谢他赐给他们住所，并且赠送他几样小纪念品时，他既不接受礼物，也不让他们进去。他

---

① （明）徐光启：《徐光启集》上册，第 86—87 页。

② （明）陈仪：《性学牖述序》，载徐宗泽编著：《明清间耶稣会士译著提要》，中华书局 1989 年版，第 212—213 页。

③ （明）沈德符：《万历野获编》卷 30“大西洋”，中华书局 1959 年版，第 784 页。

④ 林金水：《利玛窦交游人物表》，载中外关系史学会编：《中外关系史论丛》第 1 辑，世界知识出版社 1985 年版。

只是让人传话：不必拜访他，也不必费心送礼。他认为，如果他们安静地住在指定给他们的地方，那就够了”[①]。1585年，为了能让从澳门来的孟三德留在肇庆，罗明坚、利玛窦和“新来者要干的第一件事就是去拜访他，送他一份欧洲的珍贵礼物。最使他喜欢的是我们曾提到的玻璃棱镜，他很久就想要一个”[②]。这里要拜访的“他”就是总督吴文华[③]。利玛窦前往北京、途经山东济宁时，还与督修黄河故道兼理漕运的总督刘东星有过交往，刘东星主动修改利玛窦打算呈给皇帝的文书，写了一封请北京高官朋友照顾利玛窦一行人的信件，还派人引导利玛窦的船只先行通过狭窄的河道，这背后也有礼品这种润滑剂在起作用。利玛窦神父正式回访刘东星时，“作为交换礼物，他送给总督一些欧洲饰物，这些东西制作新奇，他们缺乏估价”[④]。

道员。明在省与府之间所设监察区称道，如岭西道。为整饬某省或重要地区军事事务所设的监察官员或文官也称道，如广东兵备道。当王泮升任岭西道后，利玛窦等人也向这位老朋友送礼，予以祝贺：“友好的长官（王泮）晋升为岭西道（迁按察使副使，分巡岭西道）的高位是一件幸运的事……当他们在他晋升时像往常那样前去向他献礼祝贺，他超逾一般的礼貌把这一点表示得很明白。”[⑤]利玛窦在肇庆曾送给继任岭西道黄时雨一个价比宝石的三棱镜，他还

① 何高济等译：《利玛窦中国札记》，第167页。

② 同上，第190页。

③ 在《利玛窦中国札记》中，始终未交代这位被拜访者究竟是何人。但据笔者考证，此人当是吴文华。吴文华是万历十一年（1583）十一月至万历十五年（1587）六月在肇庆任两广总督。据《明神宗实录》卷143载，万历十一年十一月甲辰，“升刑部左侍郎吴文华为右都御史兼兵部右侍郎，总督两广，兼巡抚广东”。又据《明神宗实录》卷187载，万历十五年六月癸酉，“升总督两广巡抚兼兵部右侍郎吴文华为南京工部尚书”。孟三德来到肇庆是1585年7月稍后，正是在吴文华任内。

④ 何高济等译：《利玛窦中国札记》，第386页。

⑤ 同上，第183页。

向广东兵备道徐大任赠送一只沙漏和一个天球仪。黄时雨在肇庆地方乡绅与利玛窦教堂发生冲突时，化解了矛盾；而徐大任却在升任南京工部侍郎后，威胁利玛窦寄居的旅馆老板将利氏驱逐南京城外。在北京与利玛窦神父关系很友好的“道里级的大员”张德明，从北京返回广东省，抵达韶州时“在大庭广众之间讲话……说他接受了他们（利玛窦等人）赠送的日晷，并且表示他很愿意学会怎样调节它”①。

知府。利玛窦送礼的知府中，第一个便是肇庆知府王泮。1583年从澳门抵达肇庆，罗明坚与利玛窦拜见了他们称之为第一个“大恩人”的知府王泮，王知府准许他们在肇庆东郊江边崇禧塔前建教堂。王知府还为教堂题写并镌刻了两块牌匾，敲锣打鼓地送到了教堂。其中一块上刻“仙花寺”三个大字，挂在正门上。“长官（知府王泮）常去拜访神父们，随他去的有其他高官……他们得到了这位长官对他们提供的很大帮助。为了感激他的好意，作为纪念物，他们在不同的场合送给过他各种小礼品。他那公认的权威、他在行政中诚实坦率的声誉，竟至使得人们此后不敢提到驱逐他的朋友的问题。”② 利玛窦曾赠给王泮一座大自鸣钟，但王泮不会维修，因此送还给教堂。抵达韶州时，利玛窦还给当地知府陈奇谋送过衣料、玫瑰香精之类的礼物，但未满足他想要自鸣钟和三棱镜的愿望。1596年，利玛窦在拜见南昌知府王佐时，赠送了两座石制日晷，王佐希望利氏能够为他制造“其他具有智慧性的器物”，促使利玛窦绘制了一幅更精致的世界地图。利玛窦定居北京后，与顺天府尹王应麟成为好友，后者还为他撰写了《钦敕大西洋陪臣葬地居舍碑记》。这

① 何高济等译：《利玛窦中国札记》，第534页。

② 同上，第167页。

种交往，应该会是“礼尚往来”的。

知县。在罗明坚和利玛窦准备到省城时，在上船时遇阻，“终于，通过向（香山）代理知县（邓思启）赠一笔小礼物的办法，他们得到了必需的许可”[①]。利玛窦被迫转移传教阵地至韶州后，一到达南雄，便径往拜见南雄知县王玉沙，并赠送了礼物，而后者“在官府里殷勤招待他们”[②]。

巡抚。利玛窦在南昌时，通过他的一位医生朋友拜见了江西巡抚陆万垓（《利玛窦中国札记》误以为总督），“利玛窦神父把镜子送给他当作礼物时，他怎么都不肯收”[③]。利玛窦随王忠铭抵达南京后，早已对利玛窦所绘《山海舆地全图》十分喜爱的应天巡抚赵可怀，特地邀请利玛窦去其驻地句容作客，予以隆重的接待和礼遇[④]。对于精通中国人情世故的利玛窦，自然不会空手前往。据《利玛窦中国札记》载：“利玛窦以中国方式和总督（实即应天巡抚赵可怀）致意后，就送给他几件欧洲礼品；这些东西对他说都很新奇，他非常高兴地接受下来。”[⑤]

六部卿贰（尚书及侍郎）及其下属（员外郎等）。利玛窦认识的第一位六部卿贰官是祖籍肇庆的兵部侍郎石星。万历二十三年（1595）四月，石星奉召赴北京履任，因久仰利玛窦的为人，途经韶州时，主动邀请利玛窦同船北上。在赣州翻船后，利玛窦赠送给石星一只三棱镜，才使后者同意利氏继续随船前进。利玛窦还曾送给已升任南京工部侍郎的徐大任不少礼物：“徐大任在南京的消息使利玛窦喜出望外……他抓紧时间马上就去拜访了这位官员，穿上知

---

① 何高济等译：《利玛窦中国札记》，第155页。

② 同上，第263页。

③ 同上，第299页。

④ 同上，第320—324页。

⑤ 同上，第322页。

识阶层的盛装，携带着礼物。”徐大任“一见到利玛窦神父，他似乎对他的意外出现表示惊愕，但他要获得诱人的礼物的愿望打消他的惊异”，于是“娴雅地接待了他的客人”[①]。为了能够与南京礼部尚书王弘诲一同从南昌出发前往北京，利玛窦“带给他一些欧洲礼品，他特别喜欢他曾在韶州见过的玻璃三棱镜，他认为这是一块具有巨大价值的宝石”[②]。利玛窦等人在北京等待皇帝安置时，曾住在礼部主客司所管的会同馆里，送过主客司员外郎一些数学仪器[③]。

内阁大臣。利玛窦在北京站住脚跟后，与政府高层官员多有往来。利玛窦首先拜访了内阁大学士沈一贯，赠送了一些西洋礼物，沈氏对用乌木精制的凹形日晷仪十分喜欢。作为报答，沈一贯盛情邀请利玛窦等人出席有其他大臣作陪的宴会[④]。

第二，王公。

罗明坚曾因贸然拜访桂林的靖江王而被视为交通宗王，遭到驱赶。利玛窦则在这方面做得比较稳妥。在南昌时，他与建安王朱多熥有过交往，在首次拜见时，送给了这位宗王许多礼物，其中有一座“按他们的计时法制作的，在黑色中国大理石上刻出的黄道带”并能“指示日出和日没的时刻，每月昼夜的长短”的卧钟。这份礼物受到建安王的“极大赞美”。利玛窦还“送给主人一个天球仪，标有天轨，另外还有地球仪、小塑像、玻璃器皿以及其他这类欧洲产品”。其中有两部用日本纸张而按欧洲样式装订的书籍，“其中一部书附有几幅地图，九幅天体轨道图，四种元素的组合，数学演示以及对所有图画的中文解说”[⑤]，朱多熥对此爱不释手。这位宗王还大方地回了礼。

---

① 何高济等译：《利玛窦中国札记》，第289—290页。

② 同上，第316页。

③ 同上，第414页。

④ 沈定平：《明清之际中西文化交流史——明代：调适与会通》，第385页。

⑤ 何高济等译：《利玛窦中国札记》，第300—301页。

在南京，徐达后代魏国公徐弘基“派他的叔父邀请利玛窦神父到他府上（即徐达宅瞻园）去；神父到达后，在全城最华贵的花园里受到接待”，“他听说过从欧洲带进来某些珍奇，因此急于先睹为快”。[①] 显然，利玛窦赠过西洋珍品给这位国公。

第三，皇帝。

利玛窦送礼的最高层次是大明皇帝朱翊钧。他想通过进贡“方物”达到获得皇帝允许在中国传教的目的。据刘侗、于奕正《帝京景物略》称：“万历辛巳，欧罗巴国利玛窦，入中国。始到肇庆（总督府驻地——引者），刘司宪某（指刘继文，时任两广总督），待以宾礼。持其贡，表达阙庭。所贡耶苏像、万国图、自鸣钟、铁丝琴等，上启视嘉叹。”[②] 文中所谓“刘继文持其贡”，显然有误，但所载进贡给皇帝的礼品，则基本正确。利玛窦等人对送给皇帝的礼品十分重视，曾经怕被宦官夺去，“觉得最可取的还是由郭居静神父在去澳门的路上把钟带到南昌去，并把十字架、圣像和玻璃三棱镜交托给皇帝的一位谏官名叫祝世禄的妥为保管，此人是他们的朋友”[③]。当他们得到了皇帝的顾问祝石林同意给他们开证件或提供旅行文件的许诺后，“神父们欢欣鼓舞，就把礼品收拾起来，进行一些装饰性的最后加工。首先他们觉得应该把刚收到的那座大钟放进一个合适的柜子里。他们已在南昌给那座小钟找到了一个雕花涂金的盒子。但是在装饰方面，他们不能次于南昌。这座钟放进了一座有四根柱子的罩子里。柜子四面都装有可折门。时刻在钟面上用中文大写字示出，有一只雄踞的鹰，鹰嘴对准时刻。钟顶形成美丽的拱形，有各种各样的花叶纹雕刻作装饰，还刻有十分精致的龙。龙在

---

① 何高济等译：《利玛窦中国札记》，第357页。

② （明）刘侗、于奕正：《帝京景物略》卷5“利玛窦坟”，第303—304页。

③ 何高济等译：《利玛窦中国札记》，第376页。

中国是皇权的象征，除了皇室之外，谁都不准用龙来作为徽记。……这只钟有相宜的黄金和中国雄黄即朱砂的装潢作装饰。它是一件可以在欧洲很好展出的装饰品”①。当利玛窦等人带着贡品经过收税官马堂的地盘时，马堂“提出要帮助神父们把礼物献给皇帝；然后，他命令把礼品转移到他的船上，以便更仔细地检查它们”②。利玛窦等人在皇帝的过问下，于1601年1月24日到达北京城厢的一座太监府邸下榻，“他们在这里把礼物整理停当，以便第二天进贡。第二天这些礼物招摇过市地穿过城市运至皇宫，在那里和马堂早先送来的东西放在一起”③。神宗皇帝对利玛窦所贡之“方物”显然非常喜欢，特别是对大小自鸣钟尤其钟爱。爱屋及乌，他下令画师将利玛窦等人的像画下来观看，并对利玛窦等人特别开恩，赐墓地和宅第，允许在北京建教堂和传教。自沙勿略、罗明坚以来的愿望，至此终于实现了。

第四，官员亲属。

利玛窦等人深通中国之道，对官员的家属和亲戚赠送礼品，以打开在官员那里不易打开的缺口，达到在官员那里不易达到的目的。罗明坚和利玛窦曾赠送给肇庆知府王泮一位夫人一块欧洲手帕。在济宁时，利玛窦还赠送漕运总督刘东星的夫人一幅圣母画像。在北京，利玛窦神父等人曾送给沈一贯的公子一份礼物，“后来这位公子也和他们发展了非常亲密的友谊，在他父亲身居高位的整整八年多中间，他一直保持他父亲这种仁慈的态度。这当然发展成为一种不可思议的威望，几乎在任何事故中都永远保证了他们的

① 何高济等译：《利玛窦中国札记》，第383页。

② 同上，第390页。

③ 同上，第402页。

地位”[①]。

第五，仆人与士兵。

除了向官僚士大夫送礼外，利玛窦等人还向官僚士大夫身边的仆人或手下兵吏送礼。因为许多事，不通过这些近侍，就无法办成。而且，这些近侍往往对主人有直接的影响，通过他们往往能打动官员紧闭的心扉。罗明坚和利玛窦等人被已遭罢黜的两广总督陈瑞赶出肇庆时，便曾向新任总督郭应聘的近侍许诺送礼：“当他们第二次来到肇庆并被免职的总督遣返省城时，新任总督（即郭应聘）的几个仆人也在场；神父们出一笔钱，请他们无论哪一个设法让神父们回来。其中有个最低级的士兵，是宫廷卫士，他听说有报酬，马上就以译员的名义向总督递一份申请，请求在城里为传教士安排一所住宅和一块兴建房屋与教堂的地皮。看来似乎很奇怪，那个挑剔外国教士并通令严斥他们的总督，竟接受了一名普通士兵的申请，并转饬该地方长官浙江人（肇庆知府）王泮，马上把它付诸实施。正是这名当宫廷卫士的士兵，被派作使者来递交欢迎书。”[②] 1598 年 7 月，利玛窦等人与南京礼部尚书王弘诲同行，“乘船离开南昌。在去南京的航程当中，他们和尚书更加熟悉了，并赠以适当的礼物赢得了他的孩子和仆人们的情谊。他们更为幸运的是还结识了一个人，尚书所有的事情都要与此人商议”[③]。

第六，文人医士。

比较典型的是瞿太素和李贽。瞿太素是利玛窦在韶州时的学生，利玛窦曾教给他许多西洋科技知识和西器制作技术。此人很聪明，一教就会，且制作的奇器还有革新。利玛窦到北京进贡方物之

---

① 何高济等译：《利玛窦中国札记》，第 424 页。
② 同上，第 158 页。
③ 同上，第 318 页。

行，也都是事先跟瞿太素认真商量后才实施的。在交往中，利玛窦曾送给瞿太素一些礼品。在韶州时，"有一天，他（瞿太素）前来拜访，穿着传统的礼服，奉送贵重的礼物，这是学生拜师的风俗。他请求利玛窦收他当学生，第二天他邀请老师在他的家里吃饭，送给他绸料为礼。他们送礼是常情，不大好拒不接受，但神父们总是用欧洲珍品作为回报，以免留下他们是为了报酬而教学的印象"①。1592 年，在斋戒的日子里，恰好赶上中国的新年，"利玛窦神父给他的朋友瞿太素送去一份礼物，瞿太素非常高兴，便亲自到韶州来回赠礼物"②。利玛窦与李贽的交往始于南京。1599 年，时在南京的李贽从朋友们的谈话中得知有一"大西洋国"人利玛窦，便前往拜访。事后，李贽对利氏印象很好："一极标致人也，中极玲珑，外极朴实。"③接着，利玛窦回拜了李贽，所谈最多的是宗教问题。利氏此次送给李贽他的著作《交友论》，李贽抄写了几份，分送给湖广的弟子们。万历二十八年（1600），利玛窦在山东济宁刘东星的衙署中又遇见了李贽。李贽对利玛窦的态度仍十分友好，曾赠与纸折扇，并题有短诗，赞其不远万里观光上国的精神④。既然李贽赠以折扇，那么想必利玛窦也回赠了礼物。利玛窦还与时为一般文人的徐光启（1562—1633）有过交往。徐光启于万历二十四年曾作为家庭教师随赵凤宇赴广西，遇郭居静，得闻天主教义及西方科学技术。二十八年结识利玛窦，三年后入教。后来才中进士，任翰林院庶吉士。在与徐光启的交往过程中，多有礼品上的相互馈赠。此外，冯应京的学生也曾与利玛窦有礼物上的互赠。当冯"即将被械送入狱

① 何高济等译：《利玛窦中国札记》，第 246 页。
② 同上，第 263 页。
③（明）李贽：《续焚书》卷 1《与友人书》，岳麓书社 1990 年版，第 315 页。
④（明）李贽：《焚书》卷 6《赠利泰西》，岳麓书社 1990 年版，第 250 页。

的时候，就把他的学生带到北京去见利玛窦神父；一当神父们从四夷馆的拘留中获释，这个学生就去找他们，说明他来访的原委。行过常礼和赠礼后，他就选利玛窦神父为他的老师"①。

利玛窦还曾与一位名医交往，并送给他一些欧洲珍品。据《利玛窦中国札记》载："利玛窦神父决定去拜访他的医生朋友，他穿上一身礼服，免得被人挖苦为和尚。医生有一份利玛窦不久前送给他的欧洲珍礼，因为它稀奇，所以他拿它来招惹他朋友们的好奇心。……医生以报答盛情的方式，邀请利玛窦神父赴盛宴……应邀的有上等阶层的一些人，还有些客人是皇帝的亲戚。"②

第七，信徒。

利玛窦等人信奉基督教的平等观念，所有教徒都是上帝的子民，因此他们在送礼给中国官员的同时，也适时地给中国的基层信徒送礼。当利玛窦等人被新任两广总督刘继文驱逐时，他们"送给了新信徒几件家俱作礼物，他们勉强收了下来"③。当然，利玛窦送给信徒最多的礼物还是与基督教有关的东西。利玛窦曾发展了一名教徒，是英德县令苏大用的父亲，当他"呼唤着上帝的名字死去，把一枚基督教救世主的铜像放在自己胸上，那像是利玛窦送给他的"④。

四、中国官员对利玛窦送礼的态度

中国官员对利玛窦送礼的态度，因人而异，折射出官场百态和

① 何高济等译：《利玛窦中国札记》，第429页。
② 同上，第295页。
③ 同上，第229页。
④ 同上，第250页。

世间万象，既反映了中国社会的官场腐败，也反映出国家的法制威严，有时也反映出士大夫的坚定气节和高雅志趣。

第一，中国官员对于利玛窦的送礼，一般都表现出“礼尚往来”的态度，符合中国传统社会基本的人际关系准则。利玛窦也通过送礼，与中国官僚士大夫建立了良好的互信关系甚至密切的友谊。

在肇庆时，岭西道王泮对于利玛窦赠送的自鸣钟和西式地图，“他收到礼物无比高兴，用最和蔼的词句来表达他的满意，并回赠了几样礼品”。几个月后，“他发现家里没有人能上钟，就把它送回去，在教堂里用以供来客们取乐”①。利玛窦抵达韶州南雄镇时，拜见了南雄知县王玉沙，“在同一天，他回拜了神父，各种常礼都齐备，穿戴着全副衣冠，这是官员在自己辖境内拜访绅士时的排场”②。可以说是礼仪周全。在江西南昌，“利玛窦神父是总督（江西巡抚陆万垓）的朋友，所以认为可以通过他的权威而保障教团的安全。于是他准备了几份他认为总督会喜欢的礼物……总督欣然接受了礼物，慷慨地加以回赠”③。利玛窦为了能够得到南昌知府王佐批准他们在本地买房居住的文件，送给了他两个日晷，而王佐也不含糊，“回报的是一笔银子，大大超过了仪器价值。根据中国的习惯，这笔钱不能退还，因为从一个高官显宦那里接受的礼物是从不允许奉还的”④。内阁大学士、首辅沈一贯对待利玛窦送礼的态度是，不仅留他们在家吃饭，而且回赠了丰厚的礼物。据《利玛窦中国札记》载，利玛窦“赠送（沈一贯）一些西洋小礼物作见面礼，其中一件是乌木精制的凹形日晷仪，主人特别喜爱。他受到款待和

---

① 何高济等译：《利玛窦中国札记》，第182页。
② 同上，第263页。
③ 同上，第304页。
④ 同上，第305页。

挽留，不仅要坐下来谈话而且还要出席宴会。……他向神父们回赠的礼物远远超过神父们送给他的礼品的价值，包括绸缎和皮货，价值达四十多金币”[①]。

皇帝接受利玛窦的献礼之后，政府官员包括皇帝本人都遵循“礼尚往来”的准则，同时沿用天朝对待四夷朝贡的大方态度，给利玛窦等人以厚赏。尽管礼部右侍郎掌礼部尚书事朱国祚对利玛窦等人十分警惕，建议将他们送回澳门或外国，但他仍然遵循礼尚往来的原则，给皇帝上奏，认为“他们的礼物应该加以报偿，他还认为利玛窦神父可以给予穿戴朝官服饰的殊荣，每个神父还应赐予若干超过他们礼物价值的丝绢”[②]。皇帝则冲破外国人不得留在北京的旧例，允许利玛窦等人住在北京，并在利氏死后赐以墓地和宅第。

中国人的好礼也让利玛窦等人深受感动，并决定“在一有可能的机会时就报答他们受到的恩德”[③]。有不少中国官员主动送利玛窦等人礼物，表现出“礼仪之邦”的风范。其中最突出的要算南京礼部尚书王弘诲，当他从北京到达韶州时，拜见了利玛窦等神父。“他十分大方地不仅表示友谊，还赠送贵重礼品。最使他高兴的是对一些数学问题的解法……他答应在他从故乡回北京的途中，将把利玛窦带到京城去校正中国历法中的错误。”[④]这显然是重其才而不图其利。利玛窦送王弘诲礼物，见载于王氏在韶州送利玛窦礼之后。当时利玛窦等人在南昌，王弘诲北返路经此地，利玛窦等人送给他“一些欧洲礼品，他特别喜欢他曾在韶州见过的玻璃三棱镜，他认为这是一块具有巨大价值的宝石”[⑤]。到达南京后，利玛窦等人处处

① 何高济等译：《利玛窦中国札记》，第423—424页。
② 同上，第419页。
③ 同上，第387页。
④ 同上，第272页。
⑤ 同上，第316页。

受到王氏的照顾。“利玛窦神父就租了一座不大惹人注目但还宽敞的住房，并应尚书（南京礼部尚书王弘诲忠铭——引者）的请求，接受了辅佐府宅（南京礼部侍郎叶向高——引者）中一些必要的家俱，直到能买到对他的住房更合用的家俱时为止。”[①]祖籍肇庆的兵部侍郎石星因慕利玛窦等人的声望和为人，在韶州主动邀请利玛窦一同北上。当利玛窦的同伴巴兰德在赣州“一落水便再也没有出来”后，石星主动“派一名差人去见利玛窦神父，转达他对神父的青年同伴之死的哀悼，还送他足够的钱支付丧葬费”[②]。当他拒绝利玛窦同行时，利氏诱以三棱镜，石星是犹豫再三才勉强接受。可以说石星与利玛窦的交往也是比较正常的。

还有些官员因为信教或家里人信教，对利玛窦等耶稣会士心存感激，主动送上厚礼。如英德县令苏大用的父亲信教，苏知县便“登岸去拜会神父并赠送他们礼物”。由于县令的这一拜访，使“韶州的百姓们认为神父们是从肇庆迁居来的而不是被撵走的”[③]，极大地方便了利玛窦等人的传教活动。当利玛窦到达北京后，他的手下、南京教堂神父王丰肃发展了通政使许胥臣为教徒，“为了神父们接受他（许胥臣）归信，他想要给他们写一封感谢信和送一份厚礼。但是由于已经说过的原因，也因为行神功而接受任何酬报是违反他们的规矩的，所以他们拒绝接受”。但等到受洗仪式完成之后，许胥臣又“在他原来的赠礼上又增加大量的丝绸以表示感恩，但它再次遭到了拒绝”。起初，许胥臣对于教会“拒不接受他的礼物的办法多少有点惊奇”，后来则“对这样做的原因表示赞同和颂扬”。当他回乡守孝前，“他再一次把以前被拒绝的礼物送去，这次的方式使

① 何高济等译：《利玛窦中国札记》，第346页。
② 同上，第282页。
③ 同上，第251页。

人不能不接受了。这时在修建一座新教堂时出了些问题，他捐赠了巨款来开始这项工程，所用的名义使人不能提出异议只好接受，如果拒绝就有得罪人的危险”①。

在礼尚往来中，有的王公贵族回赠给利玛窦等人的礼物过于厚重，实际上反映了他们善于摆谱的心理。利玛窦在南昌时，建安王朱多沫炜、乐安王朱多熿，“都派了管家带着重礼去邀请利玛窦神父到他们的宫里去”。利玛窦抵达王宫后，“客人先献礼，礼品中有中国人所珍视的欧洲物品。其中有一座卧钟，是按他们的计时法制作的，在黑色中国大理石上刻出的黄道带。这只钟还指示日出和日没的时刻，每月昼夜的长短。时辰还刻在每个月的开始和中间。我们提到开始和中间，因为中国人把黄道带计为二十四宫。这份礼物受到极大赞美。以前在中国还从没有见过这样的东西。他所知的唯一测时数学器械，还是根据赤道命名的，而且这种器械他们无法精确使用，除非是在纬线三十六度的高处。他也送给主人一个天球仪，标有天轨，另外还有地球仪、小塑像、玻璃器皿以及其他这类欧洲产品”。利玛窦送的这些礼物“并没有使建安王相形逊色”，“他的慷慨确实胜过神父：赠礼有丝料、各种重量的银器、丰富的食品，赠送时还有必要的排场和王室礼仪”。②

有些士大夫虽然也接受利玛窦等人的礼物，但并非贪图其利，对于利玛窦本人及其科学知识更感兴趣。可以说反映了士大夫志趣高雅的一面。利玛窦应邀拜访应天巡抚赵可怀时，“就送给他几件欧洲礼品；这些东西对他说都很新奇，他非常高兴地接受下来。看来客人的到来比礼品更加使他高兴，他的谈兴无休无止。在利玛窦停

① 何高济等译：《利玛窦中国札记》，第596页。

② 同上，第300—301页。

留中间，他们讨论了数学问题并谈到欧洲的一般情况，这使总督极感兴趣，以致几乎是把他的客人强行留下了十天”[①]。

第二，有些中国官员直接索取甚至敲诈勒索和侵占利玛窦的礼物和财富。这些人表现出贪婪的本性，也反映出晚明社会官场腐败的风气。

两广总督陈瑞便曾向罗明坚直接索取过礼品。原肇庆知府、岭西道王泮是个比较复杂的人物，在与利玛窦等人的交往过程中，有时候他表现得“礼尚往来”，被称为“热心的保护人”，有时候则表现得比较贪婪。当新任两广总督吴善即将赴任时，王泮担心新总督不满传教士们住在肇庆，因此决定将罗明坚、利玛窦等人送回澳门。于是利玛窦他们向王泮写了求情信，“他们的请求然后转给了那位谭姓建筑官吏（即谭君喻），凡有关教团的事长官几乎都要跟他商量。他这样做是为了可以从神父所请求的赞许中捞到好处。这两人是手挽手勾结一起的。长官（王泮）显然抱有某种目的，就像他在神父第一次获允在这里定居时他所做的那样。他没有忘记他收到了二十锭金子和许多小礼品，那都是第二次请求定居后许诺给他的”[②]。当利玛窦在南昌时，他手下神父郭居静受到韶州府“第三位官员（董廷钦），即长官的佐贰和教团的敌人”的勒索和报复，“他毫不迟疑地运用他的职权以图报复他认为是神父对他的侮辱。侮辱的根源是他怨恨当他想要他们的天文钟时，神父们没有把它留给他家。他接受了暴徒的诉讼，把教团的两名仆人叫到他的衙门，当着原告的面痛打他们”。[③]

有的宦官也贪图利玛窦的礼物。像南京守备太监冯保，利玛窦

---

① 何高济等译：《利玛窦中国札记》，第322页。
② 同上，第199页。
③ 同上，第308页。

拜访他时，他就向神父们索取三棱镜。不过，他在“会见结束时就拿出一件厚礼送给利玛窦神父。神父没有接受，也没有答应把主人所要的玻璃三棱镜送给主人”①。利玛窦等人在临清被天津税监马堂扣押，马堂甚至侵占利玛窦的礼物。“列完清单后，马堂立刻占有了这些礼物，把它们运到他的府里。随后利玛窦神父被问到他是否还有什么别的东西。因此除了雕像、钟表和玻璃三棱镜外，他又不得不交出他那装订精致的罗马祈祷书、翼琴（钢琴的前身）和一本奥特里乌斯所编的《世界舞台》”②。“在马堂拿走的那些物品中，有两个乌木匣子，一个是十字架的形状，另一个的样子像一本书。他还拿去一只神父们用来做弥撒的银质圣餐杯。”③后来，马堂“将杯子和钱袋都还给了神父，然后开始把较大件的礼品和他放在一旁的其他掠夺品都集中起来，总共约有四十件。他挑了一件飘垂的长袍、一些印度棉布、几只玻璃瓶、日晷、沙漏以及其他的新奇玩意儿。他吩咐把这些都运到家中妥善保存。那座较大的钟和圣母雕像则留给了神父们”④。尽管这些礼品大多数都送给了神宗皇帝，但仍然有一些礼品被这位黑心的太监昧掉了。

第三，有些明代官员对待利玛窦的礼品既想贪占，又不想拥有受贿之名，因此往往象征性地给点回礼和钱币，以造成“礼尚往来”的假象。

在肇庆传教时，利玛窦等人受到了当地乡绅的指控，“处在困境中”的利玛窦便向岭西道黄时雨“表示好意”，“利玛窦就把三角玻璃棱镜送给了他，他很喜欢用它来观看，并很渴望据为己有。看来

---

① 何高济等译：《利玛窦中国札记》，第358页。
② 同上，第384页。
③ 同上，第396页。
④ 同上，第397页。

他对这份礼物感到高兴，当他打听到它在欧洲不值什么钱时，尤其高兴。他怀疑这种说法，疑心他们降低它的价值，好让他宁愿购买它，而不愿当作礼物来接受。然后他吩咐给两枚金币作为镜子的价钱，在当时的情况下，拒绝接受则是不礼貌的举动。中国官员就是这样始终害怕在官府中被控以贪污罪”①。将利玛窦等人赶出肇庆的两广总督刘继文，霸占了他们值600金币的教堂作为他的生祠。为了堵住人们的口，只象征性地给了50金币，允许利玛窦在广东南雄建屋居住，“这位大官拿出一包书送给神父，作为友好的表示。这些书包括总督剿平海寇和其他叛乱的战争史”②。

第四，有些中国官员并不贪图利玛窦等人所送的礼物。他们对待这些礼物是只欣赏而不占有，表现出士大夫的气节或对法律的忌惮。

为了感谢肇庆知府王泮，利玛窦等人送给他一些礼物，“百姓先看到准备送给原长官（知府王泮）的玻璃三棱镜，惊得目瞪口呆，然后他们诧异地望着圣母的小像。那些仔细打量玻璃的人，只有惊羡无言地站在那里。随同长官的官员们尤其如此，他们越称赞它，就越引起群众的好奇心”，面对如此具有魅力的礼品，“我们慷慨的主人（王泮）要求允许把这些珍奇带到他的官邸去，给他的家人看。后来，神父们又送他一些珍品，请他接受，以象征友情。他不肯接受，把每一样东西都退了回去，甚至于包括一张精绣的欧洲手帕，那是他有一个妻子很想留下来的”。王泮的行为，实际上是对法律威严的畏惧。就像利玛窦所猜想的那样，“由此我们可以倾向于推论说，防止中国官员公开接受礼物的，不是他的良心而是他的畏惧。这里有这样的危险，全村的人都看见了这些东西，会控告他接

① 何高济等译：《利玛窦中国札记》，第213页。

② 同上，第232页。

受重礼的贿赂，竟让外国教士进入中国，并允许他们永久居留”①。

而接替陈瑞做两广总督的郭应聘，则是一位很有气节的官员。他即不排斥传教士，但也决不接受他们的礼物。“总督本人是唯一不愿公开接见欧洲人的人。当他们去拜访他，感谢他赐给他们住所，并且赠送他几样小纪念品时，他既不接受礼物，也不让他们进去。他只是让人传话：不必拜访他，也不必费心送礼。他认为，如果他们安静地住在指定给他们的地方，那就够了。”②此外，像江西巡抚陆万垓，在面对传教士礼物的诱惑时，也能做到方寸不乱。利玛窦的一位医生朋友拜访陆万垓时，告诉他“神父有数学器械可以表明一天的时刻和黄道十二宫以及别的很多事物，分毫不爽”。他同时“谈到玻璃三棱镜的奇妙，欧洲书籍中的神奇及其他很多惊人的表现”。陆万垓听了这一切后，“想要为自己做一只钟”，“要看看玻璃棱镜，也让他的家人看看”，“但后来利玛窦神父把镜子送给他当作礼物时，他怎么都不肯收”。③

利玛窦等人送礼并非仅仅是为了礼尚往来，而是通过送礼来获得人情，让中国官员为其办事，以达到在中国定居和传教的目的。明代官员对待利玛窦等传教士送礼持有两种截然相反的态度，即受礼而为其办事，和受礼而拒不为其办事。

第一，受礼而为利玛窦等人办事。利玛窦通过送礼使对方欠其人情，然后再让他们还情，提出各种要求，使对方满足。在北京，利玛窦等人住在礼部主客司所管的会同馆时，主客司员外郎“邀请他们和他一起用饭。也请他们为他做点数学仪器之类，这样一来，

① 何高济等译：《利玛窦中国札记》，第164页。

② 同上，第167页。

③ 同上，第299页。

他本人也欠了他们的情”[①]。欠了利玛窦的情，一般的官员都能通过为其做事来还情。

利玛窦等人在受到肇庆乡绅的指控时，向岭西道黄时雨求情，“把三角玻璃棱镜送给了他”，黄时雨“对这份礼物感到高兴”。结果黄时雨及时化解了矛盾，并允许从澳门新来的麦安东神父留了下来[②]。被利玛窦称之为“皇帝的顾问”的祝石林，“表现出他的真正人品，信守了他的诺言。他照原先所说的那样，提供了有利的证件，而且他还和许多人一起馈赠礼品来支付旅途的费用”。祝石林这样做，“在某种程度上是报答神父们所送给他的几件欧洲礼物。皇帝顾问最欣赏的是那个玻璃三棱镜，这是他们交给他保管的。他也认为这是一件价值连城的稀世珍宝。神父们动身时，他送给他们一件慷慨的礼物”[③]。由于以利玛窦为首的中国传教团送了许多礼，做了许多工作，因此得到了丰厚的回报。范礼安神父决定带着郭居静从澳门到内地去旅行时，“为了使保证加倍地可靠，他们便要求好几位大臣写证明信，这些信都是通过徐保禄的及时帮助而得到的”。传教士们的朋友“把整个路线安排得非常好，全部的旅行费用都由国家开支。他们走水路时有一艘官船供他们使用；走陆路时，则备有三匹马和六台轿”。但范礼安不久就死了，没有来得及成行。不过“黄明沙修士最先使用了这些信，他到广东省去接回几位神父，靠着这几封信不但不用花旅费，而且只要拿出信来，连吃饭都有供应，不必花钱”[④]。由于利玛窦等人打下了人情基础，因此当利玛窦死后需要一块墓地时，许多中国官员都向有关负责人写信说情。“向长官

---

① 何高济等译：《利玛窦中国札记》，第414页。
② 同上，第213页。
③ 同上，第383—384页。
④ 同上，第520页。

（顺天府尹黄吉士）说好话的推荐信还有礼部尚书（吴道南）写来的，长官本人也毫不犹豫接受这些地位如此高的人的信件；因为他们的请求使他们欠他的情，也因为他可以依赖他们的权威，如果有批评者责难他的做法的话，正如确实所发生的那样。同一天，庞迪我神父去拜访了长官（黄吉士），带给他一件小礼物，费了很大劲才说服他收下”①，而黄吉士也为此帮了大忙。

第二，受礼而拒不为利玛窦等人办事。

中国官员中有一些心狠手辣的人，他们礼物照样接受，而事情就是不办。徐大任在做广东兵备道时，利玛窦神父“有一次送给他一个天球仪和一只沙漏”，“中国人也还把这些东西看得很宝贵”。因此，当利玛窦得知徐大任在南京任工部侍郎的消息时，“喜出望外”，“抓紧时间马上就去拜访了这位官员，穿上知识阶层的盛装，携带着礼物，许多官吏在这种场合都会指望着礼物”。然而，徐大任“一见到利玛窦神父，他似乎对他的意外出现表示惊愕，但他要获得诱人的礼物的愿望打消他的惊异”。徐大任“娴雅地接待了他的客人，请他入内，让座，然后问他景况怎样，为何而来”②。但他背着利玛窦，逼迫利氏所住旅馆主人将客人赶出去。这既违背了礼尚往来的风俗，也违背了做人的起码准则。

五、利玛窦送礼的社会影响

利玛窦通过赠送礼品，结识了一大批的中国文人士大夫，因此

---

① 何高济等译：《利玛窦中国札记》，第631页。

② 同上，第289—290页。

也产生了较大的社会影响。表现在如下方面：

第一，利玛窦所送礼品多为西洋奇器，因此在吸引中国人眼球的同时，也被另一些较为保守的士大夫视为奇技淫巧，从而加以排斥，导致两种不同文化的摩擦与冲突。

利玛窦靠着他的厚重礼物进京后，引起了保守的吏部右侍郎掌礼部事朱国祚的警惕和不满，曾上疏称："《会典》止有琐里国，而无大西洋，其真伪不可知。又寄住二十年，方行进贡，则与远方慕义特来献琛者不同，且其所贡天主、天主母图，既属不经，而随身行李，有神仙骨等物。夫既称神仙，自能飞升，安得有骨？则唐韩愈所谓凶秽之余，不宜令入宫禁者也。况此等方物，未经臣部译验，径行赍给，则该监混进之非，与臣等溺职之罪，俱有不容辞者！又既奉旨送部，乃不赴部译，而私寓僧舍，臣不知何意也。乞量给所进行李价值，照各贡译例给与利玛窦冠带，速令回还，勿得潜住两京，与内监交往，以致别生支节，且使眩惑愚民！"同时，南京署礼部侍郎沈潅、给事晏文辉等也起而参劾利玛窦留在南京的传教士王丰肃，"以天主教在留都，煽惑愚民，信从者众。且疑其佛郎机夷种，宜行驱逐"。[①]引起了轩然大波。

第二，由于利氏所送礼物的确具有技术先进、做工精细和观念新颖的特点，因此引起了部分士大夫的好奇、惊叹和赞美，从而对西洋文化与中国传统文化进行了比较，并形成多元的价值观念。

在南京时，"利玛窦答应几位大员，把他准备献给皇上的礼物给他们看，但他害怕会产生误会，或者有很多到屋里来看礼物的好奇人，会惹起骚动。经过充分考虑和与别人商量，决定要使许愿得以兑现，如果他们一连留出几天，让百姓自由地来参观礼物，然后再

---

① （明）沈德符：《万历野获编》卷30"外国·大西洋"，第783—784页。

从效果来判断今后采取何种办法。一当传出展览皇帝礼物的消息，客人成群地来观看。礼物的新奇超过他们的预计，以致很多人吃惊得连赞叹的话都说不出来，他们看来不知疲倦地观赏和议论来过的人告诉别人，再传给另外的人，直到参观变得不堪忍受，神父众叛亲离不得不关闭门户。但参观者不愿被拒之门外。他们甚至准备破门而入，先抗议说，他们坚持要看，不是因为无理取闹，而是因为他们的羡慕”。他们“大夸欧洲的艺术和宗教”①。谢肇淛对“西僧利玛窦”的自鸣钟“每遇一时辄鸣，如是经岁无顷刻差讹”的精确性惊叹为“神矣”。②中国士大夫对利玛窦赠送的石印的石质日晷（24 度数）册子很感兴，以致利玛窦觉得“利用石片也（能）宣扬天主的真理”③。利玛窦率领学生制造的各种“标明着天体的天球仪和表明整个地球表面的地球仪以及其他科学仪器”，受到中国民众和官员的喜爱。随着这些西洋科学仪器为达官贵人所欣赏把玩，为一般儒生所揣摸议论，西方基督教和文化也在潜移默化中产生影响④。李之藻正是在见到利玛窦的西式地图后，服膺西学最后皈依天主教的。他年轻时雄心勃勃，欲绘制中国 15 省的精确地图，当他看见利玛窦制作的世界地图时，不禁感叹自己工作的落后，于是向利玛窦及其他传教士学习，开始以尽可能大的比例尺重新绘制世界地图。⑤正如沈定平所说：西方数学、天文学及其科学仪器钟表等，是最能激发中国士人的好奇心和学习热情的领域。通过讲授西方数学、天文学知识及制作各种新奇的科学仪器，不仅使利玛窦赢得了“托勒密第二”、“万能博士”、“欧洲绝顶聪慧之人”的美誉，而且经过在

---

① 何高济等译：《利玛窦中国札记》，第 375 页。

② （明）谢肇淛：《五杂组》卷 2“天部二”，辽宁教育出版社 2001 年版，第 40 页。

③ 罗渔译：《利玛窦书信集》上册，第 249—250 页。

④ 沈定平：《明清之际中西文化交流史——明代：调适与会通》，第 359 页。

⑤ 何高济等译：《利玛窦中国札记》，第 432 页。

传播科学中“尽量把天主的要理与教会的规律渗入其中”的办法，使一些中国士人逐渐对中国传统知识的先进性和佛教偶像崇拜的合理性产生了某种怀疑与动摇[①]。利玛窦等人“所携带呈给皇帝的礼品中，有一个大木板，上面刻着世界地图，附有利玛窦神父用中文写的简略说明。尚书（王弘诲）非常高兴地观看了这幅世界地图，使他感到惊讶的是他能看到在这样一个小小的表面上雕刻出广阔的世界，包括那么多新国家的名称和它们的习俗一览。他愿意非常仔细地反复观看它，力求记住这个世界的新概念”[②]。当利玛窦“把附有描绘性地图的书或者用图表和草图说明的建筑模型拿给这些人看时，他们都感到高兴和惊诧。整个国家连同城市、宫殿、高塔、拱门、桥梁、大庙等等在一本书中一览无遗，这种概念他们简直惊奇不已。同样的是，他们也羡慕我们的乐器，他们喜欢它那柔和的声音和结构的新颖。所有这些的影响以及神父们始终是得体的谈话和议论，看来使他们逐渐对欧洲形成一个总的好印象。他们发觉，我们的科学从根本上比他们的更坚实，而且总的说来中国人，尤其是有知识的阶层，直到当时对外国人始终怀有一种错误的看法，把外国人都归入一类并且都称之为蛮夷。这样他们终于开始明白国与国之间所存在的真正区别”[③]。这对于破除天朝中心论，建立多元文化观念有极大的促进作用。

西器礼品还直接导致西方文化的输入。利玛窦送给神宗皇帝西翼琴后，后者十分着迷，为了能够演奏，便派遣4名太监拜利玛窦手下的庞迪我为师，学习演奏西翼琴的技巧。“在皇帝面前演奏弦乐器的四名太监奉皇帝之命来见神父。在中国人中间，演奏这种乐器被认为是一种先进的艺术，宫廷乐师的地位高于算学家。他们指导

① 沈定平：《明清之际中西文化交流史——明代：调适与会通》，第357页。
② 何高济等译：《利玛窦中国札记》，第320页。
③ 同上，第216页。

皇宫里一所高级的学校，他们前来是请神父教他们演奏古翼琴的，这架古琴也包括在进献给皇宫的礼物之中。”庞迪我“每天去皇宫给他们上音乐课。……关于这种乐器中国人几乎一无所知，而庞迪我神父不仅学会演奏，而且还会和弦”[①]。在庞迪我的教授下，这些从未接触过西洋乐器的太监在演奏技法上进步很大。为了能够奏出西洋曲子，神宗令太监们邀约利玛窦写词谱曲，于是利氏编写了8支歌曲，称之为《古琴之歌》（中译名为《西琴曲意八章》）。“这些歌曲非常受人欢迎，许多文人学士都要求神父给他们歌曲的抄本，并高度赞扬歌中所教导的内容。他们说，这些歌曲提醒皇帝应该以歌曲中所提到的品德来治理国家。为了满足对歌曲抄本的需求，神父把它们连同其他一些曲子用欧洲文字和汉字印刷成一本歌曲集。”[②]利玛窦神父在南京向获得赠送《山海舆地全图》的官员们“解说表示罗马城的地图时，也常常乘机介绍宗教制度”[③]。利玛窦还通过向皇帝赠送西洋画的机会，通过说明介绍欧洲的社会风俗和宗教信仰。当神宗皇帝想了解欧洲帝王生活及宫廷情况时，“有一个使团的仆人想起了一幅奉献给圣名（基督的名字）的图，上面画着在炼狱里的天使、男人和魂灵正在呼唤圣名。这张画上绘有欧洲的国王们以及教皇与一位公爵和一个皇帝，他们的面貌和服饰都描绘得很清楚。这也给了神父们一个机会来解释耶稣基督是什么人；他的名字受到基督教王侯们的崇敬，他就是掌管天地以及地狱的那个人，中国皇帝对他的名字也应当毫不犹豫地表示崇敬”。关于这一切，利玛窦神父“写了一份简单的说明，连同这幅画送呈给皇帝”。此外，利玛窦还“向皇帝呈上一幅绘有威尼斯的圣马可教堂和广场以及威尼斯共和国的一些旗帜的画。他们（太监）说皇帝当听到欧洲的王公们住

① 何高济等译：《利玛窦中国札记》，第407—408页。
② 同上，第401页。
③ 同上，第381页。

在楼上时，大笑起来，他认为上下楼梯即使不危险，也很不方便"[1]。正是通过送画作等礼品，使西方文化得以灌输到这位深居宫中的神宗耳中。由于"见面礼"的作用，利玛窦常常受邀参加中国士大夫的聚会，因此得以将西方风俗及文化传播出去。如利玛窦拜访内阁大学士沈一贯时，赠送的凹形日晷仪令沈氏十分开心，因此热情邀请利玛窦等人出席大臣云集的宴会。"席间，主人愉快地听取神父们谈论他们正在进行的工作，特别是关于基督教风俗的讲解"，沈一贯还当众赞扬了欧洲一夫一妻的婚姻制度[2]。通过礼品这种媒介，西方文化"润物细无声"地浸入传统士大夫心中。

总之，送礼虽云小事，但却大有学问。由于利玛窦深谙中国之道和窥透士大夫及皇帝宗室之心，因此投其所好，送上最能代表西方近代科技先进性的自鸣钟、三棱镜、日晷、地球仪、天球仪和地图等礼品，换取这些人在关键时刻为传教士大开方便之门，同时使这些人在把玩观摩西洋奇器时，对西洋科技和文化产生感性认识，并进一步从心灵和思想上予以接受。传教士的目的一步步地得到实现，表明其送礼策略基本上是成功的。当然，利玛窦等人仅仅是以送礼作为敲门砖，其最终目的是以天主教改变中国人的信仰，这一点无论如何都难以办到。不过，晚明社会由于利玛窦等人的到来，而在文化上出现了不同以往的变化。虽然这种变化不足以改变整个中国传统文化的性质，但毕竟为中国人提供了一种别样选择的机会。

（原刊《文化杂志》（澳门）2008年春季刊，此处略有修改）

---

① 何高济等译：《利玛窦中国札记》，第406—407页。

② 同上，第423—424页。

明代西器东传探研

明代是世界历史从陆上转向海洋、从分散走向统一的重要转折时期。随着欧洲人自西徂东，中西文化的交流和碰撞也从物质层面首先展开，吸引中国人目光的是西洋奇器和商品。欧洲人也以西器作为西方观念文化（如天主教教义）的外包装和传播的润滑剂。学界目前只对西学东渐充满兴趣，对西器东传及其对明代社会的影响留意较少。[①] 本文拟对后一方面进行钩稽和探讨。

一、明代西器东传的途径和种类

中西文化成规模的交流，当始于明代中后期。当时葡萄牙、西班牙、荷兰甚至英国冒险家和殖民者已经抵达中国的东南沿海，而罗马天主教耶稣会士又进入中国腹地，他们将西洋奇器及商品通过

---

① 关于西洋物质文明对明代社会的影响，兼及的多（如西洋科技著作翻译和传教士的研究上），专论的少，笔者目力及检索所及，似只有周铮《天启二年红夷铁炮》（《中国历史博物馆馆刊》1983 年 5 期）、韦庆远《清王朝的缔建与红衣大炮的轰鸣》、马楚坚《西洋大炮对明金态势的改变》（《明清边政与治乱》，天津人民出版社 1994 年版）、刘善龄《望远镜传入中国》（《寻根》2000 年 3 期）、彭全民《我国最早向西方“佛郎机”学习的人——汪鋐传略考》（《东南文化》2000 年 9 期）等为数不多的论文。

各种途径传入这古老的东方大国。

明代西器东传的途径主要有五种：第一，海外贸易。顾炎武在《天下郡国利病书·洋税考》描述道："嘉靖中，有佛郎机船载货泊浯屿，漳龙溪八九都民及泉之贾人往贸易焉。"明代叶权（1522—1578）在其《游岭南记》中载曰："广东军饷资番舶。开海市，华夷交易，夷利货物，无他志，固不为害。"[①]在海外贸易中，葡萄牙盘踞的澳门成为重要的中转站和集散中心，并逐步成为中国人感受西洋器物文明的窗口。第二，军事缴获。欧洲早期殖民者不断在中国东南沿海骚扰和挑衅，致明朝水师与之发生冲突，中国军队从洋人手中俘获西洋船舰和火器。明代沈德符（1578—1642）在其《万历野获编》中指出："弘治以后，始有佛郎机炮……粤中因获通番海艘，没入其货，始并炮收之。"第三，教士携入。来华欧洲传教士为了在中国站住脚，便以西洋奇器自鸣钟、地球仪、三棱镜等为礼物，送给上至皇帝下至士大夫的中国人士。最先将西器传入内地的是意大利耶稣会士罗明坚、利玛窦等人。万历二十八年（1600）利玛窦前往北京，随身携带了不少代表西洋近代文明的器物作为礼品，引起了神宗皇帝的浓厚兴趣，"所贡耶苏像、万国图、自鸣钟、铁丝琴等，上启视嘉叹"[②]。耶稣会士来华后，在澳门、肇庆、南京、北京等地建立了一些天主教堂，成为西洋物质文明在华展示的窗口。第四，西使入贡。"入贡"的是西方国家葡萄牙和荷兰在东南亚的殖民地。正德年间，葡萄牙（佛郎机）占据了马六甲一带，"十三年遣使臣加必丹末等贡方物，请封，始知其名。诏给方物之直，

---

① （明）叶权：《贤博编》附《游岭南记》，中华书局1987年版，第44—46页。

② （明）刘侗、于奕正：《帝京景物略》卷5"利玛窦坟"，上海远东出版社1996年版，第303—304页。

遣还”。嘉靖四十四年（1565），“伪称满剌加入贡”[①]。明张燮撰《东西洋考》卷12称：“嘉靖初佛郎机遣使来贡，行使皆金钱。”万历时，荷兰也求通贡。据谈迁《罪惟录》卷33《台湾》载：“台湾者，系和兰国入贡泊舟候命处……万历中忽请通贡……已而竟使通贡，泊舟澎湖，候命下，许从彝几何，贡物几何，然后可久之。”此外，还有一些西器是由中亚的一些国家转贡而来的。嘉靖末年王圻《稗史类编》载：“霍都司有眼镜一枚，质如白琉璃，大可如钱，用骨镶成二片，若圆灯剪然，可开合而折叠。问其所来，则曰：旧任甘肃，夷人贡至而得者。”据《明会典》卷102《礼部六一》载，“回回并番使人等”曾向朝廷进贡玻璃及玻璃瓶、玻璃碗。第五，明廷引进。当明朝政府发现西洋火器在抗击后金战场上的重要作用时，还一度主动引进这种西洋奇器。泰昌元年（1620），明臣徐光启、李之藻、杨廷筠等派门人透过教会关系，及广东政府的协助，由张焘、孙学诗二人负责筹款向澳门政府购买最新式西洋大炮[②]，于是“捐赀将所得四尊大炮，寄送光启，以便转献于帝”[③]，最终于天启元年十二月运抵京师。还在此四门炮运回前，朝廷又正式派遣张、孙二人于天启元年七月初八日抵达澳门购新式大炮及招聘炮师、炮手。[④]澳门政府决定再卖给中国“二十六门”火炮。[⑤]

明代，输入中国的西方器物主要分为五类：第一类是船舰。西

---

① 《明史·外国传六·佛郎机》，中华书局1974年版。

② （明）徐光启：《与吴生白方伯》，《徐光启集》卷10，上海古籍出版社1984年版，第473页。

③ 《金尼阁1621年报告》，转引自《东方杂志》第40卷第1期，第50页，方豪：《明末西洋火炮流入我国之史料》，1932年1月。

④ 巴里笃：《耶稣会史中国之部》，第771页；方豪：《明末西洋火器入我国之史料》，收《东方杂志》第40卷第1期，第51页。

⑤ 《明熹宗实录》卷68，天启六年十月戊戌，台湾“中央研究院”历史语言研究所1962年印。

洋船舶是移动的宣传车，将西洋近代文明向中国沿海地区作了生动的宣传。首先到达中国沿海的是葡萄牙的帆船，其后是荷兰殖民者的船舰。荷兰船舰及其装备较之葡萄牙更胜一筹，给中国官员王临亨（1548—1601）留下了深刻的印象："辛丑九月间，有二夷舟（荷兰船）至香山澳……其舟甚巨，外以铜叶裹之，入水二丈。香山澳夷虑其以互市争澳，以兵逐之。其舟移入大洋后，为飓风飘去，不知所适。"[①] 另据《明史》卷325《外国传六·和兰》载，万历二十九年，荷兰人"驾大舰，携巨炮"，直薄香山澳。"其所恃惟巨舟大炮。舟长三十丈，广六丈，厚二尺余，树五桅，后为三层楼。旁设小囱置铜炮。桅下置二丈巨铁炮，发之可洞裂石城，震数十里，世所称红夷炮"，其舰还装备有望远镜："其舵后置照海镜，大径数尺，能照数百里。"另有记载称，出没于中国沿海的红毛番（荷兰人）"其船甚长大，可载千人，皆作夹板，皮革束之，帆樯阔大"[②]。第二类是武器，如佛郎机（葡萄牙）炮、红夷（荷兰）大炮、鸟嘴铳等西洋火器。就这些武器的性能来看，葡萄牙的佛郎机炮最先为明人所知，但荷兰的红夷大炮的威力远远地超过了前者，最厉害的要属后来居上的英国加农炮。公元1619年，澳门的葡萄牙殖民政府曾从一艘在澳门附近搁浅的英国船上缴获30门加农炮，并分两批卖给了中国。第三类是生活用品，如西洋布、天鹅绒、自鸣钟、怀表、玻璃制品等。西洋布、天鹅绒和玻璃杯、碗等多是入贡者传入，而自鸣钟则是传教士作为礼物送来的。第四类是科学仪器，如地球仪、天象仪、望远镜、沙漏和日晷等。利玛窦曾送给广东兵备道徐大任"一个天球仪和一只沙漏"[③]。在南昌，他又将一个

① （明）王临亨：《粤剑编》卷3"志外夷"，中华书局1987年版，第91—93页。

② （明）李日华：《味水轩日记》卷1，上海远东出版社1996年版，第43页。

③ 何高济等译：《利玛窦中国札记》，第289页。

天文卧钟和天球仪、地球仪等送给了建安王朱多㸅。[①] 在北京，“西洋人利玛窦制浑仪、天球、地球等器”[②]，并在教堂中陈列这些西器：“若简平仪，仪有天盘，有地盘，有极线，有赤道线，有黄道圈，本名范天图，为测验根本”；“沙漏，鹅卵状，实沙其中，颠倒漏之，沙尽则时尽，沙之铢两准于时也，以候时”。[③] 徐光启、李之藻、王征等开始仿制科学仪器，崇祯二年，礼部侍郎徐光启“请造象限大仪六，纪限大仪三，平悬浑仪三，交食仪一，列宿经纬天球一，万国经纬地球一，平面日晷三，转盘星晷三，候时钟三，望远镜三。报允”[④]。第五类是艺术物品，如自然乐、铁丝琴、西洋画等等。明代中后期人王临亨（1548—1601）曾见过西洋的“自然乐”，这种自然乐是“制一木柜，中置笙簧数百管，或琴弦数百条，设一机以运之。一人扇其窍，则数百簧皆鸣；一人拨其机，则数百弦皆鼓，且疾徐中律，铿然可听”。[⑤]

除上述五类之外，中国人接触的西洋器物还有西洋钱币（西番银）、牲畜（西洋小白牛、荷兰马）及植物（旃檀树、牡丁香）等。此类东西属于“方物”，没有太多的科技含量，与中国当时的文明不存在时代性的差异，故本文略而不论。

二、西式火器变为“中国长技”

在明代所接受的西洋器物中，佛郎机、鸟嘴铳等西式武器受到

---

① 何高济等译：《利玛窦中国札记》，第301页。
② 《明史·天文一》。
③ （明）刘侗、于奕正：《帝京景物略》卷4《天主堂》，第229—230页。
④ （清）龙文彬：《明会要》卷28《运历下》；又《明史·天文志一》。
⑤ （明）王临亨：《粤剑编》卷3“志外夷”，第91—92页。

的重视程度最高，应用的范围最广。明朝中后期已将佛郎机炮等西洋长技转化为“中国长技”，并在与倭寇、蒙古及满族骑兵的作战中，显示出较大威力和优势。但由于清朝“骑射”的传统，使得中国未能将长技发挥下去，重新落后于西方，以至于近代魏源被迫又提出了“师夷长技以制夷”的主张。

西式火器传入中国，并在中国产生了广泛的影响，明政府的军器、兵仗二局和各边仿造了一系列西式火器。[①] 明朝引进或仿制西式火器分为三个阶段：嘉靖仿葡萄牙佛郎机火炮时期、万历仿荷兰红夷大炮时期、天启引进并应用英国加农炮时期。

第一个阶段是嘉靖朝对葡萄牙（佛郎机）火器的缴获与仿制。以前中国所用火器皆为土制，性能较差。正德末，缴获佛郎机先进的火器后，便兴起了仿制西式火器的高潮。据《明史》卷92《兵志四》载：“正德末，其国（佛郎机，即葡萄牙）舶至广东。白沙巡检何儒得其制，以铜为之。长五六尺，大者重千余斤，小者百五十斤，巨腹长颈，腹有修孔。以子铳五枚，贮药置腹中，发及百余丈，最利水战。驾以蜈蚣船，所击辄糜碎。”除了佛郎机铳炮外，葡萄牙人还带来了快枪、鸟嘴铳。明唐顺之在一份奏疏中对此有所介绍：“国初止有神机火枪一种，而佛郎机子母炮、快枪、鸟嘴铳皆后出，鸟嘴铳最猛利，以铜铁为管，木橐承之，中贮铅弹，所击人马洞穿。其点放之法，一如弩牙发机，两手握管手不动，而药线燃其

① 一种说法是，像佛郎机这样的火器完全出自明朝，非自西洋而来。清修《续文献通考》引王圻《续通考》曰：“今人胥言佛郎机、鸟嘴铳传自番舶。鲁闻之参将戚继光云：昔尝发山东地窖，佛郎机乃成祖所蓄，年月铸文可稽。又于卫库中见鸟嘴铳，皆倭变未作，中国所故有者。又闻胡序班云：渠谙火攻法二三十种，偶从南都神机营铳手窃而行之，所未得者，尚以三百余计也。又闻正统己巳，敌骑薄都门，京军随驾出者过半，司马于谦以军器局神枪试之，火石所及，人辄成粉，遂解围去。可见兵器莫备于我朝。”然而，这一说法没有更多的证据足以支撑，相反，火器来自西洋倒是见于很多记载。

管，背施雌雄二臬，以目对臬，以臬对所欲击之人，三相直而后发，拟人眉鼻无不着者，捷于神枪而准于快枪。火技至此而极。”于是政府决定仿制西洋先进火器，“至嘉靖八年，始从右都御史汪鋐言，造佛郎机炮，谓之大将军，发诸边镇。”但据《续文献通考》卷134《兵考·军器》载，早于此五年，朝廷便于南京仿制佛郎机铳炮了：“世宗嘉靖三年四月，造佛郎机铳于南京。南京守备魏国公徐鹏举等疏请广东所得佛郎机铳法及匠作。兵部议：佛郎机铳非蜈蚣船不能架，宜并行广东取匠于南京造之。诏可。”然后才有嘉靖八年的仿造之举：“八年十二月，诏铸佛郎机三百分发各边。至九年九月右都御史汪鋐请以佛郎机为守墩堡之具，言：‘守御墩台城堡，当用臣所进佛郎机铳，小如二十斤以下，远可六百步者，则用之墩台，每墩一铳，以三人守之；大如七十斤以上，远可五六里者，则用之城堡，每堡三铳，以十人守之。五里一墩，十里一堡，大小相依，远近相应，可以收不战之功。’饬各边行之。十一年二月，命工部增造弗郎机铳，颁十二营演习等。”

明朝政府仿造佛郎机火器，一般是由内朝（宦官提举）的兵仗局和外朝工部下属的军器局承担的。军器局仿造的火器中有“大样、中样、小样佛郎机铜铳，大样嘉靖二（当作三年——引者）年造，中样二十二年改造，小样七年造，重减大铳三分之一。二十三年造。马上使用小佛郎机千副、佛郎机铁铳”。还有改进型佛郎机炮，“流星炮七年用黄铜铸造，式如佛郎机”，“百出先锋炮，式如佛郎机，损其筒十之六，纳小炮十，系火绳于筒外，连发连纳，末有锐锋如戈形，长六寸以代铁枪，一人持放，马上亦可”。[①] 关于兵仗、军器二局仿制西式火器的情况，《明史·兵志》也有详载：“明

① 《续文献通考》卷134《兵考·军器》，景印文渊阁四库全书本。

置兵仗、军器二局，分造火器。号将军者自大至五。又有……连珠佛郎机炮……大中小佛郎机铜铳、佛郎机铁铳……鸟嘴铳……凡数十种。正德、嘉靖间造最多。”①兵仗、军器二局仿造火器，一般都是发边应用，以救危急。据《续文献通考》卷134《兵考·军器》载：“（嘉靖）十五年九月，以铜铁佛郎机铳二千五百副分给陕西三边。十六年正月，又给熟铁小佛郎机三千八百副。”到“神宗万历二年（1574）三月，令兵仗局添造火器。时蓟镇请火器，工部言……令仍于盔甲厂动支见贮铁佛郎机二千架、鸟枪四百副、夹靶枪二千杆，并各随用子铳、铅弹、火药、药线等项与之。其兵仗局题欲添造，合成造中样铜佛郎机铳三千副、大将军十位、二将军七十九位、三将军二十位、神炮六百六十九个、神铳一千五百五十八把，补造中样铜佛郎机铳一千二百副、小铜佛郎机铳五十副，并各随用子铳、铅弹、火药等项，定限三年造完。诏可”。

除了明政府兵仗、军器局仿造外，还有经中央允许，各边自行仿造的西式火器：“嘉靖四年，令辽东自造……连珠佛郎机炮，熟铁造，二管合为一柄，每管各盛小炮一个，接连点放。嘉靖二十三年，令山西三关自造。”②

明朝将佛郎机炮及鸟嘴铳与战车及兵船相结合。明朝将领在备倭时，曾将佛郎机式火器与兵船相组合。如明代水师有一种“广东船，铁栗木为之，视福船尤巨而坚。其利用者二，可发佛郎机，可掷火球。大福船亦然，能容百人”。此外，还用鸟嘴铳装备渔船，“渔船至小，每舟三人，一执布帆，一执桨，一执鸟嘴铳。随波上下，可掩贼不备”。并将佛郎机铳装备蜈蚣船，此船“象形也，能驾

① 《明史·兵志四》。
② 《续文献通考》卷134《兵考·军器》。

佛朗机铳，底尖面阔，两旁楫数十，行如飞”[①]。明朝官员也曾有将佛郎机式火器与战车相组合的计划。隆庆中，“辽东巡抚魏学曾请设战车营，仿偏箱之制，上设佛郎机二，下置雷飞炮、快枪六，每车步卒二十五人。万历末，经略熊廷弼请造双轮战车，每车火炮二，翼以十卒，皆持火枪”，但这些建议“皆罕得其用”，“大约边地险阻，不利车战”。[②]

第二个阶段是万历朝对荷兰（明人称之为“红毛夷”）新型火炮的仿制和应用。万历年间，“大西洋船至，复得巨炮，曰红夷。长二丈余，重者至三千斤，能洞裂石城，震数十里。天启中，锡以大将军号，遣官祀之”[③]。清人对万历间引进红夷大炮也有印象：“万历中，大西洋船至，复得巨炮，曰红夷，今俗云红衣。重者至三千斤，能震数十里。”[④]红夷大炮（或作红衣大炮）的威力较之佛郎机更胜一筹，性能也比较稳定便用，引起了明朝士大夫乃至朝廷的仿制兴趣，并将之视为摇摇欲坠的明王朝的救命稻草，因此每铸一炮，都被封为“××大将军”。红夷大炮并未因天启年间引进英国加农炮而停止仿造和使用。据《明史钞略》载：“天启二年四月……两广抚督进红夷火炮。”[⑤]直到天启七年，红夷大炮在抗击皇太极对宁远的进攻中还在广泛使用。明车营都司李春华指挥“红夷”大炮、“木龙虎”及“灭虏”等火器，将皇太极在东山坡大本营击烂[⑥]。私人著述《辽事述》载“建州兵不得志于锦州，因而攻宁远，参将彭

---

① 《明史·兵志四》。

② 同上。

③ 同上。

④ 《御制诗五集》卷76，景印文渊阁四库全书本。

⑤ 《明史钞略·悊皇帝本纪上》，四部丛刊三编本。

⑥ （明）王在晋：《三朝辽事实录》第3册卷17，天启七年六月，台联出版社1970年影印，第1696—1698页。

簪古以红夷大炮碎其营大帐房一座”[①]。《国榷》也有“发红夷炮击建虏”的记载[②]。

第三个阶段是泰昌和天启朝对英国更先进的加农炮的引进和应用。泰昌至天启年间，明廷无意间从澳门的葡萄牙人手中得到了英国更先进的加农炮。当时由于辽东战局危急，徐光启等人通过教会关系以及广东地方政府的协助，筹款准备购买澳门的火炮。恰逢澳门的葡萄牙殖民者曾自一艘在澳门附近搁浅的英国船上获大炮30门，于是他们决定卖给中方具体经办人张焘、孙学诗4门。这些炮曾在江西广信逗留了一阵子，终于在天启元年十二月运抵北京。在4门火炮还未运抵北京之前，朝廷又正式派遣张、孙二人出使澳门购新式大炮及招聘炮师、炮手。澳门政府这次将前所缴获的30门火炮中剩余的26门，全部卖给了中国。[③]于天启三年（1623）四月，张、孙二人将26门炮并通事1名、葡籍炮师23人运抵北京“听用”。据周峥考证，这些大炮属当时最新改造于英国的加农大炮，为前装滑膛炮，管长3米，口径1325毫米，炮管长度为口径24倍。炮身铸有六道箍，火门位于炮管后部，尾盖形如覆盂，尾部顶端有球珠，炮管中部两侧各铸炮耳一，以便安放座架之上，炮身铸有盾形框徽，框中徽号下为三艘四桅风帆艇，上有两顶王冠及两只雄狮。据此知为英国东印度公司之物，该炮弹低伸，命中率高，而射程远，杀伤力极大，可调整发射角，且性能安全，为当时欧洲击杀密集进攻最锐利之大炮，其先进程度比之佛郎机炮实难以估计其

---

① 佚名：《辽事述》，书目文献出版社1989年版，第696页。

② （明末清初）谈迁：《国榷》，台北：鼎文书局1978年影印，第9册，第5376页，天启七年五月癸巳。

③ 见魏特著、杨丙辰译《汤若望传》（台湾商务印书馆1949年版，第82页）、巴里笃《耶稣会史中国之部》第771页、（方豪：《明末西洋火器入我国之史料》，收《东方杂志》第40卷第1期，第51页）以及《明熹宗实录》卷68，天启六年十月戊戌。

倍数。[1]这些炮经过在京试验后，发往山海关，供孙承宗调遣，孙又将之调到了关外，给袁崇焕等使用。“后崇焕用于城，遂一炮歼虏数百。”[2]天启五年（1625）正月及七年五月，努尔哈赤及皇太极先后再次进攻宁远，明军都充分发挥了西洋大炮（包括加农炮）的威力，“城上铳炮迭发，每用西洋炮，则牌车如拉朽”[3]，“城内用西洋巨炮、火炮、火弹与矢石，损伤城外士卒无算”[4]。《建州私史》载“尤世威从山东坡上发西洋炮，击其大营，碎之，敌当之糜烂”[5]。《金边略纪》称“参将彭簪古等，举西洋火炮击碎之”[6]。

令人惊讶的是，明代朝野对西洋火器能够迅速接纳、仿造和改进，在最短的时间内实行“国产化”，将之转化为“中国长技”。据《续文献通考》卷134《兵考·军器》载：佛郎机炮“其始出于西洋番国，中国得之，更为巧法，扩而大之为发矿，乃大佛郎机也；约而精之为铅锡铳，乃小佛郎机也。制虽不同，皆由此以生之耳”。英国加农炮的威力，使得明朝君臣决定仿制。徐光启在引进加农炮的同时，奏请委任深悉西洋火炮的李之藻、沈棨等“鸠集工匠，多备材料，星炉鼓铸”新式火器。[7]兵部尚书董汉儒在一一“阅其火器”后，证实“其大铳尤称猛烈神器”，遂奏请“仿其式样精做”，

---

① 周铮：《天启二年红夷铁炮》，《中国历史博物馆馆刊》1983年第5期。转引自马楚坚《明清边政与治乱》第175页《西洋大炮对明金态势的改变》。

② （明）茅元仪：《督师纪略》卷12《明史资料丛刊》第5辑，江苏古籍出版社1986年版，第114页。

③ 《明熹宗实录》卷70，天启六年四月辛卯。

④ （明）袁崇焕：《锦州报捷疏》（天启七年六月六日），《袁督师遗集》，沧海丛书本，东莞张氏1932年刻印，第14页。

⑤ 海滨野史：《建州私史》卷下，李鸿彬：《清入关前史料选辑》第1辑，中国人民大学出版社1985年版，第279页。

⑥ （明）方孔炤：《全边略纪》卷10《辽东略》，李鸿彬：《清入关前史料选辑》第1辑，中国人民大学出版社1985年版，第258页。

⑦ （明）徐光启：《谨申一得以保万全疏》，《徐光启集》卷4，第173页。

熹宗许之[①]。宁远大捷后，熹宗皇帝下旨："西洋炮即如法多制，以资防御。"[②]这是西器成为"中国长技"的物质基础。

更令人诧异的是，明朝人很以这种由西洋火器转化而来的"中国长技"为自豪。在明中后期的各种奏疏和记载中，西式火器已普遍被明人认为是对付蒙古、倭寇和努尔哈赤的"中国长技"。早在嘉靖时，西式火器便被称为"中国长技"。嘉靖时在对付倭寇上中国人亦以火器为长技。据《宁波府志·海防书》在介绍宁波昌国卫（今浙江象山县东南）的海防情况时称："总兵督发兵船……巨舰云驰，倭夷之舟航弗与也；火器飙发，倭夷之短兵弗与也。以我之众制彼之寡，以我长技制彼短技，折蛇豕之势而免内地震惊之虞，斯策之上者也。"[③]嘉靖六年（1527）五月，御史邱养浩在陈蓟辽边务时便认识到："中国长技，惟火器可以及远。"[④]十六年六月，韩邦奇在《公荐举以备任用事》疏中也指出："再照中国长技，火器为上，北敌（指蒙古）所畏亦火器为最。而火器之中，佛郎机铳尤为便利，边关之地所以自卫攻敌者，惟此是恃也。"他请求皇上敕令工部"将见贮佛郎机铳发送一千付，听臣等分给各城堡以防敌至"，并且强调"如此，庶几有备无患，而边境有赖矣。地方幸甚！臣等幸甚！"[⑤]蓟、辽、保定军务总督谭纶，更是认识到西式火器在对付游牧骑兵中，已成为重要的中国长技，隆庆二年（1568）四月在《早定庙谟以图安攘疏》中指出："御敌之策，必以其所长攻其所短，今中国长技为敌所甚畏者，无如火器，而火器之利，则又莫有过于鸟嘴铳

---

① 《明熹宗实录》卷33，天启三年四月辛未。
② 《明熹宗实录》卷68，天启六年十月乙卯。
③ 见（明末清初）顾炎武：《天下郡国利病书》，四部丛刊三编本。
④ 《续文献通考》卷134《兵考·军器》。
⑤ （明）韩邦奇：《苑洛集》卷15，朝邑谢氏道光八年刻本。

者。”[①]谭纶的这番话，在《天下郡国利病书·三屯营》中被压缩成如下文字：“隆庆二年五月（当为四月）初，蓟辽总督谭纶疏陈边务……言：‘中国长技无如火器，欲练兵三万人，必得鸟铳手三千人为冲锋……’从之。”谭纶还在六月二十九日所题《条陈蓟镇未尽事宜以重秋防疏》中特别强调要“广利器”，所广利器乃佛郎机火炮：“窃惟中国之长技，莫逾于火器，而火器之利，又莫逾于佛郎机。”[②]隆庆二年八月，谭纶在《添设将领团练车营以图制胜疏》中再次强调西洋火炮作为中国长技，在抗击蒙古骑兵上的意义，指出：“火器本中国长技，弃不知用，故彼得逞其弧矢之巧耳。车营若遇大敌，千炮齐发，动逾数百步，彼虽精于弓马，自无所施。”[③]谭纶还比较了蒙古长技与中国长技的区别：“彼中长技强弓劲镞，能取人三百步之外乎？则是无有，故南方火攻之具，实中国长技也。”疏入，“天子悉如其请。于是造七车百乘，鸟铳佛郎机五千……蓟自是称雄镇，而东西边相戒不敢犯”[④]。谭纶在隆庆四年四月所上《沿边缺乏火器速乞请发以充备御疏》中再次强调“臣惟御敌之技，必以火器为先”，请求皇上令工部“将所缺佛郎机、快枪俱如数给发”，如此“则重险不至视为虚器，长技不徒托之空谈”。[⑤]

万历四十六年（1618）以后，明军在与努尔哈赤的作战中，再次认识到西洋火炮作为中国长技的重要意义。天启三年九月，刑科给事中解学龙在奏议辽东军费时称，“我之长技取胜在火炮”，所以

---

① （明）谭纶：《早定庙谋以图安攘疏》，《谭襄敏奏议》卷5，景印文渊阁四库全书本。

② （明）谭纶：《条陈蓟镇未尽事宜以重秋防疏》，《谭襄敏奏议》卷5。

③ （明）谭纶：《添设将领团练车营以图制胜疏》，《谭襄敏奏议》卷7。

④ （明）沈箕仲：《谭司马公行状》，见黄宗羲编：《明文海》卷449《墓文二一·名臣》，中华书局1987年版。

⑤ （明）谭纶：《沿边缺乏火器速乞请发以充备御疏》，《谭襄敏奏议》卷10。

马兵当酌减。①明确指出明军的长处在火器，不必与后金拼骑兵。巡视广库给事中杨修等言："中国之长技惟火器一种，近且有转输之夷者，欲防奸弊，须严运解，敬陈四议。"②鉴于明代仿制的西式武器已成为中国长技，《元明事类钞》的作者特立"佛郎机"、"鸟嘴铳"和"中国长技"三目，其"中国长技"条谓："中国长技。《明通纪》：崇祯时，御史杨若橋举西洋人汤若望习火器，都御史刘宗周曰：'唐宋以前无此。自有火器，辄以为劲，误专在此。'上曰：'火器终为中国长技。'"③

三、自鸣钟振动宫廷内外

如果说火器缴自凶神恶煞的殖民海盗的船上的话，那么自鸣钟则得自彬彬有礼的传教士手中。

自鸣钟最早由葡萄牙人带入澳门。明嘉万时人王临亨，曾在澳门见到了自鸣钟——自然漏："自然漏，以铜为之，于正午时下一筹，后每更一时，筹从中一响，十二时乃已。"④但将自鸣钟最早传入中国内地的是罗马天主教耶稣会士罗明坚和利玛窦。"在他们还未能真正掌握足够的汉语，并用此来解释复杂的科学概念之前，这些耶稣会士把钟表作为赢得中国人民喜爱的一个关键宝物。这是一个更实际的决策，是把西方的钟表制造技术同中国古老钟表制造技术

① 《明史钞略·悊皇帝本纪上》，四部丛刊初编本。

② 《明熹宗实录》卷33，天启三年四月甲申。

③ （清）姚之骃：《元明事类钞》卷23《武功门》，景印文渊阁四库全书本。

④ （明）王临亨：《粤剑编》卷3"志外夷"，第91—92页。

相比较后作出的抉择”[①]。自16世纪七八十年代欧洲开展钟表制造技术的革新运动以后，以小型、有弹性、带发条驱动为特征的欧洲钟表，比中国古代由水和沙驱动、具有摆锤结构的大型钟表，显然要精致实用得多。万历年间，罗明坚从澳门进入广东，送给广东省的总兵官黄应甲“一块表；这是一种用许多小金属齿轮安装成套的计时工具”[②]。万历十年（1582）罗明坚打算送给两广总督陈瑞“一件漂亮的用铜制作而自动报时的钟表”，说是由8月份抵达澳门的利玛窦携来，“为印度教区主教送给中国传教团的礼物”。陈瑞听说后立即“吩咐一名秘书以他的名义写一封邀请信，请罗明坚无论如何病一好立刻就去见他，并把那件新奇的玩意儿带去”。1582年12月，罗明坚、巴范济携同翻译一行四人从澳门来到肇庆，向陈瑞呈献上那只精巧的钟表。当陈瑞见到钟表能自动报时，且有长短针标出时间时，其惊异和欣喜的情态简直不可名状[③]。旗开得胜的罗明坚曾一度乐观地认为他很快便能打开通往北京的道路，这时在广州的一些中国官员就告诉他，如果要以欧洲教宗的名义派使节去北京，“最好的礼物应算一架装潢豪华且体积大的钟表，每小时皆报时，将置放在皇宫中，可以听很远；再送一只小型的……上有把手，每点钟报时，或类似的皆可”[④]。但罗明坚传教时马失前蹄，被迫离开中国，其继承者利玛窦则继续利用自鸣钟等礼品敲开中国内地的大门，直到进入北京。

万历二十八年，利玛窦前往北京，随身携带了自鸣钟等几件代表西洋文明的器物作为礼品，不料在临清为天津税监马堂扣留。马

① ［美］乔纳森·斯彭斯著、王改华译：《利玛窦传》，第226—227页，转引自沈定平：《明清之际中西文化交流史——明代：调适与会通》，商务印书馆2001年版，第227页。

② 何高济等译：《利玛窦中国札记》，第146页。

③ 见沈定平：《明清之际中西文化交流史——明代：调适与会通》，第231—232页。

④ 罗渔译：《利玛窦书信集》下册，附录，商务印书馆1993年版，第434页。

堂在奏疏中汇报了此事，但神宗起初并无反应。某日，他偶然想起了奏书中提到的自鸣钟，就问："那座钟在哪里？我说，那座自鸣钟在哪里？就是他们在上疏里所说的外国人带给我的那个钟。"于是马堂立即将利氏及其礼品一起送往北京。[①]利氏的西洋奇器引起了神宗皇帝的浓厚兴趣，因此被赐居京师。神宗皇帝限宫内负责观测的四名太监在三天内向传教士学会调适和操作自鸣钟的技术，后来又命令按照利氏的图样，在皇城附近兴建一座安放大型自鸣钟的豪华钟楼。关于利玛窦所送的自鸣钟等礼物，在当时成为人们津津乐道的对象。顾起元（1565—1628）对利玛窦的自鸣钟有细致的描写："所制器有自鸣钟，以铁为之，丝绳交络，悬于簴，轮转上下，戛戛不停，应时击钟有声。器亦工甚，它具多此类。"[②]谢肇淛在其《五杂组》中也称赞道："西僧利玛窦有自鸣钟，中设机关，每遇一时辄鸣，如是经岁无顷刻差讹也，亦神矣。"[③]冯时可《篷窗续录》也写道："西人利玛窦有自鸣钟，仅如小香盒，精金为之。一日十二时，凡十二次鸣。"[④]崇祯八年，刘侗、于正奕在其《帝京景物略》卷5也记载了此事，称："万历辛巳，欧罗巴国利玛窦入中国。始到肇庆（督府驻地），刘司宪某（指刘继文，时任两广总督），待以宾礼。持其贡，表达阙庭。所贡耶苏像、万国图、自鸣钟、铁丝琴等，上启视嘉叹。命冯宗伯琦叩所学，惟严事天主，谨事国法，勤事器算耳。"[⑤]吴旦生对利玛窦所贡自鸣钟等物也比较关注，称："万历辛巳，大西洋奉耶苏教者利玛窦，自欧罗巴国航海九万里入中土，始到肇庆，刘司宪持其贡表上闻。所贡耶苏像、万国图、自鸣钟、铁

① 何高济等译：《利玛窦中国札记》，第400页。
② （明）顾起元：《客座赘语》卷6"利玛窦"，中华书局1987年版，第193—194页。
③ （明）谢肇淛：《五杂组》卷2"天部二"，辽宁教育出版社2001年版，第40页。
④ （清）姚之骃：《元明事类钞》卷27《礼乐门·自鸣钟》。
⑤ （明）刘侗、于正奕：《帝京景物略》卷5"利玛窦坟"，第303—304页。

丝琴等。上启视嘉叹，命给廪，赐第宣武门内建天主堂。”①

在利玛窦将自鸣钟传入中国之后，传教士们开始介绍自鸣钟及其原理。天启癸亥，艾儒略撰成《职方外纪》，卷2介绍亚勒玛尼亚国道：“其工作极精巧，制器匪夷所思，能于戒指内纳一自鸣钟。”②邓玉函在《奇器图说》卷1也间接地介绍了自鸣钟的工作原理：“譬如自鸣钟大轮、小轮，其中名目甚多，必一一次第相联，而后可以自鸣也。一紊其序，则不成其用矣。”邓玉函还将自鸣钟等西洋器物的应用与国计民生联系了起来：“可开利益之美源，民生日用饮食衣服宫室种种利益为人世急需之物，无一不为诸器所致……自鸣钟自报时刻，济日晷晴阴之穷。诸般奇器，不但裕民间日用之常经，抑可裨国家政治之大务，其利益无穷，学者当自识取之耳!”

由于西方传教士的推波助澜，自鸣钟原理等知识深入部分明朝士大夫的脑中。与传教士来往密切的徐光启、李之藻、王征等人，在其与传教士合译的著作中，时常提到自鸣钟。大学士徐光启、太仆寺少卿李之藻、光禄寺卿李天经与西洋人龙华民、邓玉函、罗雅谷、汤若望等所合修的③《新法算书》卷1，介绍了测历象所用的自鸣钟：“自鸣钟三架，中样者每架价银五十两，大者及小而精工者价值甚多。”此外王征受邓玉函的影响，对自鸣钟的原理也有一些了解。王征“尝询西洋奇器之法于玉函，玉函因以其国所传文字口授”，征译为《诸器图说》。④该书将自鸣钟原理与自行车原理作了类比：“准自鸣钟推作自行车图说，车之行地者轮凡四，前两轮各自有轴，轴无齿，后两轮高于前轮一倍，共一轴，轮死轴上，轴中有

① （清）吴景旭：《历代诗话》卷79《癸集》下之中，中华书局上海编辑所1958年版。
② ［意］艾儒略：《职方外纪》卷2《亚勒玛尼亚》，景印文渊阁四库全书本。
③ （清）纪昀等：《四库全书总目·子部六·天文算法类一·〈新法算书〉提要》。
④ （清）纪昀等：《四库全书总目·子部九·谱录类一·〈诸器图说〉提要》。

齿六……甲轮以次相催，而丁催轴齿，则车行矣。”明末徐应秋在其《玉芝堂谈荟》卷27《鸡鸣枕》中对西洋自鸣钟也有了解：“近时西洋制有自鸣钟，按十二时有声。”明末清初吴伟业曾有诗咏教堂中的西洋自鸣钟：“西洋馆宇逼城阴，巧历通玄妙匠心，异物每邀天一笑，自鸣钟应自鸣琴。”①

除了士大夫外，自鸣钟在民间还受到工匠的仿制。据明周亮工《闽小记》卷1载“闽中绝技”有“龙溪孙孺理一寸许之自鸣钟”，小到仅有一寸多，可谓极造化之工巧，出于西洋而超越西洋。

明人从自鸣钟的计时上，感受到中西文化之异。明沈德符（1578—1642）《万历野获编》称：“惟利西泰谈其国每日分为二十四时，每时止四刻，合之仅九十六刻，以故所制自鸣钟，以子正、午正为始，午初、子初为终，共传二十四声，以了一日。其国廿四时，即中华十二时也。盖斟酌于华夷之间而成者，但终不知于古昔大挠所设，乖合何如。”②西方将一天的时间划分得更细，似乎表明时间观念比较强。

四、玻璃制镜展现新的视界

比自鸣钟传播更广泛的还有玻璃制品及用玻璃制作的光学镜片和仪器。

玻璃在明代也写作“玻瓈”、“颇黎”、“琉璃”，许多光学仪器如眼镜、望远镜、凸凹镜等都是由玻璃按光学原理制造的。玻璃在

---

①（清）吴伟业：《梅家村藏稿》卷19，四部丛刊初编本。

②（明）沈德符：《万历野获编》卷20“历法·华夷百刻之异”，中华书局1959年版，第524页。

中国古代曾经炼制过，后来技术失传，明的玻璃大都是从西方舶来的商品，明代自己烧造的玻璃，也是“三保太监出西洋，携烧玻瓈人来”仿制的[①]。

尽管方以智曾声称郑和下西洋后“中国玻瓈顿贱”，但那只是相对以前而言。事实上，终明之世玻璃都十分贵重。首先，外国贡使和传教士都把玻璃及其制品作为重要贡品或礼物。当“回回并番使人等”进贡玻璃等物时，内府还要为其估验价值：“例……玻瓈瓶每个三贯，小玻瓈瓶每个二贯，大玻瓈碗每个三贯，小玻瓈碗每个二贯，玻瓈灯瓯每个二贯。”[②]利玛窦初入南昌时，“送给主人（建安王朱多炜）……玻璃器皿以及其他这类欧洲产品”[③]。其次，玻璃成为明朝皇宫中的建筑材料、贵族家中的收藏珍品。明初，南京皇宫中用玻璃修建成水晶殿。据明宣宗时进士吴节《故宫遗录》载：“新殿后有水晶二圆殿，起于水，通用玻璃饰，日光回彩，宛若水宫。中建长桥，远引修衢而入。周伯琦《水晶殿》诗：‘巧思曾经修月手，通明元在五云中’。”[④]嘉靖时，籍没严嵩贪污受贿的钱物中，除黄金白银古董外，便有“宝石、琥珀、珊瑚、象牙、水晶、玻瓈”等物“共二千余件”[⑤]，将玻璃与宝石相提并论，并为严嵩所珍藏，可见其在当时的珍贵地位。其三，玻璃还在明代医家中使用，作为熨热消肿和安心明目的珍品。明初朱元璋第五子周王朱橚，在其所撰《普济方》卷86《眼目门》中指出：“主惊悸心热，能安心明目，去赤眼翳障，熨热肿以玻璃珠，此西国宝也……今水晶珠精者，极光明，置水中不见珠，熨目除热泪。”李时珍在《本草纲

---

① （清）方以智：《通雅》卷48，景印文渊阁四库全书本。
② 《明会典》卷102《礼部六一》，景印文渊阁四库全书本。
③ 何高济等译：《利玛窦中国札记》，第301页。
④ 见（清）姚之骃：《元明事类钞》卷29《宫室门》。
⑤ 《罪惟录》卷32“严嵩籍没案”，浙江古籍出版社1986年版。

目》卷4上也指出玻璃有“熨热肿”的功效，并介绍道：“出南番，有酒色紫色白色，莹澈与水精相似，碾开有雨点花者为真。列丹家亦用之，药烧者有气眼而轻。”[①]其四，明代各种记载都反映了玻璃的高贵地位。据《明会典》卷71《礼部三〇》所载的《上清歌》称愿“见君王来朝宝殿里，珊瑚、玛瑙、玻璃进在丹墀”。当时的心愿便是外国人能在进贡时多贡献一些玻璃。明代人还将万国来朝时进贡玻璃作为盛世太平的象征。嘉靖四十五年（1566）成书的《雍熙乐府》卷1有一首《醉花阴》歌唱正月十五闹元宵的景象，特别将万国来朝、进贡玻璃瓶等写进歌词，以渲染盛世气象：“刮地风玉兔金乌日月高（呀），普天下万国来朝……四门子有千般队舞，安排了有八蛮来进宝，率领般簇献锦袍，有玲珑玉带宝嵌着，献象牙、白水、犀牛角、玻璃瓶、珊瑚、玛瑙……”同书卷3《端正好·元宵内宴》的尾声歌词也唱道：“瑶阶玉砌排麟凤，宝镫金鞍控玉骢，碧玻璃，玛瑙钟，轻貂裘，细剪绒，翡翠堆，锦绣重，花灯挑香雾中，四海相通，南北西东，万万载锦绣华夷，见如今尽一统。”

玻璃自郑和下西洋后开始国产，到晚明时，山东益都等地烧造玻璃开始有名。方以智《物理小识》卷7《金石类》介绍道：“今山东益都颜神镇烧琉璃，采诸石以礁化之，即臭煤也。慢礁三日不熄，紧礁五日不熄，煮石为浆，重滤而凝，即玻璃也。”其子方中通、薛凤祚（西学名家）都知道益都的玻璃“往日所烧有泡星，以不知重滤也”。方以智还特别指出“西玻璃镜近亦取此”，说明晚明时中国人也开始用益都的玻璃仿制起西洋玻璃镜了。

用玻璃按光学原理制作的眼镜，是欧洲人于公元1250年（南宋理宗淳祐十年）发明的，传到中国来的时间，据赵翼《陔余丛考》

---

① （明）李时珍：《本草纲目》卷8《金石部》拾遗。

“古无眼镜，至明始有之”的记载看来，似是明代，其实，早在南宋理宗嘉熙、淳祐间赵希鹄所著《洞天清录》就有记载：“叆叇，老人不辨细书，以此掩目则明。”可见，眼镜传入中国的时间应在宋元之际，传入的线路最初不是西洋而是西域。明末方以智针对《洞天清录》的记载指出：“此出元人小说，作叆叇，出西域。”[①]

至明代，关于眼镜的记载越来越多，并开始在上层社会流传。已知明代最早出现的眼镜是在宣宗时期。朱瞻基曾赐给指挥胡豅的父亲宗伯公一副眼镜，“如钱大者二，其形色绝似云母石，类世之硝子而质甚薄，以金相轮廓，而衍之为柄，纽制其末，合则为一，岐则为二，如市肆中等子匣。老人目昏不辨细字，张此物于双目，字明大加倍”。景泰天顺间张宁在胡豅寓所见到了这副眼镜，并称自己“又于孙景章参政所再见一具，试之复然”。孙景章告诉他：“以良马易得于西域贾胡满剌，似闻其名为僾逮。”《名物通》解释说：“叆叇，大如钱，形质明而透色如云母，用作眼镜，取名如轻云之笼日月也。”[②]张宁还称“此物极为贵重，或自内府，或购自贾胡，非有力者不能得”。正统成化间，虽然吴宽在《谢屠公送西域眼镜》一诗中称眼镜“闻之西域产”，但又表示怀疑：“眼镜从何来，异哉不可诘。”不过他还是对眼镜这种神奇的器物给予了热情的赞美：“圆与荚钱同，净与云母匹。又若台星然，两比半天出。持之近眼眶，偏宜对书帙。蝇头琐细字，明莹类椽笔。余生抱书淫，视短苦目疾。及兹佐吏曹，文案夕未毕。太宰定知我，投赠不待乞。一朝忽得此，旧疾觉顿失。谢却拨云膏，生白讶虚室。扁鹊见五脏，未必有奇术。随身或持此，遂使目光溢。世传离娄明，双睛不能没。

① （清）方以智：《通雅》卷34《器用·杂用诸器》。
② （明）张宁：《方洲杂言》。转引自陈元龙：《格致镜原》卷58《燕赏器物类二》。

千年黄壤间，化此直百镒。闻之西域产，其名殊不一。博物有张华，吾当从彼质。”[①] 吴宽想从西晋张华那里得到眼镜的知识，当然是不可能的。嘉靖万历时人王圻在其所著《稗史类编》中称：“少尝闻贵人有眼镜，老年观书，小字看大。出西海中，虏人得而制之，以遗中国，为世宝也。霍都司有眼镜一枚，质如白琉璃，大可如钱，用骨镶成二片，若圆灯剪然，可开合而折叠。问其所来，则曰：旧任甘肃，夷人贡至而得者。”[②] 又据明俞汝楫所说，“赛玛尔堪（即撒马尔罕，在今乌兹别克），古罽宾国”，“嘉靖二年后定五年一贡”，贡物中便有“哈喇石眼镜”[③]。表明此时的眼镜仍多来自西域。不过，西域眼镜“出西海中”的“西海”可能就是大西洋[④]，是“虏人”（西域的中亚人）“得而制之以遗中国”的。

与此同时，眼镜越来越多地从海上传入中国，来源地是西洋——欧洲在东南亚的早期殖民地及其宗主国欧洲本土，特别是被葡萄牙人占领的满剌加（今马六甲）。明代历史地理著作《方舆胜略》称：“满剌加国出叆叇。”万历时人张燮（1574—1640）在其《东西洋考》中也明确指出眼镜来自满剌加：“叆叇，俗名眼镜。《华夷考》曰：大如钱，质薄而透明，如琉璃，色如云母。每目力昏倦不辨细书，以此掩目，精神不散，笔画倍明。出满剌国。叆叇，乃轻云貌，如轻云之笼日月，不掩其明也。若作暧叇亦可。”[⑤] 明末清初钱谦益便认识到眼镜来自西洋，首先对它的质地作了介绍：“西洋眼镜

① 《御选明诗》卷22《五言古诗 · 吴宽》，文渊阁四库全书本。
② 转引自陈元龙：《格致镜原》卷58《燕赏器物类二》。
③ （明）俞汝楫：《礼部志稿》卷35《主客司职掌朝贡》，文渊阁四库全书本。
④ 据明西洋传教士艾儒略在《职方外纪》中称欧逻巴“南起地中海”，“西起西海福岛”。则西海也是大西洋的别称。
⑤ （明）张燮：《东西洋考》卷4《西洋列国考 · 麻六甲 · 物产》，中华书局2000年版，第68页。

规璧圆，玻璃为质象绀缘，千年老冰出玉渊，巧匠消冶施刻镌。薄如方空吹轻烟，莹如月魄濯清泉。”其次对它的功用作了吟咏：“帷灯帘阁对简编，能使老眼回少年。蝇头虿尾如儿拳，麄虱岂必非轮悬。”“目光如炬笔如椽，六丁下取奎避躔”，“有镜覆目光乃全，惟皇聪明曜八埏”。还讲了它的来历和价值：“贾胡赠比黄金千，伴我纶阁今归田。”[①]《道光苏州府志》称“单照（单片镜）明时已有，旧传为西洋遗法”。

到万历年间，这种“古无其制的”眼镜，在福建、广东等东南沿海地区已有人仿制了。据万历十年中举的广东博罗人张萱称：“闽广之间有制眼镜者，老人目翳以悬目中，则毫发立睹。”[②]随着眼镜的大量仿制，眼镜的价值也从极为昂贵变得颇为便宜。据明末清初孙承泽讲：“眼镜初入中国，名曰叆叇，惟一镜之贵，价准匹马。今则三五分可得，然不过山东米汁烧料。玻瓈者贵矣，水晶尤贵。水晶之墨色者，贵至七八金，余值以渐而减。真读书之一助也。”[③]可见，最便宜的还是山东米汁烧料而成的国产货。此时，眼镜较前更为普遍，不仅见于记载，而且还入于画中。明人所绘《南都繁会景物图卷》中，在“兑换金珠”店的幌子下便有一位戴眼镜的老者，这是迄今所见最早的中国人戴眼镜的图画。

用玻璃制作的光学仪器中，望远镜在明代也能见着，通常又被称为“千里镜”、“远镜”、“窥远镜”和“窥筒”。

望远镜最早是葡萄牙、荷兰等殖民者前往中国沿海时带来的。荷兰人“所居大岛在交趾南”，“常入洋中为盗”，“惟视罗经所向，

① （明末清初）钱谦益：《牧斋初学集》卷9《眼镜篇·送张七异度北上公车》，四部丛刊初编本。
② （明）张萱：《疑耀》卷7“眼镜”。
③ （明末清初）孙承泽：《砚山斋杂记》卷4，文渊阁四库全书本。

时登桅视千里镜。见远舟如豆子，则不可及；若大如拇指许，即接长其桅而追之”[①]。这种望远镜后来又为郑成功所得。据《台湾外纪》称郑成功患风寒，临死前一天还“强起登将台，持千里镜，望澎湖有舟来否”。

不过，千里镜为明代人所周知，并非缘于海上殖民强盗，而是陆上的西洋传教士。自利玛窦在肇庆、南昌、北京等地建立教堂后，都在里面陈设千里镜，供民众参观。刘侗、于奕正《帝京景物略》中介绍北京宣武门左的天主教堂时，称：“其国俗工奇器，若……远镜（状如尺许竹笋，抽而出，出五尺许，节节玻璃，眼光过此，则视小大，视远近）……之属。”[②]刘侗等所见的远镜当是教堂陈设之物，因为明末清初的谈迁也参观过同一教堂，“登其楼”，就发现陈设有“简平仪、候钟、远镜、天琴之属，钟仪具铜质，远镜以玻璃，琴以铁丝”[③]。明末，望远镜已为中国人所仿制。据邹漪《启祯野乘》载，崇祯四年（1631）薄珏为中丞张国维造炮，“每置一炮，即设千里镜，以侦贼之远近”。在此背景下，一些字词典，已经将千里镜作为词条加以注释。如方以智《通雅》卷34《器用·杂用诸器》载：“今西洋有千里镜，磨玻瓈为之。以长筒窥之，可见数十里。又制小者于扇角，近视者可使之远。”张自烈在《正字通》中所载与《通雅》完全同。

对望远镜制作最为热心、理解最透的当首推著名学者徐光启。他于崇祯二年奏请装配三架望远镜以测天象，崇祯皇帝“报允”[④]。

---

① （明末清初）屈大均：《广东新语》卷18“洋舶条”，中华书局1985年版，第481—483页。

② （明）刘侗、于奕正：《帝京景物略》卷4《天主堂》，第229—230页。

③ （明末清初）谈迁：《北游录》“纪邮上”，中华书局1960年版，第45—46页。谈迁此次北游，是在清初，但所见教堂陈设，则自明而然。

④ 《明史·天文志一》。

崇祯七年，徐光启又奏请建造望远镜等西器，“辅臣光启言定时之法，古有壶漏，近有轮钟，二者皆由人力迁就，不如求端于日星，以天合天，乃为本法，特请制日晷、星晷、望远镜三器”。后由李天经接手实施，于崇祯八年八月初九制成，二日后便接到崇祯圣旨：“这窥远镜著进览，该衙门知道。”并亲自登楼试看了望远镜，“颇为嘉叹”。

由于大学士徐光启的推动和影响，在朝廷周围形成了一批热心西学和热爱望远镜等西器的大臣，如太仆寺少卿李之藻、光禄寺卿李天经，他们在西洋传教士利玛窦、庞迪我，以及传教士兼“远臣”龙华民、邓玉函、罗雅谷、汤若望等人的指导下，对望远镜的光学原理及功用了解甚深。在他们合撰的《新法算书》卷23《远镜说》中对望远镜的光学原理及其用途，作了比较准确、生动而详细的解释：“凡人视近与大易，视远与小难。远镜则无远近无大小者也。约略言之，天象、地形不出其照，而至若山海之间，尤为备盗之先资，补益人世亦大矣。”接着一一列举了望远镜的作用和用途：第一是“利用于仰观”。即可以仰观天象，观月、观星、观日等。如“观月时，试一目用镜，一目不用镜，则大小迥别焉”。第二是“利用于直视”。可以观察陆上目标：“楼台高处用之则远，见山川江河树林村落，虽人物行动如在目前。若陡遇兵革之变，无论白日，即深夜借彼火光用之，则远见敌处营帐、人马、器械、辎重，便知其备不备，而我得预为防，宜战宜守，或宜安放铳炮，功莫大焉。”也可以观察海上目标：“海上用之，则数十里外之行舟，人但见为块然如山石者，我能别其船舟何等帆，旗何色，或为友伴或为强徒，与夫人数之多寡，悉无谬焉。”其三，望远镜可以解除“衰目短视”人之苦：徐光启指出：“清目人用此镜，远视物体更明且大，无惑也。乃衰目人、短视人亦可用，盖筒内后镜伸长，能使易象于前镜者，仍平行线入目缩短，能使易象于前镜者，反以广行线入目，一伸一缩，能称衰目短视人，则巧妙又在伸缩得宜焉。又短视人寻常用眼镜者，今用远镜，仍用本眼镜照之亦可。”此外，徐光启等人还详细介绍了望远镜的“造法用法”。首先是镜的造法：“用玻璃制一似平非平之圆镜，曰筒口镜，即前所谓中高镜，所谓前镜也。制一小洼镜，曰靠眼镜，即前所谓中洼镜，所谓后镜也。须察二镜之力若何，相合若何，长短若何，比例若何。苟既知其力矣，知其合矣，长短宜而比例审矣，方能聚一物像，虽远而小者，形形色色不失本来也。”其次是筒的造法：“镜止于两，筒不止于两，筒筒相套，欲长欲短，可伸可缩。”同时还交代了望远镜的用法，如看日时需覆以青绿滤光镜等，以及镜片保养法：“两镜或受尘垢，勿用手揩摸，只以新净绢帛轻轻拂拭，即复光明。”

曾接手徐光启制作望远镜的李天经，对望远镜的原理也作过相当深刻的解释：“若夫望远镜，亦名窥筒，其制虚管层叠相套，使可伸缩，两端俱用玻璃，随所视物之远近以为长短。不但可以窥天象，且能摄数里外物如在目前，可以望敌施炮，有大用焉。”[①]并称“此则远西诸臣罗雅谷、汤若望等从其本国携来，而葺饰之以呈御览者也”[②]。于是崇祯帝命太监卢维宁、魏国征至局验试用法。崇祯八年，皇帝令司礼监宦官传旨，令“李天经将窥远镜造二具来进”，李天经“即督同本局远臣汤若望、罗雅谷等将本国携来玻璃，星夜如法制造。今已造完，谨将窥远镜二具恭进御览。伏乞圣鉴。缘系遵旨恭进仪器事理，未敢擅便，谨题请旨。计开窥远镜二具，托镜铜器各二件，黄绫镜箓二具，木架二座”[③]。

① 《明史·天文志一》。
② （明）徐光启等：《新法算书》卷3。
③ （明）徐光启等：《新法算书》卷4。

明代传教士传入的玻璃光学制品中，三棱镜算是比较特殊的一种，由于它能折射出七彩阳光，因此颇受中国士大夫的欢迎，被视为比钻石还贵重的物品。传教士特地将之作为晋见礼品和敲门砖。

耶稣会士罗明坚、巴范济等曾于1582年12月从澳门往肇庆面见两广总督陈瑞，呈献上“几只产自威尼斯的三棱镜”。当陈瑞见到“那透过玻璃三棱镜的折射而映现出多彩的颜色时”，感到欣喜莫名[①]，从而允许传教士们在肇庆建立教堂。教堂圣堂周围陈列着被中国人视为“无价之宝”的三棱镜等来自欧洲的器物。这枚三棱镜后来被一位名叫马丁的教徒偷去。这时，肇庆知府王泮陪同几位官员来教堂游玩，想“借用玻璃三棱镜来观看风景及停泊在港口的船只”，得知被盗后大怒，立即将马丁捉拿回肇庆受审。[②]利玛窦继罗明坚之后主持中国传教事务，为了赢得岭西道长官黄时雨的好感，送给了一枚三棱镜，使其在紧要关头化解了广州耆老对传教士的控告。[③]1595年4月，利玛窦跟随北上任职的兵部侍郎石星一行从韶州出发，翻越梅岭，从南安乘船抵赣州，因水流湍急致船触礁，利玛窦落水后获救，传道员若望则溺水身亡，石侍郎家资细软更损失惨重。受到惊吓的石侍郎打算把利玛窦送回韶州。利玛窦“拿来一副玻璃棱镜给他们看，镜子以鲜明的色彩反照出河的两岸及城镇本身，使他们很欢喜”。利玛窦把玻璃棱镜送给石星，后者才同意利玛窦继续随其家属顺水路前行。[④]利玛窦于1595年11月4日给耶稣会总会长阿瓜维瓦的信中，谈到了南昌市民摩肩接踵地拜访他的原因之一是“观赏来自欧洲的各种器物。会院所展示的三棱镜、油画、精装书籍、世

---

① 沈定平：《明清之际中西文化交流史——明代：调适与会通》，第231页。

② 同上，第257页。

③ 同上，第328页。

④ 何高济等译：《利玛窦中国札记》，第282—283页。

界地图以及各种科学仪器，都是以往不曾见过的器物，民众颇感新奇”[①]。“利玛窦后入京，进所制钟及摩尼宝石于朝。上命官给馆舍而禄之。”[②]这里所说的摩尼宝石，可能就是指的三棱镜。

凸凹镜，是用玻璃按光学原理磨制的镜片，经常是作为其他光镜的组成分部，如眼镜和望远镜的镜片等。明代士大夫也称凹镜为“洼镜”。明代对凸凹镜有深刻认识的仍然是徐光启、李之藻等人，在其《新法算书》卷12《测天约说》卷下指出，凸凹镜可能聚光，并将光能转化为热能，因以生火，“光不独能照天下，亦能作热，如用洼镜对日而成返照，则能生火。又用玻璨圆球对日而成折照，亦能出火”。同书卷23的《远镜说》中，也多次谈到凹镜。徐光启指出制作望远镜需要在里面安上凹镜：“用玻璃制一似平非平之圆镜，曰筒口镜，即前所谓中高镜，所谓前镜也。制一小洼镜，曰靠眼镜，即前所谓中洼镜，所谓后镜也。”将二镜按比例长短相配便“能聚一物像”，使远而小的物象看得十分清楚。既然望远镜由凸凹镜组成，那么将望远镜拆开，里面便会有一片凹镜，用此镜可以解除远视者之苦：“用远镜之中洼镜，则物象从镜角形入，目乃合其习性，视物自明矣。”

五、西洋琴画开拓声像异境

传入明朝的西洋乐器是自然乐和铁丝琴两种。自然乐也叫编箫、自鸣琴或天琴，最早由葡萄牙人传到澳门。王临亨曾在澳门见过自然乐：“制一木柜，中置笙簧数百管，或琴弦数百条，设一机以

---

① 罗渔译：《利玛窦书信集》上册，第208—211页。

② （明）顾起元：《客座赘语》卷6“利玛窦”，中华书局1987年版，第193—194页。

运之。一人扇其窍，则数百簧皆鸣；一人拨其机，则数百弦皆鼓，且疾徐中律，铿然可听。”[①]这种西洋琴随着利玛窦在内地传教的成功，也被安置在北京等地的天主教堂中。明末清初吴长元所说的编箫可能就是这种自然乐：“西洋天主堂内有编箫二座，中各有三十二层，每层百管，合三千余管，凡风雨、波涛、讴吟、战斗与百鸟之声，皆可模仿。”[②]明末清初吴伟业在其诗“异物每邀天一笑，自鸣钟应自鸣琴”[③]提到的自鸣琴也可能就是这种自然乐。由于是自然鸣琴，所以也叫天琴。明崇祯八年刘侗、于奕正在其所撰《帝京景物略》中也有介绍：“天琴：铁丝弦，随所按，音调如谱。”[④]明末清初吴长元《宸垣识略》卷7对这种“天琴”也有介绍：“天主堂构于西洋利玛窦，自欧罗巴航海九万里入中国，崇奉天主。堂制狭以深，实正面向外，而宛若侧面……左右两砖楼夹堂而立。左贮天琴，日向午则楼门自开，琴乃作声，移时声止，楼则闭矣。”明末清初孙承泽在其《天府广记》卷38中也提到了天琴：“天主堂在宣武门东，构于西洋利玛窦。……所制有简平仪、龙尾车、沙漏、远镜、候钟、天琴之属。”

铁丝琴则是利玛窦赠送给神宗皇帝的礼品，令后者“嘉叹”不已。[⑤]铁丝琴虽然与天琴都有铁丝弦，但天琴是人操控后的自然鸣奏，而铁丝琴则需要人来演奏。利玛窦令助手庞迪我教授神宗派来的宦官演奏铁丝琴，“这些从未接触过西洋乐器的中国学生在技法上颇有进步”。利玛窦还利用这支宫廷乐队希望为他们演奏的乐曲配上

---

① （明）王临亨：《粤剑编》卷3“志外夷”，第91—92页。

② （明）吴长元：《宸垣识略》卷16。

③ （清）姚之骃：《元明事类钞》卷27“礼乐门”。

④ （明）刘侗、于奕正：《帝京景物略》卷4“天主堂”，第229—230页。

⑤ （明）刘侗、于奕正：《帝京景物略》卷5“利玛窦坟”，第303—304页。

中文歌词的机会，编写了8支歌曲，称之为《古琴之歌》。[①] 利玛窦为此写道："万历二十八年，岁次庚子，窦具贽物赴京师献上。间有西洋乐器雅琴一具，视中州异形，抚之有异音，皇上奇之。因乐师问曰：'其奏必有本国之曲，愿闻之。'窦对曰：'夫他曲旅人罔知，惟习道语数曲，今译其大意，以圣朝文字，敬陈于左。'"[②] 结果这些歌曲非常受人欢迎，"为了满足对歌曲抄本的需求，神父他把它们连同其他一些曲子用欧洲文字和汉字印刷成一本歌曲集"[③]。

明代传入中国的西方艺术物品还有西洋画作、雕塑和拥有西洋装帧形式的书籍。西洋画舍其内容不论，其外在形式和作画方式则反映了西洋物质和科技的进步程度。较早见到西洋雕塑的是刘天虞，自称"向往澳中，见塑像几欲与之言，熟视而止"。王临亨在澳门见到西洋画作和雕塑后加以描述道："其他传神及画花木鸟兽，无不逼真，塑像与生人无异。"[④] 顾起元也曾见过利玛窦携到南京的西洋油画，感受颇深："所画天主，乃一小儿，一妇人抱之，曰'天母'。画以铜板为帧，而涂五采于上，其貌如生，身与臂手俨然隐起帧上，脸之凹凸处，正视与生人不殊。人问画何以致此，答曰：'中国画但画阳，不画阴，故看之人面躯正平，无凹凸相。吾国画兼阴与阳写之，故面有高下，而手臂皆轮圆耳。凡人之面，正迎阳，则皆明而白，若侧立，则向明一边者白，其不向明一边者，眼耳鼻口凹处皆有暗相。吾国之写像者解此法，用之故能使画像与生人亡异也。'"[⑤] 不久，利玛窦将西洋画作赠送给了神宗皇帝，其中有

① 沈定平：《明清之际中西文化交流史——明代：调适与会通》，第381页。
② ［意］利玛窦：《西琴曲意八章》，载李之藻辑：《天学初函》第1册。
③ 何高济等译：《利玛窦中国札记》，第401页。
④ （明）王临亨：《粤剑编》卷3"志外夷"，第91—92页。
⑤ （明）顾起元：《客座赘语》卷6"利玛窦"，第193—194页。

“《天帝图像》一幅，《天帝母图像》二幅”①。当神宗派宦官询问“欧洲宫殿和帝王生活”时，“利玛窦不仅呈上随身带来的绘有西班牙王宫、威尼斯教堂和旗帜的西洋图画，并加了简略的文字说明”②。

利玛窦将西洋画式传入中国，给明代士大夫带来了强烈的印象：“大西洋琍玛窦所携诸画像，俱蜡地重着色人物，俨映冰壶间。是六法别传异。今西士在漳南者，以此为生涯矣。尝见月上女图，佛光所摄处，摩登伽作横陈，光景殊幻绝。此采桃曼倩，亦颇神彩生动。余更有准提像，则纸上设色，不但妙相庄严，抑亦宝光焕发，虽吴道子运笔，谅莫能过。允宜冠亚墨利加也。”③明末刘侗等对北京天主教堂中的西洋藻绘及油画也作了描述与赞美：“天主堂，堂制狭长，上如覆幔，傍绮疏，藻绘诡异，其国藻也。供耶稣像其上，画像也。望之如塑，貌三十许人。左手把浑天图，右叉指若方论说次，指所说者。须眉竖者如怒，扬者如喜，耳隆其轮，鼻隆其准，目容有瞩，口容有声，中国绘事所不及。”④孙承泽在《天府广记》卷38中对西洋画形象逼真的特色有极强的印象：“所画天主乃一小儿，妇人抱之，曰天母。其手臂耳鼻皆隆起，俨然如生人。”

除了洋画外，还有装帧艺术性很强的洋书也对明代的中国人产生了极强烈的印象。利玛窦送给建安王的礼物中，“最使他高兴的莫如两部按欧洲样式装订、用日本纸张印刷的书籍，纸很薄，但极坚韧，确实到了很难说哪部质量更好的地步。其中一部书附有几幅地图、九幅天体轨道图，四种元素的组合，数学演示以及对所有图画

---

① 黄伯禄：《利玛窦疏》，《正教奉褒》，上海慈母堂1904年。转引自沈定平：《明清之际中西文化交流史——明代：调适与会通》，第377—378页。

② 何高济等译：《利玛窦中国札记》，第401页。

③（明）汪砢玉：《珊瑚网》卷42《名画题跋》一八。

④（明）刘侗、于奕正：《帝京景物略》卷4“天主堂”，第229页。

的中文解说”[1]。在南京，顾起元见到了利玛窦带来的《圣经》等书籍：“携其国所印书册甚多，皆以白纸一面反复印之，字皆旁行，纸如今云南绵纸，厚而坚韧，板墨精甚。间有图画人物屋宇，细若丝发，其书装钉如中国宋折式，外以漆革周护之，而其际相函，用金银或铜为屈戌钩络之，书上下涂以泥金，开之则叶叶如新，合之俨然一金涂版耳。”[2]看来，这些是精装的书籍。

六、西洋织品进入明人生活

明初的西洋布是指东南亚或南亚一带土产的布匹，但随着葡萄牙、西班牙和荷兰殖民者占领这些地区，西洋布专指欧洲工艺制作的精细织品。

早期的西洋布来自东南亚和南亚。随郑和下西洋的马欢在其《瀛涯胜览》中称：“西洋布曰扯黎，出于邻邦坎巴夷之属。每匹阔四尺五寸，长二丈五尺，直金钱八文。”成书于洪武二十一年的《格古要论》载：“乡姻鄹凤律得西洋布，其白如雪，阔七八尺。”[3]

自15世纪末地理大发现以后，传到中国的西洋布便特指欧洲出产的织品，而且仍然是由葡萄牙、西班牙等占据的东南亚、南亚输入中国。据艾儒略在《职方外纪》卷2介绍“法兰得斯”时称：“其妇女与人贸易无异男子，顾其性极贞洁，能手作错金绒，不烦机杼，西洋布最轻细者皆出此地。”欧洲是西洋布的原产地，而殖民地马六甲（时为葡萄牙所据，称佛郎机）一带的西洋布则多是宗主国

① 何高济等译：《利玛窦中国札记》，第301页。

② （明）顾起元：《客座赘语》卷6“利玛窦”，第193—194页。

③ （清）陈元龙：《格致镜原》卷27《布帛类》。

转运过来或海外生产的。谈迁称佛郎机“其人猫睛鹰嘴，卷发赤须，而貌皆白……服锁伏、西洋布”[①]。明末方以智在《通雅》卷37《衣服佩饰》谓：“吕宋人来载西洋布，白腻精密，云有草织成。又有毛布以缠头者，即弥牟也。”此处的西洋布当是西班牙人占领吕宋（嘉靖四十四年，1565）后或纺织或行销的产品。万历以后，荷兰人也接踵而至，“所产有金、银、琥珀、玛瑙、玻璃、天鹅绒、琐服、哆啰哖”，“华人乐与为市”。[②]万历二十九年，王临亨在澳门时见到过西洋布、洋装及帨巾（即佩巾），他以好奇的眼光打量着这一切：“西洋之人，深目隆准，秃顶虬髯。身着花布衣，精工夺目。……其人闻税使宴客寺中，呼其酋十余人，盛两盘饼饵、一瓶酒以献。其饼饵以方尺帨覆之，以为敬。税使悉以馈余。……帨似白布，而作水纹，精甚，亦吾乡所不能效。”他还写道：“天鹅绒、琐袱，皆产自西洋，会城人效之，天鹅绒赝者亦足乱真，琐袱真伪不啻霄壤。”[③]叶权《游岭南记》记述澳门佛郎机人“衣西洋布单衫，下以布横围，无内衣，赤脚，时十二月甚寒，亦止衣此”[④]。

明代嘉靖以后，西洋布和西洋锦进入中国人的生活。嘉靖万历间只是贵族们珍藏和使用的重要物品。据《罪惟录》卷32“严嵩籍没案”载，当时籍没严嵩贪污受贿的钱物中，除黄金、白银、古董、宝石外，还有“织缎、绫、紬、绒、褐罗锦、洋布、洋锦共一万四千三百匹，内有五爪云龙过肩缎三匹，宋锦乙百一十七匹，琐幅一百六匹”。这里的洋布、洋锦、琐幅（一作琐袱）便是占据东南

---

① 《罪惟录》卷36“佛郎机国”。
② 《明史·外国传六·和兰》。
③ （明）王临亨：《粤剑编》卷3“志外夷”，第91—93页。
④ （明）叶权：《贤博编》附《游岭南记》，第44—46页。

亚某些地区的葡萄牙或西班牙人进贡或销来的织品。葡萄牙人生产的紫色绸缎在万历间也颇有名气。据沈定平称，当新任两广总督刘继文欲占肇庆教堂以为自己的生祠，限令传教士撤出肇庆时，“利玛窦于是利用代北京朝廷向葡萄牙商人购买紫色绸缎的机会抵达澳门”[①]以商量对策。证明明廷对西洋丝绸的制作技术也有了相当程度的肯定。晚明时，西洋布应用稍广。江苏如皋人冒襄（1611—1693）便用意大利传教士毕方济赠送的西洋夏布为小妾董小宛做成一件轻衫，冒辟疆在《影梅庵忆语》中称其“薄如蝉纱，洁比雪艳”，董小宛以退红为里，制成轻衫，冒称此“不减张丽华桂宫霓裳”，引起一时轰动，“凡有钱者任其华美，云缎外套遍地穿矣”。[②]

七、西器东传是西学东渐的媒介和先导

西器东传是西学东渐的先导和媒介。对于传教士来讲，西方器物是作为传播西方天主教义的敲门砖和润滑剂。像教堂陈列的三棱镜、自鸣钟等物品，都是耶稣会总会长阿瓜维瓦从欧洲寄来的。[③]利玛窦总是在关键时刻，将自鸣钟、三棱镜、望远镜、自鸣琴等奇器拿来作为礼品，以便贿赂中国官员，达到其既有目的。

这是耶稣会士对中国社会认真研究后作出的对策。西方研究利玛窦的专家乔纳森·斯彭斯说：“从保存下来的里奇（利玛窦）与拉吉利（罗明坚）的信件中可以看出，自着手传教工作起，他们就这

① 沈定平：《明清之际中西文化交流史——明代：调适与会通》，第330页。
② （清）姚廷遴：《纪事编》。转引自冯天瑜等：《中华文化史》，上海人民出版社1990年版，第722页。
③ 罗渔译：《利玛窦书信集》下册，第109—110页。

样不倦地寻求着使传教事业获得成功的策略，这就是给中国人送去合宜的礼物。他们看出，这可能是他们整个艰巨事业获得成功的关键。”[①]用西方奇器作为礼物结交中国官员乃至皇帝的做法，被利玛窦称之为“给社会进步的齿轮里注润滑油”[②]。事实证明，这确实是使中国传教事业取得进展的一个相当成功的策略。

早在广东时，利玛窦便“通过展示欧洲物质文明的一些成果，如钟表、图画和塑像、数学计算法、浮雕地图、镀金洋装书、新颖乐器等，以及谦恭而耐心地接待四面八方来教堂参观访问的官员和知识分子，使教士的名声传扬到广东之外”[③]，以利于他们进一步的传教。此后，利玛窦仍然用这种方法，并屡试不爽。

在北京，利玛窦将自鸣钟、自鸣琴等西器送给神宗皇帝，引得后者十分着迷。“晏处深宫对朝纲国事并无兴趣的万历皇帝，却对来自西方的传教士隆鼻多须的外貌、新奇的欧洲物品以及异国的文物制度充满了好奇心。最让这位皇帝着迷的，是那能自动报时的大小两架自鸣钟。”[④]因此神宗对送礼物的外国人也产生了兴趣。“皇帝陛下对这些新奇的钟如此着迷，于是他不仅想看看其他的礼品，也想看看这些送来礼物的异国人。”于是派两名丹青高手去描绘利玛窦和庞迪我的肖像供其欣赏。又由于对自鸣钟十分珍爱，所以派太监前往利玛窦住所学习摆弄和修理技术。“利玛窦虽然教会了几名太监摆弄时钟的技术，但由于管理人员的疏忽大意，自鸣钟仍经常需要修理，皇帝因担心时钟拿出宫外易遭损坏，便批准传教士可以进入皇宫修理，传教士就这样取得了出入皇宫的自由。”在利玛窦给太监

---

① ［美］乔纳森·斯彭斯著、王改华译：《利玛窦传》，第226—227页，转引自沈定平：《明清之际中西文化交流史——明代：调适与会通》，第227页。

② 何高济等译：《利玛窦中国札记》，第378页。

③ 沈定平：《明清之际中西文化交流史——明代：调适与会通》，第329页。

④ 同上，第379页。

讲授自鸣钟保养和维修的三天及随后的日子里，“皇帝派人向传教士询问他脑子里出现的有关欧洲的每一件事情，如风俗、土地、建筑、服装、宝石、婚丧及欧洲帝王的生活等”。于是利玛窦利用绘画、文字说明等方式回答万历皇帝关于“欧洲宫殿和帝王生活的询问”。过了些时日，这位皇帝又对贡品中的西翼琴发生兴趣，指令身边演奏弦乐器的四名太监拜传教士为师，学习演奏西翼琴的技巧，安排的学习时间达一个多月。利玛窦还利用这个机会编写了《西琴曲意八章》，乘机传播了西洋艺术和文明。

利玛窦获得皇帝的准许，便有了合法的保障，从而能够与更广大的文人士大夫往来，进而传播基督教文化。“传教士成功地在京城定居下来后，便开始了他们同中国最高层统治者的广泛交往。……利玛窦首先拜访的是内阁大学士沈一贯，赠送的一些西洋礼物中，主人非常喜爱用乌木精制的凹形日晷仪。为表示对来访客人的尊重，沈一贯盛情邀请神父们出席有其他大臣作陪的宴会。”这种由西器为先导的交往，最后总是会引出超出物质层面的观念和精神的东西。“席间，主人愉快地听取神父们谈论他们正在进行的工作，特别是关于基督教风俗的讲解”。沈一贯“还当众赞扬了欧洲一夫一妻的婚姻制度。”①

由上可见，西器的赠送，导致皇帝对赠送者的好感和修理者的需要，从而让利玛窦等留在北京并赐宅居住，成为建立教堂的基地。又由于明朝君臣对西器的好奇，引发了对西方社会风俗（如欧洲皇宫、一夫一妻制等）、文化、绘画、音乐的兴趣和学习。这些都足以证明西器东传是西学东渐的先导和媒介。

西器本身又蕴含着西方文化的智慧和精神，是西方社会工艺、技

---

① 何高济等译：《利玛窦中国札记》，第423—424页。

术、科技、制度等方面的集中体现。对明朝人来讲，虽然表面上接受的是西方奇器，但在潜移默化中仍然接受了西方的学术和文化。

八、西器对中国社会的影响

“风乍起，吹皱一池春水”，西器东传冲击了古老的中华文明，使得传统的士大夫产生分化，在对待西洋文明的态度上，或错愕，或敌意，或欢欣。部分进步的知识分子开始接受西洋文明。

一小批有远见卓识的明朝精英通过西器认识到西洋文明的先进性。徐光启、李之藻、李经天、王征等不仅对西洋奇器十分着迷，而且对制造这些奇器的西洋科学和技术充满热忱，并与传教士一道翻译西洋科技书籍，如《几何原本》、《泰西水法》和《奇器图说》等。针对当时部分人将西洋奇器当作玩赏之物的心态，他们指出望远镜等西洋奇器“其用之利可胜言哉！……补益人世亦大矣。奈何忽为悦目快心之具也”[①]。崇祯七年徐光启奏请建造当时先进的科学仪器日晷、星晷、望远镜，后由督修历法右参政李经天实施完成，用于测定历法的科学活动。同时，他们还将西洋火炮加以应用或改进，使之成为“中国长技”。这表明，中国当时在某些领域“与国际接轨”比较迅捷。

除上述精英外，部分士大夫也认识到西洋奇器及其背后蕴含的西洋文明的先进性。谢肇淛对“西僧利玛窦”的自鸣钟“每遇一时辄鸣，如是经岁无顷刻差讹”的精确性惊叹为“神矣”。[②] 他们还从

① 《新法算书》卷23《远镜说》。
② （明）谢肇淛：《五杂组》卷2“天部二”，第40页。

比较中认识到西洋奇器的先进性。叶权《贤博编》中由衷地赞赏佛郎机所造鸟嘴铳枪管“光莹，无毫发阻碍，故发则中的”，客观地认识到中国技术工艺的落后之处：“中国工人卤莽，裹铁心而合之，甚至三节接凑，然后钻剉，其中既不圆净，又忽断裂，万不及也。”沈德符《万历野获编》卷30称明朝虽然“仿其式并方制造”，但“未能尽传其精奥”。

在比较中，他们甚至朦胧地意识到西洋近代科技文明将给人类带来的巨大变化和历史转折。叶权《贤博编》通过葡萄牙鸟嘴铳性能优越的思考，敏锐地感觉到此物的划时代意义：“昔刘、项相距广武间，羽数令壮士挑战，汉王使楼烦辄射之。羽怒，自出，楼烦不敢动。使有此物数支，伏阵中攒指之，何惧项羽哉！三国时，斗将令有此，虽十吕布可毙也。”沈德符也认识到西洋“火器之能事毕矣”，“盖药至人毙，而敌犹不觉也。以此横行天下，何虏敢当之”。[①]姜宸英也指出：“万历间用红夷火药炮，赍以攻城。此炮一发，而流血成沟，骨肉糜烂，虽有韩、岳之将，百万之师，无所用其巧矣。”[②]实际上预言了冷兵器时代的末路和热兵器时代的曙光。

明代士大夫通过对西器的考察，还认识到世界文明多源并存的事实，甚至承认西洋文明在某些方面优于中华文明。王弘（1622—1702）称：“西洋人言月体不圆，如黄金堆月中，黑者即其凹处。天河如云气者，皆小星昴，不止七星。盖以所造远镜验之也。大抵西洋之学，专奉耶稣，于三氏外别立宗旨，其与吾儒学，均也。然天文奇器，则有独长。”[③]既认识到西洋天主教与儒教的均等地位，同时又承认西洋的天文奇器独有所长。这一论断完全不同于天朝上国

---

① （明）沈德符：《万历野获编》卷17“兵部 · 火药”，第432页。

② （清）姜宸英：《湛园札记》卷3，景印文渊阁四库全书本。

③ （明）王弘：《山志》初集卷1，中华书局1999年版，第10页。

唯我独尊的文化自大主义，反映出其思想深处的多元文化倾向。

并非所有人都对西器及西学有正确的理解。因为不懂科技原理，部分传统士大夫对西洋奇器产生了模糊甚至错误的认识。直到万历年间，有人仍不理解眼镜矫正近视的科学道理。陈懋仁在其《庶物异名疏》中对眼镜的功用便表达了错愕和疑惑的心态：“叆叇，今俗谓之眼镜是也。若壮岁目明者用之，则反昏暗伤目。殊不可解。”他还误认为千里镜中的凸形玻璃镜片可能是一种像珠子一样的圆形东西：“粤之香山澳中有物，如大珠，置筒中，可视百里外，见人须眉亦具。”[①] 丰万也错误地认为眼镜“乃刮大车渠之珠囊制之，常养露中，勿令干死，然后可照字”[②]。万历三十七年（1609）九月七日，有“郡中诸老咸集，坐有宦闽广者，因谈海事”，认为红毛番（荷兰人）船上的帆是进攻武器，“帆樯阔大，遇诸国船，以帆卷之，人舟无脱者”[③]。

另有部分比较正统的士大夫对西器及西学产生了抵触的情绪。他们自觉或不自觉地便表现出“古已有之”的心态。晚明徐应秋《玉芝堂谈荟》卷27《鸡鸣枕》称：“近时西洋制有自鸣钟，按十二时有声。中国颇有能为之者，设机系丸，至期丸坠而发响耳。《客坐新闻》：偶武孟为武冈州幕官，因凿渠得一瓦枕，枕之，闻其中鸣鼓，起擂一更至五更，鼓声次第不差。既闻鸡鸣，亦至三唱。”他将自鸣钟与自鸣枕相提并论，表明西器的精巧并不稀奇，意在抵消对自鸣钟的羡慕和崇拜心理。明末有自称“光迹昌元四十六丁亥之间人”者，先是极力称赞“西士在漳南者”的洋画“虽吴道子运笔，谅莫能过”，但最后又说“西画固足异”，但“国初杨萱以髹笔妙

---

① 转引自陈元龙：《格致镜原》卷58《燕赏器物类二》。
② 同上。
③（明）李日华：《味水轩日记》卷1，第43页。

绘，染几屏几器具上，山水人物花鸟无不精绝”，将杨萱漆画与西洋油画相提并论，有不服输之意。[1]孙承泽面对西洋眼镜之神奇，也产生了“古已有之”的心态以及西洋奇器不足为奇的念头：“西洋天主教人神奇其说，云自万历年中，彼教入中国始有（眼镜）者。非也！偶见《吴匏翁诗集》中有《谢屠公送西域眼镜》篇……观此镜之形模毕具……所云产西域，则文定之为吏侍，当在弘治正德间，彼时中国久有此镜矣。何待天主教始能造也?”[2]但不知道吴宽所获赠的眼镜，仍然有可能是由欧洲经由西域（中亚）传入中国的。

更有部分保守的士大夫已超出了简单的抵触，对西器及西学产生了强烈的排斥心理。如晚明大臣历任吏部侍郎、南京礼部尚书、大学士的朱国祚便曾著《琐里行》一诗，对来自琐里国的自鸣钟及其计时功能，流露出排斥的思想倾向：“海外大九州，一稃一粟岛屿浮。是何琐里国？治历知春秋。鬃槊验一线，针将子午求，曾未识中夏，帆从何处收？虬须鹘眼𩑶其面，海舶初来寄江甸。巧将制器媚中涓，自鸣钟献黄金殿。吾思历象由羲和，纵有岁差良不多。岂容小邦定正朔，倒置列宿成愆讹。古来明王异物恒不贵，远人留之甚无谓，况乎天官有禁祕不传，毋俾此辈紊我灵台篇。”[3]这样的高层官员对自鸣钟等西洋仪器在天象观测上的排斥态度，对于明代社会学习西洋文明无疑会有较大的阻碍作用。类似的高官还有礼部侍郎署南京礼部尚书沈漼，在南京兴起教案，迫害传教士，排斥西学。此外，福建霞漳儒士黄贞特编《破邪集》一书，攻击天主教学说乃至整个西方文明。晏文辉甚至指出：“惟天地开辟以来，而中国之教，自伏羲以迄周孔，传心有要，阐道有宗，天人之理，

① （明）汪砢玉：《珊瑚网》卷42《名画题跋》一八。
② （明末清初）孙承泽：《砚山斋杂记》卷4，文渊阁四库全书本。
③ （清）朱彝尊编：《明诗综》卷59《朱国祚五十八首》。

发泄尽矣，无容以异说参矣。”①

西器东传对中国的影响程度，与西器本身的实用性、明朝内部社会阶层的接触面以及心理承受能力和消费能力等密切相关。西器中，最先传入中国而又为中国社会所接受的是火器，被迅速应用于抗倭、平乱和辽东战场。此外，自鸣钟、眼镜、西洋布则在明代社会生活中应用较多。望远镜或被应用于观测天象，或被系于折扇尾作为观玩之具，或少量地应用于海船和大炮上。西洋乐器一般局限于教堂和宫中。至于天球仪、地球仪、日晷等只在政府的钦天监有一定的应用。

明代，西器在中国的传播和接受是不平衡的，从社会阶层来看，皇帝宗室、士大夫、将领和商人比较容易接触到西方器物。由于战争的迫切需要，军事首领对西洋火炮的引进和仿制颇为积极；作为中国传统文化的负载者，明代士大夫则对西器的引入产生了分化，部分学者持排斥和敌意的态度，部分表示欢迎，并产生了多元文化观念。从地域来看，东南沿海接触西器的机会较多，因此，他们也是较多关注和记载西器的人群。《东西洋考》的作者、对西洋眼镜和西洋布多有介绍的万历时人张燮（1574—1640，字绍和），是福建漳州府龙溪县人。嘉靖四十四年（1565）进士、在《稗史类编》中介绍过眼镜的王圻（字元翰）是上海青浦人。在《庶物异名疏》中对眼镜和千里镜作过介绍、万历间曾任福建泉州府经历的陈懋仁是嘉兴人。对来自琐里国的自鸣钟及其计时功能有所了解的朱国祚（字兆隆）是浙江秀水人。将西洋自鸣钟与中国传说的自鸣枕相提并论的徐应秋（字君义）是浙江西安人，万历四十四年（1616）进士，历官福建左布政使。著有《万历野获编》并对西洋奇器多有记

① 《南宫署牍》引“晏文辉疏”，《圣朝破邪集》卷1。

载的沈德符，也是浙江嘉兴人，万历末中进士，曾随父祖居北京，后又回到南方。《粤剑篇》作者王临亨（字止之），是江苏昆山人，万历十七年进士，授浙江衢县知县，又任海盐知县、杭州知府。至于明代西学巨擘的徐光启是上海人，李之藻（字振之）是浙江仁和（今杭州市）人。东南沿海人不仅关注和记录西器，而且还常动手仿制和大力推广。如明末苏州秀才薄珏（字子玉），《启祯野乘》称其“洞晓阴阳占步（就是天文算学）制造水火诸器”。拥有一小型车间，内有锻、炼、碾、刻等各种工具，以此制成铜炮、水车、水铳、地弩、算筹、起重负担机各种器具。所制铜炮旁边还装有千里镜设备，铁弹发射得很远且准。[①] 另一个重要的例子是将大量西洋火炮应用于辽东战场的袁崇焕（字元素），是广东东莞人，又曾任福建邵武知县，故对西洋奇器比较敏感并产生兴趣，正如马楚坚所说：“袁氏能破时代而运作西洋大炮始于中国，想其当对此有所认识……其为岭南人，时游学出入广州，此地为中外贸易、传教之重地，又邻澳门，可谓当时中西文化交流之跳板。……西方科技火炮岂有不关注之理，故其识见自有别于北方其他文武，而近于徐光启等数人，致有徐氏视之为‘同志’之推誉。”[②] 有些学者虽然不是东南沿海人，但有过在东南沿海任职和游历的经历。王征虽然是陕西泾阳人，但天启二年中进士后曾任扬州府推官。明代嘉靖年间安徽休宁人叶权（字中甫），曾游历广东，在所著《贤博编》中对赞葡萄牙的鸟嘴铳等作了热情洋溢的介绍。在《帝京景物略》中记载了天主教堂及其西器的刘侗（字同人），虽是湖北麻城人，但中崇祯甲戌进士后，任吴县知县，对西洋奇器比较敏感。除东南沿海外，首都

---

① 谢国桢：《明代艰苦朴素的科学家薄珏》，《明清史谈丛》，辽宁教育出版社 2000 年版，第 39—40 页。

② 马楚坚：《西洋大炮对明金态势的改变》，《明清边政与治乱》，第 175 页。

北京也是接触西器的重要场所，因为不少西器都是“番使”入贡的，且传教士也在首都建立宣传西器和西学的据点——教堂。《帝京景物略》的另一位作者于奕正（字司直）便是北京宛平人，介绍宣武门外的天主教堂，历历在目。

九、西器传播在明代社会受阻的原因

西洋奇器在明代社会虽有一定程度的应用和推广，但并不普及，究其原因，既有西器本身的缺陷，也有明代社会经济、政治和文化观念上的问题。现分述如下：

第一，早期西洋器物的自身缺陷，直接影响到它在中国的推广和流行。明张燮发现，佛郎机与爪哇“二国用铳形制同，但佛郎机铳大，爪哇铳小，国人用之甚精，稍不戒则击去数指，或断一掌一臂”①。天启三年八月，明朝试验从葡萄牙澳门政府手中购买的英国加农大炮时，“不知是否炮身制造不坚，抑因点放不得其当，炮忽炸裂”了一门，“碎片飞入天空，葡籍炮手一人”②、“选锋一名”③，“及其若干乡人竟因而殒命”。“华人迷信最重，往往以一例他故，试验炮之举不能继续举行。而文武百官及皇上自己，亦以葡军之来，原为增援，乃竟伤害其所志愿保护之人，遂断其必有害无利，立命返澳，毫无挽回余地”④。仿制之议遂搁浅。朱国祯（1558—1632）亲身体验到：“火枪、火炮，守则得力，若战，不及弓矢便捷。此余

① （明）张燮：《东西洋考》卷12，第248—249页。
② 巴里笃：《耶稣会史中国之部》，第771页，方豪：《明末西洋火器入我国之史料》，收《东方杂志》第40卷第1期，第51页。
③ 《明熹宗实录》卷37，天启三年八月甲申。
④ 巴里笃：《耶稣会史中国之部》，第771页。

亲在行间得之。”[①]《明史·袁崇焕传》载天启六年正月努尔哈赤攻宁远，明通判“启倧亦以然（燃）炮死”。性能如此不稳定，自然影响到明军在使用西洋大炮时的信心。

第二，西洋奇器的仿制和推广成本太贵，明代财政难以应付。谭纶在《条陈蓟镇未尽事宜以重秋防疏》中特别强调要“广利器”，所广利器乃佛郎机火炮，但造佛郎机火炮需要花费大量的铜或铁：“其制必用铜，其次用铁。铜之巨者，每具计费二十金，次亦不下十五金；铁之巨者，每具计费八九金，次亦不下五六金。点放不得其宜，易破，破必伤人。更制则其费又半之。以故不能多具，具亦不敢轻用。”点明西器成本太贵。于是，他提出了仿制西式火器最经济的方法——将佛郎机炮改为木制：“用坚木为体，长七尺，围一尺四寸，中空径寸，外束以铁箍六道。计其工费，共用银三钱三分，坏则止易其木，而铁箍则长存。费省而用巨，莫有善于此者！”因此他建议大力推广这种木筒佛郎机火炮。但这种木制火铳缺点十分明显，即炮管易坏，依谭纶之见“坏则责令该路取木易之，再坏再易”，但是，在激烈交战的战场上是不允许从容更换炮筒的，因此，这种木筒佛郎机不可能推广。

第三，西器推广受到明朝政治制度的严重影响。由于重文轻武，军队缺乏有效的管理和训练，因此在掌握新式火器时毫无章法和纪律，当敌兵冲进明军阵地十步以内、火器无法发挥作用时，明军便丧失斗志，溃不成军。明人沈德符虽然承认从荷兰红毛夷手中得到的火器“药至人毙”，可以“横行天下”，但同时指出明朝士兵在使用时，“守炮者畏怯，虏未来而先放。比对阵，则药尽，反速战

① （明）朱国祯：《涌幢小品》卷12“火器”，文化艺术出版社1998年版，第265页。

士之奔。此自来通病也”[①]。又据《罪惟录》卷20《兵志总论》载：“明末兵器莫奇于火炮，然兵之弱，反因之恃此，则十步之内无兵也。况复遗此焚身者与敌，适自救其围哉。”由于政治的腐败，明军的火器缺乏有效的制度性保障。谭纶莅镇伊始，便发现“各军所持火器虽多，率自名为快枪，其长仅仅一尺，又制造弗精，点放无法”。每一营3000人中仅有18位鸟嘴铳手，武库只有“敝坏不堪鸟铳数十百架”，“盖皆前此当事者强人习学不成，不但伤损其铳，又因逼逃其军，遂弃之不讲。以甚利之器，置之无用之地，真可惜哉！”[②]谭纶在隆庆二年时便上疏呼吁要多造火器发边，但直到四年四月二十五日，蓟镇火器推广情况还是十分糟糕，于是他特上疏指出“蓟州、永平、昌平、密云各兵备道呈称，阙乏火药器械”，“各边之器，则皆束之高阁”，蓟镇火器缺乏情况，他给出了一个数字：“今准咨称缺少佛郎机至五千零二十位，快枪至八千二百杆，缺少铅弹至六十七万七千个，火药至五万六千二百斤。”[③]尽管边将充分认识到西式火器的重要意义，但火器缺乏和配套设施不完备的现象并无好转，这种状况，越到后来越糟糕。可见，明军虽有长技，但制度废弛，管理不善，使配套的火药、器械浪费很大或得不到有效的使用。

鉴于火器的巨大威力，以维护皇权统治为终极目的的明朝政府，对火器进行了严格的限制，以免流落民间，从而对其政权产生威胁。据《明史》卷92《兵志四》载：“宣德五年，敕宣府总兵官谭广：‘神铳，国家所重，在边墩堡，量给以壮军威，勿轻给。’正统六年，边将黄真、杨洪立神铳局于宣府独石。帝以火器外造，恐

① （明）沈德符：《万历野获编》卷17“兵部·火药”，432页。
② （明）谭纶：《早定庙谋以图安攘疏》，《谭襄敏奏议》卷5。
③ （明）谭纶：《沿边缺乏火器速乞请发以充备御疏》，《谭襄敏奏议》卷10。

传习漏泄，敕止之。”又载：“利器不可示人，朝廷亦慎惜之!”此时的火器还不是西式火器，乃是中国本土火器，但亦为朝廷所禁，这对中国本土火器的发展也极为不利，以致后来不得不仿制西式火器，但这种防禁的思维，对西式火器的仿制和改良，也同样起到了阻碍作用。《续文献通考》卷134《兵考·军器》载：“兵器莫备于我朝，私习之禁，莫严于我朝。”神宗万历二年（1574）三月，蓟镇请火器，工部言：“京库厂局火器例不发边，独蓟镇密迩京师，破格量发数次。”二十六年三月，“严私煎私贩硝黄之禁。凡各省置造火器，召商贩者必给有印信公文，开明硝黄数目，又必严禁出海商船，但盘有硝黄即戮遣无赦”。王圻《续通考》曰：“凡火器系内府兵仗局掌管，在外不许成造，其铜铁手把铳、碗口铳，边关奏讨及添造必须奏准铸造给用。”

为了保持政权巩固和社会稳定，明代政府实行严厉的海禁政策，限制了西洋商品的输入。顾炎武《天下郡国利病书·洋税考》载：“嘉靖中，有佛郎机船载货泊浯屿，漳龙溪八九都民及泉之贾人往贸易焉。巡海道至发兵攻夷船，而贩者不止。总督闽浙都御史朱纨获通贩者九十余人，悉斩之，而海禁严。”在平定倭寇之乱后，朝廷推行更加严厉的海禁政策，致使西方商品难以顺畅地进入中国，也造成了西方与中国的隔离。

第四，西器传播受到中国社会传统观念的价值低估或极力排斥。中国传统社会长期重道轻器，要么将西洋奇器仅当作玩具，要么视其为“奇技淫巧”加以排斥。西洋奇器的发明，是顺应西方社会需要而产生的，而到了中国，常常被当作玩具来对待。据沈定平称“万历皇帝的兴趣”仅仅“在那玲珑精致的欧式小闹钟”[①]上。有

① 沈定平：《明清之际中西文化交流史——明代：调适与会通》，第387页。

人甚至将西洋望远镜等仪器也当作玩具，徐光启等在《新法算书》卷23《远镜说》中严肃指出，望远镜科学价值很大，“补益人世亦大矣。奈何忽为悦目快心之具也？”而正统的理学家和道学家则将西器视为奇技淫巧，从“重道”的角度“轻器”，重视振风俗、正人心，而轻视科技文明的巨大作用。如崇祯时理学家刘宗周便认为“止用若望铸炮小器，恃以御敌，岂不贻笑边方？”[①]此事的经过是：辽东战急，御史杨若侨“荐西人汤若望善火器，请上召试”。刘宗周表示反对：“御史之言非也。臣闻用兵之道，太上汤武之仁义，其次桓文之节制，下此非所论矣。迩来边臣于安攘御侮之策，战守屯戍之法，概置不讲，恃火器为司命。今破城陷邑，岂无火器而然哉？我用之以制人，人得之亦可以制我。不见河间反为火器所破乎？……不恃人而恃器，国威所以愈顿也。汤若望唱邪说以乱大道，已不容于尧舜之世，今又作为奇巧以惑君心，其罪愈无可逭！乞皇上放还本国，永绝异教。”最后竟矫枉过正地提出“火器终无益于成败之数。国家大计当以法纪为主，法纪修则人心肃，人心肃则阃外用命”[②]。刘宗周抓住了明师重器不重人的弊端，但走向了忽视利器的另一极端。理学家朱舜水也有类似的言论：“大明颇有绝高手，铳炮亦甚多。但民心既背，坚军利兵，适足为盗耳。”[③]强调民心的向背和整饬，固然不错，但忽视技术的改进与战术的演练则是中国社会观念的误区。直到清朝乾隆年间，《续文献通考》的修纂官员声称：“崇祯时，大学士徐光启请令西洋人制造发各镇，然将帅多不得人，有委而去之者。及流寇犯关，三大营兵不战而溃，枪炮皆

---

① （清）李清：《三垣笔记》“崇祯”，中华书局1982年版，第204页。

② （明末清初）黄宗羲：《南雷集》卷2《子刘子行状上》，四部丛刊初编本。

③ （明末清初）朱舜水著、朱谦之辑：《朱舜水集》卷9《答小宅生顺书十九首》之三，中华书局1981年版，第314页。

为贼有，反用以攻城。守障中官已多异志，虽亦发炮击之，皆空器贮药，取声震而已。西洋巨炮不足恃如此，又况诸番器耶？”西洋长技不足恃的论调，直到鸦片战争时，在晚清“理学名臣”徐桐那里仍然听得到。这种“重道轻器”的观念与清初“重骑射轻火器”政策的结合，使得早已成为“中国长技”的西式火器，长期缺乏改进和推广，不幸地再次与世界先进水平拉开距离，成为中国的短处和软肋。以致当中华老大帝国备受“西夷”之长技凌辱时，魏源不得不提出“师夷长技以制夷”的主张。而这时，距明嘉靖五年（1526）首倡仿制佛郎机火器已过去300余年了。

（原刊《兰州大学学报》2006年第1期，此处略有修改）

明至清中叶长江流域的西器东传

一、长江流域西器东传的概念、分期及特点

从静态角度分析，文化一般分为器物、制度、风俗和观念四个层面，器物是文化形态中最浅表的层面；然而从动态角度分析，文化又是一个整体，器物中也浸润和蕴含着制度、风俗和观念的成分。以器物为视点去观察文化，既可专注以往人们比较忽视的物质层面的文化现象，又可折射其他文化层面的内容和样式，并进而透视文化形态的根本实质。

西器，是指欧美创制和生产的器物，包括农牧业产品、工业产品和科技产品，属于西方物质文明的范畴。《易传》称："形而上者谓之道，形而下者谓之器。"意思是超越具体的物质形态的精神观念叫做道，以具体的物质形态存在的现象叫做"器"，明确地将文化分为物质与精神两大类。西器便是西方输入的"形而下"的物质形态，与基督教教义、西方近代科学思想、人文精神等分属不同的文化范畴。本文所讲的西器，则主要指明清时期由西方输入中国的物质成品，尤其是指技术含量较高的手工及工业制品、科技仪器等，对于西洋小白牛、荷兰马、旃檀树、牡丁香之类的农林牧业产品，由于缺乏技术含量，不易反映西方的时代进步，则不在本文探讨之

列。本文以明清为断限，是因为明清正是西方从中世纪跨入近现代的文化转型时期，而中国的古典文明也恰在这一时期逐渐落后于西方社会，因此探讨这一时期西器东传及对中国社会的影响，勾勒中国文化在应对西洋器物文明挑战时的实际状况，可以寻绎中国传统文化衰落的原因、近代文化滋生并形成的过程，以及中西文化交流中碰撞、涵化及融合的特殊历程及一般规律。

明清的西器东传是西学东渐[①]的先导，西器常常是作为传教士传播基督教文化观念的敲门砖。由于文化传播的一般规律是由器物逐步向制度、风俗和观念层面深入，因此，为了传播基督教文明，耶稣会士便以自鸣钟、三棱镜等器物作为与中国人建立感情联系的见面礼。同时，西方殖民者如葡萄牙、西班牙、荷兰、英国等国的探险家、商人，则以获取利润为目的，直接向东方倾销商品，输入西器，但自觉不自觉地也向明清时期的中国输入了西方制度、风俗及观念。

长江流域是指长江及其支流流经的区域，本文所指的长江流域，特指长江及其支流流经的省、市、区，范围较前者略大，包括今天的青海、西藏、四川、云南、贵州、重庆、湖北、湖南、江西、安徽、江苏、浙江和上海。需要指出的是浙江，本来与长江没有直接联系，但由于大运河的沟通，特别是它与江苏、上海的密切关系，故本文径将其列入长江流域。

西器在长江流域的传播，分为明至清中叶和晚清两个时期。前一时期虽然时间跨度大，但西器输入的品种少、速度慢和范围窄；后一时期虽然时间较短，但西器输入的密度大、速度快和范围广。

① 关于西学东渐，学界研究甚多，而对于西器东传则少有探讨。本文拟对明清长江流域的西器传播及应用情况作简要的概括。

明至清中叶，西器的传播主要是由南而北，穿越长江流域；晚清西器的传播主要是由东而西，沿长江逆水而上，向中国腹地纵深推进。这是因为前期西器输入的口岸主要是澳门和广州，无论是澳门的传教士还是中国的广东地方官员，都将西器送往首都，因此他们不约而同地自广东出发，经江西、江苏，沿运河北上，抵达北京。如此一来，长江流域的江西、江苏则是西器输入和传播的重要地区，而该流域的其他省区，西器的传播尚难以到达。晚清以后，中国的国门大开，上海、宁波、南京、汉口、宜昌、重庆等成为西方列强强辟的通商口岸，尤其是上海，取代广州而成为中国最大的西器输入口岸，英、法、美、意、德、日等国的商品源源不断地自上海输入内地，特别是从长江下游输入中上游地区。

明至清中叶，西器输入长江流域的主要是西方早期手工艺制品和科技仪器，如自鸣钟、三棱镜、铁丝琴、千里镜、火枪、火炮、书籍、洋画等物。晚清时期，受洋务运动的影响，输入长江流域的西器则比较有迹可循，首先是军事装备，如洋枪、洋炮、弹药、军舰（木帆舰艇、铁甲舰）、水雷等，其次是民用设备，如纺织机器、铁路、火车、电气、电灯、电报、电话、自来水、黄包车、自行车等。与前期零散传入不同，后期的西器都是成批、成规模地输入，并很快为中国人所仿造。

西方器物在前一时期的传入比较分散和零碎，因此对长江流域的社会没有产生大的影响，后一时期由于如潮水般地涌入，因此对长江流域的社会文化产生了强烈的冲击或潜移默化的影响。本文拟对前一时期长江流域的西器东传作初步探讨。

明至清中叶，长江流域的西器东传还处于初级阶段，其传播方向是从广东入江西、江苏而后北上抵京，可谓纵向穿越长江流域。

二、江西：西器由广东传入长江流域的第一个省份

介于长江中游与下游之间的江西，受西洋器物文明的影响较早。这主要是由于它处在南北交通要道之上，是澳门、广州与北京之间的必经之路。早期的西器东传路线，正是由澳门、广州出发，然后抵达江西。于是江西成为西器东传在长江流域的第一个省份。

明代耶稣会士利玛窦正是从广东通过江西抵南京、北京的。利玛窦随着奉召赴京的兵部侍郎石星，从韶州出发，翻越梅岭，从南安乘船抵赣州，进入长江流域。当时石星因遭水祸，有意将利玛窦送回韶州。于是利玛窦拿出随身携带的一块被明人誉为“宝石”的三棱玻璃镜，赠给石星，才得以继续随其家属顺水路前往南昌。为北上京城作准备，利玛窦的随员范礼安将搜集到的油画、钟表等西方珍品全都送到了南昌。1595 年 11 月 4 日，利玛窦在写给耶稣会总会长阿瓜维瓦的信中，谈到了南昌市民摩肩接踵地拜访他的原因之一，便是想观赏来自欧洲的各种器物，如三棱镜、油画、精装书籍、世界地图以及各种科学仪器，民众对此颇感新奇。[①]在南昌，利玛窦还在学生们的帮助下制造了各种各样的日晷，“标明着天体的天球仪和表明整个地球表面的地球仪以及其他科学仪器”[②]分送给中国民众和官员。首次拜见南昌建安王朱多炜时，在呈献的礼物中，最使这位王爷高兴的是两部用日本纸张而按欧洲样式装订的书籍。利玛窦还赠送南昌知府王佐两座石制日晷，并在南昌留下了由他绘制的与中国不同的世界地图。与利玛窦过从甚密，且为其居留南昌出过大力的硕儒章潢，所撰《图书编》卷 29 中，收录了《舆地山海全

---

① 罗渔译：《利玛窦书信集》上册，第 208—211 页。

② 何高济等译：《利玛窦中国札记》下册，第 351—352 页。

图》6幅。据章潢称："此图即太西所画，彼谓皆其所亲历者。且谓地像圆球，是或一道也。"1598年6月，利玛窦随同南京礼部尚书王忠铭从南昌出发，取道南京前往北京，途中，王忠铭观赏了利玛窦准备送给皇帝的礼品，其中之一便是一幅刻在大板上面的世界地图。[①]在南昌，利玛窦还刻印了《天主实义》和《畸人十篇》等书，作为礼品送人。据沈定平所讲，利玛窦在从韶州北上南昌的途中，曾不断用随身携带的天文仪器进行测量，详细标明所经城市的纬度。特别是在南昌，更运用西洋仪器准确测定并预报日食时间，与此同时明朝朝廷的钦天监却因计算错误而愆期。[②]

由于江西特殊的地理位置，以及像利玛窦这样的西洋传教士在江西的影响，使江西成为较早接受西洋器物文明的地区之一。江西奉新人、晚明著名学者宋应星（1587—?），在任江西分宜教谕时所著《天工开物》一书中，不止一次地叙说西洋"火药机械"、"焊铁之法"制造技术的优点和实际的威力。如说："焊铁之法，西洋诸国别有奇药……故大炮西番有锻成者，中国则惟事冶铸。"而冶铸者，"历岁之久，终不可坚"，又易生裂缝，不像西方锻造者坚固。又："西洋炮，熟铜铸就，圆形若铜鼓，引放时，半里之内，人马受惊死……红夷炮，铸铁为之。身长丈许，用以守城。"[③]过去一般认为受识见和地域的限制，西学对宋应星影响甚微，但仔细察考起来，可稽之处亦复不少。在《天工开物》中记载倭缎（实即西洋天鹅绒）、布衣、造白糖、炮、硫黄、佳兵、火器等条目内，都有关于西洋食品、衣物、火器及制造技术的介绍。可见江西在近代以前西器东传

① 何高济等译：《利玛窦中国札记》下册，第320页。

② 沈定平：《明清之际中西文化交流史——明代：调适与会通》，商务印书馆2001年版，第609页。

③（明）宋应星：《天工开物》卷10《锤锻》；卷15《佳兵》。

中的特殊地位。

江西在近代以前所拥有的这种通道优势，使得当地成为西器传播的重要地区，比较容易地采集到西方器物。清康熙六十一年（1722）万寿节时，各省大臣皆进土特产方物，唯有江西巡抚王企埥所献，多为闻所未闻的外洋器物，因其既奇且异，被收录于《养吉斋丛录》卷24中："罗纹纸二十张，格尔莫斯一瓶，歌尔德济辣一瓶，哩哑嘎一瓶，巴木撒木香避风巴尔沙摩一瓶，番红花一瓶，巴尔白露一瓶，哑挂济拿摩摩三瓶，金济纳（案即金鸡纳）一瓶，包衣巴尔二瓶，安利摩牛一包，苏济尼三瓶，甘佛蜡一座，巴尔加德哩一瓶，阿都尔则一瓶，西洋班毛一匣，波罗额德一瓶，色路撒一包，沙宾香一瓶，达尔默的歌一瓶，翁文多哩歌一瓶，武马武一包，撒勒步路蜡一瓶，西洋硫黄一包，苏尔佛助一盒，哑挂辣喜纳一瓶，百蜡济多露我乐二瓶。皆异域之产，名仍国语，或传写错误，莫能详译矣。"[①] 这些礼品多不可考，但金济纳即金鸡纳，是欧洲人在殖民美洲时发现的一种治疟疾的特效药；沙宾香可能就是香槟，是产自法国香槟省的葡萄酒；西洋班毛、西洋硫黄，也毫无疑问为来自西方的器物。

利玛窦在南昌展示近代天文仪器的行为，对江西一带的人也有示范作用。据钱泳（1759—1884）《履园丛话》"铜匠"条载："近时婺源齐梅麓员外又倩工作中星仪，外盘分天度为二十四气，每一气分十五日，内盘分十二时为三百六十刻，无论日夜，能知某时某刻某星在某度，毫发不爽，令天星旋转，时刻运行，一望而知，是开千古以来未有之能事，诚精微之极至矣。其法日间开钟对定时刻，然后移星盘之节气，线与时针切（如立春第一日，则将时针切

① 转引自祁美琴：《清代内务府》，中国人民大学出版社1998年版，第154页。

立春第一线)，则得真正中星，如夜间开钟对定中星，然后移时针与星盘之节气线切，则得真正时刻。”婺源原属安徽，但距江西景德镇很近，风气得染至此。

西器对江西的生产起到一定的影响。清雍正、乾隆年间，唐英监江西景德镇窑务，“仿古采今，凡五十七种。自宋大观，明永乐、宣德、成化、嘉靖、万历诸官窑，及哥窑、定窑、均窑、龙泉窑、宜兴窑，西洋、东洋诸器，皆有仿制”[①]。可见，早在近代以前，江西的景德镇便在仿制西洋瓷器。

此外，江西还是使用西洋火炮较早的地区。康熙十三年，吴三桂、耿精忠并反，犯江西。朝廷命安和亲王岳乐为定远平寇大将军，率师征讨，攻克靖安、贵溪，上疏道：“三桂闻臣进取，必固守要害，非绿旗兵无以搜险，非红衣炮无以攻坚。请令提督赵国祚等率所部从臣进讨，并敕发新造西洋炮二十。”[②]可见，清代康熙年间，在江西战场上便已使用了荷兰人的红衣大炮。

二、江苏：早期长江流域西器东传的轴心地区

江苏是前近代西器传入长江流域的轴心地区。西器从广东北传江西后，接着便直达江苏（明为南直隶)，因此江苏特别是南京成为西器纵向传播的轴心；同时，西方器物又从南京沿长江向上海和汉口方向流传，因此江苏南京又成为横向传播的轴心。明代作为南都的南京，为人文渊薮之地，士人云集，传教士一般都将此地作为扩

---

① 《清史稿·唐英传》。
② 《清史稿·太祖诸子列传二》。

大基督教影响、寻求北上发展的重要据点。另一方面，由于南京设有操江衙门，负责上下江防，因此最早从澳门和广东传入中国的西洋火器便被应用于江防之上，使南京成为重要的西器聚散地。与南京不远的苏州，自然也成为西器传播的辐射区域。

早在明嘉靖年间，南京便成为西洋火器仿制的城市。据沈德符（1578—1642）记载："嘉靖十二年，广东巡检何儒，招降佛郎机（即葡萄牙）国，又得其蜈蚣船铳等法。论功升上元县主簿，令于操江衙门督造，以固江防。三年告成，再升宛平县丞。中国之佛郎机（指葡萄牙所造火炮），盛传自此始。"① 但据《明会典》卷193记载，早在嘉靖二年（1523）便造大佛郎机32副，七年造小佛郎机4000副；嘉靖三年四月，明政府正式在南京铸造大型葡式铳炮。

万历二十六年（1598），耶稣会士利玛窦等人从江西进入江苏，在传播西洋精神文明的同时，扩散着西方物质文明。在南京，利玛窦在与焦竑、李贽和顾起元等士大夫的交往过程中，曾展示过西洋器物。顾起元（1565—1628）曾记载了利玛窦所携西式画幅、精装书籍、特殊纸张、自鸣钟、铁丝琴、珍珠宝石等西器的情况："利玛窦西洋欧罗巴国人也。面皙，虬须，深目而睛黄如猫，通中国语，来南京居正阳门西营中。自言其国以崇奉天主为道，天主者，制匠天地万物者也。所画天主，乃一小儿，一妇人抱之，曰'天母'。画以铜板为帧，而涂五采于上，其貌如生，身与臂手俨然隐起帧上，脸之凹凸处，正视与生人不殊。……携其国所印书册甚多，皆以白纸一面反复印之，字皆旁行，纸如今云南绵纸，厚而坚韧，板墨精甚。间有图画人物屋宇，细若丝发，其书装钉如中国宋折式，外以漆革周护之，而其际相函，用金银或铜为屈戌钩络之，书上下涂以

---

①（明）沈德符：《万历野获编》卷17"兵部·火药"，中华书局1959年版，第432页。

泥金，开之则叶叶如新，合之俨然一金涂版耳。所制器有自鸣钟，以铁为之，丝绳交络，悬于簴，轮转上下，戛戛不停，应时击钟有声。器亦工甚，它具多此类。利玛窦后入京，进所制钟及摩尼宝石于朝。"[①] 关于利玛窦所携之西洋画幅，虽属精神文明，但本身又是艺术物品，其形式而非内容，对中国人产生了强烈的刺激。顾起元指出："欧罗巴国人利玛窦者，言画有凹凸之法，今无解此者。"[②] "画以铜板为帧，而涂五采于上，其貌如生，身与臂手俨然隐起帧上，脸之凹凸处，正视与生人不殊。人问画何以致此，答曰：'中国画但画阳，不画阴，故看之人面躯正平，无凹凸相。吾国画兼阴与阳写之，故面有高下，而手臂皆轮圆耳。凡人之面，正迎阳，则皆明而白，若侧立，则向明一边者白，其不向明一边者，眼耳鼻口凹处皆有暗相。吾国之写像者解此法，用之故能使画像与生人亡异也。'"李贽在与利玛窦晤面后，曾赠与纸折扇，并题有短诗[③]，利玛窦是否回赠以所带西器，虽史无明证，但不妨以理测之。此后，利玛窦携带"耶苏像、万国图、自鸣钟、铁丝琴"等礼物[④]，离开南京前往北京。

利玛窦在南京传播的西器，还包括具有全新世界观念的地图。早年在肇庆绘制并雕版印刷的《山海舆地全图》，已经流传至江南，被非常喜欢这幅地图的应天巡抚赵可怀镌刻在苏州的石头上，还临摹了一幅送给随利玛窦同行的官员王忠铭。当赵可怀获悉此地图的作者已来到南京，便迫不及待地邀请利氏去其驻地句容做客，

---

① （明）顾起元：《客座赘语》卷6"利玛窦"，中华书局1987年版，第193—194页。
② （明）顾起元：《客座赘语》卷5"凹凸画"，第153页。
③ （明）李贽：《焚书》卷6，岳麓书社1990年版，第250页。
④ （明）刘侗、于奕正：《帝京景物略》卷5"利玛窦坟"，上海远东出版社1996年版，第303—304页。

予以隆重的接待和礼遇。[①]1599年末至次年春，利玛窦居留南京时，担任南京吏部主事的吴中明曾“要求利玛窦神父修订一下他原来在广东省所绘制的世界舆图，给它增加一些更详尽的注释。他说他想要一份挂在他的官邸，并放在一个地方供公众观赏。利玛窦神父非常乐于从事这项工作，他大规模地重新绘了他的舆图，轮廓鲜明，便于检查。他加以增订并改正了错误，毫不迟疑地修订了整个作品。他的官员朋友对这个新舆图感到非常高兴。他雇了专门刻工，用公费镌石复制，并刻上了一篇高度赞扬世界舆图及其作者的序文。这幅修订的舆图在精工细作和印行数量上都远远超过原来广东的那个制品。它的样本从南京发行到中国其他各地，到澳门甚至到日本”[②]。其中一份为贵州巡抚郭子章所得，他把全部舆图复制成一本书的形式以广流传。地图是道器合一的西方器物。

南京人似乎更愿意接受其器物文明成果，而激烈排斥所传的基督教教义。据沈德符《万历野获编》卷30“外国·大西洋”所载，“利玛窦字西泰，以入贡至……今中土士人授其学者遍宇内；而金陵尤甚。盖天主之教，自是西方一种”。然而，“丙辰，南京署礼部侍郎沈漼、给事晏文辉等，同参远夷王丰肃等，以天主教在留都，煽惑愚民，信从者众。且疑其佛郎机夷种，宜行驱逐”。结果王丰肃等人被递解广东抚按督令西归。

后来，利玛窦的徒弟罗儒望曾来南京，亦携有西方器物，顾起元曾有所记载：“后其徒罗儒望者来南都，其人慧黠不如利玛窦，而所挟器画之类亦相埒，常留客饭，出蜜食数种，所供饭类沙谷米，洁白逾珂雪，中国之粳糯所不如也。”[③]

---

① 何高济等译：《利玛窦中国札记》下册，第320—324页。

② 同上，第355页。

③ （明）顾起元：《客座赘语》卷6“利玛窦”，第193—194页。

江苏作为西器在长江流域传播的轴心地区，还在于它常常成为外国贡使沿运河入京的必经地区。据姚廷遴《历年记》所载，清康熙六年八月，“余在苏州胥江，见荷兰国朝贡大船六只，伴送兵船数只”，发现其“人略似西洋天主等形象，但衣服竟短齐膝……发长至肩，自然卷转。头戴毡笠，足履无跟……其袜如绒，甚小……记此知外邦人物如是也”。虽然未能看到其所携贡品，但这些洋人的穿着打扮和所乘船只，已经透露出西洋物质文明的某种信息。

另外，商人也将江苏作为推销西器的市场。据《消夏闲记摘抄》上载，晚明的苏州“洋货、皮货、细缎、衣饰、金玉、珠宝、参药诸铺，戏园、游船、酒肆、茶店如山如林”①。

江苏早期输入的西洋器物品种主要有自鸣钟表、光学仪器、玻璃制品等。第一，自鸣钟、洋表。这是江苏最为风行的西洋奇物。反映清康熙年间社会生活的小说《红楼梦》，谓“锦衣卫”抄宁国府时，一下子抄出钟表18件。贾府平日里“外间屋里槅上自鸣钟”当当响（第50回），宝二爷“回手向怀内”一掏，便能“掏出一个核桃大的金表来”（第45回）。就连伺候琏二奶奶王熙凤左右的奴仆差役“随身俱有钟表，不论大小事都有一定的时刻”（第14回）。最有名的钟，要数刘姥姥一进荣国府时听见“咯当咯当的响声，很似打罗筛面一般”，“忽见堂屋中柱子上挂着一个匣子，底下又坠着一个秤砣似的，却不住地乱晃……正发呆时，陡听得当的一声，又若金钟铜磬一般……接着又是八、九下”。刘姥姥见的是一百年前由惠更斯发明的那种摆钟。曹雪芹是1764年去世的，生前还没有大量进口。所以第72回说，王熙凤那个金自鸣钟花了560两银子，如果按

---

① 转引自刘志琴：《明代饮食思想与文化思潮》，见《中国社会历史评论》第2卷，天津古籍出版社2000年版，第323—324页。

今天的银价折合，怕也要值五六万人民币。第92回冯紫英带来4种洋货，“一个儿童拿着时辰牌”的自鸣钟，外加24扇隔子开价5000两银子，连贾府也嫌太贵。[①]以清代康熙、雍正年间河道事务为背景的小说《儿女英雄传》，讲男主人翁之父安学海授河工知县后，前往淮安河道总督衙门拜见上司河道总督，所送的礼物不过是些“京靴、《缙绅》、杏仁、冬菜等件”。总督门上家人看了，便向巡捕官发话道：“这个官儿来得古怪呀！你在这院上当巡捕也不是一年咧，大凡到工的官儿们送礼，谁不是绛绣呢羽、绸缎皮张，还有玉玩金器、朝珠洋表的，怎么这位爷送起这个来了？他还是河员送礼，还是‘看坟的打抽丰’来了？这不是搅吗！没法儿见，也得给他回上去。”[②]从总督家人的讥讽中，可见当时送给总督的贵重礼物中便有西洋器物——洋表。乾隆80大寿时，两淮盐政使准备贡物，有一广东商人前来出售一架大型的自鸣钟，于是发生了一段离奇的故事。据《清代野史大观》载：“乾隆间西洋通商仅广东一口，钟表呢羽各玩物，其精致工巧，胜今日百倍，价亦极昂。时高宗八旬万寿，两淮盐政办贡，有一粤人以一巨橱售之，中具庭舍，门启则一洋人出对客拱手，能自研墨，取红笺作‘万寿无疆’四字，悬之壁后，拱手而退。人皆惊为神。定价五万，两将交价矣。盐政门丁索费五千，粤人愕不与。门丁曰：‘过明日一钱不值矣。’粤人不之信。次日果退货不复购，不得其故。徐侦之，盖门丁说其主曰：‘其物虽巧，全由关捩耳。设解京小有损，进御时脱落末一字，则奇祸至矣。’盐政深然之。遂不售。小人谗构之功，真可翻覆黑白。然其言

---

① 参见刘善龄：《西洋风——西洋发明在中国》，上海古籍出版社1999年版，第221页。

② （清）文康：《儿女英雄传》第二回，“沐皇恩特授河工令，忤大宪陷县监牢”，中州古籍出版社1998年版，第23页。

亦诚至有理。但以索费不得而出之，则真小人也矣。”①

第二，光学仪器。包括望远镜、显微镜等。据刘献廷《广阳杂记》卷4载，他曾远眺采石西南东西对峙横截江中的梁山（天门山），只见“山上长松古柏，郁然参天，山后人家，参差隐见于松柏中，风帆盘于两山之间”，于是“以玻璃镜照，毫发皆见”。这里的玻璃镜便是望远镜，显系西洋舶来之物。明末苏州人薄珏曾仿制过千里镜，置于铜炮之侧，说明当时江苏已传入过这种仪器，所以他才能仿制。

第三，玻璃制品。玻璃中国古代曾经炼制过，后来技术失传。明清以后的玻璃大都是从西方舶来的商品或仿制品。反映清康熙年间江宁织造曹寅府上生活的小说《红楼梦》，其第18回对大观园元宵灯节盛况作了描写：“贾妃下舆登舟，只见清流一带，势若游龙，两边石栏上，皆系水晶玻璃各色风灯，点的如银光雪浪；上面柳杏诸树虽无花叶，却用各色绸绫纸绢及通草为花，粘于枝上，每一株悬灯万盏；更兼池中荷荇凫鹭诸灯，亦皆系螺蚌羽毛做的，上下争辉，水天焕彩，真是玻璃世界，珠宝乾坤。”

第四，西洋药品。康熙五十一年（1712），时任江宁织造的曹寅得疟疾后，曾对李煦言：“必得主子圣药救我。”康熙于是在李煦的奏折上朱批云：“今欲赐治疟疾的药，恐迟延，所以赐驿马星夜赶去。但疟疾若未转泄痢，还无妨，若转了病，此药用不得。金鸡拿专治疟疾，用二钱末，酒调服。若轻了些，再吃一服，必要住的。”及至西药传至南京，曹寅已经去世。

江苏作为西器传播轴心的地位，还在于刻印和撰写有关西器及

① 小横香室主人编：《清朝野史大观》五《清代述异》卷12“铜人写字”，上海书店1981年版，第128页。

其原理的著作。如扬州刻印了一部有关西洋器物及其原理的著作，这就是传教士邓玉函与王征合著的《远西奇器图说录最》，该书由邓口授，王征译绘成书。其书内容是从千百种新奇的西方器具中精选出来。王征在选择时相当严格："不甚关切民生日用者不录，非国家工作之所急需者不录，器之工值甚巨者不录，重繁者不录……"

西洋物品也曾被外国人赠送给江苏的士人。如江苏如皋人冒襄（1611—1693）便用意大利传教士毕方济赠送的西洋夏布为小妾董小宛做成一件轻衫，冒辟疆在《影梅庵忆语》中称其"薄如蝉纱，洁比雪艳"，董小宛以退红为里，制成轻衫，冒称此"不减张丽华桂宫霓裳"。引起一时轰动，"凡有钱者任其华美，云缎外套遍地穿矣"①。

除了西洋传士输入西器外，到过澳门、广东、北京等地的江苏人还主动接受西洋物质文明。由于江苏在明清时期为文化发达之地，当地通过科举入仕者甚众，这些人常常游历四方，将西洋器物文明传回江苏。如明嘉万时江苏昆山县人王临亨（1548—1601），中进士后长期在外游宦，当利玛窦尚在南京居留的时候，他就于万历二十九年（1601）奉命到广东审案，根据此次途中的见闻编撰成《粤剑编》一书，内有"志外夷"一篇，专门记录"香山澳"（即澳门）的西洋人及其风俗，当然也包括西洋器物文明。清初，江苏常州人吴历，曾到北京与汤若望相识，在《读史偶述》诗中描述了汤若望身边的西器状况："西洋馆宇逼城阴，巧历通玄妙匠心。异物每邀天一笑，自鸣钟应自鸣琴。"② 吴历自称"晚年作画，好用西

---

① （清）姚廷遴：《纪事编》；转引自冯天瑜等：《中华文化史》，上海人民出版社 1990 年版，第 722 页。

② 程穆衡：《吴梅村诗集浅注》卷 18，上海古籍出版社 1983 年版，第 507 页。

法”，曾到澳门学道，所谓“试观罗马景，横读辣丁文”[1]。江苏常州府阳湖县（今江苏武进县）人赵翼（1727—1814），在其《簷曝杂记》卷2中专立“钟表”一目，对西洋自鸣钟、洋表作了介绍：“自鸣钟、时辰表，皆来自西洋。钟能按时自鸣，表则有针随晷刻指十二时，皆绝技也。”他还在“西洋船”一目中，对西洋船舶的先进性作了介绍，指出：“西洋帆则每絙皆着力，一帆无虑千百絙，纷如乱麻，番人一一有绪，略不紊。又有以逆风作顺风，以前两帆开门，使风自前入触于后帆，则风折而前，转为顺风矣，其奇巧非可意测也。红毛番舶，每一船有数十帆，更能使横风、逆风皆作顺风云。”

由于直接接触或间接了解西器的机会较多，至明末清初江苏已开始仿造西洋器物。自鸣钟是江苏人较早仿制的西洋制器。据江苏金匮（今无锡）人钱泳（1759—1844）在《履园丛话》中称：“自鸣钟表皆出于西洋，本朝康熙间始进中国，今士大夫家皆用之。……近广州、江宁、苏州工匠亦能造，然较西洋究隔一层。”清初南京人吉坦然是一位仿制自鸣钟的行家。据刘献廷《广阳杂记》卷3载：“吉坦然，江宁人，流寓衡阳。……通天塔，即自鸣钟也。其式坦然创为之，形如西域浮屠，凡三层，置架上，下以银块填之。塔之下层，中藏铜轮，互相带动，外不得见。中层前开一门，有时盘，正圆如桶，分为十二项，篆书十二时，牌为下轮之所拨动，与天偕运，日一周于天，而盘亦反其故处矣。每至一时，则其时牌正向于外，人得见之。中藏一木童子，持报刻牌，自内涌出于中层之上，鸣钟一声而下。其上层悬铜钟一口，机发则鸣，每刻钟一鸣，交一时则连鸣八声，钟之前有韦驼天尊象，合掌向外，左右巡视，更上

① 李兰琴：《汤若望传》，东方出版社1995年5月，第86页。

则结顶矣。此式未之前见。宜供佛前，以代莲花漏。予恳坦然拆而示之，大小轮多至二十余，皆以黄铜为之，遂得其窾窾。然于几何之学，全未之讲，自鸣钟之外，他无所知矣。”

江苏还成为西洋玻璃制品的仿制中心。首先，西洋眼镜在江苏首先被输入和仿制。眼镜曾被明清人称作“叆叇”，赵翼《陔余丛考》称：“古未有眼镜，至明始有之，名曰叆叇。”眼镜有单片镜（单照）和双片镜。苏州是较早输入眼镜的地区，明人所绘《南都繁会景物图卷》中，在“兑换金珠”店的幌子下便有一位戴眼镜的老者，这是迄今所见最早的中国人戴眼镜的图画。据《道光苏州府志》称“单照明时已有，旧传为西洋遗法”。又《吴县志》载，清初苏州眼镜匠孙运球曾经制作过70多种镜子，被人誉为“巧妙不可议”。其次，显微镜也被仿制。孙运球曾仿制过被称为“察微镜”的显微镜。其三，江苏人还仿制游戏之用的“西洋镜”。据乾隆时人李斗称：“江宁人造方圆木匣，中点花树、禽鱼、怪神、秘戏之类，外开圆孔，蒙以五色玳瑁，一目窥之，障小为大，谓之西洋镜。”① 这显然也是西洋传过来的器物，而为南京人所仿造者。

在仿制西器的过程中，出现了一些著名的专家。如明末苏州秀才薄珏（字子玉）便是其中之一。《启祯野乘》称其“洞晓阴阳占步（就是天文算学）制造水火诸器”。他制成铜炮、水车、水铳、地弩、算筹、起重负担机各种器具。所制铜炮旁边还装有千里镜设备，铁弹发射得很远，也非常准确，见者无不称赞其技术高妙。他制器在一小车间内，内有锻、炼、碾、刻等各种工具。亲自从事制造工作，并向徒工们讲解制造原理。《启祯野乘》称“其学奥博，不

---

①（清）李斗：《扬州画舫录》卷11“虹桥录下”，江苏广陵古籍刻印社1984年版，第253页。

知何所传”，谢国桢认为可能是中国社会自身蕴藏的智慧之显现①。笔者则认为可能受到西方物质文明的影响。下面这个例子可能说明问题。据刘献廷称：“昔闻薄子珏曾制一镜，能返照桅竿斗中鸟雀，历历可数，凡物之在高在深，非有盖覆者，皆可照见。”②薄珏所制镜子，乃是据西洋水银镜技术而仿制。

由于江苏工匠仿制西器有一定的经验和较高的技术，因而与广东工匠一起被征入宫中使用。据《清宫述闻》载：“造办处工匠，向令苏州织造及粤海关监督等挑选送京。”宫中造办处主要任务便是仿造西洋器物：“造办处有炮枪处、油木作、玻璃厂、盔头作、灯裁处、铸炉处、舆图房、金玉作、匣裱作、做钟处。又炮枪处随同平署钉安铁料活计，并擦抹上用、官用炮枪。”乾隆时造办处又增加了眼镜作。③可见江苏在传播西器文明中的特殊地位。

三、早期西器在长江流域其他地区的流传

江苏以东的上海和浙江地区，除了接受江苏传播过来的西器文明外，还直接接受来自粤闽和北京等地的西洋物质文明。

上海在明代属于松江府，亦属南直隶管辖。由于此地在明代防御倭寇，属于闭关锁国的前沿，因此流传至上海的西器应当不是海上舶来，当是由南京输入。但至清代，上海的濒海地位，使它成为许多商船停泊的重要口岸。据鸦片战争前上海海关船舶进出口登记

① 谢国桢：《明代艰苦朴素的科学家薄珏》，《明清史谈丛》，辽宁教育出版社2000年1月版，第39—40页。

② （清）刘献廷：《广阳杂记》卷4，中华书局1957年版，第220页。

③ 章乃炜：《清宫述闻》，北京古籍出版社1988年版，第165—168页。

簿记载，每年有2000多只帆船载各种各样的本国货和外国货从外洋来到上海。外国人也对上海港印象深刻，鸦片战争前夕来访的英国人马丁（R. M. Martin）说，上海“铺多得惊人，各处商业繁盛，一进黄浦江就看到江上帆樯如林”[①]。

明代末年，由于上海人徐光启（1562—1633）对西学的理解和积极参与，使天主教及其所依托的西洋物质文明，得以顺利地推广至上海地区。徐光启于万历二十四年（1596）曾作为家庭教师随赵凤宇赴广西，遇郭居静，得闻天主教义及西方科学技术。二十八年结识利玛窦，三年后入教。中进士后任翰林院庶吉士，在北京从利玛窦等传教士研习欧洲近代科学，译《几何原本》等。天启三年擢礼部右侍郎，旋受宦官魏忠贤排挤回乡，乃广搜博采，撰著《农政全书》，书中对西方水利机械及其灌溉作用有深刻的认识。他曾就“泰西水法”多次请教于耶稣会士熊三拔。熊深恐此法盛传将掩没其传教本意，徐光启则开导说：“器虽形下，而切世用，兹事体不细已。”于是由熊氏口述，徐光启笔记其说，遂成《泰西水法》。[②]崇祯元年复官，不久升礼部尚书，主持编纂《崇祯历书》，制造天文仪器。五年，兼东阁大学士，次年升文渊阁大学士。上疏言：“可以克敌制胜者，独有神威大炮一器而已……惟尽用西术，乃能胜之。欲尽其术，必造我器尽如彼器，精我法尽如彼法，练我人尽如彼人而后可。”[③]曾督造的鹰嘴铳、鸟铳等共106门火器。卒于北京，葬于上海徐家汇。

有徐光启这样的开放心态及崇高地位影响，上海因此得以成为

---

① 转引自姚贤镐编：《中国近代对外贸易史资料》第1辑，中华书局1962年版，第556页。

② （明）徐光启：《〈泰西水法〉序》，王重民辑校：《徐光启集》上册，上海古籍出版社1984年版，第66—67页。

③ （明）徐光启：《西洋神器既见其益宜尽其用疏》，王重民辑校：《徐光启集》上册，第288—289页。

较早接受西洋器物文明的地区。明万历三十五年徐光启邀西洋传教士郭居静至上海开教。崇祯十三年（1640）西洋教士潘国光借徐光启孙女之助，在上海城北安仁里潘允端的世春堂旧址（今梧桐路137号）建造天主教堂，名敬一堂。是为最早的天主教堂，人称“老天主堂”。尽管教堂为中国式建筑，但像其他地区的天主教堂一样，为了吸收当地百姓入教，教堂内照例陈列西洋自鸣钟、千里镜和三棱镜等物，使西洋器物文明传入上海。

西洋眼镜在上海有一定的市场。早在康熙五十八年（1791）上海人便在南市方浜路开办出售眼镜的“澄明斋珠宝玉器店”，后改为吴良材眼镜店。

此外，西洋自鸣钟和洋表在上海一带也较流行，以致有不少人开始仿制。清嘉庆十四年（1809），自幼喜爱钟表制作的松江人徐朝复专门著有《自鸣钟图法》，是现存唯一的清代钟表专著。

处于上海南边的浙江地区，接受西器文明的途径更为多元化。

江浙人对西洋器物的认识，最早可上溯到明代嘉靖末年，当时防倭将军戚继光在浙江与倭寇作战时，便仿制了西洋火器。据陈懋德《明代倭寇考略》第178页载，戚继光督造的战船配备了各式火器，如大型福船，装备有发贡（发贡又写作火贡，是一种大型火炮）1门，佛郎机6座，碗口铳3门，鸟枪10把。海沧船佛郎机4座，碗口铳3门，鸟枪6把。据《明史》载，西洋火器早在嘉靖初便由何儒在南京仿制。因此，戚继光之督造西器，不能排除从南京请来技术人员的可能。但随之而来的闭关锁国，使浙江人对西器的认识变得颇为淡薄。据浙江嘉兴人李日华（字君实）载，万历三十七年九月七日，在等候谒见“兵宪”周幼华时，郡中诸老咸集。“坐有宦闽广者，因谈海事”，对早期葡萄牙、西班牙殖民者印象模糊，涉及西洋船舶，也多奇谈：“其船甚长大，可载千人，皆作夹板，皮革束之，帆樯阔大。遇诸国船，以帆卷之，人舟无脱者。”[①]

然而，浙江与江苏一样，都属于经济文化发达地区，出外做官者甚多，因此能够将外面领略的西洋器物文明介绍或传播回来。明末浙江乌程（今吴兴）人朱国祯（1558—1632），在其《涌幢小品》中介绍过火器，认为“国朝火车、火伞、大二三将军等铳，四眼、双头、九龙、三出、铁棒、石榴等器，最利者为佛郎机、鸟嘴，近又增火桶、火砖，而用无可加矣。此外则猛火油最烈，今未之闻”[②]。尽管朱国桢对火器认识还比较肤浅，但已经认识到佛郎机火炮和鸟嘴铳等西洋火器最为厉害。成书于明代、由杭州人西湖浪子、梦觉道人撰写的小说《三刻拍案惊奇》在虚构靖难之役的济南之战时，提到过西洋火器。谓李景隆、铁铉、盛庸在城上“又将神机铳、佛郎机随火势施放，大败北兵”[③]。

至清初，浙江人对西器的描述更加详细和深入。浙江兰溪人李渔（1611—1679），在顺治年间（1644—1661）成书的小说《十二楼》之《夏宜楼》中，便描绘了一位公子瞿佶（字吉人）用望远镜窥探富家小姐詹娴娴在夏宜楼居住时的闺房生活，以达到与詹小姐成婚的目的。李渔指出“这个东西，名为千里镜，出在西洋，与显微、焚香、端容、取火诸镜，同是一种聪明，生出许多奇巧”，“千里镜：此镜用大小数管，粗细不一，细者纳于粗者之中，欲使其可放可收，随伸随缩，所谓千里镜者，即嵌于管之两头，取以视远，无遐不到。千里二字，虽属过称，未必果能由吴视越，坐秦观楚，然试千百里之内，便自不觉其诬。至于十里之中，千百步之外，取

---

① （明）李日华：《味水轩日记》卷1，上海远东出版社1996年版，第43页。

② （明）朱国祯：《涌幢小品》卷12，文化艺术出版社1998年版，第264—265页。

③ （明）西湖浪子、梦觉道人：《三刻拍案惊奇》第五回“烈士殉君难，书生得女贞”，岳麓书社1993年版，第41页。

以观人鉴物，不但不觉其远，较对面相视者，便觉分明。真可宝也”。有《西江月》一词为证：“非独公输炫巧，离娄画策相资，微光一隙仅如丝，能使瞳人生翅。制体初无远近，全凭用法参差。休嫌独目把人嗤，眇者来为善视。”并说：“这件东西的出处，虽然不在中国，却访异的人家收藏得有，不是甚么荒唐之物。但可惜世上的人，都拿来做了戏具，所以不觉其可宝。”同时，李渔还顺带介绍了他所知晓的其他西洋奇器：“显微镜：大似金钱，下有三足。以极微、极细之物，置于三足之中，从上视之，即亦为极宏、极巨。虮虱之属，几类犬羊；蚊虻之形，有同鹳鹤；并虮虱身上之毛，蚊虻翼边之彩，都觉得根根可数，历历可观。所以叫做显微，以其能显至微之物，而使之光明较著也。”根据李渔的描述，当时传入浙江的显微镜非复式显微镜，乃单显微镜。李渔还介绍了其他几种光学透镜焚香镜、端容镜、取火镜等：“焚香镜：其大亦似金钱，有活架，架之可以运动，下有银盘。用香饼、香片之属，置于镜之下盘之上。一遇日光，无火自爇。随日之东西，以镜相逆，使之运动，正为此耳。最为可爱者：但有香气而无烟，一饼龙涎，可以竟日。此诸镜中之最适用者也。端容镜：此镜较焚香、显微更小，取以鉴形，须眉毕备。更与游女相宜。悬之扇头，或系之帕上，可以沿途掠物，到处修容，不致有飞蓬不戢之虑。取火镜：此镜无甚奇特，仅可于日中取火，用以待燧。然迩来烟酒甚行，时时索醉，乞火之仆，不胜其烦。以此伴身，随取随得。又似于诸镜之中，更为适用。此世运使然。即西洋国创造之时，亦不料其当今至此也。……以上诸镜，皆西洋国所产。二百年以前，不过贡使携来，偶尔一见，不易得也。自明朝至今，彼国之中有出类拔萃之士，不为员幅所限，偶来设教于中土，自能制造，取以赠人。故凡探奇好事者，皆得而有之。诸公欲广其传，常授人以制造之法。然而此种聪明，中国不如外国，得其传者甚少。”①

清初西洋器物在浙江一般由古玩铺出售，但非成批出售。据李渔讲道：“（瞿佶）同了几个朋友，到街上购买书籍，从古玩铺前经过，看见一种异样东西摆在架上，不识何所用之。及至取来观看，见着一条金笺，写着五个小字贴在上面道：‘西洋千里镜。’”

从李渔的记载来看，当时浙江一般的知识分子都见所未见，闻所未闻：“众人问说：‘要他何用？’店主道：‘登高之时，取以眺远，数十里外的山川，可以一览而尽。’众人不信，都说：‘哪有这般奇事？’店主道：‘诸公不信，不妨小试其端。’就取一张废纸，乃是选落的时文，对了众人道：‘这一篇文字，贴在对面人家的门首，诸公立在此处，可念得出么？’众人道：‘字细而路远，那里念得出！’店主人道：‘既然如此，就把他试验一试验。’叫人取了过去，贴在对门，然后将此镜悬起。众人一看，甚是惊骇，都说：‘不但字字碧清，可以朗诵得出；连纸上的笔画，都粗壮了许多，一个竟有几个大。’店主道：‘若还再远几步，他还要粗壮起来。到了百步之外，一里之内，这件异物才得尽其所长。只怕八咏楼上的牌匾，宝婺观前的联对，还没有这些字大哩。’众人见说，都一齐高兴起来，人人要买。……吉人问过店主，酌中还价，兑足了银子，竟袖之而归。心上思量道：‘这件东西，既可以登高望远，又能使远处的人物，比近处更觉分明，竟是一双千里眼，不是千里镜了。我如今年已弱冠，姻事未偕，要选个人间的绝色；只是仕宦人家的女子，都没得与人见面，低门小户，又不便联姻。近日做媒的人，开了许多名字，都说是宦家之女，所居的宅子，又都不出数里之外。我如今有了千里眼，何不寻一块最高之地，去登眺起来？料想大户人家的

① （清）李渔：《十二楼·夏宜楼》，上海古籍出版社1992年版，第40—55页。

房屋，绝不是在瓦上开窗、墙角之中立门户的，定有雕栏曲榭，虚户明窗。近处虽有遮拦，远观料无障蔽。待我携了这件东西，到高山寺浮屠宝塔之上，去眺望几番，未必不有所见。看是那一位小姐，生得出类拔萃，把他看得明明白白，然后央人去说，就没有错配姻缘之事了。'"

从江苏沿江上溯是安徽。安徽在前近代属于比较封闭的地区，但皖南的徽州因为其商人足迹遍及全国，则显得比较开放。安徽人对西洋奇器有一定的见识。徽州商人室内布置，一般都在中堂内天地桌上摆上自鸣钟，左面置瓶右面安镜。[①]"左瓶右镜"是暗示在家留守的商妇安于平静，而自鸣钟则表明徽商在经营中近水楼台的特殊地位，因为自鸣钟在当时是一种时髦的外来商品。明代嘉靖年间安徽休宁人叶权（1522—1578），字中甫，曾游历广东，将其所见西洋文明特别是器物文明作了记录，在所著《贤博编》中称赞葡萄牙的鸟嘴铳"以精铁先炼成茎，立而以长锥钻之，其中光莹，无毫发阻碍，故发则中的"，"恃此为长技，故诸番舶惟佛郎机敢桀骜"。[②]清代乾嘉年间，著名学者皖派宗师戴震，便是安徽徽州休宁人，他在北京四库馆中修书，临死前一年患了足疾，又戴上了"老光之最"的眼镜。[③]安徽桐城人姚元之（1776—1852），嘉庆十年中进士，道光二十三年年迈离官，对西洋器物有所了解："闻番人言，红毛国中水火皆有专家，只许一家卖火，一家卖水，无二肆也。人家夜不举火，至晚，鬻火者能令室中自明，无俟燃烛也。欲水亦无告鬻者，屋宇皆有水法，水即自至，无俟担桶也。夷人多巧工，此语

---

① 参见姜昧茗：《论影响明清徽州民居的社会文化因素及表征》，华中师范大学历史文献研究所，2003年5月印，第41页。

② （明）叶权：《贤博编》，中华书局1987年版，第22页。

③ 见许苏民：《戴震与中国文化》，贵州人民出版社2000年版，第65页。

或不虚也。”[①]这里便介绍西洋自来水和管道煤气的情况。但明至清前期，直接叙述安徽西器应用情况的记载则比较少。

从安徽溯江继续西进便到了湖北。在明至清前期，湖北是内陆地区的九省通衢，然而，对于由海洋舶来的西器而言，在接受上则显得比较迟缓和封闭。不过，据《湖北通志检存稿·食货考》记载，清代早期汉口镇已有来自两广的洋货及洋药（鸦片）在市场上销售。另据《汉口竹枝词·市廛》的吟咏词中出现了“玻璃”，说明汉口已经有玻璃之类的洋货从海外进口，可见汉口的经济联系已经扩大到海外。西洋火器自明代中期便已在中国流传，因此湖北的战场上也使用过这种武器。康熙二十七年六月湖广督标裁兵夏逢龙作乱，据平武昌塘报称，清廷军队当时使用了火器：“臣指挥沿岸及先锋营开放战船枪炮，打沙船二只，淹死逆兵五百余名。”[②]这里的枪炮，便很可能有西洋鸟嘴铳等仿制品。明末清初，西洋传教士在湖北黄冈建天主教堂，“宏丽深邃，人不敢窥”。但当时湖北人对西洋天主教及其器物文明了解甚少。如认为天主教牧师“善作奇技淫巧及烧炼金银法，故不耕织而衣食自裕”，“工绘画，虽刻本亦奇绝，一帧中烟云人物，备诸变态，而寻其理，皆世俗横陈图也。又能制物为倮妇人，肌肤、骸骨、耳目、齿舌、阴窍无一不具，初折叠如衣物，以气吹之，则柔软温暖如美人，可拥以交接如人道，其巧而丧心如此”。这是时人对西洋传教士制造西器能力的歪曲理解。康熙中，黄冈令刘泽溥深恶之，议毁天主教堂，逐其人，但不久上司反责以多事。雍正二年，因大礼仪之争，朝廷禁天主教，西洋人除留京办事人员外，其散处直隶各省者，督抚转饬各地方官，查明

① （清）姚元之：《竹叶亭杂记》卷3，中华书局1982年版，第92页。
② （清）刘献廷：《广阳杂记》卷4，第229—230页。

果系精通天文及有技能者，起送至京效用，其余俱遣送澳门。“其所造天主堂，令皆改为公所。”①

与湖北隔江相对的是湖南。湖南的西器流传情况较湖北稍强，但与广东和江苏相比，相差较远。清初，刘献廷（1648—1695）游湖南衡阳时，称他于“壬申（1692）春日，于茹司马署中，与虞臣卧地看楚地全图，图纵横皆丈余，不可张挂。而细如毫发，余既短视，立则茫无所见，遂铺图于地，而身卧其上，俯而视之。楚地全局，见其梗概矣”②。刘献廷眼睛近视，看不清楚地全图，只好铺图于地，卧其上观看。如果不是刘献廷不愿戴眼镜的话，就是当时西洋眼镜在湖南尚不多见。然而，刘献廷长期生活在吴地，对于西洋文明有所了解，因此当衡阳的朋友紫廷欲将楚地全图分装成册时，刘献廷便按西洋经纬线法将之拆分，据《广阳杂记》卷3载：“紫廷家藏楚地全图，从横皆丈余。张挂甚难，浏览亦苦。紫庭欲改为书册，可置案头，以便披阅，而请其法于予。予为之先造经纬表，从横相遇，可合可离，亦图中之变调也。”刘献廷在衡阳时，还听紫廷讲过西洋制铅的方法：“紫庭（即廷）言，西洋有制南铅法，每铅一石，追出银四两铜六斤，余皆变为黑铅，亦厚利也。余向以黑铅置南铅，则南铅皆变为黑铅，然为时颇久，若不多折耗，则利亦可倍。”③这表明湖南由于离广东较近，接受西洋技术较湖北等地仍然方便快捷。

明末清初湖南人已经能够仿制西洋奇器。李渔指出：“独有武陵诸义庵讳者，系笔墨中知名之士，果能得其真传。所作显微、焚香、端容、取火及千里诸镜，皆不类寻常，与西洋上著者无异，而

---

① （清）梁章巨：《浪迹丛谈》卷5，中华书局1981年版，第79—81页。

② （清）刘献廷：《广阳杂记》卷2，第55页。

③ 同上，第88页。

近视、远视诸镜更佳，得者皆珍为异宝。”[①] 据刘献廷云：“张枚臣，武陵人，讳锡信。其尊人弘载先生，讳嗣陇，初任无为州同知，甲寅（1674）随征，授福清县丞，与戴文开为中表兄弟。文开火攻之学，半得之弘载。枚臣令祖少室先生，与孙大东同事。少室先生字惟照，少室，其别号也，仁和县籍，由材望天启六年四月授守备，升广东游击，奉命取西洋大炮，制造施放。崇祯辛未，计功升参将，又升江东副总兵，又升大凌河挂印总兵，左府都督同知，赐蟒玉，又调山东，壬申七月二十三日登州失陷，殉难。”[②]

至于长江上游的云贵川藏青，由于闭塞，西器传入比较困难。加之记载较少，因此目前难以弄清其状况。据《明史》载，四川早在明代就曾仿制过西洋火器：“明置兵仗、军器二局，分造火器，号将军者自大至五。又有夺门将军大小二样、神机炮、襄阳炮、盏口炮、碗口炮、旋风炮、流星炮、虎尾炮、石榴炮、龙虎炮、毒火飞炮、连珠佛郎机炮、信炮、神炮、炮里炮、十眼铜炮、三出连珠炮、百出先锋炮、铁捧雷飞炮、火兽布地雷炮、碗口铁铳、木厢铜铳、筋缴桦皮铁铳、无敌手铳、鸟嘴铳、七眼铜铳、千里铳、四眼铁枪、各号双头铁枪、夹把铁手枪、快枪以及火车、火伞、九龙筒之属，凡数十种。正德、嘉靖间造最多。又各边自造，自正统十四年四川始。……军资器械名目繁多，不具载，惟火器前代所少，故特详焉。”[③] 其中的连珠佛郎机炮、鸟嘴铳等，便是来自西洋的火器，而为四川等地所仿制。

通过考察明至清中叶西器在长江流域的流传历史，我们发现：前近代长江流域并非西器传播的中心地区，一般属于过境传播。其

---

① （清）李渔：《十二楼·夏宜楼》，第40—55页。

② （清）刘献廷：《广阳杂记》卷4，第177页。

③ 《明史·兵志四》。

传播的中心在珠江流域的广州和澳门而非长江流域的上海。但无论传教士还是商人，都不得不承认要想在中国打开局面和市场，北京是他们不得不首先“攻克”的目标。于是，无论是利玛窦般的传教士还是马戛尔尼般的通商使者，都必须穿越长江流域前往北京。这样，长江流域特别是下游地区便成了西器东传的重要中转地区。明至清中叶长江流域的西器东传在中西文化交流史上有其特殊性。与近代大规模引进西方生产设备制造西式物质产品不同，明清时期长江流域大多是接受或引进西方物质成品，虽有部分欧洲传教士、中国士大夫及工匠在苏州、南京和松江等地制造或仿制过自鸣钟、三棱镜等西洋器物，但均不成规模，难成气候。尽管前近代西器东传规模较小，在长江流域的传播范围主要集中在中下游地区，但它开启了近代西器东传的门缝，为晚清中国人接受西方器物在一定程度上作了思想上的准备。因此，剖析明清时期西器东传的历史过程，对于探讨中国社会的近代演变和文化转型，有着不可忽视的价值和意义。

（原刊《中国文化》2004 年 6 月，第 21 期，此处略有修改）

西器东传与清代前期社会

自明代中期开始的西学东渐，是中国自汉代佛教、唐代伊斯兰教之后所遇到的第三次大规模的中外文化交流，由于西学东渐的内在动力是资本主义兴起、宗教改革和工业革命，具有与前两次交流所不同的文化转型的意蕴，因而成为学术界研究的热点之一。然而，迄今为止，人们关注的多是随着利玛窦来华而传入中国的西方精神文明（基督教及近代科学）的对华影响，而忽视了明清早期西方物质文明东传对中国的影响。[①] 这种状况似与史料的稀缺和分散有关。本文拟就清代前期（鸦片战争以前）的西器东传现象作一初步的探讨。

一

清代前中期，西方物质文明优势渐显，从而对中国社会产生了一定的辐射和吸引。约略言之，前近代输入中国的西方物质文明成

① 关于西洋物质文明及其对中国文化的影响，学者们多留意于近代社会，如刘善龄《西洋风—— 西洋发明在中国》（上海古籍出版社 1999 年版）等；对于前近代社会一般都是兼而治之：或是在研究明清西洋科技书籍翻译时兼论之，或是在研究西洋传教士时兼及之，如李兰琴《汤若望传》（东方出版社 1995 年版）等，只有张星烺《欧化东渐史》（商务印书馆 1934 年版）等曾作简要的介绍。

果主要分为武器（如火炮、火枪、纯钢刀剑）、生活用品（如西洋布、哔叽、天鹅绒、呢绒、自鸣钟、怀表、玻璃制品）、交通工具（如帆船）、科学仪器（如地球仪、天象仪、望远镜、放大镜、显微镜、温度计、阴晴表）、艺术物品（如自然乐、铁丝琴、西洋画）、西洋保健品及药品等六类。

随着西器的东传，西洋物质文明开始渗入并影响中国前近代社会。西器东传对中国的影响程度，与西器本身的实用性、中国内部社会阶层的接触面以及心理承受能力和消费能力等密切相关。综合而言，皇帝宗室、士大夫、将领和商人比较容易接触到西方器物，但将领与商人对西器输入未见表现出过分的敏感，而皇帝和士大夫则对此深有感触，并产生了有关中西文化比较的文化价值观念。

西器中，最先传入中国而又为中国社会所接受的是火器。明代嘉靖时开始仿造葡萄牙的“佛郎机炮”，到了清代，政府在军队中也装备了火器，据《广阳杂记》卷3载，“八旗每佐领添设满洲炮手一名，于二月二十日在卢沟桥放演红夷大炮十日”；并专门建立了以火器为主要装备的军队——健锐、火器二营。[①] 关于西洋火器在中国社会中的应用情况，李洵曾作过考察，认为“中国军事史上火器的发展，在十六到十七世纪时，一度出现‘火器热’，但没有发展下去，入清后，虽然火器的应用在八旗军中出现炮手、鸟枪手，八旗汉军中有专业的火器军团，绿营中也有少数的火器手。每年定期举行各种火器的演练，但仍然提倡骑射”，火器并没有发展起来。[②]

如果说西洋火器在清军事中应用较广的话，那么自鸣钟则在前近代中国人的社会生活中最为普及和流行。自鸣钟在中国流传的重

---

① （清）昭梿：《啸亭续录》卷5“赛将军”，中华书局1980年版，第526页。

② 李洵：《明代火器的发展与封建军事制度的关系》，《史学集刊》1989年第3期。

点地区是广东等通商口岸和政治首都北京。清代广东成为自鸣钟的进口之地，外国商人首次向中国输入钟表是在康熙五十五年（1716）五月。乾隆五十六年的海关文件记载了该年粤海关进口大小自鸣钟、时辰表、嵌表鼻烟壶共1025件。除进口外，清初广州出现了专制钟表的行业，所制钟通称广钟，至乾隆后期已经十分精湛。伦敦著名制钟师詹姆斯、考克斯父子1780—1783年间也曾在广州开设过钟表分店。除了通商口岸外，北京也是自鸣钟表流行的地区。清初，汤若望将能够显示日月星辰运行的天球自鸣钟献给了顺治皇帝。另一位传教士安文思还曾赠给康熙皇帝一座音乐自鸣钟，“每小时报时后，即奏一曲，各时不同，最后则如万炮齐鸣”。除传教士朝贡外，清朝地方官员也向北京朝贡大量的自鸣钟表。乾隆四十六年至四十九年之间（1782—1785），广东官吏朝贡给皇帝的洋钟洋表每年多达130件以上。与此同时，康熙、雍正、乾隆等朝在北京宫中设做钟处仿制自鸣钟表。在这种背景下，清朝上至皇帝下至士大夫，都流行使用自鸣钟表。乾隆坐的轿子、骑的马上都置有钟表。昭梿《啸亭杂录·自鸣钟》称“泰西氏所造自鸣钟表”，“士大夫争购，家置一座以为玩具”。据沈初《西清笔记》载，相国于敏中在乾隆晚膳前需交奏牍，因此每日“必置表砚侧，视以起草，虑迟漫也”。《红楼梦》也反映了当时豪门大族使用西洋自鸣钟表的情况。锦衣卫抄宁国府时，一下子抄出了18件钟表。贾宝玉曾从怀里“掏出一个核桃大的金表来”。以雍正时为背景撰写的小说《儿女英雄传》，将“洋表”与朝珠、缂绣呢羽、绸缎皮张、玉玩金器等相提并论，当作当时时兴的高贵礼品。①

① （清）文康：《儿女英雄传》第二回“沐皇恩特授河工令，忤大宪冤陷县监牢”，中州古籍出版社1998年版，第23页。

以光学原理制作的玻璃制品，在前近代中国人生活中也有一定的应用。清前期人李渔指出，望远镜、显微镜、焚香镜、端容镜、取火镜等西洋器物，“二百年以前，不过贡使携来，偶尔一见，不易得也。自明朝至今，彼国之中有出类拔萃之士，不为员幅所限，偶来设教于中土，自能制造，取以赠人。故凡探奇好事者，皆得而有之”[①]。望远镜也叫千里镜，在前近代中国应用比较广泛。雍正八年（1730），皇上在一道给大学士等人的诏谕中称自己曾与“诸兄弟在乾清宫用千里镜验测”日食。[②]乾隆三十七年，意大利画家潘延璋、法国机械师李俊贤进献了一架用新法制作的短筒望远镜。望远镜还被应用于军事。《台湾外纪》称郑成功患风寒临死前一天还“强起登将台，持千里镜，望澎湖有舟来否”。

玻璃制品还有西洋眼镜，在中国社会中的应用因时因人而异。明至清初罕见，清代中期较为常见。据赵翼《陔余丛考》称：“古未有眼镜，至明始有之，名曰叆叇。”清乾隆帝对眼镜比较感兴趣，收藏有不少眼镜。他曾因画师缪炳泰近视而让侍臣端出满盘眼镜任其挑选。乾隆五十六年五月，帝“大考翰林，诗以眼镜为题”，并根据考试情况予以升黜，“眼镜自来从未有出诗题者，其时风檐寸晷，有茫然不知眼镜出处者多矣”[③]。眼镜的使用因人而异，年轻人将之作为一种时髦，张子秋《续都门竹枝词》谓：“近视人人戴眼镜，铺中深浅制分明，更饶养目轻犹巧，争买皆由属后生。”甚至不近视的人也戴眼镜装着有学问。乾隆六十年《都门竹枝词》曰：“车从热闹道中行，斜坐观书不出声，眼镜带来装近视，学他名士老先生。”另据

① （清）李渔：《十二楼·夏宜楼》，上海古籍出版社1992年版，第40—55页。
② （清）张寿镛：《皇朝掌故丛编》。
③ （清）李调元：《淡墨录》卷16“考翰林眼镜题”，辽宁教育出版社2001年版，第238—239页。

清李绿园（1707—1790）描写安徽亳州附近及河南开封城的塾师和讼师都曾“脸上拴着叆叇镜”，则又说明至少在李绿园的生活中，曾见到下层文人戴过眼镜。[①]然而，上层文人士大夫中较少有戴眼镜的记载。刘献廷在《广阳杂记》卷2说他“既短视”，观看楚地全图，“立则茫无所见，遂铺图于地，而身卧其上，俯而视之”。另据昭梿《啸亭杂录》卷2载，鄂尔奇“目短视”，见其兄放在怀里的脚还以为是大白猫。可见，尽管当时不少人都近视，但仍无戴眼镜的习惯。

其他西洋器物如西洋乐器、西药等在前近代中国的应用比较有限。兹不赘述。

二

就整个情形来看，西器在中国前近代社会虽有一定程度的应用，但并不普及。原因如下：

首先，早期西洋器物的自身缺陷，直接影响到它在中国的推广和流行。因为早期火器连发性差，影响到它的连续作战能力，所以常常不及传统的冷兵器便利。早期的西洋自鸣钟，性能稳定性较差，常需修理，否则反倒坏事。赵翼在《簷曝杂记》中指出，由于钟表常常出错，“故朝臣之有钟表者，转误期会，而不误者皆无钟表者也”。傅文忠公家“甚至傔从无不各悬一表于身，可互相印证，宜其不爽”，结果某日上朝，“公表尚未及时刻，方从容入直，而上已久坐，乃惶悚无地，叩首阶陛，惊惧不安者累日”。有了这种尴尬，

---

① （清）李绿园：《歧路灯》，中州古籍出版社1998年版，第319、402、526页。

当然打击了人们应用的热情。

其次，西洋器物文明在前近代中国的传播，受到了中国传统社会观念的制约。中国传统社会长期视奇巧的技术产品为“奇技淫巧”，这使很多中国人对西洋器物文明采取排斥的态度。屈大钧《广东新语》第16卷“机铳”条指出澳门所居的西洋人所造的风琴、水乐之类，“淫巧诡僻而已”。昭梿指出，“泰西氏所造自鸣钟表，制造奇邪”，“纯皇帝恶其淫巧，尝禁其入贡”。将科技产品斥为奇技淫巧的文化观念，自然对中国人仿制和改进西洋器物持消极态度。重人文轻科技的观念，严重挫伤了人们学习西洋科技、仿制和改进西洋器物的积极性，阻碍了中国向工业文明的转型和过渡。同时，儒家道德学说的流行，使理学家重视振风俗、正人心，而轻视科技文明的巨大作用，直到鸦片战争前后，徐桐等理学家仍以这种观念反对“师夷长技以制夷”。

再次，对“奇技淫巧”的长期排斥，使中国人的注意力远离技术，导致中国工匠缺乏技术发挥的市场，无法形成较强的技术能力和工艺水平，难以仿造出精密的西洋器物。钱泳《履园丛话》曾指出，手工业比较发达地区的工匠能够仿制西洋的自鸣钟表，但技术仍逊一筹：“近广州、江宁、苏州工匠亦能造，然较西洋究隔一层。”[①] 即以在中国普及程度最高的自鸣钟和洋表为例，中国却缺乏修理的工匠和技术，乾隆皇帝的孙子一块镶有首饰的英国伦敦卡明制造的搭扣怀表，时针好几年不能走，经过马戛尔尼使团一名工匠的清洗后才又走了。说明即使在设有“做钟处”的乾隆时代，中国仍缺乏应有的技术人才。这自然影响到西器的普及。

复次，西洋器物文明的推广还受到中国传统社会制度的严重制

① （清）钱泳：《履园丛话》丛话十二“艺能”，中华书局1979年版，第320—322页。

约。火器应用关涉军事制度改革。屈大钧曾体察到重型火器的拥有固然重要，但训练和掌握更加重要，而这种训练和掌握又与文化形态、社会激励机制、军事制度等密切相关。他指出葡萄牙人为掌握“西洋大铜铳”“不惜重赀峻法，讲习演试”；使用时相互配合，“发火之人欲练，乘火之人欲整欲敏”，并且“悬重赏以待之”；“发时以铳尺量之，测远镜度之，无不奇中”。但这种火器“用于中土”，却“不得其效”。传统社会制度的腐败，也影响到西洋器物在中国的推广和普及。如清朝总领火器营的定恭王绵恩，“动辄巨万”地用军费“点缀园庭”，“火器营兵丁恨之切齿”[①]。顺治间，林起龙条奏绿旗营兵制的腐败，指出其火器等器械“俱钝敝朽坏”，连“春秋两操之法竟不举行”[②]。此外，清代推行的骑射制度，也直接影响西洋火器在中国的推广。雍正五年（1727）清廷明令：“满洲夙重骑射，不可专习鸟枪而废弓矢，有马上枪箭熟习者，勉以优等。”[③]结果西洋先进的火器并未在中国军队中普遍应用。

三

西洋器物文明传入前近代中国后，反过来也受到了中国传统文化的强烈影响，使其用途发生了某种程度的改变。西洋器物文明是西方科学技术的成果，蕴含着浓厚的科学精神和实用价值。然而，在传到重人文而轻科学的中国传统社会后，其命运得到一些明显的改变。鲁迅曾说，中国人很早发明了火药，却用它来制造鞭炮，敬

① （清）昭梿：《啸亭续录》卷5“定恭王”，第515页。
② （清）姚元之：《竹叶亭杂记》卷2，中华书局1982年5月版，第51页。
③ 《清史稿·兵志十·训练》。

神和庆贺节日；中国人很早发明了司南，却用它来看风水。这些东西到了西洋人手里，用来攻城略地，打破了封建堡垒；用于航海，推动了地理大发现。可见，同一器物，由于文化形态的差异，应用也就颇为不同。

中国文化重视人与人（伦理）关系，而西方文化则重视人与自然的关系，如果说科学仪器在西方人手里用来发现科学规律的话，那么它传入中国后，则被不少人施诸人与人的关系之中。望远镜为伽利略和哥白尼用于观测天文星象，导致了改变世界观念的思想革命，而传入中国后，则被某些人用于窥探他人隐私，并由此演出了才子佳人式的爱情故事。李渔在其小说《十二楼》之《夏宜楼》中，讲述公子瞿佶用望远镜窥探富家小姐詹娴娴的闺房生活，然后托媒人上门提亲，谎称他两个“生前原是一对夫妻，故此不曾会面就预先晓得”，并声称“自己有神眼，远近之事，无一毫不见”。结果令詹小姐以为瞿公子真与她“定有些夙缘”，就促成父亲答应了这桩婚事。李渔议论道，出于西洋的望远镜“可惜世上的人，都拿来做了戏具”，然而，李渔所赞赏的“善藏其用”的瞿佶，也并没有将望远镜用于正途，而是用来猎艳选美：“别处不敢劳他，直到遴娇选艳的时节，方才筑起坛来拜为上将，求他建立肤功：能使深闺艳质，不出户而罗列于前；别院奇葩，才着想而烂然于目。”望远镜是透镜的一种，透镜传入中国后，还被应用于取火焚香、吸烟等多种用途，因此被称为焚香镜、取火镜。李渔详细介绍了清代前期中国人对上述器物的应用状况：“焚香镜：其大亦似金钱，有活架，架之可以运动，下有银盘。用香饼、香片之属，置于镜之下盘之上。一遇日光，无火自爇。随日之东西，以镜相逆，使之运动，正为此耳。最为可爱者，但有香气而无烟，一饼龙涎，可以竟日。此诸镜中之最适用者也。”“取火镜：此镜无甚奇特，仅可于日中取火，用以待燧。然迩来烟酒甚行，时时索醉，乞火之仆，不胜其烦。以此伴身，随取随得。又似于诸镜之中，更为适用。”李渔把西洋器物在中国的独特运用称之为“世运使然”，并指出“即西洋国创造之时，亦不料其当令至此也”①。

西洋火器在西方被广泛应用于军事战争中，而到了中国，则并未普遍装备于军队，倒是常常用它来作礼乐工具，表现皇帝威仪和适应游玩的需要。昭梿曾指出：“乾清门侍卫中选火器精熟者数十人为御枪处，巡幸时，日相导引。……凡上合围时，皆下骑执火器翼列扈从，以防猛兽奔突，上用御火枪击兽时，则争相贰副焉。”此外，清代所铸之火炮，常被用作礼炮。张维屏《松心目录》指出，清代仿西洋铸造了红衣大炮“天佑助威大将军炮”等，“国朝造炮之式，诸炮之名，详见《钦定皇清礼器图式》。盖礼有五目，军礼居三，故礼器图中，兼载军器。此三代之宏规，万世之令典也”。

一些皇亲国戚甚至将西洋器物用于歪门邪道上面。昭梿《啸亭杂录》卷9载：“雍正中，某宗室家有西洋椅，于街衢间睹有少艾，即掳归，坐其椅上，任意宣淫，其人不能动转也。”橘生淮南则为橘，生于淮北则为枳，所以然者，水土异也。某些西器在前近代中国的命运亦复如此。

四

前近代中国人对西洋物质文明的认识，经历了由蒙昧到明晰的过程。明代中期，由于刚刚接触到西方器物文明，中国人的认识还

① （清）李渔：《十二楼·夏宜楼》，第40—55页。

比较模糊和蒙昧，认为红毛番（荷兰人）船上的帆是进攻武器，“帆樯阔大，遇诸国船，以帆卷之，人舟无脱者”[①]。但到清代屈大钧的《广东新语》和赵翼的《簷曝杂记》中，便认识到西洋的帆主要是利用空气动力学原理，用以推动航船的。然而，清初屈大钧在西洋眼镜的认识上又犯了可笑的错误，认为“西洋人以为眼镜，儿生十岁，即戴以养目光，至老不复昏矇”。这是在两种文化接触之初，不太重视科学的中国人，对以科学为基础的西洋器物文明所产生的误解，折射出中西两种文化的差异和隔膜。

随着西洋器物文明的不断输入，清前期士人对其先进性有了一定的认识。王弘（1622—1702）在《山志》初集卷1“西洋”条中，称赞了西洋望远镜在发现月体凸凹不平，和天河由很多小星昴所组成的宇宙真相上的功能，并赞叹道：“大抵西洋之学，专奉耶稣，于三氏外别立宗旨，其与吾儒学，均也。然天文奇器，则有独长。”屈大钧《广东新语》卷16“机铳”条对澳门葡萄牙人所造机铳能够藏于衣袯之中，而突发于咫尺之际的快捷功能颇为惊叹，对其结构和制造之巧，也作了赞赏性描述：“合之各以牝牡橐籥相茹，纳纽纂而入蜗户，栝相转相制，机转相发……危急时，一人常有二十铳之用，百不失一，此亦防身之奇技也。”福格在《听雨丛谈》“炮考”条中，描述了按照西洋红衣大炮制式铸造的“武成永固大将军”炮“力能飞击五里之外，人马当之，无不糜烂成烬”的威力。这种西洋火器的出现使人类战争发生了巨大的转折，“是弧矢戈矛之器，孟贲、项籍之勇，皆无用矣”！屈大钧在《广东新语·玻璃》中还认识到西洋玻璃制品的先进性，指出“广人或铸石为之，然殊不及”。钱泳《履园丛话》卷12认为，西洋自鸣钟表，较之中国传

① （明）李日华：《味水轩日记》卷1，上海远东出版社1996年版，第43页。

统的漏壶和日晷、月晷，具有全日制功能："日晷用于日中，月晷用于夜中，然是日有风雨，则不可用矣。……惟自鸣钟表不论日夜风雨，皆可用。"

传入中国的西洋器物文明，反映了西方科学技术的进步与发达，这一点已为清前期的士人所觉察。刘献廷《广阳杂记》卷2记载了西洋用化学反应中的置换法炼制南铅的秘诀："西洋有制南铅法，每铅一石，追出银四两铜六斤，余皆变为黑铅，亦厚利也。"他也仿造此法"以黑铅置南铅"，虽然"为时颇久"，但"利亦可倍"。赵翼《簷曝杂记》记载了西洋船桅帆所应用的空气动力学等科技原理："中国之帆曳而上只一大絙着力，其旁每幅一小絙，不过揽之使受风而已。西洋帆则每絙皆着力，一帆无虑千百絙，纷如乱麻，番人一一有绪，略不紊。又有以逆风作顺风，以前两帆开门，使风自前入触于后帆，则风折而前，转为顺风矣，其奇巧非可意测也。红毛番舶，每一船有数十帆，更能使横风、逆风皆作顺风云。"[①]这种以科学原理装备航船的行为，向清前期的中国展示了西洋物质文明的巨大魅力。

西洋器物文明的先进性，既引起了中国士人的羡慕，也引起了他们的嫉妒，为了心理平衡，便从古籍中寻找证据，证明西器文明是中国"古已有之"的东西。钱泳指出："自鸣钟表皆出于西洋。……案张鷟《朝野佥载》言武后如意中海州进一匠，能造十二辰车，回辕正南则午门开，有一人骑马出，手持一牌，上书'午时'二字，如旋机玉衡十二时，循环不爽，则唐时已有之矣。"昭梿亦持相同的观点。梁章钜（1775—1849）在《浪迹续谈》卷8根据《枫牕小牍》关于北宋蜀人张思训制作浑仪的记载，指出"此全与今之自鸣钟相

① （清）赵翼：《簷曝杂记》卷2"西洋船"，中华书局1982年版，第65页。

似”；又称其乡福州鼓楼上相传为元代所建的“十二辰牌，届时自能更换”，因而断言：“亦中土人所造巧捷之法，又岂必索之外洋人哉！”① 这里不仅具有“古已有之”的观念，而且还滋生了排斥外来文化的中国文化本位观念，并朦胧地含有早期的“西学中源”思想。古籍中所载奇巧之器诚有与西器相似者，然而，前近代社会的中国人不去思考何以西器能够持续改进和发展，而中国奇技却只能从书中发掘其历史记忆这一触目惊心的问题！

如果说零散的西器输入只造成了“古已有之”这般简单的文化较量的话，那么马戛尔尼来华时大量西洋器物的携入，则导致了中西两种文化一定程度的冲突，引起了上至乾隆皇帝下至保守派士人对西洋物质文明的嫉妒、抵触和随之而后的鄙视。乾隆五十八年（1793）使华的马戛尔尼带来成批的西洋器物作为礼品，这些礼物既是西方近代科学技术的结晶，更是已经步入工业革命后的英国向清廷表明其先进与实力的载体。计有：一、科学仪器如地球仪、望远镜、透镜、秒表等。其中一件是天体运行仪，是天文学和机械学最佳结合的产品，从仪器上可以看到太阳及运行在其轨迹上的行星。该仪器是欧洲最精美的。二、英国最大的、装备有最大口径的火炮 110 门的“君主号”战舰的模型。三、各类武器。热兵器有榴弹炮、迫击炮以及手提武器卡宾枪、步枪、连发手枪。冷兵器有利剑。四、生活用品。如韦奇伍德瓷器、布料等。马戛尔尼所携的礼品都是经过有意识挑选的，意在向中国人展示英国的先进和强大。如送战舰模型和火器，是为了暗示英国军舰和武器的绝对优势，送“削铁而不卷刃的利剑”是为了委婉地介绍英国特种钢方面的优势。这大大地震动了当时的中国人。法国历史学家佩雷菲特指出，

---

① （清）梁章钜：《浪迹续谈》卷 8“自鸣钟”，中华书局 1981 年版，第 390 页。

乾隆皇帝对马戛尔尼访华一事异乎寻常地予以关注，这里的真相具有两重性：公开蔑视，内心欣羡。乾隆帝特地派了些中国工匠帮助英国人组装他们带来的礼品，目的在于“令贡使见天朝亦有通晓天文地理修理钟表之人在旁帮同装设，不能自矜独得”①。此后便有了乾隆皇帝在“天朝德威远被，万国来王，各种贵重之物，梯航毕集，无所不有……并无更需尔国制办物件”的诏书中所表现的自大和骄矜。

但是，也有部分学者在认识到西洋文明的先进性后形成了多元文化观念。清代著名学者赵翼在《簷曝杂记》卷2“钟表”中指出：“自鸣钟、时辰表，皆来自西洋。钟能按时自鸣，表则有针随晷刻指十二时，皆绝技也。今钦天监中占星及定宪书，多用西洋人，盖其推算比中国旧法较密云。洪荒以来，在璿玑，齐七政，几经神圣，始泄天地之秘。西洋远在十万里外，乃其法更胜，可知天地之大，到处有开创之圣人，固不仅羲、轩、巢、燧已也。”这显然承认西洋文明与中华文明一样，是独立存在于天地之间的文化形态，反映了世界文化多元并存的观念。刘献廷在《广阳杂记》卷2中也认识到宇宙奥秘之深广，中国人不能尽识之，从而承认西洋人对宇宙奥秘的独特探讨及其成就：“宇宙之中，万美毕具，人灵渺小，不能发其蕴，如地圆之说，直到利氏西来而始知之。……以此知造化之妙，伏而未见者，非算术譬喻所能尽，而世人之所知者，特其一二端倪耳。”明末清初部分中国士人承认西洋文明的独特价值，曾与传教士合作，翻译西洋科学技术书籍，并仿制了三棱镜等部分西洋器物。但正如佩雷菲特所说：“在这几个世纪里，有一批文人设法把中国的传统与西方的发明结合起来，但他们始终是少数。”

---

① ［法］佩雷菲特：《停滞的帝国——两个世界的撞击》，三联书店1993年版，第84—169页。

通过考察清朝前期西器东传的历史，我们可以得出以下结论：第一，文化的交流与融合总是由表及里，从器物层面向制度层面、风俗层面和精神层面深入的。西学东渐的早期历史表明，西洋异质文化的器物（如自鸣钟、望远镜）、精神（如几何学、基督教义）诸层面的传播虽是同时并进，但就受传方的中国文化整体而言，仍然是最先接受西方的器物文明，最后才接受其精神文明的。即使是西洋器物文明的接受，也常常受到中国本土文化既有的社会制度、消费风俗和观念心态的筛选，并由此折射出整个中国文化模式的人文特色与伦理本质。西洋物质文明虽然属于器物层面，但却与西方社会制度和科学精神相联系，中国前近代社会对西洋器物文明的习得，容易掌握其物质属性，却难以掌握蕴藏其中的制度和观念层面的精髓，器物的引进较快而制度和观念的跟进滞后。这种缺陷，不仅导致早期西器东传的肤浅和迟滞，也导致了近代洋务运动的失败。第二，西洋器物常常是作为其精神文明东传的外包装和润滑剂的面貌出现的，然而，中国前近代社会则往往受其器物表层的诱惑，而忽略其内含的东西。这种“买椟还珠”的行为使西方传教士的目的常常不能急于达到，但也使中国社会失去了解其精神文明的机会。第三，清前期的西器东传在中西文化交流史上有其特殊性。与近代大规模引进西方生产设备制造西式物质产品不同，清前期大多是接受或引进西方物质成品，虽有部分欧洲传教士、中国士大夫和苏州、广州、福建等地区的工匠在国内制造或仿制过自鸣钟、三棱镜等西洋器物，但均不成规模。由于当时中西两种文化的时代性差异尚不明显，因此绝大多数中国人并未认识到西器文明的划时代意义和在整体上对中国文化的优势地位，中国社会对西洋物质文明虽有抵触，但并不明显。第四，清前期西器东传的广度和深度虽然有限，但它开启了中西文化交流的大门，并引发了一系列有关中西文化的价值比较和论争，是近代洋务运动时期“西学中源”等文化本位观念的先声。因此，剖析清前期西器东传的历史过程，对于探讨中国社会的近代演变和文化转型，有着不可忽视的价值和意义。

（原名为《西器东传与前近代中国社会》，
刊于《学术月刊》2003 年第 8 期；
又《人大复印资料·明清史》2003 年 6 期转载，
本文更为今名，并作了相应修改）

试论明末清初“新民本”思想

中国近代民主主义全为外铄，还是中西文化交融汇合的产物，是学界一直争论的重要学术问题。有一种流行观点认为，中国没有民主传统，近代民主主义完全是舶来品；另有一种观点认为，孟子以降的民本思想就是东方的民主主义，在中国，民主主义历史渊源深厚久远[①]。本文不赞成以上两种说法，认为中国虽有“原始民主”，但并无民主主义；传统的民本思想不是民主思想；另一方面，中国的近代民主思想，又是中国传统民本思想发展到“新民本”阶段后，与西方民主意识相互激荡后氤氲而生的结果。明末清初（17世纪），传统的民本思想演化更革，走到近代民主的边缘，这便是本文所称之“新民本”思想。它既不同于传统民本，也不同于近代民主，而是二者间的中间形态。新民本思想与民主观念虽不同类，但属于相近的“物种”，从而成为西方民主思想嫁接的首选品种，使西方民主这个外来文化因素，能够借此在中国特殊的土壤和气候环境中开花结果。

---

① 参见金耀基：《中国民本思想史》，台湾商务印书馆1990年版。

一、“新民本”思想的界定

“新民本”①思想是传统民本思想的革新形态，是明末清初由黄宗羲、唐甄为代表的思想家在传统民本“重民一尊君”的政治模式基础上创建的以“重民一限君”为模式的政治理念和思想形态，其主张是强调万民“自私自为”的利益，强烈抨击君主专制制度及其罪恶，要求建立限制君主权力的政治制度。是先秦以迄唐宋民本传统的创造性继承和发展，是在世界政治从专制趋向民主的大背景下，中国社会内部迎合历史潮流出现的具有近代性因素的思想观念。

新民本思想家并非一个有组织的知识分子群体，而是在特定时代顺应潮流而出现的一群思想水平参差不齐、思考侧重点不同但均在民本思想基础上进行过创新的思想家群体。约略言之，新民本思想家分为两部分，一部分是晚明王学左派如李贽（1527—1602）、何心隐（1517—1579）等人，他们在伦理观念上的突破，为否定“君为臣纲”、猛烈抨击君主制度奠定了思想基础；另一部分人是明末清初黄宗羲、顾炎武、王夫之、吕留良（1629—1683）、傅山、唐甄等人，直接提出了建设新民本政治的方案。后 部分人中不少人对前一部分人并不感兴趣，如顾炎武、黄宗羲就曾攻击李贽和王学左派。②但他们却自觉或不自觉地吸收了李贽、何心隐等人的思想，从而发展为新民本主义。即使同属后一部分人，也有相互诋斥者，如黄宗羲尊阳明心学，而吕留良则尊朱斥王，并及于黄氏。但他们的

---

① “新民本”一词最早见于迟汗青《论我党的政治哲学》（《理论探讨》1992年第4期）一文，但与本文所论“新民本”分属不同的范畴。

② 见顾炎武《日知录》卷18“李贽”（岳麓书社1994年版，第668页）和黄宗羲《明儒学案》卷32《泰州学案一》（中华书局1985年版，第703页）。

政治思想则相互影响互为补充①，共同构成新民本主义。新民本思想最后的形成则以唐甄的《潜书》猛烈抨击君主专制制度和黄宗羲的《明夷待访录》系统提出限君方案为标志。因此，新民本思想的代表人物是黄宗羲、唐甄，代表作是《明夷待访录》和《潜书》。黄宗羲的《明夷待访录》与唐甄的《潜书》在旧民本思想基础上吸收了“非君论”等异端思想，开创了新民本思想的体系，对新民本思想的形成作出了突出贡献。二者相较，唐甄没有提出详尽完整的解决君主专制制度的改革方案，而《明夷待访录》则提出了自己的设计蓝图。从建设方案上看，黄宗羲试图通过扩大相权和知识分子的参政议政权力来限制君主权力，通过重民轻君论、君臣同事论和君臣朋友论来实现这一目标，但未涉及民选问题。

新民本思想之所以是新型的民本思想，有以下三个理由，其一，与传统民本思想相比，新民本思想的主张有所更新。对君主的态度上，传统民本思想只反对像桀纣一样的暴君，不反如汤武一般的贤君，而新民本思想则反对一切专制君主，但不反对分权给臣民的君主；在限制君主权力上，传统民本思想片面地通过谏诤、直笔等柔性措施来实施，而新民本思想则全面地通过君相“同议可否”、学校议政等硬性措施来执行。新旧民本思想虽都强调民众是君主制度的基础和君主统治的前提，君主政治必须以重民和爱民为前提，但传统民本思想与“尊君”观念紧紧相连，而新民本思想则与“限君”观念密切相关；传统民本思想通过反对暴君和颂扬明君来约束君主的不良行为；而新民本思想则通过全盘否定三代之后的君主来达到限制君主权力的目的。然而，新民本思想仍是以“贤人政治”

① 钱穆即认为吕留良《四书讲义》之说“颇似梨洲《明夷待访录》所论”。见钱穆：《中国近三百年学术史》上册，商务印书馆1997年新1版，第93页。

修正君主制度，而非以民选的议会政治为基础葬送君主专制制度，这使它保有浓厚的传统特色，而缺乏近代民主特质。

其二，新民本思想的社会基础具有新的内涵。民本思想中的“民”，一般是指与君和官相对的广大非官僚阶层，包括在野的士大夫阶层、地主乡绅、农民、雇工等。换言之，“民”是指占有农业生产资料或从事农业生产的非官僚的社会成员。新民本思想中所代表的“民”则有新的成分，侯外庐认为是指市民阶级或“城市平民反对派”[①]，李文治则认为是指“商人地主”和“非绅非商的庶民地主”，沟口雄三认为是指“自营的小经营农民在内的逐渐取得经济实力的地主阶层，以及与此相关的都市工商阶层”[②]，大谷敏夫认为是“小经营、尤其是商业性农业的发展阶段”的人物[③]。笔者认为，在明清之际这个特定的时段里，“新民本”中的“民”作为具体的社会成员，包括三个社会群体，第一是城市手工业商业者和市民，第二是与城市手工商业者相关的商业性地主或经营性地主，在城市工商业者和市民形成后，地主阶级内部的一些人转向经营性或商业性土地耕作，第三是基于二者之上形成的以东林党和复社为代表的“新士人”，是代表手工商业者和经营性地主利益的文人士大夫集团。这三个既有区别又相互关联的社会阶层便构成新民本思想的社会基础。前两个是经济领域的社会阶层，属于新兴的最有发展前景的社会群体，支撑着史有明证的明中后期手工商业发展和原始工业化繁荣的局面，然而，在皇帝专制淫威和矿监税使盘剥敲诈下，他们的经营和发展遭到毁灭性打击。也正是在这种情况下，代表其利益的“新士人”——处于上层建筑和意识形态领域的东林党和复社成

---

① 侯外庐：《中国思想通史》第5卷，人民出版社1956年版，第306页。

② ［日］沟口雄三：《中国前近代思想之曲折与展开》，上海人民出版社1997年版，第244页。

③ ［日］大谷敏夫：《清代思想史研究笔记》，《新历史学的展望》第152期。

员，挺身而出，对抗皇帝及其走狗宦官的暴政。在此社会基础上，便出现了以黄宗羲等人为代表的进步思想家，对君主专制进行全面清算和猛烈轰击，最终形成了热切维护万民“自私自为”的利益，强烈反对专制君主“以一人之私为天下之大公”，全面限制君主权力的“新民本”思想。

其三，与西方近代民主相比，明清之际“新民本”政治思潮虽然与欧洲同时期启蒙思想家提出的“君主立宪”等学说有着某些内容上的联系和某种形式上的相似，但它们仍是在不同文化传统和历史条件下孕育出来的两种类型的政治学说[①]。就其性质而言，新民本思想的基础民本主义，是以维护君主专制为前提的政治思想，尽管思想家们作了一定的改造，但并未导致对君主专制制度的彻底否定；而近代民主思想则是以古希腊罗马奴隶主民主制为模板，以文艺复兴时期反对神学专制、重视人的自由的“人文主义”和人道主义为精髓，其思想基础本身就具有否定专制主义的倾向。因此，明清之际黄宗羲等人的政治思想只能称之为“新民本”思想。

二、新民本思想的来源

明末清初，尽管西方文明已经传入中国，但耶稣会士们只对天主教教义和中世纪晚期的科学技术作了传播，对于自文艺复兴以来的足以动摇天主教观念的人文主义、新教伦理和近代科技，则讳莫如深。因此，新民本思想基本来源于中国传统文化内部的进步因子。

---

① 参见冯天瑜、周积明：《试论中国和欧洲早期启蒙文化的异同》，《中国史研究》1984 年第 2 期。

第一，直接承袭民本思想的基本因子。明清之际形成的“新民本”思想，直接继承了中华元典《尚书》、《左传》、《论语》、《孟子》、《老子》、《墨子》等提出的“重民”、“爱民”、“养民”、“同民”、“从民”、“革命”等民本思想精华。

《尚书·五子之歌》“民惟邦本，本固邦宁”、《尚书·泰誓中》“天视自我民视，天听自我民听”，以及孟子“民为贵，社稷次之，君为轻”、“得乎丘民而为天子，得乎天子为诸侯，得乎诸侯为大夫”等所表现出的“重民”思想，为黄宗羲等新民本思想所遵循。《明夷待访录·原臣》“天下为主，君为客”的思想，成为“民贵君轻”观念的历史回声。遵循“民为邦本”的政治理念，黄宗羲指出：“天下之治乱，不在一姓之兴亡，而在万民之忧乐”，为官者应当“为天下，非为君也，为万民，非为一姓也”①。从而强化了万民重于君主的思想。

道家祖师老子“爱民治国”、“以百姓心为心”②，儒家宗师孔子“节用而爱人，使民以时”③、“仁者爱人”，墨子“与百姓均事业”、“共劳苦”等所体现出的“爱民”思想，为新民本思想家所承袭。唐甄主张：“君之爱民，当如心之爱身也。非独衣服饮食为身也，牢厩门庭，田园道路，凡有所营，皆为身也。非独农桑𫗧贷。下同为民也，上天下地，九夷八蛮，诸司庶事，内宫外庭，凡所有事，皆为民也。”④

孟子“黎民不饥不寒”、“使民养生丧死无憾”⑤所反映出的“养民”思想，为新民本思想全盘接受。黄宗羲提出富民主张，要

---

① （清）黄宗羲：《明夷待访录·原君》，《黄宗羲全集》第1册，浙江古籍出版社1985年版。
② 《老子》四九。
③ 《论语·学而》。
④ （清）唐甄：《潜书·明鉴》，古籍出版社1955年版。
⑤ 《孟子·梁惠王上》。

求国家授田于民，反对政府“暴税”；唐甄特撰《潜书·富民》篇，强调“财者，国之宝也，民之命也。宝不可窃，命不可攘”，主张“富在编户，不在府库”[①]。

孟子提出的“乐以天下，忧以天下”[②]与民众同其忧乐的“同民”主张，也为新民本思想家所继承。唐甄在其《潜书·抑尊》篇中也提出了同民的主张，认为君主应该像尧舜之君那样，“虽贵为天子，制御海内，其甘菲食，暖粗衣，就好辟恶，无异于野处也，无不与民同情也”。

《尚书·泰誓中》“天视自我民视，天听自我民听”、孟子“左右皆曰贤，未可也；诸大夫皆曰贤，未可也；国人皆曰贤，然后察之，见贤焉，然后用之”[③]、郑国子产“其所善者，吾则行之；其所恶者，吾则改之”[④]所表现出的“从民”思想，亦为新民本思想家所汲取。黄宗羲提倡“天子之所是未必是，天子之所非未必非，天子亦遂不敢自为非是，而公其非是于学校”。

《易·革卦》“天地革而四时成，汤武革命，顺乎天而应乎人”、《孟子·梁惠王下》“闻诛一夫纣，未闻弑君”的革命论，更为新民本思想家所张大。黄宗羲指出为一己之私而剥夺天下人利益的君主，应当被视为“独夫”和“寇仇”；唐甄《潜书·远谏》认为：“君惟不道，不君其君而后动于恶，非人弑之，自弑之也。”由上观之，新民本思想在很多方面都继承了传统民本观念，使其过多地保留了传统政治理论。

第二，继承原始民主思想的精华。原始民主是指中国原始社会

---

① 《潜书·存言》。
② 《孟子·离娄上》。
③ 《孟子·梁惠王下》。
④ 《左传·襄公三十一年》。

自发形成的以财产公有为基础、政治民主为形态的部落民主制度，具体表现为尧舜禹“三代”的政治局面。新民本思想家在批判君主专制的现实制度时，总是以三代的理想政治为参照：或借用“三代”原始民主“公天下”观念，抨击专制君主视天下为“产业之花息”的“私天下”思想；或借用原始民主的“先王之法”和公法，批判专制君主的“一家之法”和“无法”；黄宗羲通过称赞三代“贵不在朝廷，贱不在草莽”的平等意识，抨击君主专制不平等的现实；唐甄《潜书·考功》通过赞扬尧传位于舜的禅让制，抨击后世君主抢夺天下的罪恶。原始民主是中国先民在生活环境极其险恶、生产力水平极度低下的情况下产生的与之相适应的上层建筑和意识形态，决非新民本思想家想象的那样美好，但却成为他们赖以否定君主专制主义的重要思想武器。

第三，借取佛教“众生平等”的思想。从“西土”印度传入中国的佛教，对中国文化产生了很大的影响。特别是佛教禅宗的创立，启动了佛教世俗化的引擎，并进而影响到儒学的世俗化进程，使儒学的理学形态发生变形，演变为阳明心学，从而直接导致泰州学派的崛起，新民本思想也由此发端。对新民本政治思想产生直接影响的是佛教（主要是大乘佛教）中的“众生平等”思想和自我觉悟意识。泰州学派创始人王艮“默坐体道”的思维方法，便明显地受到禅宗的影响。罗汝芳提出的“赤子论”，被人称之为“真得祖师禅之精者”①。其好友李贽在悼念他的文章中认为他“有大雄氏之慈悲”，并称赞他“泛爱容众，真平等也”！“盖先生以是自度，亦以是度人”②。显见罗氏具有普度众生和众生平等的思想。李贽本人也

① （明末清初）黄宗羲：《泰州学案三》，《明儒学案》卷34，第762页。
② （明）李贽：《罗近溪先生告文》，《焚书》卷3，岳麓书社1990年版，第24页。

具有上述思想，曾认为："人人能念佛，人人得往西方。"①又说："既为佛子，又岂可与奴隶辈同口称声邪？我自重，人自重我；我自轻，人亦轻我：理之所必至也。……太上出世为真佛，其次亦不为世人轻贱，我愿足矣。"②佛教教义中自重和自尊的思想，对于明代处于君主专制压制下的士大夫们追求平等和人格尊严，的确起到了重要的启发作用。

第四，吸取古代异端思想成分。新民本思想与传统民本思想不同之处，便在于吸收了秦汉魏晋南北朝以来的异端思想，如"非君论"和"无君论"，使新民本思想在约束和批判君主专制上有了更丰富的词汇、更激烈的概念和更深刻的思想。

所谓异端，是指儒学思想确立为正统后，出现的与儒学所强化的政治思想相异甚至相反的思想观念。这种异端有的是来自道教，有的则是来自儒学内部的反叛者。异端思想的基本政治思想模式是"民本—罪君"和"民本—无君"。鲍敬言（约278—342）所著《无君论》指出"曩古之世，无君无臣"，人们"不相并兼""不相攻伐"，过着桃花源式的乌托邦生活。君臣之道是后世的产物，是强暴和欺诈的结果："夫强者凌弱，则弱者服之矣……服之，故君臣之道起焉。"自有君之后，世界上便产生了灾难和祸乱，君主对人民"闲之以礼度，整之以刑罚"，甚至"剖人心，破人胫，穷骄淫之恶，用炮烙之虐"，"肆酷恣欲，屠割天下"。通过"有君之苦"和"无君之乐"的对比，他最后得出结论："古者无君，胜于今世。"《明夷待访录》追述古之世与今之世的区别，认为古之君是为民谋利的，今之君则"屠毒天下之肝脑，离散天下之子女，以博我一人之

① （明）李贽：《答自信》，《焚书》卷4，第171页。
② （明）李贽：《豫约》，《焚书》卷4，第75页。

产业，曾不惨然。……敲剥天下之骨髓，离散天下之子女，以奉我一人之淫乐，视为当然"①，便明显受到鲍氏的影响。

宋元之际异端思想家邓牧（1247—1306），在其《伯牙琴·君道》中指出，上古"至德之世"，国君"饭粝粱，啜藜藿"，"夏葛衣，冬鹿裘"，"土阶三尺，茆茨不剪"，君民之间十分平等。当皇帝无利可图，谁也不争着去做，人们"独以位之不得人是惧，岂惧人夺其位哉！"②而后世情形大变，皇帝"竭天下之财以自奉"，生怕别人抢夺了宝座，"凡所以固位而养尊者，无所不至"。他大胆地揭露道："天下何常之有，败则盗贼，成则帝王！"在《伯牙琴·吏道》中指出，官吏治理人民，犹如虎狼牧羊。官吏比盗贼还坏，盗贼害人还有忌讳，而官吏却毫无顾忌，白日横行，使人民"敢怨而不敢言，敢怒而不敢诛"，这就逼着老百姓造反。他甚至提出"废有司，去县令，天下自为治乱安危"的激进主张。邓牧的异端思想对新民本思想家影响最深。《明夷待访录·原君》开宗明义的一大段论及君主演变历史的观点，如认为三代以前的君主为民谋利，"其人之勤劳，必千万于天下之人"，而毫不利己，后世君主"以利天下之利尽归于己"，争夺君位者遂层出不穷的观点，与邓牧的观点如出一辙。清人邓实指明"梨洲著《明夷待访》，其《原君》、《原臣》二篇，实本先生（指邓牧——引者）"③。近人陈登原在《国史旧闻》以更确凿的考据方法，证实了《伯牙琴》同《明夷待访录》的渊源关系。日本学者沟口雄三也认定二者之间有直接的传承关系。④

---

① 《明夷待访录·原君》。

② 《伯牙琴·君道》，景印文渊阁四库全书本。

③ 《伯牙琴·琴跋》。

④ ［日］沟口雄三：《中国前近代思想之曲折与展开》，第36—237页。

显然，新民本思想既吸取了异端思想家的社会批判意识，又扬弃了他们无政府主义的政治方案。

三、对传统民本思想的超越

来源于传统民本思想的新民本思想，青出于蓝而青于蓝，在许多方面有所超越。表现在如下方面：

第一，在抨击和批判两千年来君主专制制度的广度和深度上，为传统民本思想乃至异端思想所不及。在广度上，新民本思想家对君主专制制度的政治、经济、文化、教育、科举、军事等各方面都进行了全面的清算和批判。甚至对君主无论好坏都作了抨击和揭露，针对人们“三代以后，有天下之善者莫如汉”的普遍认识，唐甄在《潜书·室语》中提醒人们：“然高帝屠城阳，屠颍阳；光武帝屠城三百。”黄宗羲对勤政廉能之君明太祖朱元璋也作了批评，《明夷待访录·置相篇》开宗明义地指出：“有明之无善治，自高皇帝罢丞相始也。”唐甄对于“忧勤十七年，无酒色之荒，宴游之乐”的“刚毅有为之君”庄烈帝朱由检，也毫不留情地指责他“居高自是，举事不当，委咎于人，无择相之明”，“迨乎季年，主虑瞀乱，无所适从；诛戮亟行，四方解体，而明遂不可为矣”。在深度上，其一，揭露君主专制制度“私天下”的实质，指出君主权力都是靠武力抢夺的。唐甄在《潜书·仁师》篇指出雄群并起时，“武力上人者得之”，“非屠府县百十，杀无辜数千百万人”“不可以得天下”。穷追不舍地挖出屠杀事件的后台君主：“大将杀人，非大将杀之，天子实杀之”，“杀人者众手，实天子为之大手”。由此旗帜鲜明地宣布：“自秦以来，凡为帝王者皆贼也。”从而撕开“天子”“君权神授”

的虚假面纱。君主通过屠杀人民夺取天下后，便视天下为己有，“人君视天下如其庄肆然，视百姓如其佃贾然”[①]。其二，深刻揭示出君主统治效率日益递减的规律：“上观古昔，尧舜禹启，治世惟久。夏、殷、西周、西汉，治多于乱。……其余一代之中，治世十一二，乱世十八九。……君之无道也多矣，民之不乐其生也久矣。”[②]从而对君主专制制度进行了全面的否定。其三，揭露君主专制中央集权不可克服的行政弊端：公文旅行，上下相瞒，令下不行，效率极低。对此唐甄在《潜书·权实篇》中明白地揭示道：“令不行则不治。令不行者，文牍榜谕，充塞衢宇，民若罔闻，吏委如遗。民吏相匿，交免以文，格而不达，举而易废。始非不厉实也，既则怠，久则忘，本政之地，亦且自废而自掩之，是以百职不修，庶事不举，奸敝日盛，禁例日繁，细事纠纷，要政委弃。”这是典型的中央集权综合征。其四，始终将天下动乱的根本原因和罪责归咎于君主本身。唐甄在其《潜书·远谏》篇中指出：“破国亡家，流毒无穷，孰为之而孰主之？非君其谁乎！世之腐儒，拘于君臣之分，溺于忠孝之论，厚责其臣而薄责其君。彼焉知天下之治，非臣能治之也；天下之乱，非臣能乱之也。”新民本思想家对君主的批判，将君主作为人民的对立面来加以揭露，撕开了君主借宗法伦理观念掩饰其罪恶本质的面纱，从此，君主不再是温情脉脉的“君父”，而是凶恶残暴的民贼。像这样集中、系统、全面反省和整体抨击君主专制制度的言论，在旧民本思想家那里是比较少见的，因此它构成了新民本思想的最主要的特征之一。

第二，从法理上探讨家与国、王朝与天下的区别，斩断君主专

---

① （明）吕留良：《四书讲义》卷27，续修四库全书本，上海古籍出版社。

② （清）唐甄：《潜书·鲜君篇》。

制赖以立论的基础，超越了传统民本思想的“公私之辨”。传统民本思想固然有“天下为公”和“社稷重于君主”的信念，然而，传统民本框架下“公天下”与“私天下”可以由“有道之君”加以黏合。[1]新民本思想家则超越了简单的“公私之辨”，发展为“王朝与天下之辨”。对王朝与天下关系的瞩目，与文化下移有直接的关系。如果说古人对国家兴亡的关心仅仅是“肉食者谋之”和“不在其位，不谋其政”的话，那么到了明清之际，对政治和国家的关心便扩及下层人民，于是才有“亡国与亡天下”之辨。所以，从重视“国”（实即君主的王朝）到重视“天下”，从“肉食者谋之又何间焉”，到“天下兴亡，匹夫有责”，标志着中国政治文化的转型。王夫之在《噩梦》中指出：“若土，则非王者之所得私也。天地之间，有土而人生其上，因资以养焉。有其力者治其地，故改姓受命而民自有恒畴，不待王者之授之。”这样便将君主（王者）与天下（土地）作了明确区分，旗帜鲜明地宣称：“一姓之兴亡，私也；而生民之生死，公也。”[2]顾炎武对“亡国与亡天下”进行了辨别：“易姓改号，谓之亡国；仁义充塞，而至于率兽食人，人将相食，谓之亡天下”，“保其国者，其君其臣，肉食者谋之；保天下者，匹夫之贱，与有责焉耳矣。”[3]王朝的兴衰只关系到“其君其臣”，是上层统治者（“肉食者”）的事；而天下之兴亡，即使是贱如匹夫，也有责任。黄宗羲在《明夷待访录·原君》中揭露君主“以我之大私为天下之大公”；在《原臣篇》中指出君和臣是社会分工的产物，对臣来讲，“故我之出而仕也，为天下，非为君也；为万民，非为一姓

---

① （汉）贾谊：《新书·修政语下》。

② （明末清初）王夫之：《读通鉴论》卷17《梁敬帝》三，中华书局1975年版，第515页。

③ （明末清初）顾炎武著、黄汝成集释：《日知录集释》卷13“正始”，岳麓书社1994年版，第471页。

也”。在这段话中，“天下”与“万民”是对应的，“君”与“一姓”是对应的，说明天下是天下人的天下，而君主只是一家一姓的君主。君主的利益是私的，而天下的利益是公的。他提出了有关王朝与天下之辨的著名的论断：“盖天下之治乱，不在一姓之兴亡，而在万民之忧乐。”从此君主的“王朝”与民众的“天下”脱钩，人们不再以忠君等同于爱国，这是明清之际具有突破性意义的政治学说。

第三，建立同事般新型君臣关系，是新民本思想超越传统民本思想的重要表现。以重民—尊君为政治模式的传统民本思想，在君臣关系上确立了“君为臣纲”的规范，同时也试图以“君臣师友论”来确保儒臣作为帝王之师友的地位。新民本思想则超越了这一观念，在君臣之间尝试建立一种具有平等意义的“君臣朋友”和“君臣同事”关系。唐甄在《守贱篇》指出他在君臣、父子、夫妇、昆弟、朋友五伦之中，独阙君臣之伦，“君臣之伦不达于我也……不敢言君臣之义也”。何心隐则在五伦之中独重师友，李贽称赞他“人伦有五，公舍其四，而独置身于师友圣贤之间”[①]。此后朋友成为社会交往的基础，“非朋友无以成其君臣、父子、夫妇、兄弟”[②]。提出新型君臣关系学说——“君臣同事”论的，是新民本思想家的代表黄宗羲。在《原臣》篇中，他通过“臣不臣之辨”，提出了君臣之间的关系应是分工合作的同事关系：“缘夫天下之大，非一人之所能治，而分治之以群工。故我之出而仕也，为天下，非为君也；为万民，非为一姓也。吾以天下万民起见，非其道，即君以形、声强我，未之敢从也。”他还指出君臣与父子关系是不能类比的。父子关系是以血缘为基础的亲情关系，子与父的分身关系，所以子与父虽异身，却能

① （明）李贽：《何心隐论》，《焚书》卷3，第89页。
② 《东林书院志》卷3，中华书局2004年版。

“日近其气”。而君臣之间并没有这种天然的血缘联系，他们存在的基础在于“从天下而有之”，如果没有“天下之责”这个基础，那么“吾在君为路人”。如果“不以天下为事”而又“仕于君”，那么这种关系便是主奴关系，如果是为了天下而与君主相处，便是君主的师友。把子与臣进行本质区分，这就斩断了父子与君臣的纲常链条，动摇了三纲五常的天理基石。黄宗羲批驳了“大臣为君而设”的错误观念，认为“臣之与君，名异而实同”，他们其实都是治理天下的同事，只是分工不同而名称有异罢了：“夫治天下犹曳大木然，前者唱邪，后者唱许。君与臣，共曳木之人也。”君臣之间是一种同事关系，他们共事的基础便是为天下万民，违背了这一基本原则，即使是臣能辅君而兴，从君而亡，也不是真正地尽了臣道。只有与君在为天下万民的相同的基础，结成平等的同事关系，才是真正地领会了臣道的含义。这种“君臣同事”论无疑是一种新型的君臣关系学说，是新民本思想中最具光辉的思想之一，是新民本思想区别于旧民本思想的重要标志之一，构成新民本思想的基本特征。

第四，建立新型的君民关系，强调君民之间的平等地位，和民众对君主政治的主导作用。新民本思想家主张君民平等：“贵不在朝廷也，贱不在草莽也。”“天子之尊，非天帝大神也，皆人也。……无不与民同情也。”[①] 唐甄要求对君主实行“抑尊”，使他“处身如农夫，殿陛如田舍，衣食如贫士”[②]，“贵为天子，亦可以庶人之夫妇处之”[③]。唐甄《潜书·六善》篇强调君主应该顺从民意：“众欲不可拂也。以天下之言谋事，何事不宜；以天下之欲行事，何事不达!”

---

①（清）唐甄：《潜书·抑尊》。
②（清）唐甄：《潜书·尚治》。
③（清）唐甄：《潜书·去奴》。

第五，规划未来的社会政治制度，以前所未有的力度约束君主权力。其一，以相权制约君权。新民本思想家并非简单地恢复以前的旧制度，而是以社会分工理论为基础确立宰相与君主的同事关系，在行政上拥有与君主“同议可否”的权力：“凡章奏进呈，六科给事中主之；给事中以白宰相，宰相以白天子，同议可否，天子批红。天子不能尽，则宰相批之，下六部施行。”这种由天子先批红，宰相再作补充，然后直接将君相批示过的文件下六部施行的行政体制，不仅明代内阁制时所未见，即使以前的宰相制也不曾有过。黄宗羲提出的君臣分工合作、“同议可否”的同事关系，多少有点国家元首与政府首脑之间关系的意味。其二，通过学校议政以左右政策的走向。春秋时，郑国子产不毁乡校，允许人们“以议执政之善否”，启发了黄宗羲“公其非是于学校”的政治主张。《明夷待访录·学校》指出，学校不仅是培养人才的地方，而且是治理国家的机构。学校参与治理天下的主要功能是对君主进行监督和制约：“天子之所是未必是，天子之所非未必非，天子亦遂不敢自为非是，而公其非是于学校。”具体措施是在中央和地方的学校分别对朝廷和地方官员的政策进行评议。就中央而言，在太学推选一位当世大儒为祭酒，给予相当于宰相的地位，对天子、宰相、六卿和谏议等官实行评议和监督，“祭酒南面讲学，天子亦就弟子之列。政有缺失，祭酒直言无讳”。就地方而言，通过“公议”而非任命的形式，选举一位名儒作为学官，主持郡县之学，“自布衣以至宰相之谢事者，皆可当其任，不拘已仕未仕”，每至“郡县朔望，大会一邑之缙绅士子。学官讲学，郡县官就弟子列”，“郡县官政事缺失，小则纠绳，大则伐鼓号于众”。这一前所未有的措施是新民本思想趋新的闪光点。其三，通过分层治理或郡县制与封建制并行达到地方分权的目的，以削减中央集权制的负面影响。王夫之主张分层治理，认为

“以天子统乎天下，则天下乱”，“上统之则乱，分统之则治”[1]，因此提出“分兵民而专其治，散列藩而制其用”[2]的分治主张，将中央权力一级级分解：“天子之令不行于郡，州牧刺史之令不行于县，郡守之令不行于民，此之谓一统。”[3]这是一种逐层分解权力的理论，具有反对越级指挥，充分调动各级政府积极性的现代科层制的特点。顾炎武提出的改革中央集权制方案是“寓封建于郡县之中”[4]，他甚至提出让县令世袭的办法，[5]使其像保护私有财产一样保护一县的安全，从而保护天子的天下。黄宗羲则提出了郡县制与封建制并存的解决方案。黄宗羲发现，中央集权制度难以解决内部人民叛乱和边疆少数民族的入侵，且牵一发而动全身，导致“疆场之害”无已，因此提出在内地设郡县，在边疆恢复方镇，使之拥有相当大的自主权力，如财政、行政、教育和人事权等，甚至有条件地许其世袭。平心而论，顾、黄、王提出的方案并不能解决中央集权制的危害，反倒有可能引起藩镇割据，但他们提出了政治体制多元化的思路，是传统民本思想望尘莫及的。

四、西方近代民主思想嫁接的砧木

“新民本”思想在产生的背景、拥有的文化传统以及对君主专制制度认识的深刻度上，与西方民主思想有显著的民族性乃至时代性差别。西方的近代民主思想是在欧洲资本主义比较充分地发展背景

---

① （明末清初）王夫之：《读通鉴论》卷16《齐高帝》一，第456页。
② （明末清初）王夫之：《黄书·宰制》。
③ （明末清初）王夫之：《读通鉴论》卷16《齐高帝》一，第456页。
④ （明末清初）顾炎武：《亭林文集》卷1《郡县论》一，扫叶山房1919年版。
⑤ （明末清初）顾炎武：《亭林文集》卷1《郡县论》五。

下产生的，而且有着古希腊罗马奴隶制民主的政治传统。中国“新民本”思想产生的背景则仅仅是资本主义萌芽阶段，所拥有的政治传统资源则是远古的原始民主制和君主专制时期的民本思想。也就是说，西方古希腊罗马时的政治民主可以运行于仍是私有制的资本主义社会，而中国“三代之治”为特征的原始民主制度则无法在私有制下运行。然而，在中国近代社会，出于对西方民主思想传入的迫切要求，新民本思想被作为西方近代民主思想接入的砧木，从而受到普遍的重视。

当洋务运动随着甲午战争的失败而破产后，人们开始关注西方的近代民主制度及其思想，恰在这时，黄宗羲《明夷待访录》所反映的新民本思想以其与君主立宪思想相似的外形及某些内容上的联系，成为人们引进西方民主的重要媒介和嫁接砧木。维新派将黄宗羲思想视为西方近代民主思想的同义语，使之成为热血青年追求民主的思想动力。1897 年梁启超在长沙时务学堂讲课时，将一知半解的西方民权思想与黄宗羲的新民本思想作了混同，曾自述道：“梨洲有一部怪书，名曰《明夷待访录》，这部分是他的政治理想。从今日青年眼光看去，虽象平平奇奇，但三百年前——卢骚《民约论》出世前数十年，有这等议论，不能不算人类文化之一高贵产品”，“实为刺激青年最有力之兴奋剂”。[①]他还自称自己与谭嗣同等人为“倡民权共和之说”，将《明夷待访录》节钞，印数万本，秘密散布，“作为宣传民主主义的工具”，结果“信奉者日众”，“于晚清思想之骤变，极有力焉”[②]。由于坚信黄宗羲是立宪政治倡始人，维新派主将康有为对黄氏进行了高度赞美：“梨洲大发《明夷待访录》，

① 梁启超：《中国近三百年来学术史》，东方出版社 1996 年版，第 56—57 页。
② 梁启超：《清代学术概论》，东方出版社 1996 年版，第 18 页。

本朝一人而已。梨洲为本朝之宗。”[1] 清末，革命派继续对黄宗羲《明夷待访录》及其所代表的新民本思想保持浓厚的兴趣，将之视为民主革命的重要思想武器。作为革命派的章太炎将君主立宪思想嫁接到黄宗羲《明夷待访录》身上，指出：“余姚者（指黄宗羲），立宪政体之师。观《明夷待访录》所持重人民、轻君主，固无可非议也。”[2]

孙中山在将西方民主思想嫁接到“新民本”思想时，结出了具有杂交优势的“三民主义”硕果。已洞悉西方民主制度的某些弊端的他认为，“外国的民权办法不能做我们的标准”，因此积极地将“欧洲之学说”与“吾国固有思想”相结合，形成“独见而创获”的三民主义。“吾国固有思想”便包括黄宗羲新民本思想。据朱维铮称，孙中山等人曾在日本刊行过节录的《明夷待访录》的“原君”篇。[3] 孙中山在《三民主义》一文中抨击中国的专制君主“把国家和人民做他一个人的私产，供他一人的快乐”，这句话就是黄宗羲《原君篇》抨击君主“屠毒天下之肝脑，离散天下之子女，以博我一人之产业”，“敲剥天下之骨髓，离散天下之子女，以奉我一人之淫乐”语句的翻版。

在全球历史从分散走向统一，由古代迈向近代，从农业转入工商业，由专制演为民主的转折关头，明清之际“新民本”思想的出现，便不能孤立地认为是中国传统政治文化内部的变异。事实上，新民本思想是中国先进思想家在世界民主化浪潮将临之际，不自觉地顺应这一潮流而产生的思想结晶，因此它本身仍然具有一定的近

---

① 康有为：《万木草堂讲义》，《康有为全集》第2册，上海古籍出版社1992年版，第587页。

② 章太炎：《王夫之从祀与杨度参机要》，汤志钧编《章太炎政论选集》上册，中华书局1977年版，第426—428页。

③ 朱维铮：《求索真文明——明清学术史论》，上海古籍出版社1996年版，第355页。

代性。然而，中国传统社会特殊的文化模式和种种包裹、排斥近代性的因素，使新民本思想未能发展为近代民主思想，而仅仅成为传统民本思想与近代民主观念之间的中间形态。不过，新民本思想与近代民主观念虽非同“种”，但同“科”，均属趋向近代的进步政治理念，因此二者可以相互嫁接。近代历史证明，当中国人引入西方近代民主思想时，便以新民本思想作为天然的嫁接“砧木”，从而使西方民主观念在中国这一特殊的环境和土壤中扎下根来。

（原刊《江汉论坛》2003年第10期；
又《人大复印资料·明清史》2004年2期转载，
此处略有修改）

《明夷待访录》的近代“误读”与“新民本”思想的历史影响

近代思想界在批判君主专制主义的时候，一方面从欧美先进国家寻找思想资源，一方面从中国历史上寻找思想资源。就后者而言，明清之际的黄宗羲及其《明夷待访录》成为近代思想界争相瞩目的焦点之一。关于黄宗羲在近代的影响问题，学术界陆陆续续有一些阐述和探讨，一些近代思想史和学术史著作对黄宗羲在“戊戌维新”运动以及后来的思想运动中产生的历史作用作了介绍和分析，如梁启超、侯外庐、萧公权、张灏、冯天瑜、高准等都不同程度地探讨了这一问题，为这一问题的深入奠定了坚实的基础。然而，由于并非专注于这一问题，因此这些讨论都比较零散和具有附带性，只有朱维铮的《晚清思想界的黄宗羲》一文，是迄今为止较为系统探讨黄宗羲近代影响的专论。然而，笔者对于朱文的观点并不完全赞同，且本文的论述角度和方法与朱文亦不一致，故笔者不揣冒昧，将近代思想界对待黄宗羲的态度及黄氏在近代的影响问题重新作一系统的缕述和探讨。

一

在单纯学习西方“坚船利炮”的洋务运动破产后，中国近代的思想先驱们开始瞩目于西方先进的民主思想，试图从制度层面探讨中国落后的原因，从而探寻中国政治体制改革的可能性。然而，西方民主思想是一个异质文化要素，中华民族从未有过体验，要将西方近代典籍中的“democracy”这样一个抽象的概念变为一种具体的观念，就必须通过一种介质来实现，而这种介质必须是中国人所熟悉的东西，于是他们将目光投向了提倡民本反对君权的黄宗羲及其《明夷待访录》所代表的“新民本思想”身上。

黄宗羲所代表的“新民本思想”成为西方“民主”思想输入中国的一种介质和桥梁，是文化传播过程中出现的一种“误读”现象。在西方高势位文化强劲输入的背景下，中国近代史上屡屡发生对西方文化和民主思想的“误读”。“误读”是文化传播和涵化（acculturation）中的一种普遍现象。不同文化在相互接触时，会出现两种不同的形态：冲突和涵化。后者是一种潜移默化的影响和变化，是处于低势位的本土文化在向处于高势位的外来文化借用其文化因子时，所产生的平和的、潜渐的改变。文化涵化时，接受外来文化的本土文化，首先是以与自身的文化传播相和谐的方式来加以诠释、消化、吸收的。在文化接触和转换过程中，本土文化对外来文化的“翻译”很多都不一定准确，常常渗入了自身的理解，但恰恰是这些不准确的充斥着“误读”的“译本”，适应了本社会的需要和本土文化的习惯，而得以迅速传播。其结果使受本土文化传统熏陶的人们不至于阻隔对外来文化的感通，相反，他们一经获得某种启示，便借题发挥，各取所需，并很快取得效果。人们总是根据自己的传统习惯和社会需要，来吸收自己所需要的文化营养。[①]近代中国社会在吸收西方外来文化时，就常常发生“误读”。对此，梁启超有

① 参见郭齐勇：《文化学概论》，湖北人民出版社1990年版，第274—275页。

敏感的察觉，指出人们“摭古书片词单语以傅会今义（多指从西方传入的概念）”，“倘所印证之义，其表里相吻合，善已”。将西方近代概念及思想翻译或误读成中国古已有之的东西，能够起到直接输入西方概念所起不到的作用。因为用本土文化的概念和文化要素去附会西学，可以“劝人行此制，告之曰，吾先哲尝治也。其势较易入，固也”[①]。西方文化的误读常常是传播者有意为之，章太炎对西学传入过程的“误读”现象的功用作过分析，一针见血地指出：“民不知变，而欲其速化，必合中西之言以喻之。”[②]近代兴起的“西学中源”思潮就是文化涵化中“误读”现象的反映。近代不少学者都认为西方近代民主是中国“古已有之”的东西，西方民主制度是中国“三代遗风”。这种观点的积极意义便在于，使近代民主制这种西方舶来的新的学说和思想，在传入中国的时候，避免与长期受到儒学“尊君”观念熏陶的中国人产生心理隔膜和思想抵制，它能使人们很容易地将西方“民主”概念与中国最受推崇的“三代之治”和“民本”概念联系起来，特别是同与民主思想脉络有不少贯通之处的“新民本思想”相联系，从而迅速地接受“民主”概念，使西方民主思想在中国本土文化中顺利地扎根和生长。梁启超对近代中国人通过“民本”特别是“新民本思想”来认识西方民主思想，有过敏锐的观察：“清初几位大师——即残明遗老——黄梨洲、顾亭林、唐甄、王船山……之流，他们许多话，在过去二百多年间，大家熟视无睹，到这时忽然像电气一般把许多青年的心弦震得直跳”，并断言：“最近三十年思想界之变迁，虽波澜一日比一日壮阔，内容一日比一日复杂，而最初的原动力，我敢用一句话来包举他，是残

① 梁启超：《梁启超史学论著四种》，岳麓书社1985年版，第85—86页。

② 章太炎：《变法箴言》，载汤志钧编：《章太炎政论选集》上册，中华书局1977年版，第23页。

明遗献思想之复活。”[①]残明思想的复活，显然是近代思想家将之理解为西方民主思想之所致。而这种残明思想便是我们所说的明清之际的“新民本思想”，其代表便是黄宗羲的《明夷待访录》。

“新民本思想”是明清之际形成的一种政治理念和社会思潮，是在传统民本思想基础上发展起来的一种介于传统政治与近代民主政治之间的中间形态。与旧民本思想产生于呼唤君主专制制度以平息动荡和战乱的春秋战国时代不同，新民本思想形成于君主专制制度走向极致并带来国破家亡的明清之交。如果说传统的民本思想由“尊君—民本”构成一体二翼的关系，那么新民本思想则由“民本—罪君”构成一体二翼的结构。前者倾向于在尊君与民本之间寻找平衡，而后者则倾向于借助民的力量打破君主专制的铁幕。新民本思想的代表人物是黄宗羲、唐甄以及王夫之、顾炎武、傅山等，代表作是《明夷待访录》和《潜书》。二书在旧民本思想基础上吸收了“非君论”等异端思想，开创了新民本思想的体系。二者相较，唐甄《潜书》在猛烈抨击君主专制独裁上不遗余力，提出“自秦以来凡帝王皆贼”的观点，但没有提出详尽完整的解决君主专制制度的改革方案，而黄宗羲《明夷待访录》则提出了自己的设计方案。从建设方案上看，黄宗羲确立了民主君客（《原君》：“天下为主，君为客”）和建立法治国家（《原法》：“有治法而后有治人”）的社会秩序，试图通过扩大相权（《置相》：“使宰相不罢，自得以古圣哲王之行摩切其主，其主亦有所畏而不敢不从也）”和知识分子的参政议政权力（《学校》：“天子之所是未必是，天子之所非未必非，天子亦遂不敢自为非是，而公其非是于学校”）来限制君主权力，并提出君臣同事论（《原臣》：“缘夫天下之大，非一人之所能治，而

① 梁启超：《中国近三百年学术史》，东方出版社 1996 年版，第 35—36 页。

分治之以群工。故我之出而仕也，为天下，非为君也；为万民，非为一姓也”，“君与臣，共曳木之人”）来实现这一目标。新民本思想是中国旧知识分子探讨中国君主政治制度改良所达到的最高水平。这种思想虽与欧洲卢梭、孟德斯鸠等提出的“君主立宪”制有一定的相似之处，但仍有显著的时代性差别。然而，在中国近代社会，出于对西方民主思想传入的迫切要求，黄宗羲《明夷待访录》也被“误读”为与西方近代民主思想相同的先进思想，从而产生了广泛的历史影响。

二

甲午战争后，改良派和维新派开始对《明夷待访录》进行新的阐释，赋予它与西方近代民主思想相同的意义和功能。

将黄宗羲的新民本思想视同西方民主主义，是近代社会自甲午战争后急于否定君主专制、建立民主制度的时代要求，而在清初顾炎武那里，似乎并未有过这种理解。当顾氏读完黄宗羲的《明夷待访录》后，只是称赞说“知……百王之弊可以复起，三代之盛可以徐还”[①]，并未将它理解为具有民主倾向的专著。到了洋务运动时期，中国思想界已经开始零星地介绍和传播西方近代民主思想和民主制度。洋务思想家郑观应、薛福成、王韬等都曾介绍过西方的议会制度，但均未引起人们的重视。洋务运动随着甲午战争的失败而破产，人们开始关注西方的近代民主思想，恰在这时，黄宗羲及其

---

① （明末清初）顾炎武：《与黄太冲书》，《顾亭林文选》，四川大学出版社 1998 年版，第 244 页。

新民本思想以其与民主相似的外形，成为人们理解西方民主的重要媒介，从而被人们作了善意的“误读”。当时不少洋务派思想家开始对西学转入更深层次的引入，他们中的一些人便把黄宗羲的《明夷待访录》作为引入西学的桥梁和媒介，其政治思想也随之转向维新。郑观应撰写了《原君》、《学校》、《阉宦》、《建都》等文（均收在《盛世危言》一书中），都是《明夷待访录》原有的篇目名称。尽管这些文章内容均已打上了时代特征，但不能不说受到了黄宗羲《明夷待访录》的明显启发和深刻影响。首先，在批判君主窃取天下为私有上面，郑观应继承和发扬了黄宗羲的观点。郑观应在《盛世危言·原君》篇中称：“自传贤之局变为世及，后世沿袭，因有攘夺篡弑之害，乃以举国为私产，兆庶为奴隶。”又指责君主私天下的行为道：“汉、唐以降，虽代有令辟，而要皆创业之始，挟其假仁小惠笼络天下，以求遂其大欲。守成之主并此而去之，百计防维，全其权，固其私，为子孙谋。去古人利天下之心愈远而愈失。”这些议论与《明夷待访录·原君》“后之为人君者不然，以为天下利害之权皆出于我。我以天下之利尽归于己，以天下之害尽归于人，亦无不可。使天下之人不敢自私，不敢自利，以我之大私为天下之大公。始而惭焉，久而安焉，视天下为莫大之产业，传之子孙，受享无穷”的言论如出一辙。其次，在抨击君主压迫剥削民众上面，郑观应承袭了黄宗羲的观念。郑观应所谓“中国权操于上，冠履之辨最严。降及嬴秦，焚书坑儒以愚黔首，直欲锢天下之耳目，缚天下之手足，惟所欲为”，与《明夷待访录·原君》中“屠毒天下之肝脑，离散天下之子女，以博我一人之产业”，“敲剥天下之骨髓，离散天下之子女，以奉我一人之淫乐”极为相似。其三，在反驳宋儒将君为臣纲视为天理上面，郑观应几乎完全承袭了黄宗羲的观点。郑观应对“宋儒误引《春秋》之义，谓君虽至不仁，臣民必顺受无贰”的谬论作了反驳：“信如斯也，则是天之立君，专为鱼肉斯民，而天下兆民胥供一人之用。有是理乎？”这些话简直是《明夷待访录·原君》“小儒规规焉以君臣之义无所逃于天地之间，至桀、纣之暴，犹谓汤、武不当诛之，而妄传伯夷、叔齐无稽之理，使兆人万姓崩溃之血肉，曾不异夫腐鼠。岂天地之大，于兆人万姓之中，独私其一人一姓乎！”等言论的翻版。郑观应所攻击的“宋儒”，实即黄宗羲所指责的“小儒”。郑观应的《原君》篇在阐发《明夷待访录》思想的同时，还大力介绍西方民主思想，如在抨击中国专制君主竭力维护自己统治地位时，指出：“昔泰西君主之国亦恐民之有权，而不能压制，于是议院不准立，新法不准行，乃愈压而民愈乱，因变君民平权之政，而国始敉安。”可见，郑观应对黄宗羲思想的继承和发挥，实际上是在当时呼唤民主政治背景下，所作的善意的比附和“误读”。在本篇的附录中，郑观应更是明确地将中国民本思想与西方民主思想作了附会，说“中国古圣贤创业垂训，具合于泰西民权之宗旨”。因为“盖公理无东西，而大道无古今”，所以“尧、舜官天下，求贤禅让，何与美利坚合众国公举总统之制类也；汤、武顺天应人以放伐独夫，代膺大位，何与欧洲列国之民迫其政府更革政治类也”。[1]郑观应的《原君》篇，不仅以传统民本思想为指导，更以黄宗羲为代表的新民本思想为媒介，试图将之解读为西方式的民主思想，以期在中国建立君主立宪制度。尽管他在《原君》中没有直接提到黄宗羲，但我们只要将之与黄宗羲《明夷待访录》的《原君》相比较，就能发现二者的语气是十分相近的，其对君主专制的不满情绪如出一辙。

---

① （清）郑观应：《盛世危言·原君附录》，夏东元编：《郑观应集》上册，上海人民出版社1982年版，第334—336页。

戊戌变法时期，维新派更是将新民本思想视为西方近代民主思想的同义语，新民本思想遂成为热血青年追求民主的思想动力。当时黄宗羲的著作成了青年的宝籍，对梁启超、谭嗣同乃至康有为等人影响甚为深远。1897 年梁启超在长沙时务学堂对湖南学生讲课时，将一知半解的西方民权思想与黄宗羲的新民本思想作了混同，但起到了宣传民主思想的作用。梁启超曾自述道：“梨洲有一部怪书，名曰《明夷待访录》，这部分是他的政治理想。从今日青年眼光看去，虽象平平奇奇，但三百年前——卢骚《民约论》出世前数十年，有这等议论，不能不算人类文化之一高贵产品。”[①] 他在《中国近三百年学术史》中在引述了《明夷待访录》书中的几段话后说：“像这类话的确含有民主主义的精神——虽然很幼稚——对于三千年专制政治思想为极大胆的反抗，在三十年前——我们当学生时代，实为刺激青年最有力之兴奋剂。我自己的政治活动，可以说是受这部书的影响最早而最深。”又说：“此书乾隆间入禁书类，光绪间我们一班朋友曾私印许多送人，作为宣传民主主义的工具。”[②] 他反复指出此书对当时青年追求民主所起的巨大影响，在《清代学术概论》中指出：“梁启超、谭嗣同辈倡民权共和之说，则将其书节钞，印数万本，秘密散布，于晚清思想之骤变，极有力焉。”[③]“窃印《明夷待访录》等书，加以按语，秘密分布，传播革命思想，信奉者日众，于是湖南新旧派大哄！”[④] 对梁启超等人秘密重印黄宗羲《明夷待访录》节本一事，侯外庐的评论是，梁氏“的确在当时把此书当做了路德的新圣经去宣传”[⑤]；张灏的评论是，梁氏“对中国

① 梁启超：《中国近三百年来学术史》，第 55 页。
② 同上，第 56—57 页。
③ 梁启超：《清代学术概论》，东方出版社 1996 年版，第 18 页。
④ 同上，第 77 页。
⑤ 侯外庐：《中国思想通史》第 5 卷，人民出版社 1956 年版，第 156 页。

政治传统所作的种种道义上的抨击与对一知半解的作为政治良药的民权思想的狂热崇拜搅和在一起”[①]。二人均指出梁启超是将西方民主与黄宗羲的反君主思想相比附。这种将西方民主与明清之际的新民本思想相挂钩的做法，虽然是一种文化涵化中的误读，但却极大地刺激了湖南青年的思想骚动，影响到十分广泛的领域。

戊戌变法中思想最为激进的谭嗣同，对《明夷待访录》等新民本思想代表作极为推崇，指出：“君统盛而唐虞后无可观之政矣，孔教亡而三代以下无可读之书矣！乃若区玉检于尘编，拾火齐于瓦砾，以冀万一有当于孔教者，则黄梨洲《明夷待访录》，其庶几乎！其次为王船山之遗书。皆于君民之际，有隐恫焉。”[②]谭嗣同思想来源较为复杂，有墨家、佛家和儒家等，但他反君主的思想则明显来源于黄宗羲的新民本思想。他对黄宗羲思想的继承，在《仁学》中有很明显的痕迹：“岂谓举之戴之，（君主）乃以竭天下之身命膏血，供其盘乐怠傲，骄奢而淫杀乎？供一身之不足……又欲传之世世万代子孙，一切酷毒不可思议之法，由此其繁兴矣。”[③]这几句议论与黄宗羲《明夷待访录·原君》中“屠毒天下之肝脑，离散天下之子女，以博我一人之产业”，“敲剥天下之骨髓，离散天下之子女，以奉我一人之淫乐”如出一辙。《仁学》与《原君》观点与语气相似的还有：“天下为君主囊橐中之私产，不始今日，固数千年以来矣。”[④]这显然是《明夷待访录》中“以我之大私为天下之大公……视天下为莫大之产业，传之子孙，受享无穷”的翻版。谭嗣同在《仁学》卷下中还说指责“俗学陋行，动言名教”以为君主

---

① ［美］张灏：《梁启超与中国思想的过渡》，江苏人民出版社 1995 年版，第 89 页。

② （清）谭嗣同：《仁学》卷下，《谭嗣同全集》，三联书店 1954 年版。

③ 同上。

④ 同上。

专制服务的卑劣行径，名教使君主可以利用“忠孝廉节”的名义“不惟关其口使不敢昌言，乃并锢其心使不敢涉想”，因此他特别痛恨那些“以天理为善，人欲为恶”的混账的“世俗小儒”。这种口气和观念，可以说是对黄宗羲抨击“小儒规规焉以君臣之义无所逃于天地之间”①，以及鄙视“小儒不通大义，又从而附会之曰：‘君父，天也。’”②等言论的继承和发展。谭嗣同使用的“小儒”概念，正是来自于黄宗羲的《明夷待访录》。侯外庐也敏锐地觉察到黄宗羲对谭嗣同的深刻影响，指出：“他（谭嗣同）的社会思想是《仁学》的主要内容，一望而知为《明夷待访录》的继承者。”③

谭嗣同所处的时代，西方近代民主思想和民权观念已传入中国，但并不系统，中国人对此观念是一知半解的。梁启超后来曾说过，谭嗣同“彼辈当时，并卢骚《民约论》之名亦未梦见，而理想多与暗合，盖非思想解放之效不及此”④。梁氏谓谭嗣同对卢梭《民约论》之名“亦未梦见”，有点言过其实。根据《仁学》可知，谭嗣同对法国社会契约论等民权思想有一定的了解⑤，如《仁学》卷下称：“生民之初，本无所谓君臣，则皆民也。民不能相治，亦不暇治，于是共举一民为君。夫曰共举之，则非君择民，而民择君也。夫曰共举之，则其分际又非甚远于民，而不下侪于民也。夫曰共举之，则因有民而后有君；君末也，民本也。天下无有因末而累及本者，亦岂可因君而累及民哉？夫曰共举之，则且必可共废之。君也

---

①（明末清初）黄宗羲：《明夷待访录·原君》，《黄宗羲全集》第1册，浙江古籍出版社1985年版。

②（明末清初）黄宗羲：《明夷待访录·奄宦上》。

③ 侯外庐：《中国近代启蒙思想史》，人民出版社1993年版，第111页。

④ 梁启超：《清代学术概论》，第85页。

⑤（清）谭嗣同在《仁学》中指出：“法人之改民主也，其言曰：‘誓杀尽天下君主，使流血满地球，以泄万民之恨。’”可见一斑。

者，为民办事者也；臣也者，助民办事者也。赋税之取于民，所以为办民事之资也。如此而事犹不办，事不办而易其人，亦天下之通义也。”这里介绍的显然是“社会契约论”，但他在阐述这个理论时，作了中国式的解释，融入了民本和新民本思想的词汇和观念。当然，由于时代和个人经历的局限，像谭嗣同这样的维新派思想家对西方民权理论的了解是较肤浅的，不系统的，但正因为如此，所以他们需要在理解民权理论时，用其头脑中固有的理论和观念加以“翻译”和辅助。由于他们深受中国民本思想尤其是新民本思想的影响，所以自觉不自觉地就感到西方民主观念“多与暗合”。这种“误读”的结果，是西方民权观念借新民本思想这个桥梁，迅速传入中国。由此可见，新民本思想在近代起到了迎接西方民主思想到来的接应者的作用，甚至在某种程度上成为民主主义的“代用品”。

尽管康有为主要以孔孟等倡导的传统民本思想作为自己推进君主立宪制的思想武器，而民本与尊君又紧密相连，最终导致了他的保皇立场。然而，在戊戌维新那种呼唤民权的社会环境中，康有为也多少受到了黄宗羲等主张的新民本思想的某种影响。如他对黄宗羲高度赞美道：“本朝人物以黄梨洲为第一”，“梨洲大发《明夷待访录》，本朝一人而已。梨洲为本朝之宗”。[①]在《孟子微总论》中指出：“孟子立民主之制，太平之法也。盖国之为国，聚民而成立。天生民而利乐之。民聚则谋公共安全之事。故一切礼乐政法，皆以为民也。但民事众多，不能一一自为。公共之事必举公人任之。所谓君者，代众民任此公共保全安乐之事。为众民之所共举，即为众人所公用。民者如店肆之东人，君者乃聘雇之司理人耳。民为主而君为客，民为主而君为仆。故民贵而君贱，易明也。众民所归，乃举

① 康有为：《万木草堂讲义》，《康有为全集》第2册，上海古籍出版社1990年版，第587页。

为民主。如美法之总统得任群官，群官得任庶僚。所谓得乎丘民为天子，得乎天子为诸侯，得乎诸侯为大夫也。今法、美、瑞士及南美各国皆行之。近乎大同之世，天下为公，选贤与能也。孟子已早发明之矣。”康氏的上述言论，不少地方与其说来自孟轲，不如说来自黄宗羲，如“民为主而君为客”，即引自《明夷待访录》，而非引自《孟子》[①]。这种将黄宗羲为代表的新民本思想与“法、美、瑞士及南美各国皆行之”的民主主义相提并论，便是康氏在传播西方资产阶级民主思想时的一种不准确但很实用的“翻译”和“误读”。

另一位维新主义思想者宋恕，初习颜元学说，后读西方著作如《德国学略》、《万国史记》、冈鹿门氏之绪论等，“悄然以悲，泣数行下，曰：‘嗟乎！素王之志今乃行于海外哉！今乃行于海外哉！’已而，又得见大儒黄梨洲氏之书，且喜且泣曰：‘悲夫！言子游氏、孟子舆氏之传在此矣！’……苟有权力者咸克以黄氏之说为体，以颜氏之说为用，则大同其几乎，岂但小康哉！”[②]显然，身处西学东渐时代的宋恕，接受了西方民主思想，当他读到黄宗羲的《明夷待访录》时，不禁产生了共鸣，认为黄宗羲的著作能够承担在中国建立民主社会（即他所说的“大同”）的时代重任。这种理解，自然也是一种善意的“误读”。

三

清末，革命派继续对黄宗羲《明夷待访录》及其所代表的新民本思想产生浓厚的兴趣，将之视为民主革命的重要思想武器。作为

---

① 冯天瑜：《从晚周民本思潮到黄宗羲的〈明夷待访录〉》，《明清文化史散论》，华中工学院出版社1984年版，第267页。

② 宋恕：《六字课斋卑议·自叙印行缘起》，《宋恕集》，中华书局1993年版。

革命派的章太炎，最初对黄宗羲是十分钦佩的，与改良和维新派一样把《明夷待访录》阐释和“误读”为近代民主思想。他在1896年12月29日《致汪康年书》中指出：“刍荛之见，谓宜驰骋百家，掎摭子史，旁及西史，近在百年，引古鉴今，推见至隐。昔太冲《待访录》‘原君’论学，议若诞谩，金版之验，乃在今日。斯固玮琦幼眇，作世模式者乎？”[①]这里承认，黄宗羲在《明夷待访录》中所提出的天下为主君为客、虚君重相的“立宪”主张，已在世界各国得到验证。章氏在1900年完成的《訄书》初刻本，内收《冥契》一文，便说黄宗羲主张公天下，否定君主的至尊地位，由近代“五洲诸大国，或立民主，或立宪政”而日治可证：“黄氏发之于二百年之前，而征信于二百年之后，圣夫!”他在1903年春天改就的《訄书》重订本，对此篇也有大改，但结论未变。[②]《冥契》从世界政治趋向民主制度的角度，对《明夷待访录》进行了富有时代感的文化定位。

正因为如此，所以章太炎的不少观点就深受黄宗羲的影响。如1899年10月撰写的《藩镇论》一文，便承袭《明夷待访录·方镇》篇的观点，对君主专制制度和中央集权制尤其是郡县制进行了激烈的抨击：“若夫植守令，布政教，理府库，训步骑，则一切上制于枢府，而下制于六部，一命之秩，不得专授，铢两之饷，不得擅增。夫是故文吏则面从而背憎，爪牙骑士贴首伏谒于前，而涣德离心于后，使之治文书，剿寇盗，则可矣。将驰观于域外，而扶义俶傥以行其意，则吏士有疾走弗顾耳。”章太炎对藩镇问题的反思，意

① 章太炎：《致汪康年书》，载汤志钧编：《章太炎政论选集》上册，第3页。

② 据朱维铮称：“《訄书》由《族制》到《冥契》这十一篇论文……在章炳麟当时看来，不论从哪个角度考察，结论都与二百年前黄宗羲的《明夷待访录》关于否认天子享有独裁特权的议论暗合，即所谓‘冥契’。”见《訄书发微》，《求索真文明——晚清学术史论》，上海古籍出版社1996年版，第275页。

在针对当时的局势。比如坐镇北洋的李鸿章虽然"其权藉不为轻"，但中央集权制下的地方官吏"身之去留，亦惴惴不自保"，所以慈禧太后"取其（海军）经费以治离宫，瞠目噤齿而勿敢诤"。延续黄宗羲方镇可以抵御外族入侵的观点，章太炎强调"夫失幽州于契丹，孰与失幽州于藩镇，藉藩镇之力而能使契丹不敢南向而牧马"，然后他将这一问题引向满清遏制方镇实是投降西方这一结论："观于藩镇之削，则中朝之取法于孤秦陋宋，而甘心于白种之蹂藉也可知已。"最后，章太炎将"方镇"问题与实现近代民主联系起来，最终将此问题打上了时代的烙印。针对藩镇"自擅"妨碍"立宪政"的责难，他指出："板荡之世，非得藩镇以尊攘，则宪政不立。"他断言，如果能够"廓夷旧章，示民版法，陶冶天下，而归之一宪"，那么"藩镇将奔走趋令，如日本之萨、长二藩，始于建功，而终于纳土，何患自擅"。即使没有立宪，藩镇也可以"倚依以为屏辅，使内慑权要，而外保分地"[①]。这与黄宗羲的"外有强兵，中朝自然顾忌，山有虎豹，藜藿不采"的观点如出一辙。由此可见黄宗羲对章太炎的正面影响。对于黄宗羲的地位历史，章太炎一直是不敢抹杀的。1908 年 7 月 10 日所写的《王夫之从祀与杨度参机要》一文中，他一边批评黄宗羲，还一边承认他的历史地位："满洲政府以顾炎武、王夫之、黄宗羲为汉土学者所宗，奉其主，纳之两庑……乃满洲贵胄，无所恶于衡阳王氏（即王夫之），而恳恳欲黜余姚（即黄宗羲），汉人之处枢密者，则愿为余姚藩蔽，斯可怪矣。衡阳者，民族主义之师；余姚者，立宪政体之师。观《明夷待访录》所持重人民、轻君主，固无可非议也。"[②]

① 章太炎：《藩镇论》，载汤志钧编：《章太炎政论选集》上册，第 325 页。

② 章太炎：《王夫之从祀与杨度参机要》，载汤志钧编：《章太炎政论选集》上册，第 426—428 页。

以章太炎为盟主的国粹运动，在1910年章氏发表《非黄》一文以前，一直都对黄宗羲的思想十分推崇。黄宗羲的名号频繁地出现在国粹学派的笔下，黄宗羲的《明夷待访录》等论著，愈来愈多地受到人们的赞扬。国粹派先驱邓实主办的《政艺通报》，于1903年冬刊载马叙伦的《中国民族主义发明家黄梨洲先生传》，把《明夷待访录》否定君权与排满革命相联系，并称道黄宗羲是秦以后两千年间“人格完全，可称无憾者”的少数先觉之一。由林獬主办的《中国白话报》，于1904年初发表刘师培的《黄梨洲先生的学说》，更把《明夷待访录》与卢梭的《民约论》相比较，表示对黄宗羲“五体投地而赞扬靡止”。这可能是将黄宗羲称作中国的卢梭的创例。直到1908年，《国粹学报》还在公布黄宗羲七世孙提供的黄氏遗著目录的同时，刊载广告征集黄氏佚著。

革命军中马前卒邹容，于1902—1903年写成震惊中国的《革命军》，以尖锐、犀利的文字抨击君主专制，抨击秦始皇统一全国后君主们“私其国，奴其民，为专制政体”，“攙国人所有而独有之，以保其子孙帝王万世之业”[①]的家天下行为，并指出“初无所谓君也，无所谓臣也。若尧、舜，若禹、稷，其能尽义务于同胞，开莫大之利益以孝敬于同胞，故吾同胞视之为代表，尊之为君，实不过一团体之头领耳，而平等自由也自若。后世之人，不知此义，一任无数之民贼独夫，大盗巨寇，举众人所有而独有之，以为一家一姓之私产，而自尊曰君，曰皇帝，使天下之人，无一平等，无一自由”，这些言语都十分类似黄宗羲的《明夷待访录·原君》篇，可以说受到了《明夷待访录》的明显影响。

黄宗羲及其“新民本思想”甚至影响到孙中山等人身上。孙氏

① （清）邹容：《革命军》第1章《绪论》。

在《民报发刊词》中指出：“三大主义皆本于民。”[①] 又说：“余谋中国革命，其所持主义，有因袭吾国固有思想，有规抚欧洲之学说事迹，有吾独见而创获者。”可知他所创立的民族、民权、民生的“三民主义”不仅本于欧洲学说，而且本于中国固有思想。这种思想既有传统民本思想，也有新民本思想。据朱维铮称，小野和子教授在日本发现了《明夷待访录》在清末的一份节刊本，节录的部分是“原君”篇，刊行者不是梁启超，而是孙中山或他的盟友。可见，孙中山在吸取民本思想作为其改造西方民主思想的重要来源时，也借鉴了黄宗羲罪君重民的新民本思想。在长期奔波于海外的孙中山这里，西方民主思想早已深入其心，因此他对黄宗羲《明夷待访录》的瞩目，已不再是一种原始的“误读”，而是对中国传统文化特别是进步文化的一种有意识的汲纳。早年追随孙中山的蒋介石，也自称 18 岁时最喜阅读之书中的一种即为《明夷待访录》，从而奠定其对民权主义的“信仰基础”。[②] 可见，他也是把黄宗羲的思想“误读”为具有近代性质的西方民主思想的。

四

近代思想界将以黄宗羲为代表的“新民本”思想与西方民主思想相等同，使本非民主性质的新民本思想赋予了近代民主思想的某种功能，成为人们追求民主自由的一种时代象征，对近现代争取民

---

① 孙中山：《民报发刊词》，《孙中山选集》上卷，人民出版社 1956 年版。

② 蒋介石：《哲学与教育对青年的关系》，台北“国防研究院”编印《蒋总统集》第 2 册，“国防研究院”，第 1345—1354 页。转引自高准：《反专制主义大师黄梨洲》，注二十八，台北大汉出版社 1980 年版，第 196 页。

主的浪潮和文化转型起到了重大的推动作用。

关于近代中国知识分子对西方民主思想以及新民本思想文本的阐释和“误读”，日本学者沟口雄三有一段精彩的论说，他指出：“梁启超、陈天华等清末革命人士，从主张民权共和的立场出发，称誉黄宗羲为中国式的卢梭，并彰显《明夷待访录》（尤其是其中的《原君》、《原臣》二篇）。他们把黄宗羲看成是中国式的民权思想的源流。”近代的革命派与保皇派都“把黄宗羲视为中国境内的反君主制的先驱人物，或看作是民权主义的先驱人物”，沟口氏甚至认为革命派倡言的“清末民权共和思想之中，《明夷待访录》所占比重之大”，超过一般人的想象。他还指出：梁启超、陈天华等人“是站在自己的历史理想的立场上，也就是说站在与自己现在和未来的历史性课题相关的立场上，从主体的或现实的角度来把握历史”，“由于过分专注于自身的民权思想，以致把民权思想作了急躁的和主观的假托，甚至这是连黄宗羲本人也可能意想不到的”。之所以如此，是因为中国“处于落后于欧洲的状况”，所以使中国人“难免陷入焦躁的困境”，从而径直将“卢骚《民约论》出世前数十年”的黄宗羲的“新民本思想”，解读成具有近代性质的君主立宪制式的民主思想。但这种“企图直接的把欧洲的近代纳入中国”的“一元性的思考却是难免有瑕疵的”。[①]这种瑕疵在早期主要是学术和学理上的，就社会实践上来讲，这种将西方民主思想与黄宗羲所代表的新民本思想的直接挂钩，对于中国近代社会的改良与革命来讲，实在是起到了巨大的历史作用。

对于近代学者对《明夷待访录》的利用，美国学者张灏也有所

---

① ［日］沟口雄三：《中国前近代思想之曲折与展开》，上海人民出版社1997年版，第232—234页。

议论，指出：“在对传统专制主义的声讨中，梁（启超）并非在开拓一种全新的思想道路。数世纪以来，中国文化传统中存在的反专制主义传统提供了一个重要的动力。揭露传统君主制度是统治者自私自利的化身，这使人强烈地联想起黄宗羲在著名的《明夷待访录》一书中提出的反专制主义思想，并且梁后来也承认，黄的思想是激发他痛斥专制主义的一个重要来源。”[①]萧公权曾断言：“梨洲贵民之古义，不啻向专制天下之制度作正面之攻击。使黄氏生当清季，其为一热烈之民权主义者，殆属可能。然而吾人细绎《待访录》之立言，觉梨洲虽反对专制而未能冲破君主政体之范围。故其思想实仍蹈袭孟子之故辙，未足以语于真正之转变。”[②]在萧看来，黄宗羲的思想并未冲破传统民本思想框架，但由于他对专制制度“正面之攻击”，即发挥了“民本—罪君”思想的系统功能，所以只要一经时代风云的激荡，黄氏便极有可能成为一位民主斗士，新民本思想也能够起到推动历史发展的作用。

当然，将黄宗羲及其《明夷待访录》的新民本思想误读为西方民主思想，也带来了影响中国人进一步全面理解民主思想的弊端，正如梁启超所说：“若稍有牵合附会，则最易导国民以不正确之观念，而缘‘郢书燕说’以滋弊。例如，畴昔谈立宪，谈共和者，偶见经典中某字某句与立宪共和等字义略相近，辄摭合以沾沾自喜，谓此制为我所固有。其实今世共和、立宪制度之为物，即泰西亦不过起于近百年，求诸彼古代之希腊，罗马且不可得，遑论我国。而比附之言，传播既广，则能使多数人之眼光之思想，见之于所比附之文句以为所谓立宪、共和者不过如是，而不复追求其真谛之所

① ［美］张灏：《梁启超与中国思想的过渡》，第53、73页。
② 萧公权：《中国政治思想史》，辽宁教育出版社1998年版，第560页。

存。……此等陋习，最易为国民研究实学之魔障。”[①]大概正因为如此，所以原本十分推崇黄宗羲思想的革命派章太炎，便转而贬斥黄宗羲。他针对“近世言新政者，其本皆附丽宗羲”的情况，指责“宗羲之言，远西之术，号为任法，适以人智乱其步骤，其足以欺愚人”。[②]“言新政者”显然是指清末立宪派，这些人用当时风行的黄宗羲的新民本思想（当时误读为君主立宪思想）作挡箭牌，抵御资产阶级革命派的民主共和思想的影响。因此，章太炎干脆将黄宗羲这一偶像推倒，试图对立宪派“釜底抽薪”[③]。章太炎《王夫之从祀与杨度参机要》抨击黄宗羲“偏隆学校，使诸生得出位而干政治，因以夸世取荣”，这样做的目的是对当时出现的政党纷争的局面发泄不满，并抨击处处以黄宗羲《明夷待访录》为指南的清末立宪派：“余姚少时，本东林、复社浮竞之徒，知为政之赖法制，而又不甘寂寞，欲弄技术以自焜耀。今之言立宪者，左持法规之明文，右操运动之秘术，正与余姚异世同奸矣。”然而，章太炎这一作法也会伤害到黄宗羲思想的积极影响，这是固执的章太炎所毫不加惜的。同时，章太炎对黄宗羲的否定，也起因于他对黄氏民族立场的怀疑。在1906年11月15日撰写的《衡三老》一文中，章太炎指斥“黄太冲以‘明夷待访’为名，陈义虽高，将俟虏下问”。认为黄氏自己虽然“以死拒征，而令其子百家从事于徐、叶间。若曰明臣不可以贰，子未仕明，则无害于为虏者，以《黄书》种族之义正之，则嗒焉自丧矣”！其实，修史问题事关明朝的形象，以自己的学术地

① 梁启超：《梁启超史学论著四种》，岳麓书社1985年版，第85—86页。

② 章太炎：《非黄》，载刘梦溪编：《中国现代学术经典·章太炎卷》，河北教育出版社1996年版，第539—544页。

③ 朱维铮在《晚清思想界的黄宗羲》一文中，认为章太炎“对黄宗羲《明夷待访录》，由肯定到否定，其实表明他对孙中山的政见由拥护而走向批评，‘非黄’便意味‘非孙’”。笔者以为还缺乏足够的证据。

位影响修史并不表明他向清朝变节，反可以理解为一种抗拒。至于《明夷待访录》的写作目的，朱维铮曾作出过论断："《明夷待访录》作于清康熙元年（1662）或二年。那时康熙还是幼童，距亲政还有八年，因此倘说他将这位小皇帝比作周武王，于情于理都说不通。……《明夷待访录》也没有引起满洲君主权贵的注意，在他去世近百年的乾隆朝后期，甚至被清廷列为禁书。"①事实上，在《明夷待访录》杀青两百多年以后"前来拜谒、就教的，不是某一个圣明之君，而是近代中国亟求社会进步的整整一代先进的人们"②。章太炎虽然认为黄宗羲的《明夷待访录》是想向满清屈服，但却始终不能明白清政府何以"悬悬欲黜余姚（指黄宗羲）"，"满人方主立宪，而竭其唇吻之力以斥余姚，此可异也"。③其实，黄宗羲比王夫之更加具有思想深度，这就是它既反对清朝帝室的民族压迫（见《留书》中的民族主义思想）④又反对所有的君主专制（见《明夷待访录·原君》）。所以清政府才竭力排斥黄宗羲的。由此也可以印证黄宗羲在近代史上的深刻影响。

当黄宗羲的《明夷待访录》成为西方近代民权思想的替代品后，顽固派又对之进行了不遗余力的攻击，如清末的李滋然这种顽迷固陋的人物，在1909年抛出了《明夷待访录纠缪》一文，认为"后世之无父无君的革党"皆矫托《明夷待访录》以张其凶悖。他抱着这样的危机意识，把《明夷待访录》视为反君主专制主义的渊薮，几乎是对《明夷待访录》逐条地进行论难纠弹，视之为洪水猛

① 朱维铮：《晚清思想界的黄宗羲》，《求索真文明——晚清学术史论》，第353页。

② 冯天瑜：《明夷待访录题义诠释》，《明清文化史散论》，第275页。

③ 章太炎：《王夫之从祀与杨度参机要》，载汤志钧编：《章太炎政论选集》上册，第426—428页。

④ 黄宗羲的一生言行证明，他的民族情绪是真挚、热烈的。参见冯天瑜：《明夷待访录题义诠释》，《明清文化史散论》，第272页。

兽。这从反面证明了黄宗羲《明夷待访录》所倡导的新民本思想具有的广泛而巨大的历史影响。

总之，近代思想界对黄宗羲《明夷待访录》，始终怀着浓厚的兴趣和崇高的敬意，把它理解为西方民主思想的对应物，反映出在近代社会，中国本土文化对西方强势文化的吸收，常常是以“误读”和比附的形式来实现的。这种“误读”和比附，初时是因为翻译和理解问题所导致，继而是因为迎合本民族大众水平和口味而推行。严复曾责备梁启超不该将中学与西学随便比较，梁氏答道：“启超生平最恶人引中国古事以证西事，谓彼之所长，皆我所有，此实吾国虚骄之结习，初不欲蹈之，然在报中为中等人说法，又往往自不免。”[①]比附和“误读”的效应是双重的：一方面阻碍了对西方近代民主思想的全面理解和吸收；一方面在西学传入的第一阶段确实起到了迎进西学的桥梁作用。中国近代知识分子在接受西方“社会契约论”等民主思想时，便将它与本民族固有的“类似”思想相比附，使外来观念比较容易地进入中国人的心田。以反对君主专制主义、维护民众权益为特征的黄宗羲《明夷待访录》及其“新民本思想”，正是在这样的历史背景下，受到了近代思想界的特别关注。像孙中山这样的思想家，则超越了简单“误读”和比附的层次，进一步将黄宗羲《明夷待访录》为代表的“新民本思想”与西方民主主义相结合，创造出“三民主义”的思想体系，使黄宗羲的“新民本思想”产生了更为深远而广泛的历史影响。然而，黄宗羲的思想毕竟不同于西方民主思想，所以当民主潮流向纵深发展时，“五四”新文化运动健将们便不再将西方“民主”概念与黄宗羲的新民本思想

① 梁启超：《梁启超选集》，上海人民出版社1984年版，第40页。

作简单的比附，而直接音译为“德谟克拉西”，以避免人们产生误解。从此，代表全新民主形象的“德先生”便登上了历史舞台。

（原刊《哲学研究》2003年第2期，
此处略有修改）

从唐甄的旅游观看中国文化的转型

旅游这种表面上看起来十分简单的生活方式，其实包含了相当深刻的人生哲理和政治观念。尤其是在中国传统社会，对旅游的态度和看法，更形成了一种作为人生观和政治观的“旅游观”。“旅游”一词起源于南朝梁沈约的《悲哉行》“旅游媚年春，年春媚游人”一句，以后历代延用不辍。而古代指代旅游最常见的词汇是“游”。清初著名思想家唐甄的《潜书·善游》篇，就是以“游”来称谓中国古代旅游活动的。他的旅游观便反映了他既来自传统又超越传统的对旅游的认识和理解。在他看来，旅游是一种“人情之所乐”和“人之恒情”的合乎人性的活动，不应加以排斥；而数千年来被公认为正确的谏阻皇帝游乐的行为，其实并不值得效法。显然，唐甄的旅游观有一股扑面而来的清新气息，从一个侧面反映出中国文化走出传统旧轨的愿望和要求。

一、唐甄旅游观的历史文化背景

要想对唐甄的旅游观作一个正确的评估，必须对中国传统社会的旅游观作全景透视。在古人看来，旅游并非游山玩水那么简单，它与社会经济和政治背景相联系，更与社会道德相关联。确切地说，传统社会虽然在某些特定的节日给旅游留下了一个狭小的空间，如唐制规定："百官于春月旬休，选胜以乐。"[①]但整体上仍加以遏止。因为古人认为，旅游固然能够调节身心，君主也可以借机"与民同乐"[②]，但作为一种游戏活动，旅游对农本经济和宗法专制制度起到了瓦解作用。正如美国著名美学家乔治·桑塔耶纳所说的那样，当生产力尚不发达时，社会便滋生出一种道德判断以强调"工作"的意义和人生的责任，从而反对与"工作"相对的"游戏"（游乐）："严肃的人们，感到人生的责任和尊严，便反对正确行为的目的在于享乐这种学说。在他们看来，快乐往往是一种诱唆；有时候他们甚至认为回避快乐是一种美德。"[③]旅游无疑属于游戏和享乐，是一种颇能代表人性自由的活动，但在"粒粒皆辛苦"的传统农业社会，被作为一种能够涣散人们意志的"幽灵"而遭到排斥。

自从中国进入农本社会以后，正统的旅游观便对旅游这种能够引发人们愉悦和自由的活动加以抑制，给它套上了伦理的络头。早在中华元典《尚书》中便提出了针对旅游的伦理规范——"君子无逸"，也就是要求人们"无淫于观、于逸、于游、于田"[④]及"罔失法度，罔游于逸，罔淫于乐"[⑤]。号召人们勤于劳作和为政，不要贪图游乐和安逸。《皋陶谟》中，舜便将丹朱的"漫游"作为反面教材警示群臣，《五子之歌》指出夏王太康失国完全是由于"盘游无度，十旬不返"的缘故，《无逸》则以周文王为正面教材，指出"文王不

---

① （明）于慎行：《谷山笔麈》卷3《恩泽》，中华书局1984年版，第27页。

② 《孟子·梁惠王》。

③ ［美］乔治·桑塔耶纳：《美感》，中国社会科学出版社1982年版，第16页。

④ 《尚书·无逸》。

⑤ 《尚书·大禹谟》。

敢盘于游田”，所以才“享国五十年”之久。提倡“先知稼穑之艰难乃逸”的旅游观，即首先考虑到人生的责任，搞好工作和政事，其次才能顾及人性的需求，从事游乐活动。元典所包含的文化精神，对本民族历史的影响是深远而广泛的。因此，《尚书》提出的将旅游与道德相结合的观念一直影响着中国社会。将《尚书》奉为经典的儒家始祖孔子，更提出了“智者乐水，仁者乐山”[①]的“比德”的旅游观。所谓“比德”，便是将旅游客体——山水附会上种种德性，鼓励文人士大夫们通过对山水的游览将其德性学习和吸收到自己身上。正如朱熹在《论语集注》中所阐发的那样，仁者通过游山而学习其“厚重不迁”的仁德；智者通过玩水而学习其“周流无滞”的智慧。显然，在这里，旅游不是自由抒发人性的活动，而是从山水中获取道德力量的修身手段。唐代“道统”论者韩愈在《进学解》中提出的“业精于勤荒于嬉”的观点，更将旅游（嬉）与工作和道德相对立。到了宋明理学兴起以后，旅游似乎成了士大夫塑造仁智品德的专用工具，其他社会阶层的旅游就几乎完全成了伦理的排斥对象。即使是帝王巡游，也大都要受到儒臣的反对和直言强谏。明武宗好游，便遭到了群臣的强烈反对，他们以“宗社托付之重”来反对武宗旅游：“陛下临御十有二年，虽尝盘游（这是一个贬义概念），惟在禁苑。今春始因郊祀而幸临南海子，继乃有教坊之游。今又有西山之游，遂以为常。臣等历观前代，人君逸豫无度皆由群小蛊惑，以致危亡。今日之事，所以深忧大惧而不能已于言也。伏望尊居九重，禁止游幸。亟将群小明正典刑，以为憸壬误国之戒。”[②]明穆宗欲出游，礼部尚书高仪等“以巡幸无名，恐开逸游之端，疏

① 《论语·雍也》。

② 《明武宗实录》卷149，正德十二年五月辛丑，台湾“中央研究院”历史语言研究所1962年印。

请停寝”。礼部给事中何起鸣、河南道御史王好问等亦上疏切谏[①]。明代大学士张居正鼓励神宗小皇帝“一切嬉游无益之事悉屏不御”的行为[②]，并为神宗皇帝编了一本教材，叫《训录类编》，共40款，其中之一便是“戒游佚”。类似例子不胜枚举，这一点也是唐甄所注意到并力加驳议的地方。至于下层被统治阶级，尤其是广大农民，更是一直被附着于土地上，“安土重迁”，被训诫“父母在，不远游”，“孝子不登高，不临危”，正如南宋叶适所说的那样：“古之善政者，能防民之佚游，使从其教。”[③]

但是，向往旅游是人类追求自由的本性，只要有可能，人们总是希望外出旅游以调节身心，摆脱“工作”的束缚和生活的烦恼。尽管以“修身、齐家、治国、平天下”为己任的文人士大夫们的旅游被套上了修身的“枷锁”，但人之本性及他们良好的文化素养，又不断诱使他们摆脱伦理的束缚，将旅游视为“畅神”“骋怀”的活动和独抒性灵的工具。魏晋南北朝时期，士大夫们在儒家学说受到佛道冲击而出现动摇之际，乘机恣意纵游。这种“挣脱囚缚”的愿望，到了明代心学兴起以后，日益成为不少文人士大夫们所追求的人生目标之一，从而汇成了一个主体心性的解放潮流。明代著名作家袁宏道不断感叹身为做官之累，一心想优游山林，徐霞客终身不仕，一意“问奇名山”，均是典型的例证。也正是在这种背景下，唐甄提出了富有时代感的“旅游观”，打出了“好游者人之恒情也”的人性解放的旗帜，反映出中国文化的新的动向。

---

① 《明穆宗实录》卷8，隆庆元年五月甲子，台湾“中央研究院”历史语言研究所1962年印。

② 《明神宗实录》卷108，万历九年正月己卯，台湾“中央研究院”历史语言研究所1962年印。

③ （宋）叶适：《水心集》卷9《醉乐亭记》，景印文渊阁四库全书本。

二、唐甄的旅游观

唐甄的旅游观集中体现在他的《潜书·善游》篇中，该篇共约1441字（以下引文除注明外，皆出是篇）。在此之前，尚未发现有如此之长的关于旅游的专论。《善游》篇可以说是中国第一个系统地论述旅游的“自然人性”本质的论著。唐甄的旅游观，有以下几方面的特点：

第一，唐甄承认旅游是“人情之所乐”和“人之恒情”的符合人性的活动，他的旅游观是建立在“自然人性论”基础上的具有“启蒙”性质的观念。

他开篇即指出：“陟高山而远望，游长川而安流，望之苍然，临之漪如，斯亦天下之美观，人情之所乐。”人们面对苍然漪如的自然山川，审美之情油然而生。这种超越身之所受的局限，向往外部世界的欲望和本性，甚至是连动物都具有的一种自然本能：“揵锢闭幽者，忧之象也；启辟涣散者，乐之情也。鸟守故巢，亦翔于丛林；鱼潜在渊，亦洄于荡泽。”既然连动物都有这种趋向自由的愿望，人类怎能没有这种愿望呢：“鱼鸟有情，何况于人，人无贵贱，孰能闭户操作，暮春清秋不一睹山川景物乎！”不仅一般的平民是如此，即使是贵为天子也具有相同的旅游欲望：“人亦孰不欲遂其情！天子虽尊，亦人也。”于是，他得出了这样的结论：“好游者，人之恒情也。”“好游”就像“好色”、“好财”、“好古器”和“好宫室”一样，都是人之常情，人之本性。在“人欲”几被“天理”扼杀的背景下，唐甄公开肯定旅游的合理性，无疑具有进步意义。

第二，唐甄论证了游观与政事相统一的观点，以此为旅游行为辩护和松绑。

他认为，旅游其实可以与政事相统一，做到“游戏”与“工作”两不误，帝王可以通过巡游，在欣赏和享受原野之旷、田舍之逸和山川之色的同时，了解民情，察吏奸伪：“古有省耕之事焉，亲民之事焉，巡岳之事焉，礼也。于省耕，乐原野之旷；于亲民，乐田舍之逸；于巡行，乐山川之色，礼也而寓游之乐焉。于斯时也，履亩，入舍，抚其妇子，视其寝处，观其稼之厚薄，察其藏之多寡，问其食之足不足。吏之清浊，狱之枉直，横征之有无，皆可问之。民即畏官，不敢以告，睹其形，察其情，知其苦乐，加之以素所咨访，吏之贤不肖，其安所遁哉！即以是行诛赏，虽偶行于一方，不周于五岳，四海之民闻而大悦，惟恐天子之不好游也。”其结果是一举两得，旅游与工作相得益彰：“然则一举而政修治兴，民心悦服；山川之色，更益美观；流览之怀，更为悦豫；岂非天下之至乐哉！”他用了好色、好财、好古器和好宫室等几个事例作类比，来从侧面证明只要处理好旅游与“工作”的关系，就不会带来任何问题。他认为，“好色者，人之恒情也”，如果好色而有度，“闺房之内，和乐而制之以礼，谨慎而御之有节”，那么“好色其何伤”！同理，“好财者，人之恒情也”，如果“取之必有制，用之必有节”，那么“好财其何伤”！他又指出：“好古器者，人之恒情也”，如果“有守器之感”，和“守国之虑”，那么“好古器其何伤”！同理，“好宫室者，人之恒情也”，如果“不惟其广，惟其适；不惟其丽，惟其雅；不惟其高，惟其安；不惟其旷，惟其周。以天子之居，有儒生精舍之风”，那么好宫室“好之乃见明德”。由此说来，旅游也是一样，如果处理好游观与政事的关系，那么好之又有何妨！唐甄试图通过论证二者的统一来为旅游行为辩解。

第三，唐甄对传统社会抑制旅游的行为作了抨击，论证了旅游不当废的原因。他在反对传统社会对旅游所做的种种限制时，矛头直指传统伦理观念和道学先生，反映他因人好游之性而顺其自然的旅游观。

唐甄主张，既然旅游是一种符合人性的事物，那么社会就不应加以限制，也只有这样才能成就事业：“君子不拂人情，不逆众志，是以所谋易就，以有成功。”他虽然没有点明旅游，但上下文都明指“君子不拂人情”就是不违人的旅游天性。顺应了人们的这种天性，也就使人们的性情和情绪得到了调适和平衡，从而取得进一步的成就。对于君主的旅游欲望和需求，也应该持理解和同情的态度：“善事君者，敬之如天而处之无异于人，同其情而平其施。”把天子也当作一般的人，承认他所具有的好游天性，而不能因为君主地位尊贵而威严，便矫情地把自已扮成刚直的人，去反对天子的旅游欲望，使他不能忍受：“何必望其尊威，矫为亢直，而犯之以其所不能受！”

他从正反两方面论证了旅游之不当废。正面，他用了“古之帝王贤哲”旅游的大量例子来证明旅游是正当的符合人性的事物：“是以黄帝游于釜山，尧游于康衢，舜游于四岳，禹游于会稽，文王乐于灵台，武王浮于河流，成王偕慥于南原，周公举觞于洛水，仲尼登太山，游于舞雩，曾点浴于沂水，由是观之，古之帝王贤哲，未闻以游为败德而绝其履迹也。”以此证明旅游是“君子所不废”的活动。反面，他用了因游败乱的君主的例子，证明这些君主败乱并非是由于旅游的原因，而是他们本身失德，即使未去旅游，也会导致败乱，从而对后世的人们利用这些因游败乱的例子反对一切旅游的观点，表达了不同的看法：“人见太康游而有穷拒河，穆王游而淮徐作乱，遂谓败德之事莫过于游。夫二君荒淫昏髦，先自败德矣。百姓积怨，国事不修，虽不好游，亦有内起之变，外发之寇，岂待游而后致乱哉！”

这样，他就证明了旅游的意义并确立了旅游的地位，从而对那些一味反对君主出游的死谏之臣提出了批评："昧于事君之道者，于其出游，不能因其势而利导之，即其事而奖掖之，徒立直谏之名，惩荒游之祸，扼于殿上，沮于道中，引裾裂衣，当车断靷。忠则忠矣，我以为多事矣。"他接着对不分因由的刚直之臣及排斥人性的道学先生限制君主旅游的做法提出了猛烈抨击："刚直之臣，不能匡君，耻于屈伏，乃不避杖夹斩磔之刑，以与天子争胜，必欲伏至尊而使出我下。郊社之外，制之不使轻出；苑囿之中，制之不使轻入；天子则不得已而从之。又有道学师傅，正色拱立其侧，使天子严惮，非时之枝，不敢妄折；非名之菜，不敢妄食，亦不得已而从之。"在唐甄看来，这样直言强谏的结果，扼杀了天子的本性，不仅无助于天子走正道，反倒使他们憋闷宫中，亲近宦官，最终借助宦官肆其欲望，导致局面不可收拾："久之不便于私，郁郁不乐，乃渐畏正人而疏之矣。于是阴行乐于深宫，诸奴间入，施其排斥，天子引以为助。始焉屈于名义，今也得遂其欲。如久郁之阳，忽焉横泄；如久壅之川，忽焉溃决。诛戮直臣，放流贤士，乾坤晦塞，君臣昏迷，虽有善道者，亦无所施其术矣。"可见，他认为人的欲望是不可遏制的，如果久郁和久壅，便会忽焉横泄和溃决以至于不可收拾，所以他主张对人的欲望尤其是旅游欲望应适当宣泄。这一点，他似乎发挥了柳宗元"夫气烦则虑乱，视壅则志滞"的观点。因此，他对于自古以来劝阻君主旅游的"死谏之臣"，"敬之，难之，而不深与之"，就是认为天子的旅游活动符合人的本性，没有必要横加干涉。

唐甄在这里，其实是想借助古代"礼顺人情"的元精神，来反对后世将人情与礼相对立、用"天理"来窒息人性的理学观点。这就不免有类似于"文艺复兴"性质的突破旧的传统束缚的开新思想。

三、唐甄旅游观在文化转型中的意义

唐甄的旅游观，从一个侧面反映出中国文化转型的某种趋向。

关于文化转型，人们多留意于生产力之从农业经济向工商业经济的转变，和上层建筑之从专制制度向民主政治的过渡，或留意于上述转变在意识形态上的反映，如"重农抑商"向"工商皆本"的转变，传统纲常观念向启蒙思想的变迁等等，而很少从旅游这种特殊的行为方式及其相应的观念意识上去探讨文化转型的具体进展。实际上，唐甄的"旅游观"，是在明清之际中国面向市场的手工商业（原初工业化）发展的经济土壤上，在市民阶级兴起和大众文化产生的社会关系和生活方式中，形成的一种具有近代倾向的旅游观念。如果说魏晋南北朝时期"游目骋怀"的旅游观念是由于儒家伦理受到佛道的冲击后才在上层贵族中形成的话，那么明代中后期文人士大夫们所兴起的"适情悦意"的旅游观念，则无疑是在儒家思想内部发生变化尤其是受到市民文化影响后产生的，具有转型的意义。唐甄是旧式的官僚，却像李贽一样，是旧式传统的叛逆者之一，他去官之后，曾在商品经济发达的苏州经商，做"牙人"（经纪人），所以受到了市民意识的影响。他不仅在政治观念上提出了否定君主合法性的"非君论"思想，而且在旅游上也提出了合乎时代要求的自然人性论观念。唐甄的旅游观产生于传统的呆板的生活方式即将被活泼、富有朝气的新的生活方式取代之际，它所具有的意义是显而易见的。根据桑塔耶纳的观点，生产力的提高和征服自然的能力增强，使人们不再强调工作压倒一切的地位，"不再以游戏表示徒劳无功的事情，而是指任何发乎自然为自己而做的事情"，于是"游戏可能是我们最有用的事情"①在这种背景下，唐甄公开为旅游

---

① ［美］乔治·桑塔耶纳：《美感》，第19页。

平反，反对限制人的旅游天性，便无疑具有文化转型的意蕴。

唐甄的旅游观反映了中国文化从“结构”到“解构”的历史变迁过程。在上古时代，中国先民富有原始的“游猎”朝气，所以“游”是一种自然的人性表现，即使是“古之帝王贤哲，未闻以游为败德而绝其履”。然而，进入农业社会以后，各种社会规范尤其是礼仪规范开始建立，旅游像其他社会现象一样，被纳入了伦理的网络，《周礼》规定“禁宵行者”和“夜游者”，以及“无节者不行于天下”，周代还确立了“无游于淫”的伦理规范，中国文化进入了“结构”时期。这种构建工程到了宋明时代仍在发展，理学的出现更使各种社会生活被纳入了更严密的社会结构伦理规范之中，旅游作为“人欲”，也更进一步成了伦理——“天理”的奴仆。正如于慎行所说的：“近年以来，上以文法束吏，下以刻核取名，今日禁宴会，明日禁游乐，使阙廷之下，萧然愁苦，无雍容之象。”[①]田汝成撰《西湖游览志》时，便有人指责此书“多述游冶之事，歌舞之谈，导欲宣奢，非以长化也”[②]。任何一种文化结构都是为解决当时的社会问题而形成的，但是，任何一种文化结构都不能保证它一经建立便永不过时。当社会生产力有了新的发展后，原先建立的文化结构便可能因业已僵化而失去适应能力，从而成为新的文化结构建立的障碍。在这种情况下，某些勇于探索和开新的贤哲，便会起来反省并冲撞旧的文化罗网，并试图建立新的文化结构。明代中后期以降，随着手工业商业的发展，市民阶层崛起，一种新的社会文化开始萌生，旧的文化便开始“解构”。以发挥人的主观意识为特征的阳明“心学”尤其是泰州学派的学说，开始对程朱理学提出挑战并

① （明）于慎行：《谷山笔麈》卷3《恩泽》，第27—28页。

② （明）田汝成：《西湖游览志·自序》，上海古籍出版社1980年版。

对之解构，公然提出“穿衣吃饭即是人伦物理”[①]，使被捆缚了的“人欲”开始松绑，被“比德”观念所束缚的旅游也开始“独抒性灵”，由“道德判断”的支配发展到“审美判断”的支配。唐甄的“好游者人之恒情”的旅游观，便成为这种解构旧式传统结构的最有力的武器之一。唐甄把旅游当作“人之恒情”，视为“人情之所乐”，甚至认为“帝王虽尊亦人”，也有旅游的愿望和冲动，这就将旅游重新放在自然人性论的基石上，安排进了新的文化结构之中。唐甄旅游观是对传统旅游观的挑战，对旧式文化结构的解构，实际上便是在尝试建立新的文化结构，这种转变，在明清社会生产力从农耕向工商转变（尽管极为缓慢且坎坷曲折）的历史时期，便是文化转型的表现。

需要指出的是，唐甄的旅游观与近现代旅游观仍有本质上的区别，属于传统与近现代之间过渡性的观点。唐甄旅游观产生的时代背景与近现代旅游产生的背景相差较远。由于明清之际商品经济发展比较有限，中国基本上仍是一个农业社会，只是在东南一带和其他一些大城市，商品经济才有一定的规模，因此社会提供的从事旅游的财富和休闲时间还较为有限，旅游还不是人们必需的生活需求，这种背景对于唐甄旅游观的深入和完善不能不说有一定的限制。受此影响，唐甄的旅游观还带有较为浓厚的传统特色，比如说唐甄有关旅游的“自然人性”论，便继承了前人的某些观点，如他的“揵錮闭幽者，忧之象也；启辟涣散者，乐之情也”的观点，便是对《淮南子·泰族训》观点的阐发。后者指出：当一个人走出冥室后，见到日月之光，便会“旷然而乐”，“又况登泰山履石封，以望八荒；视天都若盖，江河若带；又况万物在其间乎？其为乐岂不

① （明）李贽：《焚书》卷1《答邓石阳》，岳麓书社1990年版，第4页。

大哉”！建立在这一理论之上的唐甄的观点与近现代“回归自然”的旅游观念存在着层次上的差异。再如，唐甄的政事与游观相统一的观点，便继承了柳宗元“君子必有游息之物，高明之具，使之清宁平坦，恒若有余，然后理达而事成”①的观点，这与近现代将旅游与工作相分离、视旅游为业余性和休闲性活动的观念仍有差距。然而，仍需看到，唐甄的旅游观已超越了《淮南子》和柳宗元等有关旅游的零星论述，第一次系统地探讨了旅游的意义和价值；同时，唐甄的旅游观也超越了传统的以伦理为特色的旅游观念，而明确地提出“好游者人之恒情也”的观点，并且考虑到帝王作为一个普通人，他的好游本性的合理性问题；更重要的是，唐甄的自然人性论的旅游观，是在束缚人性的理学日益加强以及恢复人的“童心”和本性的呼声日益高涨的背景下提出的，因此他的旅游观又有别于传统观念，具有“反叛”和“启蒙”性质。

人类文化就是在对人性的约束—解缚—再约束—再解缚的否定之否定的过程中发展和完善的。唐甄的旅游观，便是在商品经济崛起和市民文化兴起的背景下，冲破理学网罗，重构人性论体系的尝试，具有明显的文化转型的特征。

（原刊《旅游学刊》2000年第3期，此处略有修改）

① （唐）柳宗元：《柳河东集》卷27《零陵三亭记》，景印文渊阁四库全书本。

从英法德意俄美汉译国名的演变看中国人对西方列强的认知过程

关于欧美列强汉译名称的来历及其变化过程，目前未见有专门论著发表。[①]这一问题比较复杂，涉及的文献太多，范围过广，因此难度相当之大。本文不揣浅陋，竭尽驽钝，拟对此问题进行粗浅的讨论，有不当之处，敬请专家不吝指正。

明代中期以降，中国开始接触到西方列强，随之产生直观认识、情感判断和理性思索，这种认识、判断和思索，最鲜明地表现在对西方列强汉译国名所作的更改和确立过程中。

大致说来，中国人对英、法、德、意、俄、美等西方列强的认识，经历了直观感受、情感贬斥和理性承认三个阶段，与此相应，在对西方列强国名的汉译名称上，也经历了谐声描摹、贬词诋斥和褒词揄扬三个阶段。

第一个阶段，属于直观的谐声描摹阶段。明代中晚期和清代前中期，中国人见到英国、法国、意大利、普鲁士（德国）、俄国、美

---

① 检索所及，仅发现网上有一篇《Portugal 为什么翻译做葡萄牙呢?》的文章（http://www.xmenglishcorner.com/viewthread.php? tid = 1142），以及乔荣生、周静莉《俄罗斯国名探究》（《俄语学习》2002 年第 4 期）对俄国称为“俄罗斯”的原因作了极为简单的介绍。但英、法、德、意、美诸国汉译国名来历，则未见相关文章，庞乃明《明代中国人的欧洲观》（天津人民出版社 2006 年版）介绍了明代对欧洲各国国名的翻译情况，对于其历史演变及其社会文化意蕴方面的探讨已开其端倪，但未及深论。

国诸国人时，根据对方的发音，分别用相声词“暎咭唎”、“咈兰西”、“意大里亚”、“布鲁西”、“莫斯哥未亚”和“咪唎喹”予以称呼。此外，葡萄牙（Portugal 葡萄牙国/Portuguese 葡萄牙人、葡萄牙语）和西班牙（Spain 西班牙国/Spaniard 西班牙人/Spanish 西班牙语）的国名汉译也经历了谐声描摹阶段，被分别称为“蒲丽都家（博尔都噶尔雅）”和“以西把尼亚”，但二国后来被新兴的西方列强所取代，在后两阶段汉译名称的变化不是很明显，因此本文将其搁置不谈。第二个阶段，属于贬词诋斥阶段，一般以前一阶段形成的汉译国名为基础，后面加上“夷”、“逆”等字，如“暎夷—英夷”和“咪夷—米夷”；或直接将其翻译成“罗刹”和“佛狼”加以贬斥，以达到心理平衡。第三个阶段，属于褒词揄扬阶段，这一阶段，“英吉利”—“英国”、“法兰西”—“法国”、“意大利”（“义大利”）—“意国”（“义国”）、“德意志”—“德国”、“美利坚”—“美国”这些汉语词语中最美好的全一简称字眼，都奉送给了这些此前还被斥为“夷”、“逆”的西欧强国身上，并基本定型，一直沿用至今。

在这个令人惊异的演变过程中，蕴含了中国人怎样的情感和思想变化呢?

一、起始：直观谐声阶段

明代中后期至清代前中期，中国人与西方列强相遇后，根据对方提供的国名发音，直观地用谐声词进行语音描摹，形成欧美强国汉译国名演变第一阶段的基本特征。这一阶段大致以鸦片战争爆发为下限。但由于鸦片战争规模有限，《南京条约》签署后，除了道咸经世学派如林则徐、魏源等人外，朝廷和全社会未能对西方列强予以足够的警觉和敌视，因此，在称呼西方列强国名时，仍在沿用以前的谐声词。

在直观谐声阶段，西方各国的汉译国名有两个来源：

第一个来源是明代中晚期欧洲传教士用汉语音译欧洲各国国名。最早对欧洲各国名称进行汉语音译的传教士为天主教耶稣会士意大利人利玛窦，此后是艾儒略等人。

英国（England 英格兰/Britain 不列颠/English 英语），利玛窦在所绘制的《坤舆万国全图》中，将之音译为“谙厄利亚”。这一译法，为稍后的其同国传教士艾儒略所沿用，他在1623年所著的《职方外纪》卷2“西北海诸岛”中，把英国译为“谙厄利亚”，指出：“欧逻巴西海迤北一带至冰海海岛，极大者曰谙厄利亚（英格兰——引者），曰意而兰大（爱尔兰），其外小岛不下千百。”[①] 晚明士大夫已开始使用“谙厄利亚”这一概念指称英国，如徐应秋谓：“谙厄利亚国无毒蛇等虫，虽别处携去者，到其地即无毒性。”[②] 方以智谓：“谙厄利亚有海窖，潮盛时，窖吸其水而永不盈，潮退即喷水如山高。”[③] 二人分别因袭《坤舆万国全图》和《职方外纪》的说法。法国（France 法国/French 法语、法国的）的汉译名称最初也是摹音词。利玛窦在《坤舆万国全图》中将法国首次翻译成“拂郎察”。接着艾儒略在其《职方外纪》卷2中，也袭用利氏的译法，称法国为“拂郎察”（即法兰西——引者），指出：“以西把尼（西班牙——引者）东北为拂郎察……其都城名把理斯（巴黎——引者）。”晚明

---

① ［意］艾儒略：《职方外纪》卷2“西北海诸岛”，景印文渊阁四库全书本。

② （明）徐应秋：《黄金易五脏》，《玉芝堂谈荟》卷10，景印文渊阁四库全书本。

③ （清）方以智：《物理小识》卷2《地类》，景印文渊阁四库全书本。

士人程百二也使用了这一译名："拂郎察，人长色白。"[1]"拂郎察"在汉语中无任何可会意的词义，故属于拟音式的翻译。德国（Germany 德国/German 德国人、德语）在明代被传教士称为"亚勒玛尼亚"（日耳曼尼亚、日耳曼——引者），据艾儒略《职方外纪》卷2称："拂郎察之东北，有国曰亚勒玛尼亚，南四十五度半，北五十五度半，西二十三，东四十六度。国王不世及，乃其七大属国之君所共推者。"明代士大夫程百二则称德国为"入尔马泥亚"："入尔马泥亚，诸国共总一王，其国之王，于中常共推贤者为之。"[2]意大利（Italy 意大利国/Italian 意大利人、意大利语）在明代被传教士称为"意大里亚"，据艾儒略《职方外纪》卷2"意大里亚"指出："拂郎察东南为意大里亚……三面环地中海，一面临高山，名牙而白（阿尔卑斯——引者），又有亚伯尼诺山（亚平宁——引者）横界于中……旧有一千一百六十六郡，其最大者曰罗玛，古为总王之都，欧逻巴诸国皆臣服焉。"清代顺治、康熙时人王士祯（1643—1711）在其所撰《居易录》卷26，提到了"意大利亚"："西洋意大利亚国遣其臣世袭公斯毕吸纳及玛诺萨进贡，将至香山门而斯毕吸纳病死。"这一译法还影响到中国的官方文献。乾隆间所修之《清朝文献通考》卷298《四裔考六》则将意大利译作"意达里亚"："意达里亚，在欧逻巴州南境……三面环地中海，一面临高山，土田饶沃，州郡繁多，其最大者凡六城，曰罗玛，曰勿搦祭亚（威尼斯——引者），曰弥朗（米兰——引者），曰纳波里（那不勒斯），曰热琴亚（热那亚——引者），曰福楞察（佛罗伦萨——引者）。"《清高宗实录》卷327载，乾隆十三年"意大利亚国人谭方济""在江苏昭文县

---

① （明）程百二：《方舆胜略》，《外夷》卷1，四库禁毁书丛刊本。
② 同上。

行教”，“煽惑男妇，事发拿获”。俄国（Russian），明代西方传教士译成“莫斯哥未亚”、“没厮个未突”或“没斯个”，是译莫斯科公国（Moscow Principality）而成，但实际上当时的俄国已完成从莫斯科公国向沙皇专制帝国的转变。据《职方外纪》卷 2 介绍“莫斯哥未亚”曰：“亚细亚西北之尽境，有大国曰莫斯哥，东西径万五千里，南北径八千里。中分十六道。有窝儿加（伏尔加——引者）河最大。”程百二则将俄国称为“没厮个未突”和“没斯个”：“没斯个，地甚冷，不产果木。”[①]以上均是传教士用汉语音译西方国名，而为中国士大夫沿用的例子。至于美国（The United States of America），明代尚未形成，来华传教士一般将美洲译为“亚墨利加”。由利玛窦绘制、李之藻刊刻的《坤舆万国全图》中，便绘出了南北美洲，指出：“南北亚墨利加……自古无人知有此处，惟一百多年前，欧逻巴人乘船至其海之地方知。”美国独立后，人们用美洲之名“亚墨利加”、“墨利加”、“美理哥”来称呼美国，魏源在《海国图志·弥利坚国即育奈士迭国总记》中辨析道：“其实弥利坚，即墨利加，又作美理哥，乃洲名，非国名也。西洋称部落曰士迭，而弥利坚无国王，止设二十六部头目，别公举一大头目总理之，故名其国育奈士迭国，译曰兼摄邦国。”[②]“育奈士迭”，实即“合众国”之音译。由传教士传下来的美洲和美国称呼“亚墨利加”、“墨利加”、“美理哥”，与闽粤人所习称的“咪唎㗅”用词不同，但均属谐声直译。

第二个来源是明清时期中国沿海官民，对前来贸易和袭扰的欧洲各国，根据对方所提供的发音而用汉语特别是闽粤音翻译其国名而

---

① （明）程百二：《方舆胜略》，《外夷》卷 1。
② （清）魏源：《海国图志》，中州古籍出版社 1999 年版，第 397 页。

成。这时的译字，常常在左边带有“口”旁。沿海边民的汉译名称，经地方督抚奏报朝廷后，被录入官方文献《清实录》等典籍中。

英国人的相貌特征为“红毛”，中国闽粤人在翻译其国名时以语音描摹的形式称其为“英圭黎”、“英机黎”或“暎咭唎”。康熙间，英国被中国人称为“英圭黎”。据《清圣祖实录》卷201载，康熙三十九年十月丙寅，福建浙江总督郭世隆疏奏：“红毛国英圭黎被风飘至夹板船一只。”得旨：“英圭黎船只遭风飘来……即乘时发还，以副朕柔远之意。”同书卷277载，康熙五十七年，原任碣石总兵官陈昴条奏称，东南番族“噶罗吧为红毛市泊之所”，“而红毛一种，奸宄莫测，其中有英圭黎、干丝蜡、和兰西、荷兰、大小西洋各国，名目虽殊，气类则一”。雍正间曾任台湾镇总兵官、浙江宁波水师提督的陈伦炯在其《海国闻见录》中，将英国称为“英机黎”：“小白头东邻民呀国……英机黎、荷兰、佛兰西聚此贸易。”又称“戈什嗒东之沿海地名有……网礁腊，系英机黎埔头”。成书于雍正元年（1723）的《清初海疆图说》，在《天下地舆总论图二·天下海疆总论》中称英国为“暎咭嚟”：“转渡西南洋，而至咖喇吧之西北，则红毛暎咭嚟、大西洋诸国。”雍正、乾隆以后，中国典籍多称英国为“暎咭唎”。雍正三年，两广总督孔毓珣奏：“窃照本年六月初四初五十五等日到咭唎国洋船三只，所载俱系黑铅、番钱、哆啰哔吱等货。……七月十七日到咭唎国洋船一只……所载胡椒、苏木、檀香等货……二十八日到暎咭唎国洋船二只，所载系胡椒、檀香、黑铅、番钱等货。”[①] 乾隆帝《御制诗五集》卷77，有《红毛暎咭唎国王差使臣吗嘎哢呢等奉表贡至，诗以志事》一诗。同书卷83所载癸丑年（1793）所作诗《题创得斋》有题记云：“去冬据广东巡抚郭

---

① （清）雍正《朱批谕旨》卷七之二《朱批孔毓珣奏折》，景印文渊阁四库全书本。

世勋奏，西洋㖿咭唎国王遣正副使吗嘎尔呢、㖿哃㖿都等赍贡恭祝万寿。”[①]乾隆间官方所修《皇朝文献通考》卷33《市籴考·市舶互市》载，乾隆二十七年，苏昌等奏“㖿咭唎夷商㖿㖿等以丝斤禁止出洋”，吁请“酌量准其配买”。乾隆三十二年敕撰的《皇朝通志》卷93《食货略·市易十三》谓乾隆二十八年，“禁㖿咭唎商船不准于浙江贸易”，同时“广东又陆续准㖿咭唎、咖喇吧、荷兰等国夷商及琉球国配买丝绢”。道光元年，军机大臣武隆阿等奏“㖿咭唎夷人给叶尔羌阿奇木伯克递字，求来贸易买马”，“㖿咭唎系海外夷人，向在广东贸易”。[②]可见，此时一般是将英国国名音译成没有意义和不带感情色彩的汉语词汇。法国在清前中期被中国闽粤人称为“咈㖿哂”、“咈㖿哂”或“佛兰西”，均为摹声词。据雍正间陈伦炯在其《海国闻见录》中，将法国称为“佛兰西”：“小白头东邻民呀国……佛兰西聚此贸易。……戈什嗒东之沿海地名有……房低者里，系佛兰西埔头。”乾隆五十八年，㖿咭唎夷船五只中有“搭赴夷船，情愿进京当差之安纳、拉弥额特二名”，长麟对于他们“是否真系佛兰西人，抑系㖿咭唎国人，假托混入”无从办识。[③]所云“佛兰西”也属于法国名称的语音描摹。同时，清朝还称法国为“咈㖿哂”。据《清高宗实录》卷476载，乾隆十九年十一月己丑，皇帝谕曰：“据杨应琚、鹤年所奏，咈㖿哂国夷目㖿嚅哌，枪伤咭唎国水手喳咍啵唧身死一案……所有㖿嚅哌一犯，著交该夷船带回咈㖿哂国。”将法国称为“咈㖿哂”，是典型的相声模拟词，且带有闽粤语的明显特点。德国，清代中国人称其主要邦国为“普鲁社”。据梁廷

---

① （清）乾隆帝：《御制诗五集》，景印文渊阁四库全书本。
② 《清宣宗实录》卷26，道光元年十一月辛酉，中华书局1986年版。
③ 《清高宗实录》卷1436，乾隆五十八年九月丁酉，中华书局1985年版。

枬《夷氛闻记》卷1称荷兰和佛兰西“虽与欧塞特黑（即双鹰，奥国)、普鲁社（即单鹰，普鲁士)、领墨（即黄旗，丹麦）……绥沙兰（即瑞国，瑞典）等国皆岁以船至，而不及英商远甚”。此时的官方史书则称为“布鲁西亚”。《清文宗实录》卷343载，咸丰十一年二月丁丑，接据崇厚函称“布鲁西亚国帮办班德赴津求见”，此次“布鲁西亚国投递照会，欲通商换约”。“嘁哑吗则称布鲁西亚亦系大国，不可与换约”。可见这个阶段，中国人对德国及其各邦国，是按音译的方式来称呼的，且未定型。意大利为中国沿海的闽粤人谐音为“噫吖喇啞呶”。《清高宗实录》除了沿用传教士的译法称为“意大里亚”外，在该书卷1215又依据沿海官民的说法，称之为“噫吖喇啞呶”。乾隆四十九年粤东获西洋夷人吧咃哩哾等四名，据地方总督奏称“粤东送到通事柯成、陈大祐二人，止能通西洋语言。现获之四人，系噫吖喇啞呶国人，伊等不能通晓”。于是传谕“选择通晓噫吖喇啞呶国语之通事一二人，迅速送京，以备质讯”。美国名称，中国沿海的闽粤人以相声词描摹为“咪唎㗆”或“米利坚”，有时也简称为“米国”，并无褒贬成分在内。《清仁宗实录》卷331载，嘉庆二十二年（1757)，广东“拿获诈抢咪唎㗆夷船匪犯李奉广等，分别斩决枭示”。当时美国尚未独立，是以北美殖民地的身份来华，故广东人称其为“咪唎㗆”。“咪唎㗆”也被称为“米利坚”或“弥利坚”。魏源在其《海国图志·外大西洋》中称美国为“弥利坚”，并指出“弥利坚即美里哥国”。无论“咪唎㗆”，还是“米利坚”、“弥利坚”，都属于源于粤语的拟音汉译名称。

至于俄国，并非由沿海居民命名，而是与之接触的蒙古人最早称呼的。元明之际，中国史籍开始记载该国，称之为“罗斯”，因为其主体民族属于东斯拉夫的罗斯人。之所以后来在罗斯前面加以“斡”、“鄂”或“俄”，是因为与罗斯人接触最多的蒙古人发音所致。“蒙古人用蒙语拼读俄文‘ROCCIA’（罗斯人）时，必须在‘R’之前加一个元音，否则，就发不出‘R’这个卷舌音。因此，他们就在‘R’之前加了一个元音‘O’。”[①]俄国在清康熙时被称为“罗刹”，雍正间开始称“鄂罗斯”或“俄罗斯”。汪景祺在《西征随笔·遂宁人品》中，便使用了“鄂罗斯”的概念，称“戊辰年（1688，康熙二十七年），遣椒房、北门等六人至鄂罗斯定疆界”。另据雍正间陈伦炯所撰《海国闻见录·小西洋记》谓“细密里也之西为俄罗斯国”，“里海者，诸国环而绕之，东北细密里也，西北俄罗斯”。敕修于乾隆十六年的《皇清职贡图》卷1载有“俄罗斯国夷官、俄罗斯国官妇、俄罗斯国夷人、俄罗斯国夷妇”的图像。但也有将俄国译为“路西亚”（Russian）的。《清高宗实录》卷327载，乾隆十三年十月乙巳，议奏：“原署江苏巡抚安宁奏称，西洋路西亚国人王安多尼……在江苏昭文县行教。”

以上所述表明，在直观谐声阶段，西方列强汉译国名，除俄国比较特殊外，其他国家无论是由传教士翻译，还是由中国沿海闽粤官民称呼，均为不带褒贬色彩的音译。

二、变化：贬词诋斥阶段

第二个阶段，属于西方列强汉译国名的贬词诋斥阶段，或于西洋国名后加上“夷”、“逆”和“酋”字，或直接用贬义词翻译西洋国名。此前尽管也时常称西方各国为“夷”，但都属于天朝上国的通常眼光。而此时称西洋国家为“夷”，则显然有故意贬损的意味，包

① 乔荣生、周静莉：《俄罗斯国名探究》，《俄语学习》2002年第4期。

含了强烈的感情色彩。这一阶段基本上以鸦片战争为上限，以庚子事变为下限。由于语言及其词汇的使用具有惯性，转变则需有一个漫长的过程，因此这种分期的界限并非十分明确，常常出现前后交叉和彼此涵盖的状况。贬词诋斥特别受到中西冲突和战争因素的影响。每当中西冲突加剧时，国人总是用愤怒的语气和贬义的词汇，指称西洋各国。

中国人对西方列强的贬斥，一般的情况是在前一阶段所形成的汉译国名（特别是简称）后面加上“夷”、“逆”等字，以表愤恨。英国在1840年发动了侵略中国的鸦片战争，祸乱中国沿海，并割去了香港，因此部分清朝君民开始用痛恨的口气改称以前的“唊咭唎”为“唊夷”或“英夷”。在前线禁烟和抗战的两广总督林则徐，更是用“英夷”甚至“英逆”的词汇来指斥英国。在《敬陈夷务折》中，他指出：“查此次唊逆所憾在粤省，而滋扰乃在浙省，虽变动若出于意外，其穷蹙正在于意中，盖逆夷所不肯灰心者，以鸦片获利之重……各国夷商之在粤者，自六月以来，贸易为唊夷所阻，亦各气愤不平……溯自查办鸦片以来，幸赖乾断严明，天威震叠，趸船二万余箱之缴，系唊夷领事义律自行递禀求收，现有汉夷字原禀可查。……查验他国夷船，皆已绝无鸦片，惟唊逆不遵法度，且肆鸱张，是以特奉谕旨，断其贸易。”[①] 据清官修《清宣宗实录》卷330载，道光二十年（1840）正月己酉，林则徐等奏：“现在停止唊国贸易。所有唊夷。并不准一名住省。”

此后，以“英（唊夷”、“英（唊逆”、“英（唊酋”等词指称英国渐成为国人的通用语。姚莹在1843年的一封信中，称“闻广东有

① 饶玉成辑：《皇朝经世文编续集》卷83《兵政一四 · 海防上》，江右双峰书屋光绪八年刻印。

言：英夷国已空虚，群夷不服所为，颇多兴怨，似有内溃之形”[①]。徐伯桢指出：“癸丑（1853）春，㖞夷官驶火轮船泊港口，营员未报，即同入城求见，严拒之。”[②]梁廷枏作于道咸之交（即1849—1853）的《夷氛闻记》也深怀仇恨，贬称英国为“英夷”。尽管他在引《康辅纪行》时照原样写作“英吉利”，但在他自己的行文中，则是“英夷”称之：“英夷狡焉思逞志于内地久矣。……时英夷已据印度之孟阿腊（Bengal）海岸……自恨其市舟不能至粤，羡澳夷益甚。……例禁在官，所以制限诸夷者，尺寸皆不容越。英夷苦之。”[③]官方史书《清实录》也反复以“夷”、“逆”和“酋”等字眼指称英国及其头领。道光二十六年（1846）五月丁卯，《清宣宗实录》收录了皇帝的一份诏谕，内称：“耆英等奏㖞夷遵约即行退还舟山一折。……该督等前奏，有印度所属之噻嗝国，与㖞夷两次构兵等语。仍著密加侦探现在实在情形。”[④]同年七月皇帝谕旨谓“耆英等奏沙船在洋被夷船劫取物件，杀伤水手，㖞酋派船追捕”[⑤]。二十九年九月，徐广缙、叶名琛密陈“㖞夷追溯进城约期一事，恳乞代奏”[⑥]。咸丰二年（1852）十二月甲申，《清文宗实录》收录了皇帝的一份诏谕，内称“㖞咭唎夷人，久羁琉球。该国王世子，遣使来闽，求为请谕，并钞录原咨呈览一折。㖞夷伯德呤，在琉球国逗遛，屡经该国恳请查办”[⑦]。咸丰四年（1854）六月庚辰，皇帝因“许乃

---

① （清）姚莹：《再复怡制军言夷事书（壬寅八月初八日）》，《中复堂选集·东溟文后集》卷7，台湾文献丛刊第83种，台湾银行经济研究室1960年。

② （清）徐伯桢：《军书·雪夜探营图自记》，《斯未信斋文编》一，台湾银行经济研究室1960年，第20页。

③ （清）梁廷枏著、邵循正点校：《夷氛闻纪》卷1，中华书局1959年版，第1—5页。

④ 《清宣宗实录》卷429，道光二十六年五月丁卯。

⑤ 《清宣宗实录》卷432，道光二十六年七月戊戌。

⑥ 《清宣宗实录》卷472，道光二十九年九月壬子。

⑦ 《清文宗实录》卷78，咸丰二年十二月甲申，中华书局1986年版。

钊督师上海，日久无功，处处为噗夷所挟制”[①]，而将之革职。

除了对发动鸦片战争的英国以贬词称之外，清人对其他西洋列强也恨屋及乌，在其汉译国名后加“夷”、“逆”和“酋”等字称之。咸丰四年，吉尔杭阿在一份奏章中，使用汉语谐声词翻译英、美、法三国国名的同时，不忘加“夷”、“酋”字以示贬斥：“噗咭唎、咪唎㗇、咈兰哂三国夷酋，先后驶抵上海。……前此噗夷麦华陀自江苏前来。”“上海噗、咪、咈三国夷酋，欲同赴天津，变通成约”。“此次噗酋咆呤、咪酋麦连勒毕唵、与咈酋布尔布隆，联樯驶至上海，坚执前说。”[②]一提起英、法、美、俄诸国，都不忘以夷、酋贬之。

对俄国，称之为“俄夷”。《夷氛闻记》卷1称：“当粤关开时，已虑俄夷来舶骡旺，妨蒙古生业，别开陆市于车臣汗部之恰克图。”

对美国，国人称为“米夷”、“咪夷”、“咪酋”。1839年道光皇帝指出：“（英国）利是之船尚在该处，如已卖与米夷，何得不行移开，而仍与英夷聚泊一处，是何道理？”[③]道光二十四年（1844）六月，皇帝根据耆英所奏“接见咪唎㗇使臣大概情形”，指出“惟咈兰哂使臣喇吃呢，据咪夷声称约计一月后可以到粤，似与咪夷通同一气”[④]。咸丰四年（1854），皇帝谕曰：“前次琦善奏报，并称接到许乃钊知会，有‘咪唎坚夷船入江，嘱勿开炮轰击之语’。是许乃钊信夷已深，毋怪该夷恣意寻衅。以前上海夷务，皆吴健彰经理，此时

---

① 《清文宗实录》卷133，咸丰四年六月庚辰。

② 《清文宗实录》卷143，咸丰四年八月庚申。

③ （清）林则徐：《会扎广州府传谕吐哪查报买受空趸由》，《信及录》，上海书店1982年版。

④ 《清宣宗实录》卷406，道光二十四年六月戊戌。

该员复以偕咪国麦酋赴昆山谒见督臣，置身事外。”[①] 七年，咸丰皇帝因“咪国吐哒咍等，来至黄浦，恳求开舱贸易，经叶名琛照覆，咪酋颇知感戴”，复“据穆克德讷等奏，咪夷求见，叶名琛坚持不允，旋至各炮台被占”，因此提出：“是否系咪夷因暎夷无力赔其焚烧货物，故尔称兵助恶？”[②]

对法国，也称之为“咈兰哂夷”、“法夷”和“法逆”。道光二十六年（1846）闰五月，琦善等奏“盘获咈兰哂夷人至藏传教”，道光皇帝指出：“如果确系咈兰哂夷人，并无别项情节，即著斟酌情形，妥为办理。”[③] 中法战争前后，随着法国对中国觊觎之心日彰，中国人越来越多地用“法夷”斥称法国。晚清湘军水师统帅彭玉麟在《会商海防事宜》中指出：“为外夷所歆羡者，其台湾乎！道光中，英夷内犯江浙，旋犯台湾；近则倭人窥之于前，法夷扰之于后。蠢尔群夷，其心盖无一日忘台也。”[④] 同治九年（1870）六月，醇郡王奏“风闻天津法夷，有雇觅广东匪徒四千，藉图报复之说”[⑤]。盛庆绂《越南地舆图说序》称：“今年春夏以来，卧病长沙寓邸，日阅海上报，见法夷肇衅越南，竟欲乘危侮弱，披而有之。”[⑥] 又施士洁在《后苏龛合集 · 后苏龛诗钞补编》中谓“越南闻捷，与祁莘垓同年夜谈联句（甲申六月初二日）”，诗有句曰：“太原兵出奇，杀敌如斩草。法夷胆尽寒，势溃压山倒，去甲复抛戈，凄风动苍昊。”除“法夷”外，还用了“法逆”的词汇指称法国。据《新竹县志初

---

① 《清文宗实录》卷 133，咸丰四年六月庚辰。
② 《清文宗实录》卷 242，咸丰七年十二月乙丑。
③ 《清宣宗实录》卷 430，道光二十六年闰五月乙巳。
④ 陈忠倚辑：《皇朝经世文三编》卷 46《兵政二 · 海防二》，台北文海出版社有限公司 1972 年版。
⑤ 《清穆宗实录》卷 285，同治九年六月壬戌，中华书局 1987 年版。
⑥ 《皇朝经世文编续集》卷 87《兵政十八 · 蛮防下》。

稿》卷4《职官表》载，名宦陈星聚，同治末年任淡水厅同知，光绪时升任台北知府，乞疾引退，“适值法逆旋扰基、沪，又复维持一载”。光绪十年（1884），台道刘璈奏《法违公法封禁台口阻碍通商请咨各国理论折》，对挑衅中国台湾地区的法国进行了痛斥，指为“法逆”：“法船定九月初五日封禁全台海口。……中国于法人，可谓仁至义尽；至不得已而接战，仍孜孜保护通商为先，绝不议及封口者，无非顾全各国通商起见，不忍以法逆之故，贻累我和好各国也。”[①]此后，虽然时过境迁，但一提到中法战争时的法国，仍有不少亲历者以“法逆”称之。1896年，黑旗军首领刘永福在清政府放弃台湾，日军即将登岛前，对拥戴他的台湾父老说：“吾在越国时，三次与法逆交兵，一战而法驸马安邺授首，再战而李威吕分尸，三战而法全军焚灭。”

除了在西洋各国汉译国名后加“夷”、“逆”和“酋”外，中国人还直接用贬义词翻译欧美列强国名。这种情况并不常见，是在深受列强压迫忍无可忍时，这个雍容大度的东方睡狮所发出的最后的怒吼。连横在1895年吟咏中法战争时，将法人称为“法狼”：“一战法人心胆破，千秋又见老维廉。队队长征试马蹄，昆仑山势界天西。前狼后虎猖狂甚，一棒当头喝睡狮。……纠纠干城愤法狼，战书捧读气飞扬。举杯互祝从军乐，立我功名发国光。联俄破法画谋奇，鲁水君臣盛一时。铁血飞腾公法晦，强权世界好男儿。”[②]这既是“法兰西”之音译，又影射法国像恶狼。再如洪弃生庚子事变年赋《圆明园失宝叹》一诗，故意用了带有情绪的贬义词来指代西方列强的国名：“当时万国朝汉家，廓尔喀乐番琵琶。四夷遣子供扈

① 王彦威辑：《清季外交史料选辑》(二)，《光绪十年》(下)，台湾文献丛刊第198种。
② 连横：《读西史有感》，《剑花室外集》之一，台湾文献丛刊第94种。

卫，百蛮捧诏同云霞。谁知一旦分强弱，九重符宝嗟沦落。舆鸾仓卒出蒙尘，凤藻缤纷从散释。欧洲远海英圭黎，罗刹国与佛狼西，博物院中森罗列，御玺等于武都泥。中华此事最可耻，前为庚申后庚子。两朝大驾弃奉天，九戎兵马扰燕市。”[①] 这里故意不用“英吉利”来称呼英国；同时用“罗刹（中国古代厉鬼之名）国”指称俄国，将法国译为“佛狼西”，含有俄罗斯像魔鬼，法国像恶狼一般凶狠残忍的意思。

三、定型：褒词欣赏阶段

第三个阶段，属于褒词揄扬阶段，大致以洋务运动为上限，以清末民初为下限，从而与第二阶段形成部分交叉和涵盖。这一阶段，“英国”—“英吉利”、“法国”—“法兰西”、“意国”—“意大利”、“德国”—“德意志”、“俄国”—“俄罗斯”、“美国”—“美利坚”这些汉语词汇中最美好的字眼都奉送给了这些促使中国现代化的西方大国，并最终定型，作为其正式的汉译国名，一直延续至今。

开展于19世纪60—90年代的洋务运动，使不少中国人认识到西方列强的先进与文明，开始逐渐改变对待西方的立场。作为对上个阶段的否定，此时的中国人在谈到西方国家时，开始在汉译国名后加上“人”字以取代此前常用的“夷”字。如汤蛰仙曾谓“英人勃来西所著《水师岁纪》，每年一册”[②]，用“英人”而不用“英

① 洪弃生：《圆明园失宝叹》，《寄鹤斋诗选》，台湾文献丛刊第304种。
② （清）求是斋主人辑校：《兵政》，《时务分类文编》卷8，香港宜今室光绪二十三年刻印。

夷”字眼。张之洞于光绪十年（1884）六月二十一日致冯萃亭的信中称：“法人弃信背盟，逞兵要挟，索款甚巨，数至千万有奇。”[①]中法战争期间，不少国人都以“法夷”斥之，而张之洞却用了“法人”来称呼。清末何圣生在其《檐醉杂记》卷2中指出：“国朝用客卿、客将，多著成绩。……咸同年间，用美国人华尔、法国人法尔第福为副将，率兵助战，叠克名城。用英国人戈登为总兵领常胜军二千人，会同程学启攻克苏州，立功尤盛。至光绪甲午之役，用德国人汉纳根为提督，率定远军舰苦战于鸭绿江，亦颇尽力。”[②]不仅如此，国人在这一时期更将许多美好的汉字用作西洋各国的国名。

用美好的汉字字眼和词汇来称呼西方列强的国名全称或简称，似始于洋务派大吏及其幕僚。洋务运动的开创者曾国藩，使用了“美国”、“英国”等概念。他在同治元年（1862）十二月初五日所上的《奏为拟选聪颖子弟前赴泰西各国肄习技艺以培人材》的折子中称：“查美国新立和约第七条内载，嗣后中国人欲入美国大小官学学习各等文艺，须照相待最优国人民一体优待。又美国可以在中国指准外国人居住地方设立学堂，中国人亦可在美国一体照办等语。本年春间，美国公使过天津时……三月间，英国公使来津接见，亦以此事有无相询。……先赴美国学习。英国大书院极多，将来亦可随便派往。”[③]彭玉麟步其后尘，称“美国所制之箭雷为最良”[④]。李鸿章更是使用“德国”、“英国”、“美国”和“法国”等美名懿词称呼欧美国家：“至炮位一项，英、德两国新式最精。德国克鹿卜后门枪炮，击败法兵，尤为驰名。……英国多用前门熟铁来福长弹，大炮

① （清）张之洞：《致冯萃亭》，《张文襄公选集》二，台湾文献丛刊第97种，台湾银行经济研究室1961年。

② （清）何圣生：《檐醉杂记》，山西古籍出版社1996年版。

③ 《清朝经世文编续集》卷69《礼政十六·正俗下》。

④ 《清朝经世文三编》卷62《工政二·制造·精艺术》。

曰乌理治、曰阿墨斯得郎、曰回德活特三家尤著。……陆路行仗小炮，则以德国克鹿卜四磅弹后门钢炮、美国格林连珠炮为最精捷。……德、法之战，法国兵艘十倍于德。”①

洋务派思想家王韬、薛福成和郑观应等，都频繁使用了带有褒义的西洋汉译国名。王韬在《译撙节报》（西九月十九日）中称：“法国工部于一千八百九十五年年底，所造欧洲各国铁路册表，其所注各国铁路里数，及照邦国大小，与户口多寡比例之次序数目如下：德国铁路里数长冠各国，计四万六千四百五十一揭洛米突，其中普鲁士占二万七千四百四十七揭洛米突；法国计四万二百九揭；俄及沸兰俄属共计三万五千五百六十揭；英国三万三千六百四十一揭；奥国三万八百九十九揭；意国一万五千五十七揭……”②薛福成在《察看英法两国交涉事宜疏》中称：“臣在法国、英国、比国呈递国书，已将各国互敦和好之意，陆续据实奏报在案。惟闻义国……国王及其外部大臣等皆避暑在外……是以暂缓驰赴罗马。”③另一位洋务思想家郑观应，在1895年前后撰成的《盛世危言》中，也用了当时通行的欧美强国的汉译国名。该书卷7《兵政·火器》中并不掩饰其对泰西各国的羡慕：“德国克鹿卜厂所制十二磅弹小钢炮、开花弹，为陆路山行之利器”；“至于洋枪，从前皆用前膛，自美国林明敦秘薄马地尼后膛枪出，各国仿效之”。在同卷《附论甲午后火器说》中还介绍说：“美国拟建造炸裂弹巡舰，图案已成，据技师所称，其力能敌战舰三只。法国已创制潜行水雷船，新式枪弹，其射力极强而斤量减轻，最便携带”。该书附录《甲午后中外当道路军论》，还使用了“意大利”和“意国”名称：“意大利招英商承办官

① 《清朝经世文编续集》卷83《兵政十四·海防上》。
② 《时务分类文编》卷17《铁路》。
③ 《清朝经世文三编》卷72《洋务四·外洋邻交》。

船坞若干年后，买归意国。”郑观应感叹“西人心思之灵敏，制作之精微，尚复日出不穷”。正是在这种以西方为先进的观念左右下，洋务派及其思想家才在行文和遣词时，拣选并确定使用“德国”、“美国”、“法国”、“俄国”、“英国”、“意大利”等褒义汉译国名。

在主要载录洋务派文章的《清朝经世文编》、《续编》、《三编》等书中，以前的“英圭黎”—“暎咭唎”、“佛兰西”—“咈兰哂”、“普鲁社”—“布鲁西”、“噫�喇哑啵”—“意大里亚”、“罗刹—鄂罗斯”、“米利坚—咪唎㖷”几乎都成了“英吉利”—“英国”、“法兰西”—“法国”、“德意志”—“德国”、“意大利（或义大利）”——“意国（或义国）”、“俄罗斯”—“俄国”、“美利坚”—“美国”了。据《皇朝经世文三编目录》中，收录了许多记载西洋各国国名汉译情况的文章，如卷69《洋务一·外洋沿革》收录了《俄国考略》、《美国考略》、《法兰西近代兴亡事略》、《英国近代战事记略》等文章。卷70《洋务二·外洋军政》载录了《英吉利军政》、《法兰西军政》、《德意智军政》、《俄罗斯军政》、《意大利军政》、《美利坚军政》等文章。旗帜鲜明地使用了各种褒化汉译名称，指称西洋各国。在《清朝经世文编》等书中，收录了潘克先关于中西书院的文章，该文广泛使用了正规的西洋各国译名全称：“乃观泰西书院亦重藏书……法兰西国书楼五百所，藏书四百五十九万八千册；意大利国书楼四百九十三所，藏书四百三十五万册；普鲁士国书楼三百九十八所，藏书二百二十四万册；英吉利国书楼二百所，藏书二百八十七万二千册；俄罗斯国书楼一百四十五所，藏书九十五万三千册。”① 所录许克勤的文章也称：“德本普鲁士、日耳曼两国也，普东日西，境壤相接处，欧洲之中，至同治间始合为一，曰德

① 《皇朝经世文三编》卷42《礼政七·学校中》。

意志。……义大利又处奥国之南，都于罗马。……法兰西居德之西，其俗尚豪侠，好勇而喜斗……昔德大将毛奇之言曰：'欧洲各国令皆整军容，搜军实，法国更养精蓄锐，深防有鏖战之意。'"[①] 所录郭嵩焘《拟陈洋务疏》一文，还使用了"美利坚"这一名称："驻扎西洋公使，万非今日急务。其间惟美利坚之金山，中国流寓数万人……足资办理。"[②]

洋务派对西洋各国国名的褒化及应用，影响到此后的维新派等各个社会阶层的语言。梁启超在晚清发表的一系列论文中，正式使用了西国具有褒义概念的汉译名称。梁启超在1901年6月7日所撰的《立宪法议》中作用了"俄罗斯"、"美利坚"、"法兰西"、"法国"、"英国"等褒义译名："今日全地球号称强国者十数，除俄罗斯为君主专制政体，美利坚、法兰西为民主立宪政体外，自余各国则皆君主立宪政体也。……昔距今百年以前，欧洲各国，除英国外，皆专制也。压之既极，法国大革命忽焉爆裂，声震天地，怒涛遂波及全欧。"[③] 据1901年6月26日撰写的《过渡时代论》称："当十八、十九两世纪中，相衔相逐相提携，乘长风冲怒涛以过渡于新世界者，非远西各国耶？顺流而渡者，其英吉利耶？乱流而渡者，其法兰西耶？方舟联队而渡者，其德意志、意大利、瑞士耶？攘臂冯河而渡者，其美利坚、匈牙利耶？"[④]

洋务派对西洋各国汉译国名的褒化现象，还影响到晚清从官方到民间的各种典籍。在官方史书中，越来越多地使用褒义译名。《清穆宗实录》卷268载，同治八年（1869）十月癸丑，"派总理各国事

---

① 《清朝经世文三编》卷72《洋务四 · 外洋邻交》。
② 《皇朝经世文编续集》卷83《兵政十四 · 海防上》。
③ 梁启超：《立宪法议》，载陈书良选编：《梁启超文集》，燕山出版社1997年版。
④ 梁启超：《过渡时代论》，载陈书良选编：《梁启超文集》。

务衙门大臣户部尚书董恂办理美利坚国换约事宜”。这是清代实录第一次用“美利坚”三字代替以前的“米利坚”或“咪唎嘡”。随着大清帝国的衰落和外国使臣的直入皇城觐见，清朝官方的史书开始用正规的汉译全称称呼西方列强，这些汉译名称大都具有美好的含义。《清穆宗实录》卷353载，同治十二年六月壬子，“俄罗斯国使臣倭良嘎哩、美利坚国使臣镂斐迪、英吉利国使臣威妥玛、法兰西使臣热福理……于紫光阁前瞻觐”。《清德宗实录》卷97载，光绪五年（1879）六月丙寅，出使英法国大臣曾纪泽奏：“查美国银圆，流行中国沿海各省数十年。法国铸钱与之相似，自不必设辞阻止。”《清宣统政纪》卷24，宣统元年十月癸卯，载翰林院侍读吴士鉴的奏疏，称“查附再议权，惟民主立宪之法兰西、美利坚两国有之”。官方史书，还包括清光绪年间所修的《钦定大清会典事例》，该书也用褒义汉字翻译西洋各国国名。卷1220《总理各国事务衙门·条约》载：“康熙二十八年，与俄罗斯国通商，议定黑龙江约六条。……道光二十二年，与英吉利国通商，在江宁立约十三条。二十四年，与米利坚国通商，在广东立约三十四款。……（咸丰）八年，在天津与……英国（立约）五十六款，暨通商章程十款；米利坚国三十款，暨通商章程十款；法兰西国四十二款，暨通商章程十款。……十年，在京续立条约，斯国十五款，英吉利国九款，法兰西国十款。十一年……与德意志国、布路斯国立通商税务公会条约四十二款。”民国时清史馆所修《清史稿》，也受到这种用法的影响。该书卷124《志第九九·食货五·茶法》指出光绪十二年前后，因泰西诸国嗜茶者众，因此“日本、印度、意大利艳其利厚”，印度先种，“锡兰、意大利其继起者也；法兰西既得越南，亦令种茶……美利坚于咸丰八年购吾国茶秧万株，发给农民……印度茶往英国者，岁约七十三万二千石……日本之茶，多售于美国”。

民间私人所修的史书，也沿袭洋务派的译法，将西洋列强称为英国、美国、法国、意大利、德国、俄国和美国。刘锦藻于1912年撰成的《清朝续文献通考》，记载了清朝专设总理衙门下属的有关西方各国的机构及其厘定的汉译名称。据该书卷118《职官考四·京文职》的《总理衙门》载，咸丰十年，特设总理各国事务衙门，初分五股，所设五股除海防股无关各国外，其他四股如下："英国股：掌英吉利、奥斯马加二国交涉往来之事……法国股：掌法兰西、荷兰、日斯巴尼亚、巴西各国交涉往来事……俄国股：掌俄罗斯、日本两国交涉往来事……美国股：掌米利坚合众、德意志、秘鲁、意大利、瑞典、那威、比利时、丹麻尔、葡萄牙各国交涉往来事……"卷385《实业考八·工务》还附有《吴承洛调查各业志略节录》，其中的《棉纱业》中，统计了"近年世界各国纱厂锭子之枚数"，并明确地用"英国"、"美国"、"德国"、"法国"、"印度"、"俄国"、"日本"、"意大利"、"捷克"名字将这些国家的情况列入表中。从这个表中可见，所用西洋各国国名均为通行的汉译简称，表明当时这些国名已经定型。

民间所修野史也沿用当时通行的褒义西洋汉译国名。如《国闻备乘》卷3《孝钦裁抑幸臣》载："太常卿裕庚使西洋归，娶美利坚妇，生二女，有殊色，善画，兼通英文。"

私人所撰的文章、文集和诗集中，随处可见当时通行的西洋汉译国名。如吴汝伦在《李鸿章神道碑铭》中指出："思欲以西国新法导中国利用之，以求自强……同治十一年，与曾公合疏选学童送往美国就学。"胡传在《台湾日记与禀启》卷2中，于光绪十八年（1892）九月所写日记中称："乾隆五十七年冬十月，广东巡抚郭世勋等奏：据洋商蔡世文等禀，有英吉利国……遣使臣吗嘎于呢等进贡……五十八年秋八月庚午，上御万园大幄次，命英吉利正使臣吗嘎于呢、副使臣嘶当敕等入觐。……海外僻处之岛夷英吉利已阴怀窥伺，拟入我京城及天津、宁波、广东等处互市，于我内地行天主教。其后至道光中，而英难果作。……法兰西、米利坚、俄罗斯、布鲁社大小各国，接踵联樯，环我四境。至今日而洋患益深!”胡传是在追述乾隆以来的西洋各国，但用的汉译国名却是洋务运动以还的褒义概念。洪弃生在1896所撰之《欧折入亚说》，亦使用了当时通行的西方列强的汉译全称，除美国外，皆与今同：“俄罗斯自二百年前即遣世子入亚读书，今其国且建孔圣庙矣；英吉利自四十年前即缁译‘九经’以归于国都，德意志自二十年前其博士亦抱经书以藏于学校，即米利坚志士亦早有悦服‘圣经’而归以传述者。”[①] 许南英在宣统二年（1910）所作的《赠日本根岸辰雄君》诗中，不由自主地称德国为“德意志”，美国为“美利坚”：“重币聘工师，多金购机器；或荐美利坚，或荐德意志。翳彼异国人，终非我族类；无论无此才，有之亦终秘。留以待他年，蚕食吾土地。”[②] 虽对西方列强极不放心和心存反感，但不由自主地沿用了汉译褒词来称呼这些国家[③]。

四、西方列强汉译国名褒化的原因及途径

中国在近代汉译西洋列强国名时所产生的褒化现象，有两方面的原因，即内因和外因。具体分析，则有四个重要因素。

---

① 洪弃生：《文选·古文·欧折入亚说》，《寄鹤斋选集》，台湾大通书局1987年版。

② 许南英：《窥园留草》卷1，台湾银行经济研究室1962年。

③ 此后，由于国际关系的变动和中国所受处境的困迫，中国人又以“美帝”、“苏修”等等概念指称美国和红色俄国，但均为替代名称，其定型后的汉译国名“美国”、“苏联”（即俄国）则仍然堂而皇之地出现在国家的正式公告中。

第一，与中国人日益认识到西方各国富强、进步和文明的实质有关。国人在推行洋务运动中，产生了强烈的中西对比，不由自主地滋生了“崇洋媚外”思想，由以前“天朝上国”藐视一切的自大情绪，急遽递变为此时的自卑心理。因此，在翻译西洋列强的国名时，便用美好的汉字字眼来指代这些国家。如美国的全称，以前均译作“米利坚”或“咪唎啌”，但在清同治间竟改称“美利坚”，“美”、“利”、“坚”三字均为褒义，而“美利”二字相连，亦别有美义。梁廷枏在道光丙午年（1846）正月成书的《海国四说自序》中曾无意间道出了二字的美好含义：“逮奉圣化覃敷，南洋开禁，重译旅来，叩关受廛，如游闼户。”“新辟亚墨利加之旷野”而成的“合省国”，像荷兰、咈兰西、唤咭唎、啭（瑞典）、若嗹（丹麦）等西洋各国一样，“并得以有易无。二百年来，所以沾濡美利，涵泳皇仁者，可谓极深”。除“美利坚”具有强烈的褒义外，“英吉利”和“英国”，则有“英俊”、“英气”、“英雄”、“吉利”、“福气”之义；“法兰西”和“法国”则有“法治”、“方法”、“得法”、“兰花”、“兰香”之义；“意大利”，则有“意志”、“意义”、“大利”、“利益”、“锋利”等意义；“德意志”和“德国”，则有“道德”、“美德”、“意志”、“坚韧”、“志向”等意义。至于“俄罗斯”，“俄”有“高耸”、“庄严”的意思。扬雄在《羽猎赋》中有“俄轩冕”的句子，“俄”即“高耸”之义。与前几国相比，“俄罗斯”这一汉译名称褒化现象并不突出，但如果与它的另一译名“罗刹”相比，则立见高下。

第二，与近代中国人规范外国名称翻译有关。近代以来，随着与外国交往的日益密切，中外语言的对译问题不断提到议事日程。特别是洋务运动以后，中国直接向西方学习，大量的西方书籍被翻译介绍过来，这就需要对西洋人名、国名制定一种翻译的标准，以免各自为阵，出现歧异纷呈的局面。光绪三十二年（1906），御史王步瀛奏："学堂教科书，缗译名词，彼此歧异，急宜审定，以归画一。"下部知之[①]。高凤谦也认识到译名画一的重要性，在《缗译泰西有用书籍议》中指出"地名、人物有音无义，尤为混杂。西人语言佶屈聱牙，急读为一音，缓读为二三音，且齐人译之为齐音，楚人译之为楚音，故同一名也，百人译之而百异，一人译之而前与后或互异"。中国近代语法的开创者马建忠，也在《拟设缗译书院议》中建议："拟请长于古文词者四五人，专为润色已译之书，并充汉文教习，改削论说暇时，商定所译名目。"[②]综合而言，近代翻译家提出了汉译西洋国名的两个原则。其一，翻译外国国名和地名时，外语应主要以英语为标准，国语应主要以京语为标准，加以规范。高凤谦建议："宜将罗马字母编为一书，自一字至十数字按序排列，注以中音；外国用英语为主，以前此译书多用英文也；中国以京语为主，以天下所通行也。自兹以后，无论以西译中，以中译西，皆视此为本。即一二音不尽符合，不得擅改以归划一。"马建忠也有同感，指出："其续译之本，有名目为旧译所无者，然后一以英语、京语为主，则尽善矣。"这样一来，译者、读者俱有所据。早期的西洋国名翻译多是用闽粤语翻译的，基本特征是在汉字的左边带有"口"旁。徐继畬在《瀛环志略自序》中，较早地发现了闽粤语对译西洋国名的问题，指出："外国地名最难辨识，十人译之而十异，一人译之而前后或异。盖外国同音者无两字，而中国则同音者或数十字。外国有两字合音、三字合音，而中国无此种字，故以汉字书番语，其不能吻合者，本居十之七八。而泰西人学汉字者，皆居粤

① 《清德宗实录》卷558，光绪三十二年四月庚申，中华书局1987年版。
② 《清朝经世文统编》卷6《文教部六·译著》。台北：文海出版社有限公司1972年版。

东。粤东土语，本非汉文正音，展转淆讹，遂至不可辨识。”按高凤谦的建议，在西洋国名的汉译上，应该是“以京语为主”，取代闽粤音。但这一做法又与马建忠所提出的“旧译之本多出闽广人之手，虽其中名号参用方音者，今悉无取更张”的建议相左。然而，西洋汉译国名的发展趋势，不以马氏意志为转移，一律以京音代替闽粤音，去掉“口”旁。以“英吉利”代替“㖇咭唎”，以“法兰西”代替“咈兰西”、以“美利坚”取代“咪唎㗪”，既是京音取代闽粤音的结果，又是褒化西洋心理使然。其二，尊重古译传统，不随便更改已约定俗成的那些汉译国名。马建忠提出“必取雅驯，不戾于今而有征于古”，对于“近人著书或矜言厘正，如谓‘英吉利’乃一岛之称，称其国名则当云‘白尔登’；谓‘西伯利亚’之音不合，宜易为‘悉毕尔’之类”十分反感，指出：“徒乱人意，盖无取焉。今宜取通行最久，人人共读之书，刺取其译名，沕为定本。”他进一步指出：“惟前此已译之名，则宜一以通行为主……即间有声读之误，亦当沿用旧地名、人名，只为记号。而设求其举此号而闻者，知为何人何地足矣。”徐继畬早在《瀛环志略自序》中，便提出并应用了这一原则：“各国正名，如瑞国当作瑞典，嗹国当作嗹马，西班牙当作以西把尼亚，葡萄牙当作波尔都噶亚。然一经更改，阅者猝不知为何国，故一切仍其旧称。”近代对西洋汉译国名的褒化和厘正，基本上是依照这两个原则。如“英吉利”的确定，便是遵循“不戾于今而有征于古”的原则，该译名乾隆时便已出现，近代定型时，便拣选出来作为英国全称的正式名称。

第三，与西洋列强的盛气凌人有关。西洋各国强迫清廷不得将其国名译称“夷”字，作为弱国外交，不能不顾忌列强的感受。咸丰八年（1858）签订的《中英天津条约》中规定：“嗣后各式公文，无论京外内，叙英官民不得提书‘夷’字。”[①]黄钧宰在《天津新议续议》对此表示不满，并辩解说夷字本无鄙视之义：“议中国照会公文不用‘夷’字，予见西人月报言‘夷者鄙夷之称，外国人多忌用之’，不觉失笑。夷为东方之国名，又为四裔之总称。《说文》：夷从大，从弓。大人持弓也。此于六书为会意。氐、羌、蛮、貊皆以兽名，独夷从人从大，以魏为大名之例推之，不可谓非美号也。……夷字之称，正以其国有君子多寿考而锡以嘉名。近日西人颇不乏彬彬尔雅之士，胡弗之考也？”[②]这种辩解不免有点狡辩，即使如此，也依然透露出这样的信息：在黄的眼中，不可能再以旧夷之义视西洋列强，而必须作出新的褒义的阐述。这种禁用夷字的效应还在发酵。跻身西洋强国之列的日本也提出了禁止以‘夷’称之的要求。据《清德宗实录》卷370载，光绪二十一年六月庚午朔，总理各国事务衙门奏：“日本使臣林董，以章奏指称‘岛夷’，函请更正饬禁。谨申明咸丰八年英约，嗣后各式公文，不得提书‘夷’字，以固邦交。”朝廷准奏。像这样因涉洋名称而遭到列强干涉的例子还有不少。据说清朝曾将俄国按音译作“鲁西亚”（Russian），遭到俄方抗议，清乃改称“露西亚”。据王松（字友竹）在其刊行于光绪三十一年（1905）的《台阳诗话》下卷载：“露国黑船东来之始，当年邦人袭用支那所称，呼曰‘俄罗斯’；后乃改称‘鲁西亚’，从译音也。然‘鲁’字乃愚钝之意，彼国外交官嫌其侮己，致书于外务省，请以‘露’谐音代之；政府乃命各新闻社，凡有涉及‘鲁西亚’皆宜改用‘露西亚’。”俄罗斯强迫清政府将其译名改作比较雅训的汉字，集中反映了欧美列强的此种心态。

---

① 刘锦藻编：《皇朝续文献通考》卷353《外交考一七·条约·英》，续修四库全书本，上海古籍出版社。

② （清）黄钧宰：《天津新议续议》，《皇朝经世文统编》卷100《通论部一》。

第四，与西洋在华传教士、外交官和仕清洋人褒化其国名有关。早期的欧洲传教士使用的汉译欧洲国名，无一例外都是谐声词。但随着中国士大夫因西方列强日益侵凌而以贬词译其国名，激起了西洋在华人士的“爱国情怀”，因此在译述其国名时，开始使用了褒义概念，并逐渐被国人所接受。曾任同文馆总教习的美国人丁韪良在所译《论公使之职》等文中，对西洋各国皆译以褒义名词：“至妇人而明授以公使之职者，惟孀妇盖氏而已。伊夫系德国将军，没后，法君……令其出使波兰。”“昔有法国宰相名马塞林者，曾接英国霸主格龙威之使，于其旧君之使遂拒而不接。又英国君主楂耳第一在位时，国会揽权，与君相争，皆遣使土国。”丁韪良甚至将意大利简译为“义国”：“十五年前，义国君主战据纳邦各地，乃遣使使英国，英遂接之。……时有日耳曼数邦不接待义国之使，义国着发给该邦领事之准行执照，概行撤销，以示酬答焉。”美国的译名上，或译称“亚美利加合众国”，或干脆译称“美国”：“至亚美利加合众国之除经国会允准外，严禁各邦彼此擅立盟约。”“十数年前，美国南省叛乱，遣使英、法，是时英、法虽未认其国，亦未尝不接该使之公文。”[①] 署名为“英国（实为美国——引者）林乐知”的《操纵离合论》一文，便较早使用了“德国”、“美国”及其简称“德”、“美”及“英”、“法”、“俄”等名词，称“南皮制军分向英、德两国制造厂订购大铁舰二艘”，“将遴选水师学堂肄业生百五十名，属容纯甫观察闳挈往德国，精习海战”，但他认为南洋水师建成后，与福建、广东舰队声气不相连，指臂不相使，这样很像西班牙、丹麦、和兰、比利诸国虽各有舰队，一国有事，三国了不相关一样。“夫使西、丹、和、比诸舰联为一军，尚未足与英、法、俄、德诸邦

---

① 《皇朝经世文统编》卷48《外交部三 · 遣使》。

絜长比短”，何况分而为四呢？因而提出南北洋水师与福建、广东水师应当合而为一，由朝廷统领，并以美国为例加以说明：“试以我美言之。夫美国联邦四十有五，邦君皆有自治之权”，但美国并未四分五裂，原因就在于美国地方政府并不统领军队，因此“中国诚欲重整海军，似宜即以美国为法”。[①]题为“英人某”的《上李傅相书》对西洋列强的译名，亦呈褒化倾向：“曩者，俄国强迫日本复辽东之地，于中国虽是利，中国实贻将来之祸根，原非浅鲜。初贵大臣往议和于日本，道路宣传中国已有约于俄、法，听者咸惊……”“顷者，贵国处事，动辄援引德国，欲借其力，而不知其不足恃也。”又指出：“德商奸猾，不惜其名，惟利是计，不若英、美商人诚心从事，不为欺伪。”[②]这位“英人某”虽然对德、法、俄颇有伪词，但所用译名，仍然遵循褒化规则。著名的西洋传教士李提摩太在其《说兵》一文中，用了“美国”—“美利坚”、“德国”、“英国”和“法国”等汉译名称：“夫泰西各大国，不独寓兵于农，且寓兵于士、工、商、贾，如美国民人，除残疾癃废不计外，其余壮丁……人尽知兵。至德国章程，惟文学富贵及传教人等不入兵籍，此外举国之民均隶于军。……法国亦然。”又称：“自道咸以来，海禁大开……如由中国上海展轮……至美利坚、澳大利耶、波斯、印度、土耳其、俄罗斯等国，不过二十日；如至英国、法国，不过三十日。”[③]作为清政府海关总税务司的英国人赫德在其《局外旁观论》中，也反复使用了“英国”和“法国”等褒义名词：“各国以天主为教之国，皆当为之护法，奉此为国教，而法国为首……至贸易一件，各国虽有分，而

---

① 《皇朝经世文三编》卷53《兵政九 · 兵机三》。

② 同上。

③ 《皇朝经世文三编》卷54《兵政十 · 兵机四》。

英国为首。”[①]

然而，必须指出，尽管西洋各国政府、在华人士对其汉译国名进行褒化，对中国人施加了一定的影响，但毕竟只是外因，中国人能否接纳和领受才是最根本的内因。因此，国人用褒义概念翻译西洋列强国名并将之定型，反映了中国人对西洋各国在认识和了解基础上最终肯定的态度。

晚清中国人将西方列强汉译国名改作褒义词，通过以下三种途径实现。

第一，选择并继承。选择以前曾经使用过的字面上具有褒义的汉译词汇加以继承。洋务运动后，中国人将西方列强国名汉译成褒义概念，既是对这些国家国力的承认和作用的认识，也是对此前汉译国名的继承，是语言自身发展规律的结晶。以今日正规的英国全称“英吉利”为例，它是对雍正时即已产生的“暎咭唎”名称去掉相声的“口”旁的结果。这种以京音取代粤音的过程，早在乾隆时期便已开始。也就是说，在使用“暎咭唎”一词不久，便已有“英吉利”概念并行使用。但乾隆时期的“英吉利”一词，只是去掉谐声的“口”旁的结果，并无褒义蕴含在内。据敕修于乾隆十六年的《皇清职贡图》卷1载有“英吉利国夷人、英吉利国夷妇”的图像。乾隆十二年奉敕撰修的《清朝文献通考》卷298《四裔考六》也将英国译作“英吉利”：“英吉利，一名英圭黎，国居西北方海中，南近荷兰，红毛番种也……我朝康熙间，英吉利始来通市……乾隆七年十一月，英吉利巡船遭风飘至澳门海面。”乾隆三十二年敕撰的《清朝通典》卷97《边防一》也沿用“英吉利”的称呼。甚至在鸦片战争前后，林则徐一边以“暎夷”和“英夷”指斥英国，一边又袭用了乾

① 《皇朝经世文三编》卷21《治体九·广论》。

隆以来使用过的“英吉利”名称。在《信及录》中所录己亥（1839）二月十八日到《咪利坚国领事吐那禀该国鸦片系代英吉利销卖已交义律由》一文，便有反映。道光二十六年（1846）姚莹在所撰《康辎纪行》中，也使用了“英吉利”这一吉利的名字：“康熙间，英吉利始来通市……乾隆七年十一月，英吉利巡船遭风飘至澳门海面，遣夷目至省城求济。……二十二年，部议英吉利不准赴浙贸易。……二十七年，英吉利夷商白兰求照前通市……自是英吉利来广互市，每船如额配买，岁以为常。”与此同时，这一时期包括上述作者在内，也在使用“暎咭唎”一词，表明此时将英国译为“英吉利”，只是将原来表明相声词的“口”旁去掉，并非寓有祝福之意。至于洋务运动以后频频使用“英吉利”和“英国”，将之作为定名，则已注入了褒义，表明中国人对英国繁荣富强不由自主地进行了正面肯定，是“崇洋媚外”心理的暴露。法国得名也是如此。在雍正、乾隆年间，法国本译作“佛兰西”和“咈呰哂”，但同时也使用了“法兰西”这一译名。雍正三年九月初九日，两广总督孔毓珣奏称“七月初四日到法兰西洋船一只，所载黑铅、番钱、羽缎、哆啰等货”①。乾隆十六年敕撰的《皇清职贡图》卷1亦载：“法兰西，一曰弗郎西，即明之佛郎机也。自古不通中国，正德中遣使请封贡，不果，后遂阑入香山之澳门。……近与红毛之英吉利争雄长，而法兰西亦稍弱焉。”这里将法国与葡萄牙历史相混淆，但乾隆三十二年敕撰的《清朝通典》卷98便已能正确地使用和介绍“法兰西”了：“法兰西，一名佛朗机，亦红毛番种也。东与荷兰接，其国都地名巴离士。”然而，这时使用“法兰西”，亦无褒义在内，只不过是“佛兰西”的转化和“咈呰哂”去掉谐声“口”旁的结果。与此同

① 《雍正朱批谕旨》卷七之二《朱批孔毓珣奏折》。

时，各种关于法国的相声译词仍在使用，并远远盖过了“法兰西”一词。如乾隆十二年奉敕所撰的《清朝文献通考》卷298《四裔考六》则称法国为“佛朗机，一名和兰西，亦红毛番种也。东与荷兰接，其国都地名巴离士”。梁廷枏1846所撰的《海国四说自序》中，仍以摹声词“扼兰西”指称法国。不过，到了洋务运动以后，“法兰西”和“法国”这一全、简汉译名称开始频繁使用，是有意识地选用字眼美好的汉译名字指代这一西方强国，暗含的意义则是对法国国力的承认和文明的赞美。

第二，整合和创新。整合不同的旧译国名，创出新的褒义概念。这主要表现在美国汉译国名的形成上。美国在以前被称作“咪唎�的”、“米利坚”和“美里哥”、“亚美利加”，洋务运动以后中国人将美国汉译国名加以褒化，定型为“美利坚”，便是将“米利坚”和“美里哥”、“亚美利加”加以整合的结果，取“米利坚”的后两字，和“美里哥”、“亚美利加”的“美”字，形成一褒义十足的新概念。

第三，裁剪以褒化。意大利在洋务运动以前一直被称为“噫呀喇哑呶”、“意大里亚”和“意大利亚”，国人选择最具褒化可能的“意大利亚”，去掉无意义的“亚”字，使这一概念的褒义凸显出来。

五、余论

中国是“名教”之国，孔子曰：“名不正则言不顺，言不顺则事不成。”因此，用什么汉字去翻译西洋列强的国名，实际上蕴含着中国人的运思过程。国人先是以陌生而好奇的眼光看待西方世界，比较客观地用谐声词翻译其国名；后因西洋列强日益逼临和侵扰，中国人愤然贬斥，称之为“罗刹”、“佛狼”，或“夷”、“逆”及“酋”。但终因欧美的坚船利炮和强势文明，迫使“天朝上国”不得不正视西方，通过洋务运动效仿和学习西洋文明，并在这一过程中逐步转变了对西方的态度，反映在对西洋列强国名的汉译上，则是在此前谐声译名的基础上，加以改良和褒化，将汉字中最美好的字眼都奉献给了这些一度被斥为“夷”、“逆”的西方国家。除了前述英、法、德、意、俄、美诸国外，像将“苏以天”[①]和“瑞丁”[②]厘定为“瑞典”（Sweden/Swedish），“束色楞”、“苏沙兰”和“苏益萨”[③]厘定为“瑞士”（Switzerland/Swiss），“奥地里加”[④]、“奥斯的里亚”[⑤]、“奥斯马加”[⑥]厘定为“奥地利”（Austria/Austrian），“哪喊”[⑦]厘定为“挪威”（Norway/Norwegian），“弥尔尼壬”[⑧]厘定为“比利时”（Belgium/Belgian），均是译名褒化的结晶。“瑞”是中国吉祥的词汇，“地利”和“利时”，乃中国古语“天时地利人和”之取义。

西洋列强汉译国名的褒化，既是遵循语言自身发展的规律，也是民族情感变化所致，是两者交相作用的结晶。如由“暎咭唎”而至“英吉利”，由“咈兰哂”而至“法兰西”，由“咪唎唑”而至“米利坚”再至“美利坚”，是将谐声词的“口”旁去掉厘定而成，而非另起炉灶随意翻译，便是尊重语言和词汇稳定性的结果；同时选择“英吉利”而非“英圭黎”，选择“法兰西”而非“拂郎擦”，

① （清）魏源：《海国图志》，第316页。
② 《清史稿·邦交志七·比利时》。
③ （清）魏源：《海国图志》，第316页。
④ 同上，第306页。
⑤ 同上，第316页。
⑥ 刘锦藻：《清朝续文献通考》卷118《职官考四·京文职·总理衙门》。
⑦ 《皇朝经世文统编》卷98《格物部四·地学·地球地名表》。
⑧ 《清史稿·邦交志七·比利时》。

选择并整合成“美利坚”而非“美里哥”，则是国人对西方强盛和进步深有感触后情感投射的结晶。

需要指出的是，中国人对西方列强汉语国名的褒化及应用，还因时、因地、因人、因源和因立场而异，并非完全整齐划一。因时而异，如中国对俄罗斯的贬斥就远远超出了本文第二阶段的上限，因为早在康熙时沙皇俄国便从陆地上扩张到中国的北方和东北地区，与中国发生了雅克萨等战役。清朝在所修的史籍《平定罗刹方略》中，直接贬斥俄国为“罗刹”。称“罗刹”，一方面是因为俄罗斯和沙皇，与“罗刹”音近；另一方面则是有意痛贬到处杀人放火的俄国像罗刹（中国古代对厉鬼的称呼）一样凶残可怖。因地而异，即同为一人，在不同的地方使用不同的西洋汉译国名。如洪弃生在《中外古今变故书述视日儒》中使用了“佛郎西”、“鄂罗斯”等不甚规范的译名：“以近事言之，佛郎西为欧洲用武之国，拿破仑第一尤善行兵……焚鄂罗斯之都城……英吉利之兴，破佛郎西，战鄂罗斯，荷兰、吕宋诸属地任其取舍。乃其所垦米利坚一大地，视同釜鱼。”[①] 但在另一处《瀛海偕亡记》卷下则使用了当时通行的褒义名称：“岁乙未（光绪二十一年）……清廷时事日非：德意志兵据胶州湾；日本依约退旅顺，而俄罗斯据旅顺，退威海；而英吉利据威海，藉词均势，复强租九龙地；法兰西强租广州湾；意大利亦觊觎三门湾。清几不国矣。”尽管满怀忧国之心，但面对西方列强，已难以再用贬词斥责了。因人而异，则是指因为不同的人而使用不同色彩的西洋列强汉译国名，有人用谐声词，有人用贬称，有人则用通行的褒称。词汇的使用，除了遵循社会语言（social language）规则外，还保有个人语言（personal language）的习惯和风格，而个人对

① 洪弃生：《文选·古文·欧折人亚说》，《寄鹤斋选集》。

词汇的应用往往是相当随意的。这种现象比较普遍，兹不赘述。因源而异，指同为一部著作，但因所据史料不同，而出现有多种西洋国名译法。如梁廷枏《海国四说·兰仑偶说》卷2谓“其名国曰英吉利”，但在同书《粤道贡国说》中则称“案唤咭唎本国在西之北，博尔都噶尔雅之东北”[①]。因立场而异，如第二次鸦片战争时，本是国人将西洋谐声国名改称贬义“夷”、“逆”时期，但因美、英、法助清镇压太平天国，因此在清朝修官方文献中，首先使用了“美国”、“英国”、“法国”等含有强烈感情色彩的汉译名字。据《清穆宗实录》卷19载，同治元年二月己巳，帝谕：“美国人华尔，约同英国水师提督何伯、法国水师提督卜罗德，各带中外枪炮队伍，并炮船轮船，排泊浦滨。华尔率队登岸，首先冲入高桥，径扑贼首巢穴，以洋枪连环轰击。副总领美国人白齐文裹创力战，英、法二国队伍各开枪炮攻击。”赞赏之情溢于言表！这种时候，再让清廷称“米夷”、“唤夷”、“咈夷”，怎么开得了口呢？中国的统治者向来推崇“攘外必先安内”，在内难到来时，常常是对外姑息纵容甚至引为同道。因对象而异，同为一人，因交流对象不同，而使用不同的西洋汉译国名。如林则徐在鸦片战争时，在给朝廷的奏疏中直斥英国为“英夷”、“英逆”，但在草拟给英国国王的《拟谕唤咭唎国王檄》中，又用了比较客气的谐声词译名“唤咭唎”及其简称“唤国”：“设使别国有人贩鸦片至唤国，诱人买食，当亦贵国王所深恶而痛绝之也。”

但不管怎样，西洋汉译国名的演变轨迹仍然清晰可见，那便是由客观的谐声描摹，到有意贬斥，再到热情褒化的过程。西洋汉译

① （清）梁廷枏：《海国四说》，《兰仑偶说》卷2、《粤道贡国说》卷5，中华书局1993年版，第118、230页。

国名的褒化现象，表明了西方所代表的以商战和富强为特征的近代文明，改变了中国几千年的审美趣味和伦理观念，使国人将“美”、“英”等审美概念和“德”、“义（意）”等道德概念，以及褒化了的“法”、“利”等传统概念，一起奉献给了西洋列强。这一欧美汉译国名的褒化过程，证实了中国人从狂傲虚幻的天朝上国立场，向正视现实的态度的划时代转变，是对世界发展大势和国际文明秩序的深刻体认和正确把握，虽浸润被迫转变的艰辛和屈辱，但更饱含主动融入世界的信念和决心。

（原刊《学习与探索》2008年第1期，此处略有修改）

从边缘到中心：明清实录对东北历史观察视角的转换

一

东北地区是中华文明重要的发祥地之一，距今两万年的黑龙江哈尔滨西郊阎家岗旧石器时代晚期遗址，距今六七千年的辽宁凌源、建平牛河梁新石器早期红山文化遗址，均达到过辉煌的高度。然而东北地区文明发展的程度有起有落，其在统一的王朝内所处地位也或重或轻。当王朝统治中心在中原地区时，东北地区便成为遥远的边缘。而当王朝皇室起于东北时，东北便成为王朝的中心，从而在王朝内占有重要的地位。明、清两代的东北正处在从边缘到中心的转换过程。明代中央政权起于南方，定鼎北京，东北居住的辽东汉人、吉林与黑龙江生活的女真、蒙古、达斡尔、朝鲜人，处在大明王朝的边缘，在相当长的时期内都没有受到足够的重视。反映明朝政策和历史的《明实录》，便也以边缘的视角来观察和描述东北历史，以蛮夷的标签来标志东北土著。晚明至清代，东北地区的少数民族女真（一作女直，后改名为满族）迅速崛起，不仅征服了周边各少数民族部落，而且攻占了明朝作为九边之一的辽东，统一了东北，并进而占领全国，上升为一个全国政权。由于后金—清朝开国二帝太祖、太宗均在东北生活和奋斗，加之清朝入关后仍视东北为发祥地，因此东北在清朝体系中居于中心或副中心的地位，获得了前所未有的重视。以清朝历史和政策为记载内容的《清实录》，自然也以中心的视角观察和叙述东北历史。于是，从明到清，从《明实录》到《清实录》，东北的历史地位经历了一个由边缘到中心的上升过程。

《明实录》包括太祖、太宗、仁宗、宣宗、英宗、宪宗、孝宗、武宗、世宗、穆宗、神宗、光宗、熹宗等13朝实录，共2760卷，1600余万字。[①]《清实录》包括太祖、太宗、世祖、圣祖、世宗、高宗、仁宗、宣宗、文宗、穆宗、德宗11个皇帝的实录，加上《满洲实录》和《宣统政纪》[②]，共为13部，4433卷，3000余万字。明清两套实录对东北历史进行了比较系统和全面的记载，具有重要的、不可取代的价值，历来受到人们的重视。民国时，孟森曾摘抄《明实录》及朝鲜《李朝实录》中有关清室先世与明政府关系的史料，纂为《明元清系通纪》一书；1954—1958年，日本学者田村实造等仿孟森之法，编成《明代满蒙史料》（京都：京都大学文学部。第1—6册为《〈明实录〉抄：满洲篇》）；1989年，吉林省社会科学院历史研究所编成《〈明实录〉东北史资料辑》第1—5辑（辽沈书社，全五册）；1988年，吉林省社会科学院历史所民族史室和近代史研究室编成《〈清实录〉东北史料全辑》（吉林文史出版社）。这些都表明在东北历史记载上面，明、清实录具有重要的史料价值。

明清实录都是官修史书，由皇帝钦点纂修班子，总裁或监修总裁、纂修官均由首辅或军机大臣、翰林官员担任，史料基本来源于

① 《明实录》，台湾“中央研究院”历史语言研究所1962年版。
② 《清实录》，中华书局1984年影印本。

皇帝记注和政府档案，是政府纂修的当代国史[①]，关注对象和基本内容随着政府主体、现实需要、政策聚焦的变化而转移。《明实录》的修纂官员均是中原的汉族士人，如《太祖实录》的总裁是胡广，《世宗实录》的总裁是张居正，对东北着墨较多的《神宗实录》和《熹宗实录》的总裁分别是周延儒和温体仁，他们在对东北的女真等各族进行观察时，是以四夷的眼光看待的。与此相反，《清实录》的纂修官员，是以来自东北的清朝皇室主导的、以满族为主体的政府官员，如康熙本《太祖实录》和《太宗实录》的监修总裁分别是室宗觉罗勒德洪、满洲正黄旗人图海，《世祖实录》的监修总裁是“太祖诸孙辅国公塔拜子”班布尔善和巴泰，《圣祖实录》的首任监修总裁是满洲镶黄旗人马齐，《世宗实录》的监修总裁是满洲镶蓝旗人鄂尔泰，《高宗实录》的首任监修总裁是满洲镶黄旗人庆桂，《仁宗实录》的首任监修总裁是满洲镶黄旗人托津，《宣宗实录》的首任监修总裁是满洲镶蓝旗人穆彰阿，《文宗实录》的首任监修总裁是满洲正红旗人桂良，《穆宗实录》的监修总裁是满洲镶白旗人宝鋆，《德宗实录》的首任监修总裁是“隶内务府满洲正黄旗”的世续。他们均是满族贵族。虽然汉族官员蒋廷锡、张廷玉、曹振镛、祁寯藻、贾桢、翁心存和陈宝琛等均接任过监修总裁，但在修纂主体中只是处于从属地位。而且，作为清朝的大员，他们的观点和立场唯清朝皇室马首是瞻。因此，《清实录》的观察角度和描写视角，均以东北为中心或副中心。这样，在对东北历史的记载上，从《明实录》到《清实录》，便经历了一个从边缘到中心的视角转换过程。

① 参见拙著：《明实录研究》，湖北人民出版社 2003 年版；乔治忠：《清朝官方史学研究》，文津出版社 1992 年版。

二

《明实录》对东北历史的观察和描述，以是中心对边缘的视角来进行的。在以中原和北京为中心的国家版图内，辽阔而偏远的东北地区只是这个中心的边缘。在这种状态下，当东北没有发生惊天动地的大事和重要历史变迁时，作为明廷政事载体的《明实录》对东北的关注就比较疏忽，记载也“惜墨如金”。在《明实录》的观察视野内，东北地区是一个既偏远又落后的“野人”女真和其他民族杂居的地区。从中原中心观出发，《明实录》关心的主要是明军怎样占领辽东，松花江流域的野人女真如何入京朝贡，明廷怎样在东北设置奴儿干都司和建州卫等事；而对当时东北地区众多部族及其生活状态的观察，甚至是漫不经心的。

在《明实录》的记载中，明朝与东北各部落之间建立的是一种“天朝—四夷”式的朝贡关系，基本内容则是东北各族归化明朝的过程：先是遣使来朝，接着接受明朝授予的官职，成为土官。《明太宗实录》卷30载：永乐二年夏四月戊子，“黑龙江等处女直野人歹寅加等来朝，赐钞及文绮表里”。同书卷40记载的也是“赐女直及奴儿干黑龙江忽剌温之地野人女直把剌答……等宴于会同馆”的内容。与此同时，明朝开始在东北设立奴儿干都司及所属各卫，女真等族各部纷纷接受朝廷的封号和官职，从而成为明朝“以夷治夷”的土官。明礼部官员曾言：“国家东北夷三种女直，系肃慎旧疆，亡金遗孽也。永乐初年，女直来朝，其后海西建州女直悉境归附，乃设奴儿干都司，统卫所二百有四，地面城站五十有八，官其酋长，自都督以至镇抚，许其贡市，自开原以达京师。”[①] 据《明太宗实

① 《明神宗实录》卷444，万历三十六年三月丁酉。

录》卷65载，永乐五年三月己巳，“黑龙江等处女直野人头目早哈、虎失忽等百七十人来朝贡马。置考郎兀、亦速里河二卫，命早哈为指挥使，虎失忽为指挥佥事，余各授官，赐印、诰、冠带、袭衣及钞币有差”。然而，对于女真等族的社会状态和风土人情，则记载尤少。由此看出，《明实录》以一种由中心看边缘的视角观察明朝与东北各部落的关系。

但当东北问题骤然升温，女真人在努尔哈赤的领导下，崛起于白山黑水之间，并对明朝在辽东的利益形成直接威胁，尤其是，当皇太极多次越关而入，包抄北京时，作为边缘的东北，竟成为牵动北京神经的重要因素，明廷终于认识到作为“九边”之一的辽东，已不再是一个边缘性问题，而是朝议的中心命题，从而成为《明实录》记录的重点。《明实录》中有关“辽东”[①]的相关记载是5009条，是《清实录》的46倍。其中《太祖实录》有228条，《太宗实录》204条，《仁宗实录》15条，《宣宗实录》271条，《英宗实录》781条，《宪宗实录》561条，《孝宗实录》338条，《武宗实录》337条，《世宗实录》613条，《穆宗实录》149条，《神宗实录》1124条，《光宗实录》28条，《熹宗实录》360条。仅从所列数字表面上还难以理解《神宗实录》以后的各朝实录对“辽东”概念的密集记录，但通过比较篇幅相近的《神宗实录》（596卷）与《世宗实录》（566卷），《光宗实录》（8卷）与《仁宗实录》（12卷），《熹宗实录》（87卷）与《穆宗实录》（70卷），则会发现，《神宗实录》以后的实录比之前的实录在记载“辽东”这一名词上时，是成倍增加。《世宗实录》有566卷，记录“辽东”一词只有613条，

---

① 另外，明清实录中还有少量的“辽东”别称——“辽左”的记载，在两部实录中呈现的比例和情况与“辽东”大致相同。

《神宗实录》也不过596卷，记载多达1124条；《仁宗实录》有12卷，记录“辽东”一词才15条，而《光宗实录》只有8卷，却有28条之多；《穆宗实录》70卷，只有149条，《熹宗实录》也不过87卷，却有360条之多。后者记载数量均较前者翻番。由此可见，辽东问题是万历间努尔哈赤反明，成为困扰明朝的大事后，才为《明实录》所密集记载的。辽东战事一直延续到崇祯年间。这充分反映，在晚明，由于东北地区努尔哈赤政治军事集团的兴起及其对辽东的威胁和攻击，使得这一地区受关注的程度成倍增加。《明神宗实录》卷453载，万历三十六年十二月，户科给事中韩光祐言：“辽东方二千里，皮骨空存，膏血已竭，以致建酋骄横，缺贡额而不敢问，裁参斤而不敢问，据疆土驱人民而不敢问，即么么如宰赛亦辄闯入内地，蹂躏杀掠，莫敢谁何。辽之为辽可知已!”四年后，努尔哈赤建立后金政权，对明辽东发动了更大规模的攻击。《明熹宗实录》卷2载，泰昌元年十月戊申，“辽东经略熊廷弼上疏自理，大略云：自去年开（原）、铁（岭）连陷，辽城非尝［常］破碎，士民知不可守而谋欲先去，贼亦知不可守而谋欲速来……”“当是时，中外汹汹，皆谓辽必亡”。此后，后金—清朝军队陆续攻占辽阳、宁远，直逼山海关下。可见，辽东问题已成为明朝的燃眉之急，《明实录》理所当然地转换了“边缘”的观察视角，而以“中心”问题视之。到了《清实录》中，基本上不再使用“辽东”概念，在整个《清实录》中，“辽东”一词仅有110条记载。其中《满洲实录》9条，《太祖实录》15条，《太宗实录》48条，《世祖实录》15条，《圣祖实录》9条，卷帙浩繁的《高宗实录》只有4条，《仁宗实录》只有1条，《德宗实录》有9条，清代其他《实录》竟无一条。除了《满洲实录》、《太祖实录》和《太宗实录》三朝内容主要叙述东北历史，与《明实录》所叙“辽东”概念接轨外，记载清廷入关后历史的历朝

《实录》，则基本上摒弃了“辽东”这一概念。因为“辽东”是中原使用的概念，“辽”的意思是辽远之义，而对于发祥于东北的清朝来讲，“辽东”不再是准确的词汇，因而受到冷遇。即使使用这个名词，也多是在复述明朝史事时才用。如《清高宗实录》卷 1170 载：“谕军机大臣等：昨披阅明臣奏议，熊廷弼为辽东经略时，抒诚效命……”《清仁宗实录》卷 34 载：“予广东故明辽东总制袁崇焕入祀乡贤祠。从巡抚陈大文等请也。”通过明清实录对“辽东”概念的对比，可以看出，随着“辽东战事”的激烈，辽东问题在明朝中央受到密切的关注，从而使向以边缘观察东北历史的《明实录》，也不得不改变视角，以中心问题目之。可见，就《明实录》本身对东北历史的记载视角而言，也经历了一个由边缘到中心的过程。

三

从《明实录》到《清实录》，东北历史的观察和描述视角经历了一个由边缘到中心的过程。相对于《明实录》而言，《清实录》对东北历史的关注和记载，则是以中心或副中心的地位和观点来对待的。东北即满洲，是清朝皇室及满族人的发祥地。因此，《清实录》将之作为心中圣地，竭尽所能地进行考察和详载。《清实录》的第一部名为《满洲实录》，第二部则是在此基础上撰成的《太祖实录》，二者所载内容是太祖努尔哈赤的奋斗历程和英雄事迹。努尔哈赤终身都在东北奋斗，因此，这两实录都是直接以东北作为叙事的主体和观察的中心。《清实录》第三部是《太宗实录》，虽然是在关内北京所修，但反映的内容基本上是东北的事情。尽管太宗皇太极曾有过出关“掳掠”的情形，但一生活动的空间舞台都在东北。因此，《太宗实录》所载内容基本上发生在东北地区。随着顺治入关，清朝的统治中心移到原明朝的首都北京，然而，由于东北作为清朝的发祥地，不仅实行“柳条边”措施和严禁的关隘限制加以保护，而且专设盛京将军、吉林将军和黑龙江将军，分管当地军政和民政。北京若有重大举措，一般也都在盛京举行。如修毕的《实录》和《四库全书》，既藏于北京，同时也要藏一副本于盛京。这些表明，东北地区仍然是清朝的副中心。

由于政权主体发生了变化，以前被中原王朝视为辽远边夷的清朝成为统治阶级，反映其立场和政策的《清实录》对东北历史的观察和描述角度也随之发生了重大变化。在《清实录》中，以努尔哈赤为首的后金政权对东北的用兵和统一，不仅立场上从《明实录》所称的“叛逆”转变为“正义”，而且从叙述视角上也从《明实录》以近观远式的“远小”透视，转变为《清实录》的以近观近式的“近大”透视，深入细致地描写了女真各部落之间，以及女真（满族）与蒙古、达斡尔、朝鲜各族之间复杂错综的关系和争斗。如果说《明实录》津津乐道于明朝与东北诸夷所建立的朝贡关系的话，那么《清实录》则着力描写后金—清朝政权对周边各部落的征服过程。前者反映了明朝中原中心与东北边缘的关系，而后者则反映了东北作为清朝发祥中心逐步扩大的过程。据康熙帝所撰《清太祖高皇帝实录序》称“我太祖……高皇帝……当起兵之初，属犀兕者仅十有三领，而战胜攻克，靡坚不摧，应变雷动，乘机电发，用能覆九姓之锐师，扫四路之劲旅，诸部群雄以次划削，辽沈之域悉隶疆索”，就旗帜鲜明地以女真和后金政权为叙事的主体，大张旗鼓地歌颂太祖平定群雄、统一东北的事迹。据《太祖实录》卷 4 载，壬子年（1612）十一月己酉朔，“上遣兵五百，征东海南渥集部之雅揽西临二路，收降民二百户，俘千人而还”。又卷 9 载，天命十年三月辛未，“初，上命喀尔达、富喀纳、塔羽，引兵征东海瓦尔喀部”。这一征服过程，在太祖的继承者太宗皇太极身上，也得以继续，并在反映其事迹的《太宗实录》中得到大量的记载。《太宗实录》卷23载，“出征黑龙江虎尔哈部落诸臣以所招降头目人等朝见”。又载：“叙出征诸臣功，以三等梅勒章京霸奇兰、一等甲喇章京萨穆什喀征黑龙江，尽克其地，所获人民全编氓户，携之以归，劳绩懋著。”同书卷42记载了后金“镶蓝旗章京喀木戚哈、塞赫往征黑龙江”的情况。同卷还记载了皇太极对西北蒙古喀尔喀部落查萨克图汗下使臣达尔汉囊苏喇嘛的谕令，声称：“朕以兵讨有罪，以德抚无罪。惟行正义，故上天垂佑，将蒙古诸国，悉以与朕。今蒙古国主察哈尔汗之子见在，朕皆抚养。尔喀尔喀，当念尔主既在我国，既应归顺，以安其生。今反兴兵构怨，来侵我归化城，甚非尔分所当为也。朕欲平定区宇，理应加兵于尔，尔亦当以加兵是惧。顾不自审量，欲侵犯于我，岂不大可耻乎！想尔之心，以既与我为仇，必奔往征讨所不至之处，偷安旦夕。但尔所能至，我师岂有不能至者乎！昔辽、金、元三国之主，当征战时，西伐厄讷忒黑，东抵朝鲜，北及黑龙江，南至于海，无远弗届。朕今日正与相等也。尔等知罪而来，则已，否则必不尔宥！”像这样详细的谕令，在《明实录》中甚少记载，反衬了《清实录》以东北历史为主体，叙述详细清晰的观察和描写视角。

女真（满族）一方面进行武力征讨，另一方面注意与蒙古各部结盟和联姻，《清实录》详细生动地反映了这一历史过程。《太祖实录》卷4载：“壬子（万历四十年，即1612年）春正月，丙申朔，上闻蒙古国科尔沁贝勒明安之女甚贤，遣使往聘。明安许焉，送女至。上具车服以迎，筵宴如礼。”同书卷7又载，天命五年正月丙申，“上与喀尔喀五部落贝勒盟后，有把岳忒部落台吉索凝属下一人，及扎鲁特部落寨桑侯痕属下一人来归。上曰：‘来归之情，诚为可矜，但盟誓之言，尤不可背。’遂不纳，各还其主”。卷9载：“天命九年正月丙辰朔，初，北蒙古国喀尔喀把岳忒部落达尔汉巴图鲁贝勒子台吉恩格德尔，先诸部落来归，朝谒求婚。上嘉焉。以弟贝勒舒尔哈齐女妻之，俾归国。”《太宗实录》卷42载，崇德三年七月丙子，“乌朱穆秦部落多尔济济农，送其女与多罗郡王阿达礼为妃。将至，命阿达礼率贝子大臣，渡辽河，迎宴之”。如此直接、详细和生动的描写，反映了《清实录》是以中心的角度观察东北历史的。

即使清廷入关后，清朝统治者也仍然把东北视为其统治的中心或副中心。这一政策影响到《清实录》的叙事角度。

自清朝统一全国后，东北作为清朝的圣地，统治者将之圈为禁地。当汹涌而至的“闯关东”的山东、河北流民潮兴起后，清政府千方百计地进行围堵遣返，但仍难以阻止这东北开发的历史步伐。政府不得不放宽禁令，区别对待。《清实录》便见证了这一历史过程。汉族流民进入关东，既有被灾京畿及河北一带的灾民，更有山东一带搭乘海船赴关东谋生闯世界的农民。前者往往是政府允许的，而后者常常是清廷禁止的。据《清圣祖实录》卷268载：因为顺天、永平二府，去年被水歉收，艰食尤甚，而“山海关外米谷颇多，向因奉禁，不敢入关”，有官员“请暂开两月之禁，俾关外之民以谷易银，益见饶裕；关内之民以银易粟，得赖资生”，康熙“从之”①。又《清高宗实录》卷1408载乾隆谕令称，“前因直隶省京南被旱各州县无业贫民”“多有出口觅食者”，遂令各地方官遇有贫民便详细晓谕：“今年关东盛京及土默特、喀尔沁、敖汉、八沟、三座

---

①《清圣祖实录》卷268，康熙五十五年闰三月戊申。

塔一带，均属丰收。尔等何不各赴丰稔地方，佣工觅食，俟本处麦收有望，即可速回乡里。”并许“出山海关赴盛京一带”就食。这当然是权宜之计，但却引爆了移民关东的浪潮。政府不得不出面禁谕，以维护东北副中心的神圣地位。据《清宣宗实录》卷145载：“山东省出海口岸较多，登莱各属贫民，往往前赴盛京边外，占种官荒。”经彭浚具奏，降旨令琦善详筹妥议，严行禁阻。于是琦善上《禁阻出海流民一折》。宣宗令“著照所议，将越度关塞，私出口外，及夹带流民，私渡奉天，分别问拟流徒各律例，由登、莱、青道摘叙简明告示，就近遍行晓谕”，“俾各知禁令。如有故违，照例究办”。为了防止山东人闯关东，清廷规定：“至各州县受理词讼案件，或有人证不到，指称现赴关东者，即先查问该家属于何年月日，由何处口岸，何人船只前往，曾否领有印票。如系私渡，即传该口岸船户，及原籍牌甲分别讯究。”又据《清高宗实录》卷127载，清政府重申：“关外各边门，请严查出入。查奉天各边隘，俱关紧要，应令该将军详悉妥办，严行稽查。”

此后，清政府的关东政策有了一定的弹性。《高宗实录》卷137载，乾隆六年二月，奉天府尹吴应枚条奏闯关东汉民的处理意见，指出对于“愿入籍者，准取保结，给照编入”；对于“不愿入籍，一时又未能回籍者，暂作另户编甲，陆续给照回籍”；对于“老弱孤苦疾病贫乏、原籍无亲戚中投者，酌给资送；不愿回籍者，添设孤贫口粮安插”；对于“商贾工匠从前在奉寄居者，地方官给照，无照不许存留”；同时对于东北旗人雇佣外来移民耕种规定“须家长雇主结报，门牌注明，去来随时报明领催乡保；牌上无名者，不准存留”；对于“关外佃种民人，照原编牌式，另给一牌，无牌不得擅放进边贸易”；对于“辽阳州刨煤人缺，募本地旗民补数，不得仍召流民”，重点打击的是“游手好闲生事不法者，照例治罪外，递解回籍”。由于此次奉旨清理流民，有疏有堵，准许关外之民入籍，因此“群黎感悦”。这表明清政府已经对闯关东的汉民采取了因势利导的政策。《高宗实录》卷257还记载了乾隆的一番考虑：“朕以关内关外，皆系赤子。伊等寄寓日久，一旦骤令搬移，未免失业”，因此才采取了区别对待的措施。

但到仁宗时，政策发生了重大改变。据《清仁宗实录》卷113载：“禁贫民携眷出口。谕内阁、兵部议奏稽查关口出入民人，分别酌定章程一折：山海关外，系东三省地方，为满洲根本重地，原不准流寓民人杂处其间，私垦地亩，致碍旗人生计。例禁有年”，并认为乾隆五十七年准令无业贫民出口觅食“属一时权宜抚绥之计，事后即应停止”，因此仁宗强调“嗣后民人出入，除只身前往之贸易佣工、就食贫民，仍令呈明地方官给票，到关查验放行，造册报部外，其携眷出口之户，概行禁止”。即使遇到关内地方偶值荒歉之年，“贫民亟思移家谋食，情愿出口营生者，亦应由地方官察看灾分轻重，人数多寡，报明督抚据实陈奏。候旨允行后，始准出关。仍当明定限期，饬令遵限停止，毋得日久因循，致滋弊端”。但闯关东愈禁愈烈。直至道光年间，关内居民仍在“前赴盛京、吉林所属地方谋生”。“皆由边外地尽膏腴，俱各耕种营生。”因此“虽前定章程，应于成熟后饬令回籍，而该贫民等安居乐土，不但不肯回籍，抑且呼朋引类，日积日多，驱逐不易”。道光帝重申：“盛京、吉林，乃国家开基根本之地，风气素淳。此等流民，趋之若鹜，势须占种官荒，不免滋生讼端。且恐会匪蔓生，借此诡计弊混。”因此规定嗣后“其藉贫民名目，迁徙眷属，乘坐大小车辆，前往奉天、吉林种地营生者，概行截回”[①]。可见，清朝一直是将东北视为中心或

① 《清宣宗实录》卷250，道光十四年三月乙酉。

副中心加以关注和重视，因此《清实录》对东北的观察视角便不再像《明实录》那样，以边缘视之。从《明实录》到《清实录》，东北历史的观照视角完成了从边缘到中心的转换，东北历史的内容也就形成了从模糊到清晰，从远景到近观的转变。

四

政权主体的不同引起的史学观察视角的差异，使《明实录》与《清实录》对东北历史的记载、反映和认识有明显的区别，前者模糊，后者明晰，前者粗线条，后者具体细致，贯穿起来看，是个从边缘到中心的逐步加深的过程。

东北地名及其附着的社会信息是东北历史的重要指标，也是检测明清实录对东北了解和记载程度的试剂。《明实录》记载东北地名较少，呈点和线状，对东北社会状态的了解相应地就比较缺乏，只有局部地区如辽东及其周围的地名记载则相对密集。《清实录》记载东北地名则非常详细，呈现网络状，对东北社会状况的认识相应地就非常清晰。

以东北较偏僻的地名“黑龙江”为例，《明实录》总共只记载了16条相关信息，其中《明太宗实录（永乐）》6条，《明宣宗实录（宣德）》2条，《明英宗实录（天顺）》7条，《明宪宗实录（成化）》3条。此后便无记载。而《清实录》总共记载了2982条。如果算上《宣统政纪》的78条的话，那么总共记载3060条，是《明实录》的191倍。其中《满洲实录》1条，《太祖实录（努尔哈赤）》2条，《太宗实录（皇太极）》51条，《世祖实录（顺治）》14条，《圣祖实录（康熙）》208条，《世宗实录（雍正）》73条，《高宗实录（乾隆）》517条，《仁宗实录（嘉庆）》265条，《宣宗实录（道光）》343条，《文宗实录（咸丰）》375条，《穆宗实录（同治）》448条，《德宗实录（光绪）》685条，《宣统政纪》78条。从这个统计可以看出，对于发祥于南方、占据中原的明朝及其《实录》来说，遥远的黑龙江只不过是大明边疆比较模糊的地带，属于化外之地，来往进贡的土官不过是向慕天朝的教化和物质财富。而对于发祥于东北的清朝来说，黑龙江便不再是边缘地区，而是后金和1644年以前的清朝政权的中心区域。至于入关后的大清王朝，尽管政治中心移到了关内的北京和中原地区，但黑龙江仍然是清王朝的圣地和中心，至少也算得上是副中心。《满洲实录》和《太祖实录》、《太宗实录》所载"黑龙江"地名次数还比较有限，相反，已入关内的顺治、康熙、雍正、乾隆直至光绪朝，其《实录》都大量记载"黑龙江"这一地名及其相关的历史事实。

再以"长白山"为例，"长白山"在《辽史》和《金史》中有记载，但到《明实录》中，则踪影全无，而清修《明史》也仅记载了一处。这表明，明朝时东北已成为中原文化中心的边缘，而较少受到关注。此一地名，在《清实录》中，则记载较详，共有76条记载。其中《满洲实录》7条，《太祖实录》6条，《太宗实录》4条，《圣祖实录》14条，《世宗实录》3条，《高宗实录》20条，《仁宗实录》4条，《宣宗实录》7条，《文宗实录》1条，《穆宗实录》3条，《德宗实录》4条，《宣统政纪》3条。在清朝文化体系中，"长白山"是清人的发祥地和心中的圣地。《满洲实录》卷1记载了长白山的外部特征、地理位置："长白山，高约二百里，周围约千里。此山之上有一潭，名闼门，周围约八十里。鸭绿、混同、爱滹三江俱从此山流出。鸭绿江自山南泻出，向西流，直入辽东之南海；混同江自山北泻出，向北流，直入北海；爱滹江向东流，直入东海。此三江中每出珠宝。长白山山高地寒，风劲不休，夏日环山之兽俱投憩此山中。此山尽是浮石，乃东北一名山也。”特别介绍了长白山作为满族人发祥地的由来：“满洲原起于长白山之东北布库哩山下一泊，名布勒瑚里。初，天降三仙女浴于泊，长名恩古伦，次名正古伦，三名佛库伦。浴毕上岸，有神鹊衔一朱果，置佛库伦衣上，色甚鲜妍。佛库伦爱之，不忍释手，遂衔口中。甫着衣，其果入腹中，即感而成孕。”“佛库伦后生一男，生而能言，倏尔长成。”其母告子曰：“天生汝，实令汝以定乱国。可往彼处，将所生缘由一一详说。”其子乘舟顺流而下，发现“长白山东南鄂谟辉（地名）鄂多理（城名）内有三姓争为雄长，终日互相杀伤”，于是告诉三姓人“我乃天女佛库伦所生，姓爱新，汉语金也，觉罗姓也，名布库哩雍顺。天降我定汝等之乱”。于是“三姓人息争，共奉布库哩雍顺为主，以百里女妻之，其国定号满洲，乃其始祖也。南朝误名建州”。正是由于有这种神奇的传说，因此长白山一直为清人奉为心中的圣地，岁时祭献，并隆重地记载入《清实录》中。如《圣祖实录》的《修纂凡例》称：“每岁祭历代帝王、先师孔子及先农、太岁，凡在祀典诸神，书。遣官祭长白山、岳、镇、海、渎、历代陵寝、先师阙里，书。”果然，在《清高宗实录》卷之1615中便有记载：“遣官祭长白山、辽河、浑河、松花江诸神。”直到光绪年间，祭长白山的仪式仍然在进行。

另以“松花江”为例，来考察一下明清实录对东北地区的记载的不同程度，以及从边缘到中心的认识角度的转换。松花江有不同的名称，据清方式济考证，松花江源出长白山，旧名粟末江，辽改为混同江，土人呼松阿里江。《金史·地理志》误作宋瓦，又传误松花。“其流自南而北”，历2500里之遥后才与黑龙江相汇。此前，“松阿里江北与诺尼江（即嫩江——引者）合流，折而东北受黑龙江，又南受乌苏里江，汇注于海。因其纳三江之大，故名混同。则其上游未会于诺尼，仍当称松阿里江也”[①]。本文据此对“松花江”及其别称“松阿里江（乌拉、乌喇）”、“混同江”分别进行检索，看看明清实录对这一地理概念各自了解的程度如何。与“松花江”这一概念相关的记载，《明实录》中总共有12条，其中《明太祖实录（洪武）》1条，《太宗实录》3条，《宣宗实录》3条，《英宗实录》4条，《世宗实录》1条。“松花江”最初出现在《明太祖实录》卷239中：“（洪武二十八年六月）辛巳，总兵官都指挥使周兴等率师至开元，闻西阳哈在黑松林，使指挥庄德领舟师顺脑温江下忽剌温戳卢口。时步军亦进至忽剌江，分为三道：宋晟率指挥钱忠、张玉、卢震军由西北同河，至阿阳哈寨；刘真率指挥房宽军由松花江北岸东南戳卢口，至蒙古山寨；指挥景诚、朱胜军由中道忽剌温江东北出铜佛寨、者迷河、黑松林等处。获野人询之，云西阳哈已于二月河冻时过松花江。真等率兵由斡朵里追至甫答迷旧城，适天雨昼晦，不及而还。获女真镇抚管三并男女六百五十余人，马四百余匹。遣人入奏。”可见，松花江这一概念早在明洪武年间便已入于《明实录》中。而臧励龢在《中国古今地名大辞典》第495页“松花江”条却称“明宣德时始有松花江之名”[②]，显然有误。其实，宣德以前的《明太宗实录》卷58、74、254均记载了这一地名。

然而，与《清实录》相比，《明实录》对于“松花江”的了解，显然是十分粗浅和模糊的。《清实录》对“松花江”的记载共83条，其中《圣祖实录》8条，《高宗实录》11条，《仁宗实录》4条，《宣宗实录》6条，《文宗实录》25条，《穆宗实录》8条，《德宗实录》20条，《宣统政纪》1条。很显然，就“松花江”这一名词而言，清人关前的诸帝实录均无一记载，原因就在于此前诸帝实录

---

① （清）方式济：《龙沙纪略·山川》，景印文渊阁四库全书本。

② 臧励龢编：《中国古今地名大辞典》，商务印书馆香港分馆1931年初版，第495页。

是用满语概念记载这一著名的江河。在入关前，包括入关后的顺治朝，诸帝实录皆用“松阿里”或“混同江”这一概念指称松花江。关于满语“松阿里”江（乌拉、乌喇）的使用情况，《明实录》无一记载，表明明朝当时对偏远的东北地区女真—满族的语言及其生活状态知之甚少。而《清实录》则记载颇多，表明它是将东北当作其统治中心来看待的，这与明朝适成对比。《清实录》中，作为松花江别称的“松阿里”共有8条记录，其中《满洲实录》1条，《太宗实录》4条，《圣祖实录》1条，《高宗实录》2条。作为松花江另一别称的“混同江”，《明实录》也无此记载，而《清实录》共有6条，其中《满洲实录》2条，《太祖实录》1条，《圣祖实录》2条，《高宗实录》1条。可见，《清实录》中，以“松阿里江”或“混同江”为名记载松花江的主要是清代入关之前的实录，而入关之后，经过圣祖、高宗朝《实录》的过渡后，基本上再无此称，而一律改为“松花江”了。“松花江”之名首见于《明实录》，是汉族史官早已厘定的标准名字，而《清实录》从康熙后逐步改称十分雅驯的“松花江”，则表明入关后清朝汉化程度的不断加深。

总之，体裁、外观和装帧都颇为相似的《明实录》和《清实录》，由于修纂主体和观察视角的不同，对东北历史的记录和反映出现了从远视到近观，从模糊到清晰，从笼统到具体的差异。贯穿起来看，东北历史在明清两代的《实录》里，呈现出从边缘到中心的演变过程，原先朝贡的边夷成了中原的统治者，原本偏僻缺乏记载的东北地区转而成为清朝发祥的中心而终获大书特书。由此可见，以本土为中心的史学载录，才是本土历史和文化不被轻视、漠视和遗忘的根本因素。

（原刊《学习与探索》，2006年第6期，此处略有修改）

《清实录》稿底正副本及满汉蒙文本形成考论

《清实录》是中国传统实录体中最后一部实录，也是篇幅最大的一部。对《清实录》各种版本的研究，学界已产生了一些有分量的成果，中国学者罗振玉①、方甦生②、孟森③、李光涛④、陈捷先⑤、孙月娴⑥、白新良⑦、齐木德道尔吉⑧、秦国经⑨，日本学者山本守⑩、今西春秋⑪、三田村泰助⑫、松村润⑬、神田信夫⑭等，对清初太

---

① 罗振玉：《清太祖皇帝实录稿本三种序》，奉天史料整理处1933年印。

② 方甦生：《清太祖实录纂修考》，《辅仁学志》第4卷，1934年。

③ 孟森：《明清史论著集刊》，中华书局1959年版。

④ 李光涛：《清太祖实录与沈阳旧档》，台湾《大陆杂志》1956年第5期；《清世祖实录与沈阳旧档》，台湾《大陆杂志》1956年第6期。

⑤ 陈捷先：《满文清实录研究》，台北：大化书局1978年版。

⑥ 孙月娴：《日本对〈清实录〉的篡改和影印》，《社会科学辑刊》1984年第3期。

⑦ 白新良：《康熙朝修太宗、世祖实录残卷抄本跋》，《清史考辨》，人民出版社2006年版。

⑧ 齐木德道尔吉：《关于康熙本〈三朝实录〉》，《内蒙古大学学报》2002年第3期；《满文蒙古文和汉文〈清太祖实录〉之间的关系》，《内蒙古大学学报》2003年1期。

⑨ 国家清史编纂委员会《档案调研报告》二，中华文史网2004年4月19日首发。地址为http://www.qinghistory.cn/cns/QSYJ/WXWD/DALY/04/19/2004/11045.html

⑩ [日] 山本守：《关于〈满汉二体的满洲实录〉》，《满洲史学》1—2，1937年。

⑪ [日] 今西春秋：《关于在我国传存清朝实录》，《稻页博士还历记念·满鲜史论丛》，1937年8月；又《满文武皇帝实录的原典》，《东方纪要》3，天理大学研究所，1967年。

⑫ [日] 三田村泰助：《满文太祖老档清太祖实录との对校》，《立命馆文学》1972—12；又《关于新近获得满文清太祖实录》，《立命馆文学》141号。

⑬ [日] 松村润：《顺治初纂清太宗实录にっぃて》，《日本大学人文科学研究所研究纪要》，即创立七十周年纪念论文集，1973-3；《关于清太祖武皇帝实录的编撰》，（日本）《史学杂志》83卷12号，1974年；《关于〈康熙重修太宗实录〉》，《内陆亚西亚史研究》5，1989年3月。

⑭ [日] 神田信夫：《关于日本遗存的清三朝实录来历》，载《庆祝王钟翰先生八十寿辰学术论文集》，辽宁大学出版社1993年版，第31—38页。

祖、太宗、世祖、世宗诸朝实录的版本以及《清实录》在海外的版本和收藏情况作了介绍和探讨。然而，对《清实录》在修纂过程中形成的稿本、底本、正本、副本问题，以及满文本、汉文本和蒙古文本的相互关系，尚未见有专门而系统的论著。本文拟就此问题作一初步的探讨。

一、《清实录》的稿本、草稿和底本

《清实录》在修纂过程中，出现了“稿本”、“草稿”和“底本”等名词，这些词汇实际上是一个概念，即《清实录》修纂过程中最早和最初的版本，是与正本和副本相对的概念。稿本（草稿）作为《清实录》的最初版本，是随后所成的所有清代实录版本的母本。尽管定本（定稿）各版本均有修改和提升，但草稿却是最原始的版本，保存了实录馆史臣们最初的工作成绩和较原始的纂修思路，受到人为的干扰较定本要少。然而，稿本是修纂的过渡性本子，实录修撰的目的不是为了形成稿本，而是为了产生定本。草稿在定稿（正本）形成后，便完成了它的历史使命，最终被付之一炬。

“稿本”概念在清代实录纂修的档案中经常出现。如《清仁宗实录馆奏折档》载：“现据次第尊藏所有清字、汉字、蒙古字恭阅本各项稿本及红绫、黄绫废页，应遵照成案在蕉园敬谨焚化。”[①] 清代实录馆还设有“专勘稿本”的总裁或副总裁官员。“稿本”是指称初稿的最常用的词汇。

稿本也称为“草稿”。据《清圣祖实录》卷28载：“康熙八年三

① 《清仁宗实录馆奏折档》，《文献丛编》第36辑，故宫博物院1937年。

月甲午朔，《世祖章皇帝实录》纂修草稿（稿）告成。”

稿本也称为“底本”。《清宣宗实录》卷5载：“命实录馆总裁官汪廷珍敬谨专勘稿本。”[①]但另一处记载，称汪廷珍是在承办实录“底本”。当时正在实施“三载考绩”，宣宗称赞道：“礼部尚书汪廷珍，品学兼优，承办《实录》底本，勤慎通达，尽心纂辑。”[②]则证明“专勘稿本”便是“承办底本”。又，《清文宗实录》卷15载：“改命刑部尚书杜受田敬谨专勘《宣宗成皇帝实录》稿（稿）本。”[③]而另一处记载则明确指出杜受田是在承办实录底本。《清文宗实录》卷52载，“三载考绩时”，文宗高度评价杜受田道：“协办大学士杜受田，学醇品正，在上书房行走多年，深资训诲，现承办《实录》底本，详慎纂辑，不遗余力。”[④]这再一次证明，稿本就是底本。

稿本的形成有一个具体的过程。首先，实录纂修官将排比好的材料纂成初稿，在每条史实前加上时间及正朔，“其无档可查，无日可归者，统于是月末”[⑤]，并注明其材料来源，以便查对；其次，纂修官将此初稿交总纂官编辑；其三，总纂官将编辑好的稿本交校对官进行初校；初校后再交第二位校对官复校；复校后的稿本交总校官校对，以上所有校对官须在错误之处标明并加夹签，每校完一本，都要在封面的签阅表上注明阅视时间及校出错误之数，为日后考核之用；其四，总校官将校好的稿本交誊录官抄写，呈送正副总裁审阅，所有正副总裁官除离京办事者外，有暇须往实录馆审核实录稿本，如发现有不妥之处，即用笔在稿本上批示，并在每本稿本

① 《清宣宗实录》卷5，嘉庆二十五年九月乙亥，中华书局1986年版。
② 《清宣宗实录》卷28，道光二年正月辛未。
③ 《清文宗实录》卷15，道光三十年八月乙丑，中华书局1986年版。
④ 《清文宗实录》卷52，咸丰二年正月甲戌。
⑤ 《清高宗实录》卷首《纂修凡例》，中华书局1985年版。

封面的签阅表上注明修改之数及阅视时间；稿本由专勘稿本总裁审定，审定后的稿本称为定稿，[①]至此，稿本正式完成。定稿本现今流传的只有北京大学图书馆所藏《德宗景皇帝实录》和《宣统政纪》。

稿本是正本的基础，稿本如果纂修得体，那么定本也就容易撰成；如果稿本错讹百出，正本就会随之问题成堆，得花费很大力气才能改定。正因为如此，清廷非常重视稿本的编纂，从嘉庆始，专门设立了"专勘稿本"的总裁或副总裁官。嘉庆七年十二月癸亥，"以恭纂《高宗纯皇帝实录》进呈至二十年，予专勘稿本之总裁彭元瑞及提调纂修等官议叙有差"[②]。八年九月甲辰，又以曹振镛为实录馆副总裁官，"并命曹振镛敬勘稿本"[③]。九年八月，以"兵部左侍郎刘凤诰为实录馆副总裁官"，"命刘凤诰专勘稿本"。[④]嘉庆二十五年九月，又改"命实录馆总裁官汪廷珍敬谨专勘稿本"[⑤]。修《清宣宗实录》时，仍然设置了专勘稿本总裁一职。道光三十年五月己亥，文宗"命实录馆副总裁官、刑部左侍郎周祖培敬谨专勘稿本"[⑥]。三个月后，又"以刑部左侍郎周祖培在刑部主稿事繁，改命刑部尚书杜受田敬谨专勘《宣宗成皇帝实录》稿本"[⑦]。为了保证稿本的修纂质量，文宗特命杜受田不必受原衙事务拖累，专心勘办稿本："现在实录馆纂辑稿本，渐次成书，杜受田专司勘办，著毋庸赴刑部办事。"[⑧]但职兼刑部，仍难免分心，于是文宗命杜受田改任比

① 王清政：《〈大清历朝实录〉纂修考》，武汉大学历史系1999年印，第55页。
② 《清仁宗实录》卷106，嘉庆七年十二月癸亥，中华书局1986年版。
③ 《清仁宗实录》卷120，嘉庆八年九月甲辰。
④ 《清仁宗实录》卷133，嘉庆九年八月甲子。
⑤ 《清宣宗实录》卷5，嘉庆二十五年九月乙亥。
⑥ 《清文宗实录》卷9，道光三十年五月己亥。
⑦ 《清文宗实录》卷15，道光三十年八月乙丑。
⑧ 《清文宗实录》卷19，道光三十年十月丙寅。

较清闲的礼部，以保证专勘稿本。咸丰元年五月乙巳，谕内阁："刑部事务较繁，杜受田现在专司勘办实录稿本，职任綦重，虽前已谕令毋庸赴刑部办事，惟紧要案件，例须同堂面商定谳，究难兼顾。杜受田著加恩以协办大学士，管理礼部事务，俾得专勘馆本，益昭敬慎。"[①]若遇专勘稿本的官员出差，则另派人接办。咸丰二年四月癸卯，文宗谕内阁道："杜受田现在出差，恭纂《实录》稿本，著派翁心存敬谨接办。"[②]三个月后，正式任命翁心存专勘稿本："命工部尚书翁心存为实录馆总裁官，专勘稿本。"[③]《清宣宗实录》修成后，专勘稿本的官员受到特别奖励："周祖培续办稿本，妥慎精详，著赏加太子少保衔，伊子监生周文龠，并著赏给举人，一体会试。……前充总裁副总裁之吏部尚书翁心存，在馆四年，续办稿本，悉心纂辑，伊孙监生翁曾源，著赏给举人，一体会试。……原任协办大学士赠太师大学士杜受田，开馆之初，章程体例，皆其手定，编纂稿本，业经过半，兹全书告蒇，未与观成，殊深追念，著加恩赐祭一坛，伊孙举人杜庭琛，著赏给贡士，一体殿试。"[④]

修《清文宗实录》时，也专设稿本总裁官，由周祖培担任。据监修总裁贾桢等所上《进（文宗）实录表》称，"先后命臣贾桢为监修总裁官，臣周祖培为稿本总裁官，臣宝鋆、臣倭什珲布为总裁官"，看来稿本总裁官较一般的总裁官地位还要重要，故仅列于监修总裁之后。同治元年四月壬戌，先"命实录馆副总裁官工部尚书李菡敬谨专勘稿本"[⑤]，七个月后，即同治元年十一月己巳，才"改派

① 《清文宗实录》卷34，咸丰元年五月乙巳。
② 《清文宗实录》卷60，咸丰二年四月癸卯。
③ 《清文宗实录》卷66，咸丰二年七月丁卯。
④ 《清文宗实录》卷211，咸丰六年十一月乙卯朔。
⑤ 《清穆宗实录》卷24，同治元年四月壬戌，中华书局1987年版。

大学士周祖培为实录馆稿本总裁官”[①]的。同治五年十二月癸巳，《清文宗实录》修成，穆宗对专勘稿本的官员也给予了很高的奖励：“总裁大学士周祖培，续办稿本，妥慎精详，伊子监生周文令，著赏给举人，准其一体会试，举人周文龠，著赏给员外郎，分部学习行走。……稿本副总裁原任工部尚书李菡，均著加恩赐祭一坛。李菡之孙内阁中书李桂攀，著赏加六品衔，以示朕推恩懋赏、嘉奖勤劳至意。”[②]但光绪年间修《清穆宗实录》时稿本仅以副总裁担任，故排名于一般总裁之后，据宝鋆等所上《进（穆宗）实录表》称：“爰于光绪元年二月特敕开馆，先后命臣宝鋆为监修总裁官，臣宗室载龄、臣沈桂芬、臣宗室灵桂、臣董恂、臣广寿、臣英桂、臣毛昶熙、臣皂保、臣李鸿藻为总裁官，臣徐桐为稿本副总裁官。”据《清德宗实录》卷11亦载：“（光绪元年六月丙子）命礼部右侍郎徐桐为实录馆稿本总裁。”这里作“稿本总裁”误，实当如宝鋆所云为“稿本副总裁”。因为光绪五年十一月甲午，德宗谕曰：“本日《穆宗毅皇帝圣训》、《实录》告成……副总裁礼部尚书徐桐，始终其事，办理稿本，妥慎精详，著赏加太子少保衔，伊孙徐培芝，著赏给举人，准其一体会试。”[③]即以“副总裁”“办理稿本”。宣统年间修《清德宗实录》，曾以陆润庠和徐桐为稿本总裁官。据世续等所上《进（德宗）实录表》称：“爰于宣统元年六月，特敕开馆，先后命臣世续为监修总裁官，臣陆润庠为稿本总裁官……”又据《清宣统政纪》卷16载：“（宣统元年六月丙午）又谕：恭纂《德宗景皇帝实录》稿本，著陆润庠敬谨专司勘办。”

由于认识到稿本修纂的基础作用和重要意义，因此，清廷对稿

① 《清穆宗实录》卷50，同治元年十一月己巳。
② 《清穆宗实录》卷191，同治五年十二月癸巳。
③ 《清德宗实录》卷104，光绪五年十一月甲午，中华书局1987年版。

本的把关十分认真，处罚也相当严厉。嘉庆十年正月，仁宗“恭阅乾隆四十一年二月分皇考《高宗纯皇帝实录》”时，发现“内载谒陵仪注二处，于降舆下俱失载‘恸哭’等字，与历年所载谒陵仪注不符”，于是“特于召见庆桂、董诰时，复面加询问”，这两位总裁“称此次稿本，系刘凤诰酌删，伊二人恭阅时，原经看出签改，并未覆到销签，伊等亦未再行查询，旋经缮录呈进，殊属疏忽”。仁宗觉得“庆桂、董诰于签出遗漏后，尚未销签，遽行缮本呈进，自应与各总裁一体交部议处”，但“刘凤诰系专司勘办稿本之人，此次纂修等于纂送稿本时，本无错误，伊以臆见删去数字，及庆桂、董诰签商后，尚不敬谨改正，仍复任意删节，尤属非是”。于是将刘凤诰交部严加议处，“降一级留任，不准抵销”[①]。同时，如果正本（小黄绫呈审本）出现失误，同样要处罚稿本的纂修官员。“每次馆臣呈进《实录》”，仁宗“无不敬加披览”。嘉庆九年二月丁卯，专勘稿本的曹振镛才在京察时受到仁宗的表彰：“本年京察届期……内阁学士曹振镛恭纂《高宗纯皇帝实录》稿本，尚为详慎，均著交部议叙。”[②]不久却发现实录馆“恭进《实录》内抬写之处，讹缮一字”，仁宗严厉地指出：“节次进呈正本，屡有字画讹错者，均经指出。至抬写字样，关系尤重。朕于恭阅时更为留心，一经看出错误，岂能不加惩处？乃此次于钦奉圣谕内应行抬写之处，讹书一字，实非寻常疏率可比。所有专办稿本之总裁内阁学士曹振镛、纂修官编修叶绍本、覆校官编修周兴岱，著照所请交部严加议处。”结果专办稿本的总裁曹振镛“降三级留任”[③]。于此亦可见稿本之于正本的密切关系。

---

① 《清仁宗实录》卷139，嘉庆十年正月辛亥。

② 《清仁宗实录》卷126，嘉庆九年二月丁卯。

③ 《清仁宗实录》卷126，嘉庆九年二月乙亥。

稿本是最基本的本子，《清实录》稿本修成后，实录修纂基本上大功告成，此时朝廷便可抽调大部分的纂修官、笔帖式、哈番和书办等人出馆，只需留用部分修纂等官继续详加校对和修改工作。据《清圣祖实录》卷 28 载：“康熙八年三月甲午朔，《世祖章皇帝实录》纂修草稿告成。量留纂修等官详加校对，其余纂修官、笔帖式、哈番及书办人等，先行议叙有差。”

《清实录》稿本修成后，将定稿本交誊录官誊录成正本——小黄绫呈审本，由监修总裁官将该本呈送皇帝终审；然后以清帝终审后的正本为准，由誊录官抄写 4 份定本，尊藏在北京皇史宬、乾清宫、内阁实录库以及盛京崇谟阁。这时，稿本便完成了其历史使命，被移至芭蕉园焚毁。这一措施始于乾隆朝，为嘉庆以后历朝所仿效：“现据次第尊藏所有清字、汉字、蒙古字恭阅本各项稿本……应遵照成案在蕉园敬谨焚化。”[①] 焚稿前，由实录馆行文内务府清扫蕉园地面，并咨文钦天监选择吉日，届时所有副总裁官以上官员须朝服亲视焚稿。由于蕉园焚草制度的实施，清代列帝实录稿本基本上荡然无存。

不过，蕉园焚稿仅始于乾隆朝，之前因无焚草制度，因此那时的实录稿本便有不少保存了下来。据中华书局《清实录 · 影印说明》称，他们在整理和校勘《清太祖实录》时，发现有罗振玉氏在 1933 年以“史料整理处”名义影印出版的《太祖高皇帝实录稿本三种》（初修存 7 册，再修存 5 册，三修存卷 1 至卷 5），原本“系康熙年间重修时的稿本”。清末民初，由于天崩地解，制度废弛，《清德宗实录》的稿本得以保存下来。据中华书局《清实录 · 影印说明》指出：“北京大学图书馆藏有完整的《德宗景皇帝实录》定稿本。我

① 《清仁宗实录馆奏折档》，《文献丛编》第 36 辑。

们称它为定稿本，因为它每卷前面都有监修总裁、正总裁、副总裁等阅签字样，有的卷中夹有要修改的签条，经查勘正文，大都已照签条作了改正。有的签条虽然稿本正文未改，而清抄后的大、小红绫本都已照签条改正了。凡稿本正文中勾改的地方，大、小红绫本也均已改正。可以证明，大、小红绫本确是据此清抄的。”但这种免遭焚毁的本子毕竟只是少数。

稿本被焚后虽然退出历史舞台，但由稿本（底本）抄出的本子——正本和定本则流传人间。

二、《清实录》的正本与定本

《清实录》的正本与定本概念既有联系，又有区别。

正本是从稿本（底本）抄缮而成的。据《清仁宗实录》卷146载：“（嘉庆十年闰六月）庚戌，谕内阁：‘实录馆纂办底本，总裁各官自当一体恭阅，至缮出正本，总裁等又不细阅，遽行进呈。’”从这段话中，充分表明正本缮写自底本（稿本）。

正本有广狭两个概念，狭义正本是指呈送给皇帝审阅的呈审本（小黄绫本），广义正本是指据呈审本而缮成的除副本外的其他版本。

狭义概念的正本，是指呈审本，就是供皇帝审阅用的本子，即小黄绫本，即王清政所说的恭阅本。他指出：“稿本由专勘稿本总裁定稿，交誊录官誊录成正本，这个本子称为恭阅本。”从底本纂成正本后，实录的修纂基本上不用大改，需要更改的只是听从皇帝“恭阅”后的意见进行的抬头、一二字的错讹等小修小补。仁宗指出，进呈之正本“如有经朕指出，查明实系正本错误者，惟专看正本之人是问!”[①]这表明，作为呈审本的正本并非定本，而是皇帝的审阅本，审阅意见出来后，实录馆还要根据“圣意”加以修订，最后才形成定本。

狭义正本为皇帝审阅本，它不是一次抄成，而是随着修纂进度，不断抄缮，呈给皇帝阅览审定。嘉庆九年二月乙亥，仁宗对《清高宗实录》的总裁庆桂等人“恭进《实录》内抬写之处，讹缮一字”十分不满，指出“每次馆臣呈进《实录》，朕以皇考高宗纯皇帝圣德神谟，具载简策，无不敬加披览”，结果发现“节次进呈正本，屡有字画讹错者，均经指出”，而这次“抬写字样，关系尤重。朕于恭阅时更为留心，一经看出错误，岂能不加惩处？”[②]从仁宗的这段话中可见，正本是“节次进呈”，即随着进度不断抄缮后呈递御览的；正本中“屡有字画讹错”和“抬写字样”错误，因此不是定本，仍需实录馆馆臣修订；由于不同于稿本，因此正本出现错误，馆臣要负修纂责任。

与设立专勘稿本官员相应，嘉庆时也设立了“专看”（也作“阅看”、“恭阅”，即审阅之义）正本的官员。事情起因于嘉庆九年二月，仁宗发现监修总裁庆桂等进呈的正本《清高宗实录》“抬写之处讹缮一字”，联想到以前呈审本（正本）“屡有字画讹错”[③]，因此感觉正本的审核也很重要，随即于嘉庆十年闰六月庚戌，下令总纂官顾德庆“著派令专看正本”，此外“著添派英和为总纂，亦令专看正本，并著伊二人轮次阅看。于进呈时系何人所看，即于正本内夹入名签，以专责成”[④]。此后，任命官员“专看”正本便成了制度。

① 《清仁宗实录》卷146，嘉庆十年闰六月庚戌。
② 《清仁宗实录》卷126，嘉庆九年二月乙亥。
③ 同上。
④ 《清仁宗实录》卷146，嘉庆十年闰六月庚戌。

据《清仁宗实录》卷152载："（嘉庆十年十一月甲子）又谕：初彭龄著充实录馆纂修官，与英和轮次敬谨阅看正本，仍著每次进呈时，夹入名签，以专责成。"嘉庆十一年二月壬午，"以工部左侍郎英和为实录馆副总裁官，仍恭阅正本"[①]。嘉庆十一年九月庚申，复"命吏部左侍郎玉麟、光禄寺卿陈崇本恭阅《实录》正本"[②]。如专看正本官员失职，导致送审小黄绫本出现错误，会受到严厉的处分，"如有经朕指出，查明实系正本错误者，惟专看正本之人是问！"[③]又据《清仁宗实录》卷154载，嘉庆十年十二月癸未，皇帝谕曰："此次恭进皇考《高宗纯皇帝实录》，朕敬谨披阅，内载'上御澹泊敬诚殿'，将'敬诚'二字，讹写'诚敬'，实属错误。英和系专派校阅正本之人，伊曾在内廷行走多年，于宫殿名目，素所深知，何以竟未校出改正？殊属疏忽！英和著交部议处。"处罚归处罚，同时还必须将正本中的错误改正过来。毫无疑问，狭义正本是指进呈皇帝审阅之小黄绫本，是不断进呈而非一次抄完的本子。

广义的正本概念，是指狭义的正本（送呈皇帝审阅的小黄绫本）以及根据该呈审本抄缮而成的除副本外的各种定本或尊藏本。

定本是指皇帝恭阅后的正本（呈审本）经史臣改定后形成的本子以及由此本子抄缮而成的其他尊藏版本。据《清仁宗实录》卷159载，嘉庆十一年四月辛巳，谕内阁："实录正本，本年可进至乾隆六十年，现在赶缮各处尊藏正本及圣训正副本，需用誊录四十名，业经吏部拟将验到人员咨送。"前一个"正本"是指皇帝审阅之小黄绫本，它是陆续进呈，至嘉庆十一年即可进呈至乾隆六十年的内容，而后面"各处尊藏正本"之"正本"，则是由前一正本的定本缮写而

---

① 《清仁宗实录》卷157，嘉庆十一年二月壬午。
② 《清仁宗实录》卷167，嘉庆十一年九月庚申。
③ 《清仁宗实录》卷146，嘉庆十年闰六月庚戌。

成的，包括皇史宬本、盛京本两个大红绫本和乾清宫藏小红绫本（御览本）。中华书局《清实录·影印说明》指出："清亡后，在故宫发现了《太祖武皇帝实录》和《太祖高皇帝实录》，又在内阁大库中发现了《太祖实录》，这三种都是改订后作废的本子，与正本《太祖实录》有很多地方不同。此外，太宗和世祖二朝实录还有早期抄本流传于世。在日本，还流传有清三朝实录，日本学者郇山纬等曾据以编为《清三朝实录纂要》16卷及《清三朝事略》2卷。这些抄本与今日之正本多有不同。""改订后作废的本子"当然是稿本，稿本在乾隆以后才遭到焚毁，因此此时的稿本自然幸免于难。"与正本《太祖实录》有很多地方不同"，这里的"正本"当是指广义的正本，即中华书局所依据的皇史宬本、盛京藏本、乾清宫小红绫本等尊藏本。

《清实录》稿本、正本和副本有时候是边纂修边抄缮，几乎是同时进行的。据《清仁宗实录》卷83载，嘉庆六年五月丁酉，仁宗谕内阁称"皇考《高宗纯皇帝实录》，自开馆以来，陆续进呈，现已恭纂至乾隆十年"，原本打算俟全书告成时给予议叙，但考虑到高宗"临御六十年"，"事实增多，卷帙浩繁，计元年至十年之书，正、副、稿本已有三千六百十二卷"，若等到修纂完竣始行加恩的话，时间隔得太长，因此决定"此后恭进《高宗纯皇帝实录》，每遇纂成二十年之书，即无论年限，奏请议叙一次"[①]。从他的话中可以体味出，"自开馆以来陆续进呈"的版本应当是呈皇帝审阅的小黄绫本；而"计（乾隆）元年至十年之书，正、副、稿本已有三千六百十二卷"，则表明当时纂修《高宗实录》，稿本、正本、副本几乎是同时修纂和抄缮的，而非等到全部稿本修完后再行缮写其他版本。

① 《清仁宗实录》卷83，嘉庆六年五月丁酉。

《清实录》定本是根据呈审本（狭义正本）修订后抄缮成的版本。1925 年，故宫博物院成立后，清点出从太祖至穆宗十朝的实录共 5 部，“这五部汉文本实录习惯上按装潢和开本大小，被称为大红绫本、小红绫本、小黄绫本。大红绫本两部，一部收藏在皇史宬，现藏于中国第一历史档案馆；一部收藏在盛京崇谟阁，现藏于辽宁省档案馆。小红绫本两部，一部收藏在乾清宫，现藏于故宫博物院图书馆；一部收藏在内阁实录库。小黄绫本一部，收藏在内阁实录库，现藏于中国第一历史档案馆。”[①] 以上 5 部实录中，小黄绫本是呈审本正本，其他 4 部均为定本，包括皇史宬大红绫本、盛京崇谟阁大红绫本、乾清宫小红绫本和内阁实录库副本。因此，定本与正本概念有交叉有区别。正本不包括副本，因此内阁实录库小红绫本虽是定本，却不算是正本，因为它明确被称为副本。而定本则指文本固定后形成的版本，不区别正本和副本。

在《清实录》诸种实录中，《清德宗实录》成于民国时期，故其版本情况与其他实录并不相同。宣统十三年（民国十年，即 1921 年），《清德宗实录》稿本在紫禁城中修成。1924 年溥仪及其小朝廷被冯玉祥逐出皇宫，先暂栖于醇王府，后辗转至天津张园，但实录的纂修工作一直在进行。至 1927 年，《清德宗实录》定稿本最终告成，现藏北京大学图书馆，据此缮成的两份实录，则相当于定本。所缮定本一部是大红绫本，现藏北京皇史宬，另一部是小红绫本，现藏辽宁省档案馆。中华书局《清实录·影印说明》明确指出：“《德宗景皇帝实录》有两部，一部大红绫本，收藏在皇史宬，现藏于中国第一历史档案馆。《进实录表》所署日期是‘宣统十三年十二月’（一九二二），已缺同治十三年十二月（一八七五）至光绪二十

---

① 中华书局：《清实录·影印说明》。

一年九月（一八九五）部分，共缺三七六卷。一部小红绫本，现藏于辽宁省档案馆，《进实录表》所署日期是‘宣统十九年’（一九二七），也已残缺不全。”定本与定稿本不同，定稿本属于稿本，而定本显然属于正本。在这两部《清德宗实录》之外，北京大学图书馆还藏有一份比较齐全的版本，被称为“定稿本”。定稿本是稿本的最后一道工序。但它的稿本特点也很明显，它的卷中夹有要修改的签条，这些签条有的已在正文中改正，有的签条“稿本正文未改”，显然它不是定本。不过，它本身虽然没有全部改正，但据此“清抄后的大、小红绫本都已照签条改正了”，同时，“凡稿本正文中勾改的地方，大、小红绫本也均已改正”。这无可争辩地表明，大、小红绫本是定本。①

定本还有另外一个概念，即在一个比较长的时段内，某朝实录先已修成正本，但后朝对前朝所撰成的版本并不满意，不断修改，最后才形成一个版本，而这个版本后来再未经过修改，因此也被称为定本。如清朝太祖的实录在崇德元年十一月纂辑成书，题为《大清太祖承天广运圣德神功肇纪立极仁孝皇帝实录》，凡四卷。当时也当作是定本。但多尔衮摄政后，下令修改太祖实录，并改名为《太祖武皇帝实录》。此时也将它当作定本。但福临亲政后，又否定了多尔衮的修改，基本回改成原样，并更名为《太祖高皇帝实录》。然而，到康熙、雍正时，又对顺治再修本进行润饰，至乾隆时最终改正，此后清廷再未对太祖之实录进行改动。因此，乾隆本最终被称为定本。这种定本概念，自然与有计划地由稿本撰成定稿本，再缮成正本，最终缮成定本的“定本”不同。

① 中华书局：《清实录·影印说明》。

三、《清实录》的副本

副本是与正本相对的概念，是正本的备用本，地位明显逊于正本。《清实录》"副本"名称，最早见于雍正时期。据《清世宗实录》卷149载，雍正十二年十一月"己丑，尊藏《圣祖仁皇帝实录》、《圣训》于皇史宬，副本敬贮内阁"。明确指明藏于内阁的版本是副本，与皇史宬本相对而出，则表明皇史宬本是正本。副本虽然地位低于正本，但它毕竟不是稿本，它的文本内容与正本是相同的，只是在装潢和保藏上低于正本的规格。与尊藏于皇史宬的正本和盛京崇谟阁的正本相比，两部正本都是大红绫装潢，而内阁副本则属于小红绫装潢。当然，这不是其区别的根本标准，有时候正本也在装潢上简易化和小型化，如呈审本正本属于小黄绫本，尊藏于乾清宫的御览本正本，也是小红绫装潢。

清廷明确规定内阁实录库所藏小红绫本和"国史馆"所藏抄本《清实录》为副本。前一副本后来在内阁实录库被发现。据中华书局《清实录·影印说明》指出，1925年故宫博物院清点出多部《清实录》，其中有一部"小红绫本"，"收藏在内阁实录库"。这部藏在内阁实录库的小红绫本便是内阁副本。据《大清会典事例》卷862《工部·宫殿》载："文华殿东南，北向者为内阁尊藏实录库。"与红本库和户部内库相邻。光绪二十四年还曾对该库进行了修缮，"派内阁学士溥颋查估内阁实录库、红本库工程"①。内阁实录库归内阁满本房掌管，其他"各馆修书处有请领《实录》校对他书者"，由其馆出具公文，持赴内阁，"恭请满本房检明卷帙，注册给发。如但

① 《清德宗实录》卷429，光绪二十四年九月壬子。

请检看，不领出者，同该馆官赴库恭阅”[①]。清代副本藏于内阁显然是受到明代制度的影响。据明万历间首辅申时行报告道：“查有累朝纂修事例，凡纂修《宝训》、《实录》已完，正本于皇极殿恭进，次日送皇史宬尊藏，副本留贮内阁。其原稿则阁臣会同司礼监及纂修官，于西城隙地内焚毁，盖崇重秘书，恐防泄漏故也。”[②]申时行同时还报告说：“至于阁中副本，累经纂修官缙阅，时有污损。”[③]这再清楚不过地表明了副本的地位和功能，即常常要供纂修官修他史时参阅。明代的副本地位自然也影响到清代的内阁副本，使后者也具有供人修纂和校对他史之用的特点。

《清实录》的副本与正本相比，其最主要的特征是可以随时供人查阅和抄缮复制。副本例藏内阁实录库，由满本房负责出借手续，或陪同查阅者当场阅览。据《大清会典则例》卷2《内阁》载：“各馆修书处有请领《实录》校对他书者，该馆出具印，领赴内阁，恭请满本房检明卷帙，注册给发。如但请检看，不领出者，同该馆官赴库恭阅。”[④]这证明了内阁副本是可以随时借阅和供抄缮的，这是它与正本不一样的地方。正本一般具有严肃性和保藏性，不轻易借阅和抄缮。如尊藏于皇史宬和盛京的两部大红绫本正本，就极少出借和供人缮写；尊藏于乾清宫的御览本，也只供皇帝一人翻阅。

由于副本可以供人阅读和抄缮，因此当“国史馆”需要参考《清实录》时，皇帝便命令“国史馆”纂修人员到内阁去参阅甚至抄缮副本。嘉庆八年十二月癸亥，因为“史馆恭纂《高宗纯皇帝本

① 《大清会典则例》卷2《内阁》，景印文渊阁四库全书本。

② 《明抄本万历起居注》，万历十六年三月甲申朔，中国公共图书馆古籍文献珍本汇刊，全国图书馆文献缩微复制中心印行。

③ 《明神宗实录》卷196，万历十六年三月甲申朔，台湾“中央研究院”历史语言研究所1962年校印。

④ 《大清会典则例》卷2《内阁》。

纪》”，仁宗便谕内阁：“伏念皇考高宗纯皇帝圣德神功，登三咸五，业于四年春特命纂修《实录》。现已进呈至三十年，自应恭修《本纪》，以垂史册。著‘国史馆’总裁派提调等督率誊录，就近赴实录馆，将业经进呈之书，照副本钞写，恪遵编纂，随时进呈。务于实录馆告成后，陆续办竣。其钞写《实录》副本，即藏贮史馆，以资考据。”[①]实录馆属于内阁提举，因此皇帝的谕令是下给内阁的，让内阁允许“国史馆”官员到实录馆照副本抄写，抄写而成的新副本，则就便藏于“国史馆”，以供修国史本纪之用。皇帝谕令抄写副本时，不提到内阁实录库去照副本抄写，而是让人到实录馆去抄写，原因在于此时《清高宗实录》并未修完，故副本仍在实录馆存放，只有当整个副本都抄缮完毕后，才移存内阁实录库中。此后，到实录馆去抄缮实录副本，成为一种惯例。道光二年七月丙申，宣宗谕内阁：《仁宗实录》“现已进呈至十五年，允宜恭修本纪载诸简编”，故“著‘国史馆’总裁遴派提调等官，督率誊录，就近赴实录馆，将业经进呈之书，照副本恭缮一分，恪遵编纂，随时进呈。务于《实录》告成后，陆续办竣。所缮《实录》副本，即藏贮史馆”。[②]咸丰二年四月，当时正修《清宣宗实录》至道光十五年，文宗谕内阁：“著‘国史馆’总裁遴派提调等官，督率誊录，诣实录馆，将业已进呈之书，照副本恭缮一分”，陆续办竣后，将“所缮《实录》副本，即恭藏史馆，以资考证”。[③]同治三年五月，《清文宗实录》纂至嘉庆五年的内容时，穆宗照例要求“国史馆”总裁派提调官督率誊录官，到实录馆抄写当时已经缮成的副本，然后将新

① 《清仁宗实录》卷124，嘉庆八年十二月癸亥。
② 《清宣宗实录》卷38，道光二年七月丙申。
③ 《清文宗实录》卷58，咸丰二年四月甲申。

副本就便藏于“国史馆”，供修国史本纪之用。[①] 直到光绪三年九月甲戌，德宗（实由慈禧太后）仍谕令内阁，让“国史馆”总裁派员前往实录馆，将已经修成的《穆宗实录》同治六年以前的内容，“照副本恭缮一分，恪遵编纂，随时进呈。于《实录》告成后，陆续办竣。所缮《实录》副本，即恭藏史馆。以资考证”[②]。

虽然副本地位不如正本，特别是不如皇史宬本，但清代对于内阁副本的收藏，也制定过尊藏仪式。据《清文宗实录》卷220载，咸丰七年二月壬寅，皇帝谕曰：“《宣宗成皇帝实录》、《圣训》告成，应行尊藏皇史宬本及内阁副本，所有应举典礼、应办事宜，著各该衙门敬谨议奏。”同治六年二月，《清文宗实录》告成，穆宗皇帝不忘内阁副本的尊藏仪式，提醒道：“应行尊藏皇史宬本及内阁副本，所有应举典礼、应办事宜，著各该衙门敬谨议奏。”[③] 直到光绪六年六月乙卯，皇帝都还在晓谕内阁：“宝鋆等奏《穆宗毅皇帝实录》、《圣训》尊藏事宜，请旨办理一折。《穆宗毅皇帝实录》、《圣训》，尊藏皇史宬本及内阁副本，所有一切应行典礼事宜，著该衙门议奏。”[④]

四、《清实录》的满文本、汉文本和蒙古文本

《清实录》是清朝政府组织纂修的。清廷为贯彻其“满蒙联姻”和“满汉一家”的基本国策，在实录修纂上采取了三种文本并存的

---

① 《清穆宗实录》卷102，同治三年五月己酉。
② 《清德宗实录》卷57，光绪三年九月甲戌。
③ 《清穆宗实录》卷197，同治六年二月己酉。
④ 《清德宗实录》卷114，光绪六年六月乙卯。

措施，纂修成汉文本、满文本和蒙文本。据中华书局《清实录·影印说明》在介绍"《清实录》写本及现存情况"时指出："《满洲实录》共有四部。这部书每页三栏，用满、汉、蒙三种文字书写，并有图。"而"太祖至穆宗十朝实录"在1925年故宫博物院成立后清点实录时，发现"太祖、太宗、世祖（以上三朝实录为雍正、乾隆间校订本）、圣祖、世宗、高宗、仁宗、宣宗、文宗、穆宗十朝实录满、汉、蒙文本各有四部。另外，盛京崇谟阁藏有十朝实录满、汉文本各一部，共计满、汉文本实录各五部。蒙文本实录各四部"。可见，除了乾隆八年新增的盛京藏本只缮成满、汉两种文本外，其他的藏本如皇史宬本、乾清宫小红绫本、呈审本小黄绫本、内阁副本都是缮成满、汉、蒙三种文本。

满、汉、蒙三种文本在修纂中何者优先编撰，即哪一种文本能够成为修纂底本呢？有人笼统地认为，实录修纂是先修汉文本，"满、蒙文实录的修纂较汉文实录大为简略，满、蒙文纂修官只需坐待汉文实录定稿后将其翻译成满、蒙文即可"[①]。其实，满、汉、蒙三种文本的修纂秩序，随清朝汉化程度的加深而发生了根本性的变化。起初在清朝汉化程度不高时，实录修纂的第一步是先修满文本，然后翻译成蒙古文本和汉文本。但随着汉化程度的加深，懂得满、蒙文的人越来越少[②]，因此实录修纂时，便先修毕汉文本，然后再翻译成满文本和蒙文本。满、汉、蒙诸文本修纂秩序的变化，还与实录的史料的文本变化有关。太祖、太宗、世祖三朝，由于身处关外或初入关内，大臣多为满蒙旧臣，诏令奏疏等档案文件多由满蒙文写成，故纂修实录时，便先将满、蒙文史料整理消化，撰成满

① 王清政：《〈大清历朝实录〉纂修考》，武汉大学历史系1999年印，第55页。

② 杨亚庚、王小影：《以〈清实录〉为依据看清朝中期满语文的衰微》，《长春师范学院学报》2005年第4期。

文实录，然后再译成汉文本和蒙古文本。但圣祖朝以后的实录，史料来源多为汉文本文献，因此撰写时便先撰成汉文本实录，然后再译成满文本和蒙文本。

各种研究及证据都说明，太祖、太宗和世祖三朝《实录》是先修成满文本，然后译成汉文本，再从汉文本译成蒙古文本的。

日本学者松村润认为，雍正年间所修《清太祖实录》，"汉文本是从《武皇帝实录》满文本直译出来的、文体极其朴素的本子，在康熙重修时作了订正，乾隆本作了进一步雕琢。满文本虽是康熙重修本，但没有大的变化，乾隆本沿袭了康熙本，仅在缀字法上有变化。"他还指出，顺治重修《满洲实录》汉文本是4卷4册，而满文本、蒙文本分为8卷8册，其原因是，"把满文翻译成汉文后，其份量只有原来的三分（之）二或一半。于是崇德初纂时，把满文本、蒙文本的够合成一册汉文本的份量合为一册汉文本"。[①] 其言表明，《清实录》在此时也是先修满文本，后译成汉文本的。尽管后世对三朝实录进行了改修，但先修成满文底本，然后再译成汉文的顺序并未改变。佟佳江指出：乾隆时所改修之"汉文本《清太祖高皇帝实录》不是汉文本《清太祖武皇帝实录》的增删和润饰，而是依据重修的满文本《清太祖高皇帝实录》翻译的。《清太祖高皇帝实录》上述两条史料所以错误，应该做如下推测。将扎亲和桑古里误为一人，可能是重修满文本《清太祖高皇帝实录》所误，或者由满文本译成汉文本时所误"[②]。也证明此时修实录是先成满文本，后译成汉文本。

那么蒙古文本是直接从满文本译成的，还是从汉文本译出来的

---

① ［日］松村润著、敖拉翻译：《清太祖实录研究》，《蒙古学信息》2002年第1期。

② 佟佳江：《汉文本〈清太祖高皇帝实录〉订误二则》，《满族研究》1994年第4期。

呢？对此一问题，齐木德道尔吉在《满文蒙古文和汉文〈清太祖实录〉之间的关系》一文中有研究，指出："清朝乾隆本《太祖实录》的编纂过程是先将满蒙文原件根据实录编写的需要撰写为满文实录体文字，在此基础上译成汉文，最后从汉文译成蒙古文。""蒙古文（实录）同满文原件有如此大的距离，说明译成蒙古文时，根本看不到满文原件，所根据的只是汉文和满文实录文字"。在将满文原件编成满文实录时，并未将蒙古文原件编成蒙古文实录，而仍是"先将蒙古文原件根据实录编写的需要译写为满文实录文字，在此基础上译成汉文。乾隆本的蒙古文则从汉文定稿译成蒙古文，导致与原件形成较大的反差"。他举例说，《旧满洲档》的满文原始记载的词义为"与科尔沁之奥巴台吉结盟"，乾隆本汉文改做"上以科尔沁台吉奥巴倾心归附，与结盟好"。多出的"倾心归附"一句，使原义完全改变。汉文《太祖武皇帝实录》作"与奥巴结盟"，汉文康熙本《太祖高皇帝实录》作"上与科尔沁奥巴台吉结为盟好"，其词义与原始记载相符。乾隆本满文只增加了 han 一词，其余同《旧满洲档》一致。蒙古文同乾隆本汉文完全相同。由此可以看出，"乾隆本满文实录与《旧满洲档》的记录相近，改动并不大，而乾隆本蒙古文则是乾隆本汉文的忠实翻译"[①]。

关于满文本先修，然后再译成汉文和蒙古文的顺序以及以后的变化状况，笔者另辟蹊径，从中华书局影印本《清实录》每朝实录前所附《修纂官》中加以证实。各朝《清实录》前都附有《修纂官》，列有各种修撰工种或官职，其中有一个工种或官职叫"翻译"，是了解何种文本才是翻译而来的重要线索。某朝实录修纂时如果设"满文翻译"或"蒙古文翻译"，而不设汉文翻译，或所设"翻

① 齐木德道尔吉：《满文蒙古文和汉文〈清太祖实录〉之间的关系》。

译官”中只有满族人和蒙古人，很少有汉人出现，那么就表明此时的实录修纂是以汉文本为底本，而满、蒙文本只是从汉文本翻译过来的。如果“翻译官”中只有汉人和蒙古人，则表明此时的实录修纂是以满文本为底，然后翻译成汉文和蒙古文的。

乾隆朝所修《清太祖实录》的《修纂官》中设有“翻译”一职，共有内阁办事中书刘式、内阁撰文中书尔格、内阁办事中书黄国材、翰林院七品笔帖式苏赫、翰林院笔帖式博尔坤5人。从名字上看，有蒙古人3名（尔格、苏赫、博尔坤），汉人2名（刘式、黄国材）。这表明，纂修的底本是满文本，然后由上述蒙、汉翻译官翻译成蒙古文本和汉文本的。《清太宗实录》前附《修纂官》中亦有“繙译”一职，计有内阁办事中书或撰文中书宽布、赛图、俄赫臣、法良、布兰泰、胡世通、杨柱、多萨纳、陶鼐、常绶，翰林院七品笔帖式傅珅、纳林、宜尔彩、喀拜，翰林院八品笔帖式郭瑮、石殿柱、常寿、阿哈达、曹元，翰林院笔帖式张仲智，从名字上看，有蒙古族10人，汉族10人。这证明了《清太宗实录》的修纂底本仍然是满文本，汉文本和蒙古文本均是由上述蒙、汉翻译官翻译过来的。《清世祖实录》前附《修纂官》也有“繙译”一职，共有12人，即内阁撰文中书赵尔图、周新邦、陈启霖，内阁办事中书宽布、简立、顾大位，七品笔帖式努黑、塞勒祜、郭洪、博世泰、张苊、钱文彪。从名字上看，似有蒙古族翻译4人，汉族翻译8人。这也证明了满文本是《清世祖实录》的修纂底本，而汉文本和蒙古文本则是由满文本翻译而成。

自康熙年间始，由于清朝汉化的加深，奏疏、文件、档案等史料来源以汉文本为多，故此后的新修实录（不包括前三朝《实录》的改修）修纂底本，不再是满文本，而改为汉文本了。从雍正朝纂修《清圣祖实录》开始，历代均以汉文本为修纂底本，而后翻译成满文和蒙文。无论是满文还是蒙古文，均是从汉文本翻译过来的。

道理很简单，汉语成为清朝各民族共同体的基本语言，无论满人、蒙古人，都容易从汉文翻译成各自的语言，而要想在满、蒙之间对译，难度要大得多。根据《清圣祖实录》前附《修纂官》中，专设“翻译满文”和“翻译蒙古文”，便可以推见《清实录》修纂过程以汉文本为底本再翻译成满蒙文的这一历史转变。“翻译满文”官员共有户部郎中兼佐领觉罗勒尔森等22人，基本上都是懂满语的满族人。“翻译蒙古文”官员共有工部郎中加三级泰明山等20人，大都是懂蒙语的蒙古人。高宗时修纂《清世宗实录》时，仍然设有“翻译满文”和“翻译蒙古文”官员，而无“翻译汉文”一职，证明此时修实录，仍然是先修汉文本，然后再分别译成满文和蒙文。该朝“缙译满文”共有佐领松禄等22人，绝大多数是懂满文的满族人，但此时由于受汉化的影响，许多满人早已忘记了母语，只得起用专门培养出来的满文人才，如“缙译举人刘锟”、“缙译生员”英永、额尔登额等。该实录《纂修官》中的“缙译蒙古文”共有佐领候补员外郎僧德等22人，也基本上都是懂蒙语的蒙古人。仁宗时，修纂《清高宗实录》的《纂修官》中有“缙译满洲文”，共有礼部额外主事觉罗克兴阿等78人，多为懂满语的满族人。其中还有“缙书房缙译官”凤龄、玉保、详太等人。“缙译蒙古文”共有太仆寺候补主事景善、候补主事臣乌尔棍扎布等35人，基本上也都是会蒙文的蒙古人。其中有“缙译生员”西拉布、惠成、额林布等人，则表明会用蒙古文写作的本族人缺乏，故通过学校培养来完成翻译任务。《清仁宗实录馆档案》更是明确指出：蒙古文、满文纂修官无须编创，“俟汉书纂成后方能起稿”，主要将其译成蒙古文和满文，因此实录馆简选蒙古文、满文纂修官的主要条件是“翻译精熟”[①]。

---

① 《清仁宗实录馆档案》，《文献丛编》第36辑，故宫博物院1937年版。

从道光年间开始，各朝所修实录前所附《修纂官》不再标明“翻译满洲文”和“翻译蒙古文”了，而直接标明“翻译官”。但根据“翻译官”中的名字可见，其成员不是满人便是蒙古人，极少有汉人，则仍然表明，此时仍以汉文本作为修纂底本，再分别翻译成满文和蒙古文。道光朝所撰《清仁宗实录》前附《修纂官》中有“缮译官”一目，内有太仆寺候补主事觉罗徵奎等68人，虽未标明是翻译何文，但从官员的名字上来看，基本上都满族人名和蒙古人名，翻译官员名单的倒数第二是“察哈尔游牧主事臣承恩”，则表明“翻译官”名单后面是蒙文翻译官，前面是满文翻译官。名单中很少有汉族人名的，表明此时翻译，基本上是从汉文本向满、蒙文本翻译，则修纂的底本是汉文本无疑。《清仁宗实录》的修纂底本是汉文本，还有一个重要的证据可资证明。《清宣宗实录》卷51载：道光三年四月丙辰，宣宗称自己“特派大臣等开馆，恭修《实录》。现将汉本陆续进呈完竣，每日敬谨展阅”，可见所修底本是汉文本。宣宗决定“除俟全书告成，再行分别给予恩叙外”，先行奖赏，受赏的人中，除监修、总裁、副总裁外，特别提到“署汉总纂官戚人镜、汉总校官彭邦畴、钟昌，俱著赏给大卷纱褂料一匹，汉纂修官穆馨阿、德兴、帅承瀚、李昭美、蒋立镛、姚元之、许乃赓、方传穆、那峨、凌泰封、张万年、王丙、邵正笏、陈继昌、陈功、姜坚、陈澐、周祖培，俱著赏给小卷纱袍料一件，汉详校官蒋明远等八员，著各赏给小卷纱褂料一件，收掌官穆克登阿等十九员，著各赏给兼丝葛一件，以示奖励”。这里奖赏的对象基本上都是汉文本的纂修官员，至于满、蒙文本的修纂者，一个也没有受赏。这充分证明，道光时所修《清仁宗实录》是先修成汉文本，汉文本修成后，受赏的自然都是汉文本官员了。至于满、蒙文本，当然是以后据汉文本翻译而成了。咸丰、同治和光绪朝分别所修《宣宗实录》、《文宗实录》和《穆宗实录》，前所附之《纂修官》中，所列“缮译官”中，虽未分满蒙，但从人名可见基本上都是满人和蒙古人，则表明这一时期的实录修纂仍然是以汉文本为底本（稿本），俟其修成，然后再译成满蒙文本。

至于民国时修成的《清德宗实录》，修纂官员中更是连“翻译”名目都没有了，因为清朝灭亡后，过去的修纂制度崩溃，经费也很拮据，因此根本就没有打算修满文本和蒙古文本，自然用不着翻译了。此后修成的《清宣统政纪》亦不例外。

综上所述，《清实录》修纂先据档案等原始文献编成稿本（底本），然后缮成正本小黄绫本呈审，再据此呈审本缮成各定本，即皇史宬尊藏本、盛京崇谟阁尊藏本、乾清宫御览小红绫本、内阁实录库副本以及“国史馆”缮写副本。在满、汉、蒙古文诸文本的形成过程中，是先据满文档案纂成满文本实录，然后再译成汉文本实录，最后再据汉文本译成蒙古文本实录，但康熙以后的史料大都来自汉档和汉籍，史臣亦日渐丧失精通满文和蒙古文的能力，因此从雍正所修《清圣祖实录》始，满、汉文本之间的纂修顺序颠倒了过来，即先据汉文档案纂成汉文本实录，然后再分别译成满文本实录和蒙古文本实录。这一改变，反映了汉文作为清帝国共同语言地位的确立以及清朝汉化进程的进一步加深。

（原刊《史学集刊》2008年第2期，此处略有修改）

《清实录》宫藏版本考

一、问题的提出

《清实录》版本分宫藏本、馆藏本和民间藏本3种。由于《清实录》系官修皇家宝典，因此最初的版本均为宫藏本，后或流传宫外为各图书馆所收藏，如北京图书馆藏顺治重修满文本《清太祖武皇帝实录》；或传抄至民间为私家收藏，如南浔嘉业堂所藏《清实录》抄本。本文则以历史上藏在北京宫中和盛京（今沈阳）故宫的系统完善的6种版本为对象予以研究。

早在嘉庆十一年，仁宗在一份谕令内便同时提到过《清实录》的5种宫藏本："现在恭纂皇考《高宗纯皇帝实录》将次告成，因思朕每日恭阅之黄绫本，经馆臣编校进呈，间有体例不合、纂辑舛漏之处，均经朕随时指示，敬谨订正。至尊藏大内及内阁、皇史宬，并恭送盛京尊藏本四分，均系未经呈览，卷帙繁多，恐尚有讹误之处，不可不详慎校勘。"[①]其中所谓的"黄绫本"实即小黄绫呈审本，"尊藏大内"本，实即乾清宫藏本，"内阁本"即内阁副本，皇

---

① 中国第一历史档案馆编：《嘉庆道光两朝上谕档》第11册（嘉庆十一年），广西师范大学出版社2000年版，第945页；又《清仁宗实录》卷172，嘉庆十一年十二月己卯，中华书局1986年版。

史宬和盛京“尊藏本”，即两部大红绫保藏本。民国时，故宫博物院成立后，清理出藏在北京皇宫和盛京故宫崇谟阁的各种《清实录》版本，竟与仁宗谕中提到的版本严丝合缝。1984—1987年，中华书局在整理出版《清实录》时，更发现上述两京宫藏版本，除内阁副本散失殆尽外，其他的本子竟然大都存在：

> 一九二五年故宫博物院成立后，开始清点实录，所见太祖、太宗、世祖（以上三朝实录为雍正、乾隆间校订本）、圣祖、世宗、高宗、仁宗、宣宗、文宗、穆宗十朝实录满、汉、蒙文本各有四部。另外，盛京崇谟阁藏有十朝实录满、汉文本各一部，共计满、汉文本实录各五部。蒙文本实录各四部。这五部汉文本实录习惯上按装潢和开本大小，被称为大红绫本、小红绫本、小黄绫本。大红绫本两部，一部收藏在皇史宬，现藏于中国第一历史档案馆；一部收藏在盛京崇谟阁，现藏于辽宁省档案馆。小红绫本两部，一部收藏在乾清宫，现藏于故宫博物院图书馆；一部收藏在内阁实录库。小黄绫本一部，收藏在内阁实录库，现藏于中国第一历史档案馆。①

可见，民国时发现的从太祖迄穆宗的十朝实录共5部，除内阁副本外，其他4部在中华书局影印时基本上仍然保存着，不过部分收藏地点稍有变化：即小黄绫1部，收藏在内阁实录库；大红绫本2部，一部收藏在皇史宬，一部原藏在盛京崇谟阁，后收藏于辽宁省档案馆；小红绫2部，一部原藏在乾清宫，后藏于故宫博物院图书馆，另一部原来收藏在内阁实录库，后来几乎散失殆尽。这5部实录除盛京

---

① 中华书局：《清实录·影印说明》，1986年。

本未修蒙文本外，其他4部都是满、汉、蒙三种文本俱全。

这些比较完好的宫藏版本究竟是如何产生的，又是如何保存下来的？加上“国史馆”抄本在内，这6种宫藏版本之间的形成顺序、源流关系和各自的功能又是怎样的？对这些问题，虽有某些学者作了简要的介绍和讨论[①]，提供了重要线索，但是，迄今为止尚未见到系统的考察和深入的探讨。因此，本文不揣冒昧，拟对上述问题作进一步的探讨和开掘。

二、定本之母：小黄绫呈审本

前引文所提到的“收藏在内阁实录库，现藏于中国第一历史档案馆”的小黄绫本，属于《清实录》的正本之一，是进呈皇帝以供审阅的版本，笔者称之为“呈审本”。经皇帝审阅后，史臣将审阅意见贴黄，然后据以抄缮成其他定本，因此，小黄绫本乃《清实录》各定本之母。所谓定本，是相对于草本或稿本而言的；所谓正本，是相对于副本而言的。[②]前揭六种宫藏版本，皆为定本；副本则只指内阁所藏之小红绫本及由之抄成的“国史馆”本，其他皆为正本。

呈审本似出现于康熙二十一年（1684），当时正在重修《清太祖实录》，部分书稿修成后送圣祖审阅。据圣祖所撰《太祖高皇帝实录序》自称：“特命儒臣详加纂辑。朕复敬慎考详，悉心裁定为《实录》。”这显然是在修纂过程中，儒臣前面纂辑，皇帝后面考详裁

---

① 徐丹俍：《〈清太祖高皇帝实录〉康熙重修本辩证》，《北京社会科学》1995年第1期；顾书：《故宫藏抄本书选介（二）》，《紫禁城》2002年4期；何英芳：《影印出版〈清实录〉的底本选择——兼缅怀赵守俨先生》，《中国编辑》2006年第4期。

② 参见拙文：《〈清实录〉稿底正副本及满汉蒙文本形成考论》，《史学集刊》2008年第2期。

定。圣祖还曾对各大学士说过："所修实录（指重修之《清太祖实录》）朕已敬览，满、汉文义俱符，能不失本意。但中有一条语句稍谬，尚未发明，俟朕改定后发出。"[①]从圣祖为该实录撰序的时间康熙二十五年二月二十日可知，《清太祖实录》重修本是一年半后才纂成的，因此，圣祖在一年半以前所审的本子当是呈审的部分未成稿，如果他审定的是既成稿，那么从其话"但中有一条语句稍谬，尚未发明，俟朕改定后发出"来看，只有一条错误，改正起来十分容易，不可能拖到一年半后才修改完毕。惟一的解释是，康熙二十三年九月十一日所审的本子，是部分进呈的书稿，这部分稿子中只有一条错误。由此推定，康熙二十一年重修《清太祖实录》时，便已确立了所纂实录分批陆续呈审的制度。明代没有呈审本制度，因此才会出现《明太祖实录》在同一位皇帝（太宗朱棣）在位期间两次改修的情况。清代则至迟自康熙时起，便实行了呈审制度，小黄绫呈审本便在这样的背景下问世。

小黄绫本版式较小、以黄绫装潢封面封底。为了便于皇帝审阅，呈审本书册版式做得小巧，用尊贵的黄绫作装潢，故称小黄绫本。小黄绫本小巧的形制显然受到过明代小型御览本的启发。明万历年间，神宗想读实录，内阁首辅申时行等为了皇帝"便览"，因此要求将"式样宽阔"的旧本"稍敛，改从书册"，"以便御览"[②]。于是缩小尺寸的小型御览本便诞生了。这一书册制度无疑影响到清代。清代两部供皇帝阅读的实录都属于小型本，一是这里所谈的小黄绫本，一是藏在乾清宫东西暖阁的小红绫本，后者的功能与明代神宗时的小型御览本完全相当，而小黄绫呈审本则属于清代首创，

① 《康熙起居注》第2册，康熙二十三年九月十一日，中华书局1984年版，第1227页。
② 《明抄本万历起居注》，万历十六年三月五日戊子，中国公共图书馆古籍文献珍本汇刊，全国图书馆文献缩微复制中心印行，第627页。

不过其小型的书册样式，则受到了明代小型御览本的启示。有学者据康熙二十四年二月丙午圣祖谕明珠的话“以小本兼满、汉字”，指出“康熙重修《太祖高皇帝实录》除稿本、定本外，尚应有一种小写本”[①]。其实，所谓小写本就是小黄绫装呈审本，是了方便御览而缩小版式的小型本。

呈审本初期为满、汉两种文本。前揭圣祖在审阅《清太祖实录》后所说“满、汉文义俱符”，则说明他阅读的呈审实录有满、汉两种文本。二十四年二月丙午，圣祖又谕大学士明珠曰：“《太祖实录》先以小本兼满、汉字，迅速缮写送进，朕将恭览焉。若待白鹿纸誊写大本实录同进，则为时太迟矣。”[②]这里所说的“以小本兼满汉字”并非指在一个本子上同时书写满、汉字，因为这样做不具有可操作性，事实上也没有发现这样的本子。愚以为，它指的是用两个小型本子分别书写满、汉文字送审。这里的“兼”是“同时”和“两者都有”的意思。20 世纪 30 年代，故宫景仁宫即发现一部满文写本《太祖高皇帝实录》，方甦生亲见此书后断定该本即为康熙帝所言之满文小写本《太祖高皇帝实录》。康熙时呈审本只有满、汉两种文本，并无蒙古文本，可能是康熙帝精通满、汉语，但不懂蒙古语的缘故。后来所见的小黄绫本的蒙古文本，应该是稍后据汉文实录本翻译配补的。到道光时，清朝汉化进程已不可逆转，连皇帝也难以熟练地阅读满文实录了，因此所进小黄绫本供皇帝审阅时，已不再同时进呈满、汉文本，只进呈汉文本了。据载，道光帝晓谕内阁，要求将实录馆纂修的《仁宗实录》的“汉本陆续进呈完竣”，

---

① 徐丹俍：《〈清太祖高皇帝实录〉康熙重修本辩证》。

② 《清圣祖实录》卷 119，康熙二十四年二月丙午，中华书局 1985 年版。

他“每日敬谨展阅”[①]。此后实录均只进呈汉文本。为了让各种文本的小黄绫本保持完备，清廷下令补缮满文和蒙古文本。穆宗便曾下令补缮《清宣宗实录》的满文小黄绫本。同治三年八月，“以‘国史馆’补缮《宣宗成皇帝实录》黄绫本告成，予清文总校等官署副都统奕庆、翰林院编修车顺轨等，加衔升叙有差。”[②]既然是奖励清文总校等官，说明这里补缮的必是满文本。现在看到从太祖至穆宗朝的小黄绫本实录，很多便是这样补缮完备的。

小黄绫呈审本是《清实录》的正本之一，同时也是定本之母。所谓正本，是相对于副本而言的。正本地位高，而副本地位低。有学者指出：“小黄绫本 1 部，亦贮于内阁实录库，系实录馆于纂修实录时随时缮呈之本，经御览后分缮大小红绫正本，因此小黄绫本又可称为副本。”[③]这一说法与史实不符，因为只有内阁实录库所藏之小红绫本才算“副本”，而小黄绫本经皇帝亲自批阅，没有人敢把它视为副本。皇帝也明确指出呈审本为“正本”。嘉庆九年二月乙亥，仁宗在“敬加披览”《清高宗实录》时，发现总裁庆桂等人“恭进（小黄绫本）《实录》内抬写之处，讹缮一字”，于是严厉批评说，“节次进呈正本，屡有字画讹错”。这充分表明，实录馆“节次进呈”供皇帝审阅的小黄绫本当是“正本”。

小黄绫本是一种从非定本到定本的动态性版本。在送呈皇帝审阅前，它不属于定本；经皇帝审阅后，馆臣将皇帝意见贴黄（贴签标出应改正的地方和意见），这才形成定本，然后发抄成“尊藏各

---

① 中国第一历史档案馆编：《嘉庆道光两朝上谕档》第 28 册（道光三年），第 154 页；又《清宣宗实录》卷 51，道光三年四月丙辰，中华书局 1986 年版。

② 《清穆宗实录》卷 112，同治三年八月庚辰，中华书局 1987 年版；又中国第一历史档案馆编：《咸丰同治两朝上谕档》第 14 册（同治三年），广西师范大学出版社 1998 年版，第 284—286 页，有详细的升赏名录。

③ 顾书：《故宫藏抄本书选介（二）》，《紫禁城》2002 年 4 期。

处”的多种定本（即各种大小红绫本）。《大清会典事例》介绍了小黄绫本送呈皇帝审阅的情况：“列朝《实录》，每日按卷进呈御览。于满本房、汉本房、蒙古房中书内轮派二人，敬谨呈递。”[①]从“每日按卷进呈”来看，小黄绫本不是一气修成后整体进呈，而是在纂修过程中，定期分批呈审的，以便及时获得皇帝的审查意见，加以修改。雍正元年纂修《圣祖实录》时，大学士将“首篇及首卷二册，进呈御览”。世宗“敬谨阅毕”，谕曰：“纂修是。如有应入条件，仍着陆续纂入。”[②]世宗所阅本子当是小黄绫本，是先送审首篇及首卷二册，其他的部分还将“陆续纂入”并陆续送审。皇帝审阅小黄绫本后，指出问题所在和应修改之处。如仁宗便在“每日恭阅之黄绫本（《高宗纯皇帝实录》）”时，对“经馆臣编校进呈，间有体例不合、纂辑舛漏之处，均经朕随时指示，敬谨订正”。[③]又称：“该馆每日进呈黄绫本，经朕敬谨恭阅，偶遇字画讹舛，即随时指示更正，足以昭垂永久。”[④]但如果皇帝幼小，则审阅黄绫本的任务便落在一些近密大臣身上，由他们代为审阅。穆宗和德宗二帝均冲龄继位，故二人皆由大臣代为审阅黄绫本。穆宗7岁那年，朝廷“派惠亲王绵愉、恭亲王奕䜣、醇郡王奕譞、大学士衔礼部尚书祁寯藻、礼部尚书倭什珲布、兵部右侍郎伊精阿，每日在弘德殿敬谨详阅《文宗显皇帝实录》黄绫本”[⑤]。光绪帝5岁时，朝廷派御前大臣

① 《钦定大清会典事例》卷15《内阁·职掌·进呈实录》，商务印书馆1908年版。

② 《清世宗实录》卷5，雍正元年三月戊子，中华书局1985年版。

③ 中国第一历史档案馆编：《嘉庆道光两朝上谕档》第11册（嘉庆十一年），第945页；又《清仁宗实录》卷172，嘉庆十一年十二月己卯。

④ 中国第一历史档案馆编：《嘉庆道光两朝上谕档》第9册（嘉庆九年），第171页；又《清仁宗实录》卷129，嘉庆九年五月戊戌。

⑤ 中国第一历史档案馆编：《咸丰同治两朝上谕档》第13册（同治二年），第470页；又《清穆宗实录》卷80，同治二年九月庚午。

伯彦讷谟祜等“每日在毓庆宫敬谨详阅《穆宗毅皇帝实录》黄绫本”[①]。皇帝或指定代劳的大臣审阅小黄绫本后，实录馆臣将其审阅意见在原本上贴黄，成为定本，然后据之抄缮成他本。现今藏于中国第一历史档案馆的小黄绫本，从太祖朝始到同治朝止，稿面有勾画改乙符号及待改正浮签[②]，显系皇帝圈阅后，由馆臣贴黄的结果。徐丹俍指出：“据清代成例，实录馆向以纂成缮清之小黄绫本进呈御览，由皇帝最终审定，凡御笔改动处，均贴黄标出，不再勾圈涂乙，以示小黄绫本作为正式尊藏本之郑重。实录馆据皇帝阅改后发抄之小黄绫本，缮抄皇史宬大红绫本与乾清宫及内阁小红绫本。”[③]所言甚是，不过，小黄绫本除了是乾清宫本和皇史宬本的母本外，还是盛京本、内阁副本等定本的母本。

既然小黄绫本是诸定本之母，因此朝廷特别重视用小黄绫本来校对据之抄缮而成的各红绫本。嘉庆九年，御史邱勋奏“请将实录馆纂进之红绫本，添派勤慎人员，细心核对，期与黄绫本一律完善”，仁宗认为“所奏甚是”，指出：“其尊藏各处之红绫本，字经数写，卷帙较多，难保无偶失检核之处。”并强调“将来全书告成后，朕每日恭阅即系红绫本，若看出缮写错误，再将职司校勘人员交议，已不免有改换篇页之事。”因此“自应趁此全书未竣，校阅各员尚多，从容核对，务臻精善。着该馆总裁遴派勤慎之员，将现办红绫本，即以经进之黄绫本为准本，详细恭校，不可稍有忽略”[④]。嘉

① 中国第一历史档案馆编：《光绪宣统两朝上谕档》第2册（光绪二年），广西师范大学出版社1996年版，第404页；又《清德宗实录》卷43，光绪二年十一月壬午，中华书局1987年版。

② 何英芳：《影印出版〈清实录〉的底本选择——兼缅怀赵守俨先生》，《中国编辑》2006年第4期。

③ 徐丹俍：《〈清太祖高皇帝实录〉康熙重修本辩证》。

④ 中国第一历史档案馆编：《嘉庆道光两朝上谕档》第9册（嘉庆九年），第171页；《清仁宗实录》卷129，嘉庆九年五月戊戌。

庆十一年十二月己卯，仁宗因“恭纂皇考《高宗纯皇帝实录》将次告成”，认为“每日恭阅之黄绫本”中的错误均经指正，但“至尊藏大内及内阁、皇史宬，并恭送盛京尊藏本四分，均系未经呈览，卷帙繁多，恐尚有讹误之处”，他觉得“不可不详慎校勘”[①]。

小黄绫本既然已经皇帝审阅，因此不再举行进呈仪式，正如宣宗所说：“至《实录》黄绫本，馆臣编次，按日呈览，均经朕详慎阅定。届时毋庸再行进呈。”[②]由于不再进呈，小黄绫本便被置于内阁实录库中，后移藏中国第一历史档案馆。

三、御览本：乾清宫暖阁藏小红绫本

乾清宫本是正式进呈本，是供皇帝“时时展读”、随时御览的本子，故版式较小，方便阅览，属小红绫本，相当于明神宗时首辅申时行等进呈的小型御览本。进呈后藏于皇帝所居乾清宫之东西暖阁内。乾清宫是皇帝下榻之处，是大内（皇宫）中的大内，因此乾清宫本也称“大内本”。

乾清宫本是《清实录》的正本和定本之一，是在小黄绫本贴黄修改的基础上抄缮而成的，共有三种文本，即满、汉和蒙古本，但常用的则是汉文本。

早在雍正时，便有乾清宫小红绫本的记载。雍正九年十二月二十日，世宗在所撰《圣祖仁皇帝实录序》中就指出：“历今九载，敬

---

① 中国第一历史档案馆编：《嘉庆道光两朝上谕档》第11册（嘉庆十一年），第945页；又《清仁宗实录》卷172，嘉庆十一年十二月己卯。

② 中国第一历史档案馆编：《嘉庆道光两朝上谕档》第29册（道光四年），第101—102页；又《清宣宗实录》卷66，道光四年三月壬辰。

成《圣祖仁皇帝实录》若干卷。又于尊藏皇史宬外，恭缮全帙，庋供几案，时时展读，以遂朕敷时绎思，继志述事之意。”这里的版本并非小黄绫本，因为它是“尊藏皇史宬外，恭缮全帙”的，小黄绫本不是“恭缮全帙”，而是陆续呈审的；同时，这里所谓“庋供几案，时时展读”，也不可能是指小黄绫本，小黄绫本只是用以审阅的，能够“庋供几案，时时展读”的，只有乾清宫本。

乾清宫本是正式进呈本，因此仪式非常隆重。在所有清代实录的版本中，乾清宫本是最讲究进呈仪式的。仁宗曾指出乾清宫本的进呈仪式“典礼至重”，不能只派侍卫捧送实录，而应该派贝子、公以下宗室官员赍捧，并派亲王、郡王、贝勒等左右护视，“方足以昭虔恪”。实录先由总裁等人安放保和殿，派有关官员、御前侍卫、乾清门侍卫、大门侍卫“于殿外前后轮流坐更，小心照看，不准在彼点灯吃烟”，次日进呈，“其表文着于送书进乾清宫时，监修官一并送进”。[①]次年正式进呈时，典礼十分隆重，“王以下文武各官行庆贺礼，派出奉书之贝子、公及宗人府官，由保和殿恭奉《实录》、《圣训》至乾清宫安设，上复诣香案前行礼”[②]。而尊藏最具保藏性的皇史宬本时，皇帝则下令简化仪式，只由其本人到皇史宬简单行礼就行了。

乾清宫本正式进呈后，收藏和“归架”于乾清宫的东西暖阁中。清世宗以上的五朝实录原藏于西暖阁中，《清高宗实录》修成后，便将五朝实录移储东暖阁，而将西暖阁腾出安置高宗以下的实录。嘉庆十二年二月，仁宗谕内阁道：“乾清宫西暖阁内安设书格，恭贮五朝《实录》、《圣训》，排次充盈。”现在《高宗实录》将届

① 中国第一历史档案馆编：《嘉庆道光两朝上谕档》第11册（嘉庆十一年），第993页；又《清仁宗实录》卷171，嘉庆十一年十一月庚申。

② 《清仁宗实录》卷176，嘉庆十二年三月丁巳。

告成，“理应依次排贮”，“因念乾清宫东暖阁内，亦安设书格，与西暖阁规制相同，东暖阁位次居尊，自应恭奉五朝《实录》、《圣训》，先期移贮东暖阁。俟受书日，再恭奉高宗纯皇帝《实录》、《圣训》，安庋西暖阁，于叙次益昭允协”。[①] 至三月丁巳，“恭纂《高宗纯皇帝实录》、《圣训》告成”，监修总裁、大学士庆桂等奉表恭进。仁宗至保和殿受书，然后“派出奉书之贝子、公及宗人府官，由保和殿恭奉《实录》、《圣训》至乾清宫安设”[②]。此后，小红绫御览本便均归架于乾清宫之暖阁内。道光四年，“恭纂《仁宗睿皇帝实录》、《圣训》告成”，“由保和殿恭奉《实录》、《圣训》至乾清宫安设”。[③] 咸丰七年二月丙戌，“尊藏《宣宗成皇帝实录》、《圣训》于乾清宫，上亲诣行礼恭阅”[④]。乾清宫尊藏实录时，若皇帝年幼，那么行礼后恭阅的一般是首函。穆宗 11 岁时，赶上“尊藏《文宗显皇帝实录》、《圣训》于乾清宫”，于是“上亲诣行礼，恭阅首函”[⑤]。御览本入藏乾清宫东西暖阁后，须经常拿出来抖晾。“旧例每年春秋二季”，仁宗决定“间岁抖晾一次”。[⑥] 此后抖晾相沿成习，只是抖晾的时间疏密不一[⑦]，最后一次抖晾的时间是在光绪三十四年：“奴才嵩申等跪奏：现届抖晾《实录》之期，经钦派大臣董恂等谨择于四月二十六日起敬谨抖晾。”[⑧]

虽然同发抄自小黄绫本，但乾清宫本与其他宫藏本在内容上却

---

① 《清仁宗实录》卷 174，嘉庆十二年二月丁丑。
② 《清仁宗实录》卷 176，嘉庆十二年三月丁巳。
③ 《清宣宗实录》卷 67，道光四年四月癸丑。
④ 《清文宗实录》卷 219，咸丰七年二月丙戌，中华书局 1986 年版。
⑤ 《清穆宗实录》卷 197，同治六年二月甲辰。
⑥ 《清仁宗实录》卷 303，嘉庆二十年二月戊寅。
⑦ 《清德宗实录》卷 8，光绪元年四月戊子；卷 50，光绪三年四月甲辰；卷 296，光绪十七年四月庚戌；卷 498，光绪二十八年四月戊申；卷 529，光绪三十年四月丙寅。
⑧ 中国第一历史档案馆编：《光绪朝朱批奏折》第 33 辑，“文书档案”，中华书局 1995 年 3 月版，第 382 页；又《清德宗实录》卷 529，光绪三十年四月丙寅亦有相似记载。

产生了一些出入。事情起于雍正末年，当时曾将太祖、太宗和世祖三朝《实录》按照新修成的《清圣祖实录》模式修改，以期整齐划一，这一工作延续至乾隆间，高宗乘修改三朝《实录》的机会，将新增的谥号补了进去。不过，他觉得雍正时成书的《清圣祖实录》，也应该加进新增的圣祖谥号，于是决定在不做根本性改动的情况下，只将每卷首末两页换下，将加进新增谥号的首末两页换上，宫藏各本均作改动，包括乾清宫本。至于《清圣祖实录》体例和字句的整齐划一工作，只改动乾清宫藏本，而不改动小黄绫本、皇史宬本和内阁副本等其他宫藏本子。据《清高宗实录》卷78载："（乾隆三年十月癸未）谕：'雍正十二年十一月内，皇考以太祖、太宗、世祖三朝《实录》中，人名、地名、字画、音句之属，有与《圣祖仁皇帝实录》未曾画一者，特命大臣等敬谨查对，酌改缮写，以昭示万年。朕即位之初，诸臣正在办理，因将恭加列祖尊谥字样，增入书中。惟《皇祖实录》，未有重修之处，是以恭加尊谥，未曾增入。朕思四朝《实录》，理当画一。《皇祖实录》内，应将恭加尊谥增入，方与列祖相符。目今正值重缮列祖《实录》之时，敬将恭加皇祖尊谥增入《实录》内。每卷只须换写前后两幅，亦理之可行者。……实录体例字句画一，但只动乾清宫所藏，他所不改。'"据此可知，《清圣祖实录》的乾清宫本与其他版本已发生分歧，其他版本只改动每卷的首末页中的谥号，而不改动其体例字句，而乾清宫本则连后者也跟着三朝《实录》一起改动了。

由于乾清宫是御览本，经常翻阅和搬动，到嘉庆五年，乾清宫所藏太祖、太宗、世祖、圣祖、世宗五朝实录已不齐全，因此仁宗决定补缮完备，并援引乾隆时的成例，将世宗新谥增入正在抄缮的乾清宫本《清世宗实录》中。至于其他的版本，则一仍其旧，不做改动。据《清仁宗实录》卷63载："（嘉庆五年四月）己丑，谕内阁：朕恭阅《高宗纯皇帝实录》，内载乾隆三年十月钦奉谕旨：‘四朝实录，理当画一。今正值重缮列祖《实录》之时，应敬将恭加皇祖尊谥，增入《实录》内，后世子孙，不得援以为例。钦此！’现在补缮乾清宫陈设五朝《实录》，应将上年恭加皇祖世宗宪皇帝尊谥‘睿圣’二字，敬谨增入。其余各处恭贮五朝《实录》，不必更动。”由于以上的改动，致使乾清宫本实录与其他版本的实录之间，存在着一些细微的差别。

乾清宫藏小红绫本是实录的定本之一，但它据小黄绫本抄缮时也会出现差错，而该本又是御览本，皇帝“时时展读”之下难免发现其中的错误，并随时降旨改正。嘉庆“十八年庆桂休致后，内阁所进红绫本（即乾清宫本），有指出错误之处，均系董诰、托津传旨覆奏，是以十九年覆校完竣折，系董诰、托津联衔画稿”，仁宗指出：“朕恭阅皇考《高宗纯皇帝实录》，内有错误之处，即令军机大学士敬谨更正，如汉字则令董诰、托津承办，清字本则令托津承办。此系随时降旨交办之事，向不降旨特派。”①

乾清宫本原藏乾清宫的东暖阁和西暖阁中，其中太祖、太宗、世祖、圣祖、世宗五朝实录原本嘉庆二年毁于火，今本是嘉庆四年按黄绫本补缮的。乾清宫本今已有残缺，太祖朝缺9卷，太宗朝缺20卷，仁宗朝缺5卷，无德宗朝。今藏于故宫博物院图书馆，中华书局1986年影印《清实录》时还采用过这个版本，并将之简称为“故宫小红绫本”。关于乾清宫本的存佚、版式和装帧，顾书曾有详细的描述。他首先介绍了乾清宫本的存佚情况：“《清实录》清内府精抄本，故宫图书馆现藏有小红绫本，凡太祖至穆宗共10朝。现存《太祖实录》1卷，《太宗实录》30卷，《世祖实录》存144卷、附

① 《清仁宗实录》卷321，嘉庆二十一年八月壬午。

《序》1卷、《表》1卷、《目录》1卷，《圣祖实录》300卷、首3卷，《世宗实录》15卷、首3卷，《高宗实录》1500卷、首5卷，《仁宗实录》369卷，《宣宗实录》476卷、首4卷，《文宗实录》356卷、首4卷，《穆宗实录》374卷、首4卷。总计3735卷、3742册。”然后指出其版式和装帧情况：“包背装，朱丝栏，楷书，四周双边，白口，双红鱼尾。框栏高24.8厘米，宽16.8厘米，朱笔句读。泾县榜纸，红地金黄色云凤绫书衣，裹以织金龙黄缎包袱，锦带牙签。原为乾清宫旧藏本。”[①]

四、主要尊藏性正本：北京皇史宬藏大红绫本

在《清实录》的6种宫藏版本中，皇史宬藏本是最重要、最尊贵的本子，属于是保藏性正本的性质。与皇史宬本相对应的版本是盛京崇谟阁本，二者分别是新、旧两京的国家级保藏性文献，均为大红绫本，一旦贮藏密闭，便不再外借。两个保藏性正本中，又以北京的皇史宬本地位最为重要。

故宫博物院成立时，发现了两部大红绫本。有学者指出：“大红绫本与小红绫本相比较：在字体上，大红绫本比小红绫本美观漂亮；在版面上，大红绫本半页9行，行18个字，而小红绫本半页10行，行20个字，显得密挤；在装帧上，大红绫本为蝴蝶装，小红绫本只是一般线装。”[②]这两部大红绫本分别尊藏于皇史宬和崇谟阁，属于保藏性文献，密闭之后，便不能随便打开。明代皇史宬藏本若

---

① 顾书：《故宫藏抄本书选介（二）》。

② 何英芳：《影印出版〈清实录〉的底本选择——兼缅怀赵守俨先生》。

要请出阅读，哪怕是皇帝如神宗，也要郑重其事，“尚冠恭看”，“不尚冠不敢恭看”①，清代皇史宬正本也不应例外，一旦藏入，即“扃闭严密，不能风晾”②。既然尊藏皇史宬和盛京的版本是保藏本和正本，属于存诸“金匮石室”、“藏之名山”的典籍，因此对于署名十分重视。仁宗特地强调要将此两种本子署上监修总裁和总裁的名字。嘉庆十二年，他谕令内阁：“恭纂皇考《高宗纯皇帝实录》，现届告成，尚书德瑛、曹振镛均着加恩充实录馆正总裁，所有皇史宬、盛京尊藏本二分，首页应列前衔。着查照旧式，将监修总裁庆桂、总裁董诰、德瑛、曹振镛四人衔名排次缮写。”③道光年间，新修实录成后，仍然强调这两个本子必须在首页将监修总裁及总裁列入。④

由于皇史宬本和盛京本地位重要，属于正本，因此在抄写二本实录时，凡遇先帝及今上名讳，都要空着，另请大臣亲自填写，以表慎重。嘉庆十二年五月丙辰，仁宗谕内阁道：“现在恭缮《高宗纯皇帝实录》，业经告成，所有盛京、皇史宬尊藏本二分，凡书内恭遇庙讳暨朕名，自应仍循旧章照本字填写。着派庆桂、董诰、曹振镛、玉麟、刘凤诰、英和、特克慎、敬谨填写。玉麟、英和现俱出差，届期如尚未回京，着桂芳恭填。”⑤至咸丰年间，仍然采取这种特殊的制度。文宗要求内阁在《宣宗实录》告成后，“所有尊藏盛京本、皇史宬本内庙讳御名，应仍循旧章，照本字恭填”。于是派彭蕴

---

① 《明神宗实录》卷196，万历十六年三月甲申朔，台湾“中央研究院”历史语言研究所1962年。

② 中国第一历史档案馆编：《嘉庆道光两朝上谕档》第12册（嘉庆十二年），第368页；又《清仁宗实录》卷183，嘉庆十二年七月甲寅。

③ 《清仁宗实录》卷176，嘉庆十二年三月甲辰。

④ 《清宣宗实录》卷64，道光四年正月癸巳。

⑤ 中国第一历史档案馆编：《嘉庆道光两朝上谕档》第12册（嘉庆十二年），第171页；又《清仁宗实录》卷179，嘉庆十二年五月丙辰。

章、柏葰、花沙纳、周祖培、赵光、穆荫、双福“敬谨填写，限一日竣事，以昭虔肃”[①]。这一做法沿用至同治和光绪年间分别纂修文宗和穆宗《实录》时[②]。这一制度明代所无，乃清代所独创。

在皇史宬和崇谟阁两部大红绫本中，又以北京皇史宬尊藏的《清实录》是正本中的正本，除了皇史宬是建在首都北京外，还有如下原因：

第一，皇史宬贮藏《实录》有悠久的历史渊源。皇史宬创建之初，其主要功能便是尊藏《实录》。明嘉靖十三年，敕令史馆重抄太祖至武宗的累朝《实录》、《宝训》。为了尊藏这些宝典，明世宗决定按此前丘濬的主张，修建皇史宬，以“藏《训》、《录》”[③]。清朝入关后，将皇史宬旧存《明实录》移贮内阁书籍库，而将地方空出来贮藏本朝《实录》[④]。清廷入关后修纂的第一部实录是《清太宗实录》，但无入藏皇史宬的史料记载。自康熙朝始，所成清代《实录》的保藏性正本一律尊藏于皇史宬，并将以前的太祖、太宗和世祖三朝《实录》重修后的保藏性正本也藏入皇史宬。康熙十二年四月丙寅，监修总裁、副总裁等请旨：“于是日同纂修等官，遵奉典礼，自实录馆，恭送《世祖章皇帝实录》至皇史宬尊藏。”[⑤]二十五年，将重修完的《清太祖实录》也尊藏于皇史宬中。据《清圣祖实录》卷127载：“（康熙二十五年十月）戊寅，监修总裁、总裁、副总裁、纂修等官，恭送《太祖高皇帝实录》、《圣训》，至皇史宬

---

① 中国第一历史档案馆编：《咸丰同治两朝上谕档》第7册（咸丰七年），第67页；又《清文宗实录》卷220，咸丰七年二月壬寅。

② 《清穆宗实录》卷197，同治六年二月己酉；《清德宗实录》卷111，光绪六年三月丙申。

③ 《明世宗实录》卷165，嘉靖十三年七月丁丑，台湾“中央研究院”历史语言研究所1962年。

④ 《日下旧闻考》卷40《皇城二》，景印文渊阁四库全书本，台湾商务印书馆1986年版。

⑤ 《清圣祖实录》卷42，康熙十二年四月丙寅。

尊藏。”雍正时，将清祖实录尊藏皇史宬的制度加以延续。据《清世宗实录》卷149载：“（雍正十二年十一月）己丑，尊藏《圣祖仁皇帝实录》、《圣训》于皇史宬，副本敬贮内阁。”这里将皇史宬本与藏于内阁实录库中的副本相提并论，则正好说明皇史宬本是正本。此后，皇史宬视便成为尊藏《清实录》的重要场馆。至于盛京本出现很晚，是乾隆八年才诏令缮写的。

第二，皇史宬本尊藏时，礼仪非常隆重，虽不及尊藏乾清宫小红绫御览本，但皇帝仍然要亲临行礼。在举行礼仪前，皇帝对实录的尊藏思虑甚详。至嘉庆十二年三月丁巳，“恭纂《高宗纯皇帝实录》、《圣训》告成”[①]，面临要抄缮一份正本尊藏皇史宬时，却发现皇史宬正殿中的玉石基座显得狭窄，必须拓展才能安放。为了拓展基座，仁宗敕令将原藏的五朝《实录》暂移配殿中，及至拓建完工，本应将五朝《实录》移回原位，但考虑到灰浆未干透，怕《实录》受潮，因此只得暂缓复位，等到灰浆干透，届时将五朝《实录》与新修成的《高宗实录》一起移入正殿的玉石基座上。是年七月，仁宗谕内阁曰：“前因皇考《高宗纯皇帝圣训》、《实录》告成，照例恭缮一分，祗奉皇史宬尊藏，所有皇史宬石座应行展宽修葺，是以敬将五朝《圣训》、《实录》暂行移奉配殿，现在石座修葺工竣，即应将五朝《圣训》、《实录》，先行移回正殿。但思石座工程，甫经修葺完竣，恐灰浆尚未十分干透，一经移回尊藏，即应扃闭严密，不能风晾，转非所以昭慎重。且将来尊藏皇考《高宗纯皇帝圣训》、《实录》，应在石座后层，彼时若再将五朝《圣训》、《实录》移动，朕心益觉不安。敬念五朝《圣训》、《实录》此时应暂缓移贮，着交钦天监在于本年十月二十日以后择吉，敬将五朝《圣

① 《清仁宗实录》卷176，嘉庆十二年三月丁巳。

训》、《实录》，由配殿移回尊藏，并敬将皇考《高宗纯皇帝圣训》、《实录》，一体奉入尊藏。届期朕亲诣行礼。”[①]于是，嘉庆十二年十一月辛丑，正式举行了尊藏仪式：“以尊藏《高宗纯皇帝实录》、《圣训》于皇史宬，上亲诣行礼。”[②]此后，只要尊藏皇史宬本，皇帝都要亲诣行礼。[③]虽然与乾清宫本进呈仪式相比，皇史宬的尊藏仪式比较简略，但是这并不意味着尊藏皇史宬本《清实录》的活动不重要。《清实录》尊藏皇史宬的活动甚至被认为是十分重要的一件大事和值得大庆特庆的喜事，因此，这一天群臣均不敢上奏言刑狱等不吉利之事，怕冲犯了这一喜事。嘉庆时，将太祖、太宗、世祖、圣祖、世宗五朝《实录》移贮皇史宬正殿，仁宗是日“至承光殿传膳办事”，结果“各部院衙门惟长麟因谢恩递折”，“禄康、文宁、明亮等因该旗值日陈递无事奏片，其余无一奏事者”，于是当即“召对长麟时加以询问”，据称“本日因恭移《实录》、《圣训》至皇史宬尊藏之第一日，典礼吉期，是以内阁刑部，将刑名章奏均敬谨回避”。[④]当然，尊藏盛京本的仪式也比较隆重，但是皇帝并不亲自出席，因此无法与皇史宬本相比。

第三，皇史宬藏大红绫正本是盛京本的范本，后者是模仿前者而形成。尽管盛京崇谟阁本也属于大红绫装潢的正本，但其规制基本上是仿造皇史宬本而建的。首先，护送实录前往盛京尊藏的起点是北京的皇史宬。据《清高宗实录》卷376载：“（乾隆十五年十一

① 《清仁宗实录》卷183，嘉庆十二年七月甲寅；又中国第一历史档案馆编：《嘉庆道光两朝上谕档》第12册（嘉庆十二年），第368—369页亦载此事。

② 《清仁宗实录》卷187，嘉庆十二年十一月辛丑。

③ 《清宣宗实录》卷73，道光四年九月庚寅朔；《清文宗实录》卷223，咸丰七年四月甲午；《清穆宗实录》卷203，同治六年五月辛未；《清德宗实录》卷116，光绪六年七月甲午。

④ 中国第一历史档案馆编：《嘉庆道光两朝上谕档》第12册（嘉庆十二年），第496页；又《清仁宗实录》卷186，嘉庆十二年十月庚寅。

月）癸卯，上御太和殿，恭送列圣御容供奉盛京。并诣皇史宬，恭送五朝《实录》尊藏盛京。”其次，盛京崇谟阁的金匮也是仿皇史宬而造的。据《钦定盛京通志》卷20《宫殿》载：“乾隆十一［五］年，奉旨钦派大臣恭送五朝《圣训》、《实录》于盛京尊藏，香楠为匣，上盖龙袱。”这里的所谓“金匮”，也不是金属所制，而是仿皇史宬规制用木制成。只不过，皇史宬用的是樟木，盛京用的是楠木而已。其三，更重要的是，皇史宬本先期缮写，盛京本步其后尘而成，很有可能是抄录皇史宬本而成。据《清高宗实录》卷193载：“（乾隆八年五月）丙午，谕：奉天乃我朝发祥之地，历朝《实录》，俱应缮写满、汉文各一部送往尊藏。俟现在皇史宬、内阁藏本写成后，即着在馆人员敬谨缮写。”显然，乾隆以前的历朝《实录》（实即太祖、太宗、世祖、圣祖、世宗五朝），是先抄录完成皇史宬本和内阁本，然后再缮写成盛京本送往奉天尊藏。当然，新修的实录是否如此，尚无史料证明。

第四，皇史宬本《清实录》是大清列祖列宗事迹的基本保藏文献，如果有什么散失，须立即补抄完善。光绪二十七年，皇史宬遇盗，内藏《实录》也损失了一些。德宗下令“着即派员敬谨清查，将应用各物制备齐全，所需经费，核实开报”[①]。于是，大学士荣禄奏“查明皇史宬遗失书数，并派员修补”，德宗“依议行”[②]。至二十九年八月壬戌，补修完毕，德宗“以补修皇史宬《实录》、《圣训》竣事，赏总办外务部左丞绍昌头品顶戴，予总办内阁侍读润昌、总校侍读恩佑等，满蒙汉眷录兼详校侍读绍明、中书麟春、阮惟和、供事孙汝权等，升叙有差”[③]。足见对皇史宬本的高度重视。

---

① 《清德宗实录》卷485，光绪二十七年七月癸酉。

② 《清德宗实录》卷488，光绪二十七年十月庚子。

③ 《清德宗实录》卷520，光绪二十九年八月壬戌。

皇史宬藏大红绫本，1933 年被移置南京，1948 年一部分被运至台湾，现藏国立故宫博物院，台湾《国立故宫博物院清代文献档案总目》录有皇史宬大红绫本《清太宗实录》1—42 卷。又查故宫所藏大红绫本，尚有一套《大清太宗文皇帝实录》大红绫本卷 37—65，其中缺卷 1—36；又有《大清太祖高皇帝实录》大红绫本 5—7 卷三册，缺 1—4 卷。剩余的现存中国第一历史档案馆。该本《清世祖实录》全佚，太祖至高宗朝有残缺，仁宗、宣宗、文宗、穆宗四朝无残缺。中华书局 1986 年影印《清实录》时，曾“采用中国第一历史档案馆藏原皇史宬大红绫本”3388 卷，也就是说，该影印本（共 4433 卷）基本上是据皇史宬本影印而成的。中华书局当时将皇史宬本“简称一史馆大红绫本”。与其他几种宫藏本相比，收藏在皇史宬的大红绫本还多了光绪和宣统两朝的实录或政纪，这两朝实录或政纪是清亡后在宫外修成，后搜罗入宫的，其中《清德宗实录》缺 1—376 卷。

五、尊藏性正本：盛京崇谟阁藏大红绫本

盛京崇谟阁所藏大红绫本《清实录》，被称为盛京本或崇谟阁本。与皇史宬本一样，崇谟阁本也属于《清实录》的正本。《清实录》中，惟此两本是大红绫本，其他版本式样较小，要么是小黄绫本，要么是小红绫本。

盛京藏本与皇史宬藏本是清实录中的两部大红绫本，式样基本相同，皇史宬被称为正本，那么崇谟阁本也自然就是正本。据《清穆宗实录》卷 197 所载帝谕称：“《文宗显皇帝实录》、《圣训》告成，应行尊藏皇史宬本及内阁副本……至恭送尊藏盛京本，现值续修《玉牒》之年，着照咸丰年间成案，俟《玉牒》告成时，一并恭

送。"[1]文中明确提出内阁本是副本，那么皇史宬本无疑就是正本，而崇谟阁本与皇史宬本式样相同，地位大体相当，因此也应该是正本。盛京崇谟阁本时时与北京皇史宬本相提并论，由于其保藏性正本的特性，因此皇帝也像对待皇史宬本那样多次强调要将监修总裁和总裁的名字署上；同时皇帝也像对待皇史宬本那样反复要求另派大臣亲自填写盛京本所空的庙讳和皇帝名讳。这些做法表明，清朝是将盛京本与皇史宬本两部大红绫本一样作为正本和保藏文献来看待的。

盛京本的前身应该是盛京翔凤楼本。清入关前于崇德元年曾修《太祖武皇帝实录》，即尊藏在翔凤楼[2]。迁都北京后便将新修实录保藏本贮存于皇史宬。乾隆八年五月，高宗提出要在盛京故宫保藏一份清代实录，谕曰："奉天乃我朝发祥之地，历朝《实录》，俱应缮写满、汉文各一部送往尊藏。俟现在皇史宬、内阁藏本写成后，即着在馆人员敬谨缮写。"[3]七月，礼部遂奏"特念奉天为国家发祥之地，《实录》为列圣纪事之书，命各缮满、汉文一部，送至盛京尊藏"，帝准之。[4]盛京藏本先是藏于沈阳故宫崇政殿后的凤凰楼，乾隆八年七月礼部奏提议："在京有皇史宬尊藏《实录》，其奉天尊藏之处，查崇政殿后有凤凰楼，高敞壮丽，堪以尊藏，请敕下奉天将军，会同盛京礼、工二部及奉天府尹，敬谨办理。其尊藏之柜，应照在京式样置备。至将来需官守护之处，应令该将军等妥议具奏。"高宗传旨"依议"[5]。但凤凰楼容量有限，乾隆十一年，政府在盛京

---

① 《清穆宗实录》卷197，同治六年二月己酉；又中国第一历史档案馆编：《咸丰同治两朝上谕档》第17册（同治六年），第86页。

② 《清太宗实录》卷32，崇德元年十一月乙卯，中华书局1985年版。

③ 《清高宗实录》卷193，乾隆八年五月丙午，中华书局1985年版。

④ 《清高宗实录》卷196，乾隆八年七月丙戌。

⑤ 同上。

故宫继思斋后面开始兴建崇谟阁，乾隆四十三年四月辛丑，高宗谕军机大臣等："前曾恭送五朝《实录》并《玉牒》至盛京尊藏，向于正殿后，建有敬典、崇谟二阁，原为留都金匮石室之储，顷询之德保，知《实录》尊藏凤凰阁，《玉牒》则在敬典阁陈贮，而崇谟阁现在空闲，与建阁命名之义，殊未相称。着传谕弘晌将崇谟阁上，悉心相度，如制尚宽广，可容书厨排列，即敬移五朝《实录》，至彼尊藏，方为允协。或同藏，或分代恭贮，皆可。至《玉牒》，每十年一次修葺，告成即应续送，将来积久愈多。或敬典阁不敷存贮，即于凤凰阁均匀收藏，亦无不可。再敬典、崇谟二阁，及颐和、迪光等殿，系乾隆几年创建，盛京自有档册可稽，并着弘晌即行查明，一并覆奏，将此由四百里谕令知之。"① 六月，高宗即"命盛京将军弘晌择吉"，将原藏凤凰楼的《实录》及《圣训》，"恭移崇谟阁尊藏"②。此后，只要修纂清帝《实录》，都要别抄一本藏盛京崇谟阁。

盛京崇谟阁尊藏实录用金龙柜，用完后奏请添加顶柜。据《清穆宗实录》卷204载，同治六年五月辛巳，谕军机大臣等："都兴阿等奏请添设金龙顶柜，尊藏《实录》、《圣训》一折，据称盛京崇谟阁上层金龙柜，尊藏《实录》、《圣训》，现在安设已满，拟请在金龙柜上添设金龙顶柜二十二座，移请列祖列宗《实录》、《圣训》尊藏，移出金龙柜十一座，敬备《文宗显皇帝实录》、《圣训》恭送到时，敬谨尊藏等语，所筹甚妥。即着盛京工部仿照原设金龙柜式样，遴派妥员，敬谨成造金龙顶柜二十二座，以备尊藏而昭慎重。将此各谕令知之。"

---

① 《清高宗实录》卷1054，乾隆四十三年四月辛丑。

② 《钦定盛京通志》卷20《宫殿》，景印文渊阁四库全书本，台湾商务印书馆1986年版。

盛京是清朝发祥地，因此送藏盛京本的仪式也相当隆重。虽然赶不上乾清宫本（进呈本）的进呈仪式和尊藏皇史宬本时皇帝亲自出席的显赫，但整个出发、护送、收藏程序，也颇显声势。首先，盛京本在北京实录馆内抄缮完后，送往盛京前，朝廷要制定详尽的护送计划和礼仪。如咸丰八年，为恭送《宣宗实录》"前赴盛京"，计划"除绿营官兵照例派出外，护军统领前已派出春佑，仍着酌派章京护军校带领护军二十名，由京城恭送至山海关，再行回京。并派盛京副都统承志、礼部侍郎文俊带同该处派出官兵，先期启程，迎至山海关，敬谨送至盛京"，"玉明等仍照例出郊跪接"[①]。至光绪六年，仍然于行前制定了详尽的礼仪[②]。其次，盛京本在送行前，还要先选择吉日。光绪六年，为了恭送《穆宗实录》"前往盛京"，德宗"着钦天监于九月下旬内，敬谨选择吉期，奏请钦定"。[③]最后选定在九月二十二日辰时。[④]其三，前往盛京临行之际，还要在东华门外搭彩棚，送出时皇帝要出席仪式。如嘉庆十二年九月庚申，仁宗亲"诣东华门外，于陈设《高宗纯皇帝实录》、《圣训》并新修《玉牒》彩棚前行礼"[⑤]。此后咸丰八年、光绪六年分别恭送《宣宗实录》和《穆宗实录》时，也都"东华门外彩棚前行礼"[⑥]。其四，盛京本上路需要亲王全程护送，并由八旗、绿营、盛京三段接力送往改为接力与直送相结合。嘉庆时"《高宗纯皇帝实录》告成，例

---

① 中国第一历史档案馆编：《咸丰同治两朝上谕档》第 8 册（咸丰八年），第 383—384 页；又《清文宗实录》卷 262，咸丰八年八月丙寅。

② 《清德宗实录》卷 119，光绪六年九月己巳。

③ 中国第一历史档案馆编：《光绪宣统两朝上谕档》第 6 册（光绪六年），第 182 页；又《清德宗实录》卷 117，光绪六年八月戊戌。

④ 《清德宗实录》卷 117，光绪六年八月庚子。

⑤ 《清仁宗实录》卷 185，嘉庆十二年九月庚申。

⑥ 《清文宗实录》卷 264，咸丰八年九月甲申；《清德宗实录》卷 120，光绪六年九月丁亥。

应盛京尊藏一分，届时即派成亲王、庄亲王绵课恭送”[①]。送实录到盛京原拟“由八旗派出之官员护军等，只送一站即行回京，由绿营派出之官兵等送至山海关，由盛京派来之官兵等接至关外”，觉得“于敬慎之道犹有未尽”，因此决定“此次恭送《高宗纯皇帝实录》、《圣训》并《玉牒》，着于前锋统领护军统领内奏派一员，酌带章京护军校，并带护军二十名，与绿营官兵一体送至山海关”。然后“着盛京副都统宜兴、礼部侍郎成格带领该处所派官兵，先期迎至山海关，送至盛京，以昭敬谨”。同时令“富俊等仍照旧例出城跪接”。[②]

盛京本最初藏于盛京故宫的凤凰楼，乾隆四十三年移贮崇谟阁，1969年移入辽宁省档案馆，是各部实录中唯一一部基本上没有残缺的完整的版本。据日本学者杉村勇造称盛京崇谟阁本《清实录》“满文、汉文合计约九千册，汉文四千四百七十四册。其中尚缺四卷，这四卷，后来从北京故宫所藏的实录写本中一并补齐”。[③]中华书局影印《清实录》时，还专门说明他们采用了“辽宁省档案馆藏原盛京崇谟阁大红绫本二一卷”，并将此本“简称辽档大红绫本”。据最近公布的资料讲，辽宁省档案馆“现存汉文实录有太祖、太宗、世祖、圣祖、世宗、高宗、仁宗、宣宗、文宗、穆宗、德宗十一帝实录，共808函4017册”[④]。

---

① 《清仁宗实录》卷143，嘉庆十年五月壬辰。

② 《清仁宗实录》卷179，嘉庆十二年五月丙辰。

③ ［日］杉村勇造：《八十路》，第131页。转引自孙月娴：《日本对〈清实录〉的篡改和影印》，《社会科学辑刊》1984年第3期。

④ 国家清史编纂委员会：《辽宁省档案馆馆藏清代档案概况》，《档案调研报告》二，中华文史网首发，地址为http://www.historychina.net/tws/QSYJ/WXWD/DALY/10/09/2006/18449.html。

六、副本：内阁实录库藏小红绫本

藏在内阁实录库的小红绫本，应当就是前述之“内阁副本”。内阁副本在历史上较盛京本出现要早，它与皇史宬正本同时形成。雍正十二年（1734）十一月己丑，“尊藏《圣祖仁皇帝实录》、《圣训》于皇史宬，副本敬贮内阁”[①]。这是最早出现内阁副本的记载。此后在清代史籍中不断地被提到。咸丰七年二月壬寅，文宗谕曰：“《宣宗成皇帝实录》、《圣训》告成，应行尊藏皇史宬本及内阁副本，所有应举典礼、应办事宜，着各该衙门敬谨议奏。”[②]同治六年，《文宗实录》告成，穆宗要求“应行尊藏皇史宬本及内阁副本，所有应举典礼，应办事宜，着各该衙门敬谨议奏”[③]。《清穆宗实录》告成后，也缮有内阁副本。德宗谕内阁时明确指出：“《穆宗毅皇帝实录》、《圣训》，尊藏皇史宬本及内阁副本，所有一切应行典礼事宜，着该衙门议奏。”[④]从上面的史料可见，内阁副本总是与皇史宬正本同时尊藏的。内阁副本尊藏时也要举行典礼，不过仪式不如尊藏皇史宬本那样隆重罢了。皇史宬本尊藏时，皇帝是要出席的，而内阁副本收藏时则未见具体的礼仪，更遑论皇帝亲临了。

与皇史宬正本尊藏于国家档案库不同，内阁副本是藏于内阁的实录库的。内阁实录库是属于内阁大库的一部分。内阁大库分红本库（俗称西库）和实录库（俗称东库）两座库房。每库分上下两层，凡10间，总面积达1295平方米。红本库主要皮藏清入关后自顺

---

① 《清世宗实录》卷149，雍正十二年十一月己丑，中华书局1985年版。

② 《清文宗实录》卷221，咸丰七年二月壬寅。

③ 中国第一历史档案馆编：《咸丰同治两朝上谕档》第17册（同治六年），第86页；又《清穆宗实录》卷197，同治六年二月己酉。

④ 中国第一历史档案馆编：《咸丰同治两朝上谕档》第17册（同治六年），第86页；又《清德宗实录》卷114，光绪六年六月乙卯。

治起历朝每年六科缴回的红本（即经皇帝朱批了的题本）；实录库主要收藏明代档案、满文老档、实录、圣训、起居注、史书、敕书、诏书、表章、舆图、黄册、乡试录、各种书籍。内阁大库隶属内阁，由典籍厅掌管红本及书籍表章，满本房掌管实录、圣训、起居注、史书及其他档案。内阁大库地处紫禁城东南隅，西临内阁大堂，北对文华殿，坐南朝北。据《大清会典事例》卷 862《工部·宫殿》载："文华殿东南、北向者为内阁尊藏《实录》库，为红本库，为户部内库，为銮仪卫内銮驾库，库前石碣一。稍北为东华门，门外有下马石牌，即紫禁城之东门也。门内稍北为'国史馆'，南向。旧在午门内西南隅，后移置于此。"实录库和红本库因年久失修，渗漏严重，内务府准备维修。据《清德宗实录》卷 429 载，光绪二十四年九月壬子，"派内阁学士溥颋查估内阁实录库、红本库工程"。宣统时，又曾查勘修理实录、红本大库工程。《清宣统政纪》卷 8 载，宣统元年二月辛亥朔己未，"派协办大学士鹿传霖查勘修理《实录》、红本大库工程"。

内阁副本之所以被称为副本，就是因为它不像皇史宬本和盛京本那样尊贵，属于保藏性文献，而是可以随时借阅和抄缮的本子，故属于"借阅性"图书。自仁宗时起，便不断为"国史馆"借阅和抄缮。如同治三年，为了"'国史馆'恭修本纪"，便想到"已进呈至五年"的《文宗实录》"允宜恭修本纪"，因此"着'国史馆'总裁遴派提调等官督率誊录，诣实录馆，将业已进呈之书，照副本恭缮一分，恪遵编纂，随时进呈。于实录告成后，陆续办竣。所缮实录副本，即恭藏史馆，以资考证"[①]。清代内阁副本制度似效法明

---

① 中国第一历史档案馆编：《咸丰同治两朝上谕档》第 14 册（同治三年），第 156 页；又《清穆宗实录》卷 102，同治三年五月己酉。

代，明代例于内阁藏副本一部，作为后修实录的参考和依据[①]。

内阁副本光绪三年曾遭盗窃，是年八月十三日，值班中书赴库恭请实录时，发现内外库门封条脱落，铁锁均有拨动痕迹，经查，丢失包袱218块，内有实录若干卷[②]。时垂帘听政的慈禧太后下令追查，但毫无结果，只好将宝鋆、钟秀等议处了事。

内阁副本1932年由故宫移交国民政府总统府文官处，抗战时被日军抢走，散失殆尽。何英芳代表中华书局寻找《清实录》版本，称"还有一部小红绫本至今没有找到收藏处"[③]，即指内阁副本。后山西大学图书馆工作人员收购到《文宗实录》78卷[④]。20世纪80年代，台湾《"国立故宫博物院"清代文献档案总目》著录有内阁副本《清太宗实录》1至68卷。

七、副本之抄本："国史馆"抄本

《清实录》还有一部"国史馆"抄本，是"国史馆"为了修国史中的本纪和列传，到实录馆抄缮而成的，皇帝即令藏于"国史馆"中。

嘉庆八年，御史贾允升奏请恭修本纪，仁宗称"所奏甚是"，于十二月癸亥，"命史馆恭纂《高宗纯皇帝本纪》"，并谕内阁："自来史书，皆有本纪以为弁冕。我朝列圣相承，均经'国史馆'恭修本纪，敬谨贮藏。伏念皇考高宗纯皇帝圣德神功，登三咸五，业于四

---

① 见拙著：《明实录研究》，湖北人民出版社2003年版，第400—402页。

② 中国第一历史档案馆编：《光绪宣统两朝上谕档》第3册（光绪三年），第241—242页；又《清德宗实录》卷56，光绪三年八月己亥。

③ 何英芳：《影印出版〈清实录〉的底本选择——兼缅怀赵守俨先生》。

④ 王欣欣：《山西大学藏写本〈清史稿〉残卷》，《文献》1990年第2期。

年春特命纂修《实录》。现已进呈至三十年，自应恭修《本纪》，以垂史册。着‘国史馆’总裁派提调等督率誊录，就近赴实录馆，将业经进呈之书，照副本钞写，恪遵编纂，随时进呈。务于实录馆告成后，陆续办竣。其钞写《实录》副本，即藏贮史馆，以资考据。”① 此后便相沿成习。《清宣宗实录》卷38载：“（道光二年七月丙申）谕内阁：‘历代史书，皆弁以帝王本纪。我朝列圣相承，均经‘国史馆’恭修本纪，敬谨尊藏。伏念皇考仁宗睿皇帝，峻德鸿猷，显谟彝训，特命开馆纂修《实录》，现已进呈至十五年，允宜恭修本纪载诸简编，用光史册。着‘国史馆’总裁，遴派提调等官，督率誊录，就近赴实录馆，将业经进呈之书，照副本恭缮一分，恪遵编纂，随时进呈。务于《实录》告成后，陆续办竣。所缮《实录》副本，即藏贮史馆，以资考证。’”咸丰二年四月甲申，文宗谕内阁，因“开馆纂修《实录》，现已进呈至十五年，允宜恭修本纪”，特“着‘国史馆’总裁遴派提调等官，督率誊录，诣实录馆，将业已进呈之书，照副本恭缮一分”，“所缮《实录》副本，即恭藏史馆，以资考证”。② 同治三年五月，仍然谕令“‘国史馆’总裁遴派提调等官督率誊录，诣实录馆，将业已进呈之书，照副本恭缮一分”，“所缮实录副本，即恭藏史馆”。③ 直到光绪三年九月，仍然谕令“国史馆”总裁，遴派提调督率誊录，至实录馆将业已进呈之《穆宗实录》的同治六年前的部分，“照副本恭缮一分”，将“所缮《实录》副本，即恭藏史馆”。④ 看来，清朝历代都缮有“国史馆”本实录。

---

① 《清仁宗实录》卷124，嘉庆八年十二月癸亥。

② 《清文宗实录》卷58，咸丰二年四月甲申。

③ 中国第一历史档案馆编：《咸丰同治两朝上谕档》第14册（同治三年），第156页；又《清穆宗实录》卷102，同治三年五月己酉。

④ 中国第一历史档案馆编：《光绪宣统两朝上谕档》第2册（光绪二年），第294—295页；又《清德宗实录》卷57，光绪三年九月甲戌。

据王清政讲："正本以外还有'国史馆'抄本，每朝实录纂成一部分，清帝必命'国史馆'派员赴馆抄录。……这些稿本现存中国第一历史档案馆，共有4347卷，台湾故宫博物院亦存有部分抄本。"①

八、结语

《清实录》6种比较系统的宫藏版本中，最先修成的是小黄绫呈审本，它是个动态的版本，一身而呈两种面貌，即呈审前它只是个待定本，而经皇帝审阅后，再由史臣贴黄（根据皇帝审定意见，贴上相应的条子指明何处当作何种改定），便变成了定本，而后据此贴黄后的面貌依次抄缮成各种大小红绫本。最先抄成的是小红绫装乾清宫本，再次是皇史宬本、盛京本和内阁副本（一度先于盛京本而成），最后是"国史馆"抄本。皇史宬本以下各本虽然晚于乾清宫本，但并非抄自该本，因为乾清宫本进呈后便藏诸乾清宫的东西暖阁，仅供皇帝御览，因此，除"国史馆"抄本外，它们均抄自小黄绫本的贴黄定本。而"国史馆"抄本则明白无疑地抄自内阁副本。

以上6种宫藏版本各有其特殊的功能：小黄绫本是"呈审本"，供皇帝审阅之用，起初并非定本，但经皇帝审定并经馆臣贴黄后又变成定本，成为其他诸定本缮写之母本，其他的定本抄自小黄绫本贴黄后的状态，而非呈审前的面貌；北京皇史宬藏大红绫本是"保藏性"正本，地位最为重要和尊贵；盛京崇谟阁藏大红绫本也是"保藏性"正本，但由于盛京非首都，只属于旧京，因此其藏本地位逊于皇史宬本；乾清宫暖阁藏小红绫本的功能属于"私藏性"御

① 王清政：《大清历朝实录纂修考》，武汉大学历史系1999年印，第57页。

览本，随时供皇帝阅读；内阁实录库藏小红绫本是副本，属于“借阅性”本子，备他馆修史之用；“国史馆”抄本是内阁实录库所藏小红绫本副本的复制本，藏“国史馆”供修国史之用，是各本中地位最低的本子。

（原刊《中国历史学会史学集刊》（台湾）第40期，2008年9月，此处略有修改）

作者主要著述列表

一、著作

1.《中国实录体史学研究》，武汉大学出版社2007年10月版。

2.《中国史学史散论》（与冯天瑜合著），湖北人民出版社2004年10月版。

3.《解构专制：明末清初“新民本”思想研究》，湖北人民出版社2003年8月版。

4.《明实录研究》，湖北人民出版社2003年5月版；台湾文津出版社1995年6月版。

5.《旅游文化学》，高等教育出版社1999年6月版。

6.《中国谶谣文化研究》，海南出版社1998年2月版；台湾未来书城出版社2003年版。

7.《中国谣谚文化——谣谚与古代社会》，华中理工大学出版社1994年10月版。

8.《后汉书辞典》（参加），山东教育出版社1994年8月版。

9.《三国志辞典》（参加），山东教育出版社1992年12月版。

10.《明实录类纂·湖北史料卷》（独力编著），武汉出版社1991年10月版。

11.《太玄大戴礼研究》（与刘韶军合著），武汉出版社1991年1月版。

二、论文

1.《皇史宬尊藏〈清实录〉考》，《故宫博物院院刊》2009 年第 1 期。

2.《论儒臣与宦官对明代皇帝娱乐的影响和较量》，《故宫博物院院刊》2008 年第 6 期。（收入本集时略有修改）

3.《〈清实录〉宫藏版本考》，《中国历史学会史学集刊》（台湾）第 40 期，2008 年 9 月。（收入本集时略有修改）

4.《利玛窦“送礼”初探》，《文化杂志》（澳门）2008 年春季刊。（收入本集时略有修改）

5.《明代〈汉书〉经典化与刘邦神圣化的现象、原因与影响》，《长江大学学报》2008 年第 2 期。（收入本集时略有修改）

6.《〈清实录〉稿底正副本及满汉蒙文本形成考论》，《史学集刊》2008 年第 2 期。（收入本集时略有修改）

7.《从英法德意俄美汉译国名的演变看中国人对西方列强的认知过程》，载《语义的文化变迁》第 14—173 页，武汉大学出版社 2007 年 10 月版；又《学习与探索》2008 年第 1 期。（收入本集时略有修改）

8.《五代实录修纂考》，《人文论丛》2005 年卷，武汉大学出版社 2007 年 6 月版。

9.《唐五代实录修纂机构考述》，《历史文献研究》总第 26 辑，华中师范大学出版社 2007 年 10 月版。

10.《中国实录体史学研究：让中华文明的特色更鲜明》，《社会科学报》2007 年 5 月 17 日。

11.《实录修撰与少数民族政权的汉化》，《中南民族大学学报》2007 年第 1 期。

12.《朱熹修纂〈宋高宗实录〉考论》，《朱子学刊》2006 年第 1 辑（总第 16 辑），黄山书社 2006 年 12 月版。

13.《〈宋哲宗实录〉的修纂与价值》，《史学史研究》2006 年第 4 期。

14.《从边缘到中心：明清实录对东北历史观察视角的转换》，《学习与探索》2006年第6期。（收入本集时略有修改）

15.《从唐实录体裁看实录体的特征与地位》，《长江大学学报》2006年第5期。

16.《司马迁所创纪传体对实录体的影响》，《史记论丛》第三集《逐鹿中原》，第293—299页，陕西人民教育出版社2006年8月版。

17.《〈唐太宗实录〉的修纂及历史影响》，《湖北行政学院学报》2006年1期。

18.《明代西器东传探研》，《兰州大学学报》2006第1期。（收入本集时略有修改）

19.《〈大明志书〉修纂及特点考论——兼论朱元璋的狭隘心胸》，《明清安徽典籍研究》，黄山书社2005年9月版。

20.《明实录职官校正》，《历史文献研究》总第24辑，华中师范大学出版社2005年8月版。

21.《饶宗颐对史学正统论研究的学术贡献——〈中国史学上之正统论〉发微》，《史学理论研究》2005年第2期；又《人大复印资料·历史学》2005年第9期。

22.《张居正官史修纂的革新措施》，《长江大学学报》2005年1期。（收入本集时略有修改）

23.《明至清中叶长江流域的西器东传》，《中国文化》第21期，第69—81页，中华书局2004年6月。（收入本集时略有修改）

24.《谶谣：一种特殊的社会语言》，《社会学家茶座》总第7辑，2004年第2辑，山东人民出版社，2004年8月版；又《律师文摘》，2005年第2辑转载。

25.《郑樵校雠学特点论要》，《湖北行政学院学报》2004年第4期。

26.《考镜源流与辨章学术的用心之作——评黄爱平〈朴学与清代社会〉》，《中国文化研究》2003年冬之卷。

27.《东亚文化圈：从边缘看中心——评冯天瑜新著〈“千岁丸”上海行——日本人一八六二年的中国观察〉》，《湖北大学学报》2004 年第 3 期。

28.《试论明末清初“新民本”思想》，《江汉论坛》2003 年 10 期；又《人大复印资料 · 明清史》2004 年 2 期。（收入本集时略有修改）

29.《西器东传与前近代中国社会》，《学术月刊》2003 年 8 期；又《人大复印资料 · 明清史》2003 年 6 期。（收入本集时略有修改）

30.《明末清初新民本思想家建立新型君臣关系的尝试》，《历史文献论集》，崇文书局 2003 年 9 月。

31.《评中国古代史学的“史才”论》，《史学史研究》2003 年 3 期。

32.《试析章学诚妇女观及对其史学观的影响》，《湖北行政学院学报》2003 年第 3 期。

33.《〈明夷待访录〉的近代“误读”与“新民本”思想的历史影响》，《哲学研究》2003 年第 2 期。（收入本集时略有修改）

34.《从唐甄对君民关系的考察看其新民本思想》，《武汉大学学报》2002 年第 5 期。

35.《试论直书与曲笔对明实录价值的影响》，《历史文献研究》总第 21 辑，华中师范大学出版社 2002 年 7 月版。

36.《明代起居注的兴废及其对明实录修纂的影响——兼论儒家意识与君主专制的冲突与摩擦》，《史学月刊》2002 年第 4 期。

37.《古代政治民谣及其社会舆论功能》，《湖北行政学院学报》2002 年创刊号。

38.《“国民性改造运动”与中国民族旅游性格的重塑》，《人文论丛》2001 卷，武汉大学出版社 2002 年 10 月版。

39.《张舜徽与二十世纪后半叶的国学研究》，《求索》2001 年第 6 期。

40.《人文精神的不懈追寻——评冯天瑜先生〈人文论衡〉》，《江汉论坛》2001 年第 9 期。

41.《文化转型与旅游发展》,《长江建设》2000年第5期。

42.《明代史馆探微》,《史学史研究》2000年第2期;《人大复印资料·历史学》,2000年第8期。

43.《一部有特色的湖北地方史专著——评张建民〈湖北通史·明清卷〉》,《江汉论坛》2000年第5期。

44.《从唐甄的旅游观看中国文化的转型》,《旅游学刊》2000年第3期。(收入本集时略有修改)

45.《明代国史与野史的生态关系——以〈明实录〉的禁藏与流传为线索》,《学术月刊》2000年第5期。

46.《明实录修纂程序述要》,《武汉大学学报》2000年第1期。

47.《明实录修纂考述》,《历史文献研究》总18辑,华中师范大学出版社1999年9月版。

48.《略论中国传统旅游的人文精神》,《人文论丛》1999年卷,武汉大学出版社1999年10月版。

49.《中国传统旅游的伦理特征》,《旅游学刊》1999年第4期。

50.《睿宗、崇祯及南明诸朝实录修纂考述》,《史学史研究》1999年第2期。

51.《直书与曲笔:传统修史原则的一体二翼》,《学术月刊》1999年第3期。

52.《从礼乐偕配到礼崩乐坏——〈先秦礼乐文化〉对先秦社会变迁的新阐释》,《江汉论坛》1999年第1期。

53.《明实录研究述略》,《人文论丛》,武汉大学出版社1998年10月版。

54.《试论〈洪芳洲公文集〉的史料价值》,《洪芳洲研究论集》,台湾洪芳洲研究会1998年6月。(收入本集时略有修改)

55.《从宋明家庭经济的经营看中国文化的转型》,《中南民族学院学报》1998年第1期;又《人大复印资料·宋辽金元史》1998年第3期。

56.《张舜徽清代学术史研究初论》，《华中师范大学学报》1997 年 11 月专辑。

57.《明实录体裁与体例研究》，《史学史研究》1997 年第 3 期。

58.《朱元璋历史观与史学思想初探》，《江汉论坛》1997 年 5 期。

59.《从明代城市功能的转变看中国文化的转型》，《中国前近代史理论国际学术研讨会论文集》，湖北人民出版社 1997 年 5 月版。（收入本集时略有修改）

60.《明实录修纂与明代政治斗争》，《武汉大学学报》1997 年第 1 期；又《人大复印资料 · 历史学》1997 年第 3 期。

61.《明实录的版本与收藏》，《文献》1997 年第 1 期。

62.《会通思想及其历史回声》，《船山学刊》1997 年第 1 期。

63.《造圣运动与孔子手订六经》，《东方文化》1996 年第 5 期。

64.《历史与现实的交融——评冯天瑜先生〈中华元典精神〉》，《学术月刊》1996 年第 5 期。

65.《明实录主题思想及民族史料价值》，《中南民族学院学报》1996 年第 4 期。

66.《汉民族研究的奠基之作——评〈汉民族发展史〉》（与冯天瑜合作），《学术论坛》1996 年第 1 期；又《人大复印资料 · 出版工作、图书评介》1996 年第 6 期。

67.《试论〈殷墟书契考释〉的方法和价值》，《历史文献研究》（北京新六辑）1995 年 10 月。

68.《大戴礼记经文校正》，《文史》第 39 辑，中华书局 1994 年 3 月版。

69.《从朱元璋的正统观看他对元蒙的政策》，《华中师范大学学报》1994 年第 1 期。（收入本集时略有修改）

70.《明实录人名校勘补遗》，《历史文献研究》（北京新四辑），燕山出版社 1993 年 8 月版。

71.《谣谚与古代教育及科举》，《中国典籍与文化》1993 年第 2 期。

72.《朱元璋的偶像崇拜与政策走向》，《安徽史学》1993 年第 2 期。（收入本集时略有修改）

73.《战乱年代的回忆——评〈中国近代军阀简史〉》，《酿蜜集》，华中师范大学出版社 1992 年 12 月版。

74.《史记人民性悖论》，《华中师范大学学报》1992 年第 6 期；又《人大复印资料 · 历史学》1993 年第 1 期。

75.《张舜徽先生学术思想及成就》，《文教资料》1992 年第 5 期。

76.《〈明实录类纂 · 湖北史料卷〉编后记》，《古籍整理》1992 年第 1 期。

77.《明实录地名校勘》，《华中师范大学学报》1992 年第 1 期。

78.《明实录人名校勘》，《历史文献研究》（北京新二辑），燕山出版社 1991 年 8 月版。

79.《大戴礼记校正》，《古籍整理与研究》第 6 期，中华书局 1991 年 6 月版。

80.《钱大昕史学思想钩沉》，《嘉定文化研究》，三秦出版社 1990 年 5 月版；又收入《钱大昕研究》论集，华东理工大学出版社 1996 年版。

81.《司马迁与郑樵的比较研究》，《华中师范大学学报》1990 年第 4 期。

82.《史记不朽之谜——史记成功原因新探》，《古籍整理》1990 年第 2 期。

83.《试析倒文与错简的形态》，《古籍整理》1990 年第 1 期。

84.《时代中心的史学》，《社会科学家》1989 年第 3 期；又《人大复印资料 · 历史学》1989 年第 10 期。

85.《在历史学视角及体例的转折点上——张舜徽先生〈中华人民通史〉研究》，《武汉教育学院学报》1989 年第 4 期；又《人大复印资料 · 历史学》1990 年第 5 期。

86.《一部研究清人笔记的开山之作——评张舜徽先生〈清人笔记条

辨〉》,《武汉教育学院学报》1988 年第 3 期。

87.《苏颂与史学》(与张三夕合作),《古籍整理》1988 年第 3 期;后收入《苏颂研究文集》,鹭江出版社 1993 年 2 月版。

88.《大戴礼记校正二十则》,《华中师范大学学报》1987 年第 5 期。

89.《试论郑樵会通思想的内容》,《研究生学报》1984 年第 3 期。

后　记

万物皆有年轮。树木的年轮是树干横截面上的一圈圈印痕，历史的年轮是一个个划时代的事件，学人的年轮恐怕就是一篇篇浸透心血的论文了吧。虽然沉浸于学术海洋不知老之将至，但回顾每年发表的论文时，还是发现了时间在人生中刻下的年轮，望见了自己踽踽独行的清晰脚印，感到了生命的厚重和充实。

宋人赵汝楳在《周易辑闻》中指出“大抵处困者贵安”。清代魏荔彤则在《大易通解》中称：“然旅固贵安，所止而旅无久处之义，仍以止为进也。”意思是说，处在旅途困境中的行人十分向往安居的生活，但跋涉在征途中的人不可能长久地停止前进的步伐。赵汝楳又说：“鼎贵正，正则不倾；鼎贵安，安则不摇。”这无疑在鼓励笔者在漫漫的学术征程的跋涉中永不动摇，像鼎一样地厚重不迁，坚忍不拔。

长期以来，本人在史学领域的两个方向进行着不间断的耕耘：一个是中国史学史，一个是明清文化史。在中国史学史方面，笔者出版了《明实录研究》（台湾文津出版社 1995 年版、湖北人民出版社 2003 年版）和《中国实录体史学研究》（武汉大学出版社 2007 年版）两部专著，发表了一系列的论文，结集为《中国史学史散论》，已于 2004 年由湖北人民出版社出版。在明清文化史方面，出版了《解构专制——明末清初新民本思想研究》(与冯天瑜先生合著，湖北人民出版社2003年版)，同时发表了一系列的研究论文。适逢武汉大学历史学院开展“武汉大学基础学科振兴行动计划”，将笔者关于明清文化史研究的论文成果纳入该计划之中，拟结集出版。于是，本人借学院振兴基础学科和“211工程”建设之东风，从已发表的论文中筛选出18篇论文汇编成册，定名为《明清文化史探研》。

在此，对武汉大学历史学院，对长期以来关心和爱护我的老师和朋友们，对为本书出版付出辛劳的商务印书馆编辑表示衷心的感谢!

本书中一定存在着不少问题和错误，请广大读者和专家同仁不吝批评和赐正!

谢贵安

2008年12月18日于武昌珞珈山麓、东湖之滨